RUDOLF VON JHERING

SCHERZ UND ERNST IN DER JURISPRUDENZ

RUDOLF VON JHERING

SCHERZ UND ERNST
IN DER JURISPRUDENZ

EINE WEIHNACHTSGABE
FÜR DAS JURISTISCHE PUBLIKUM

Ridendo dicere verum

WISSENSCHAFTLICHE BUCHGESELLSCHAFT
DARMSTADT

Unveränderter reprografischer Nachdruck 1988 der 13. Auflage, Leipzig 1924

CIP-Titelaufnahme der Deutschen Bibliothek

Jhering, Rudolf von:
Scherz und Ernst in der Jurisprudenz: e. Weihnachts-
gabe für d. jurist. Publikum / Rudolf von
Jhering. – Unveränd. reprograf. Nachdr. d. 13. Aufl.,
Leipzig 1924. – Darmstadt: Wiss. Buchges., 1988
ISBN 3-534-02165-7

Ⓦ Bestellnummer 02165-7

Druck und Einband: Wissenschaftliche Buchgesellschaft, Darmstadt
Printed in Germany

ISBN 3-534-02165-7

Vorrede.

Die gegenwärtige Schrift, deren Tendenz der Leser aus ihr selber entnehmen wird, besteht aus vier Abteilungen, von denen die beiden ersten bis auf einen kleinen von mir erst jetzt hinzugefügten Nachtrag zur zweiten (Plaudereien eines Romanisten Nr. IV, S. 232 ff.) bereits vor Jahren in zwei Zeitschriften veröffentlicht worden sind. Die erste erschien anonym in der Preußischen, später Deutschen Gerichtszeitung, unter dem Titel: Vertrauliche Briefe über die heutige Jurisprudenz. Von einem Unbekannten (Berlin 1860—1866), die zweite unter Nennung meines Namens in den Wiener Juristischen Blättern (Jahrg. XI, Wien 1880) unter dem Titel: Plaudereien eines Romanisten. Das Geheimnis meiner Autorschaft bezüglich der ersten, das anfänglich bewahrt blieb, und das ich dadurch zu sichern gesucht hatte, daß ich mich selber in diesen Briefen persiflierte (S. 7 u. 80), ward später gebrochen. Bei einer geselligen Zusammenkunft der Juristischen Gesellschaft in Wien, deren Mitglied ich bin, ward ich von vielen Seiten aufgefordert, eine Fortsetzung der Briefe des Unbekannten zu veranstalten, und ich erteilte den anwesenden Redakteuren der Juristischen Blätter ein darauf gerichtetes Versprechen, das ich aber erst mehrere Jahre später erfüllte und zwar, wie es ge=

wünscht ward, unter Nennung meines Namens. So entstanden die Plaudereien eines Romanisten.

Vielfach aufgefordert, beide Publikationen in separater Form erscheinen zu lassen, habe ich dies aufgeschoben, bis ich mir durch eine größere ernste Arbeit: die beiden Bände von meinem „Zweck im Recht" das Recht verschafft zu haben glaubte, eine kurze Zwischenzeit daran zu verwenden, um jene beiden Arbeiten zu revidieren und durch eine neue Beigabe zu vermehren und wirkungsvoller zu machen. Es sind die beiden letzten Monate, die ich dieser Aufgabe gewidmet habe, und ich glaube das Opfer an Zeit, die ich meinen größeren Arbeiten entzogen habe, verantworten zu können.

Die drei ersten Abteilungen sind dem Scherz gewidmet, die letzte dem Ernst. Daß alle vier denselben Zweck verfolgen, wird keinem meiner Leser verborgen bleiben — der „Scherz" ist nur dazu, um den „Ernst" um so wirksamer zu machen. Nicht gerade jeder der Scherze: es gibt darunter viele, die nur die reine Freude am Scherz eingegeben hat. Aber im ganzen und großen wird, wie ich hoffe, der Leser sich dem Eindruck nicht entziehen, daß auch der Scherz in dieser Schrift seine ernste Bedeutung hat. Mag derselbe im ersten Moment nur die Wirkung erzielen, daß der Leser lacht, — ich würde den Zweck der Schrift für verfehlt halten, wenn ihr keine andere folgen sollte.

Göttingen, 19. November 1884.

Rudolf von Jhering.

Vorrede
zur vierten Auflage.

———

Die gegenwärtige Auflage der Schrift enthält einen unveränderten Abdruck der drei ersten, am Schluß sind nur einige Nachträge hinzugefügt. Ich konnte sie den Abschnitten der Schrift, zu denen sie gehören, nicht anschließen, da dieselbe von der Verlagsbuchhandlung bei dem ersten Erscheinen derselben stereotypiert worden war. Der Leser wird wohl tun, sie des Zusammenhanges wegen im Anschluß an die betreffenden Partien (Zusatz 1 zu S. 137—174, die folgenden zu 175—231) der Lektüre zu unterziehen. Die Stereotypierung der Schrift hat es der Verlagshandlung ermöglicht, den Preis des Buchs gegen den früheren (8, bez. 9 Mark) ganz erheblich herabzusetzen (3, bez. 4.—). Möge diese Preisermäßigung dazu dienen, dem Buche in den Kreisen der Studierenden eine weitere Verbreitung zu geben, als sie bei dem früheren hohen Preise gefunden hat.

Göttingen, 14. Oktober 1891.

Rudolf von Jhering.

Inhaltsverzeichnis.

Vertrauliche Briefe

über die heutige Jurisprudenz.

Von einem Unbekannten.

Erster Brief.[1]

Die folgenden Briefe gehören zur Zahl derer, welche mit der Absicht geschrieben sind, daß sie gedruckt werden sollen, und zwar nicht erst nach dem Tode des Verfassers, was sich nur berühmte Leute herausnehmen dürfen, sondern bereits bei seinen Lebzeiten, wozu sich auch ein gewöhnliches Menschenkind versteigen darf, wenn es sonst einen Verleger oder Redakteur findet, der gutmütig genug ist, Papier und Druckerschwärze daran zu wagen. Fast alle Wissenschaften, Künste, Gewerbe sind bereits in Briefen behandelt, wir besitzen chemische, botanische, zoologische, musikalische Briefe u. a. Nur unsere arme Jurisprudenz, das Aschenbrödel der Wissenschaft, geht wie gewöhnlich leer aus und steht in der Zeit mindestens 20 bis 30 Jahre zurück, indem sie meines Wissens noch nicht ein einziges Mal zum Gegenstand von Briefen gemacht ist. Für sie scheint man sich mehr Heil von einer andern modernen Form versprochen zu haben, der des Geistes. Seitdem Montesquieu mit seinem sur l'esprit des lois die Bahn gebrochen, hat es nicht an solchen gefehlt, welche den Geist des römischen, des preußischen u. s. w. Rechts destilliert haben und für einige wenige Silberlinge jedem Liebhaber feilbieten, und, wenn die Mode um sich greift,

---

1) Preußische Gerichtszeitung, Jahrg. III, Nr. 41. 16. Juni 1861.

werden wir gewiß noch den Geist des katzenellenbogenschen Landrechts, kurhessischen Staatsrechts und sonstige Geiste und Geister erwarten können.

Ich meinerseits greife zu der anspruchsloseren Form der Briefe, und wenn ich auch sonst kein Verdienst beanspruche, so ist es wenigstens das, die Form der Briefe zuerst auf die Jurisprudenz übertragen und sie den „Nebenstunden, rechtlichen Bedenken, Erörterungen, unvorgreiflichen Gedanken" und sonstigen recipierten Formen, in denen ein gesetzter Jurist seine Gedanken an die Öffentlichkeit bringt, an die Seite gestellt zu haben. Und wäre die Jurisprudenz noch viel trockener, als sie es ist, sollte sich nicht z. B. über die Rechte des schwachen Geschlechts nach preußischem Landrecht, die Privilegien der Dummen nach römischem Rechte und sonstige interessante Themata ein Brief schreiben lassen, den ein wohlbestallter Kreisrichter, Obergerichtsanwalt und selbst ein Oberappellations- und Geheimer Obertribunalsrat in seinen Nebenstunden zur Hand nehmen dürfte, statt letztere, wie der selige Reichskammergerichtsrat Cramer in Wetzlar, zur Abfassung von 100 und etlichen Bänden „Nebenstunden" zu verwenden? Zwar, wie die verehrliche Redaktion dieses Blattes es verantworten will, meine Briefe in eine „Gerichtszeitung" aufzunehmen, ist ihre Sache, und ich übernehme keinerlei Verantwortlichkeit, ja ich werde sogar, um mich des beengenden Gefühls, daß ich für eine Gerichtszeitung schreibe, völlig zu entschlagen, für mich beim Schreiben streng den Gesichtspunkt festhalten, daß ich nur an den Redakteur schreibe, und daß mich das Weitere nichts angeht. Eben um diese meine Unbefangenheit nicht zu beeinträchtigen, werde ich mich auch im strengsten Inkognito halten, eine Form des Auftretens, die wie von hohen Herrn und reisenden Glücksrittern, so bekanntlich auch von Schriftstellern nicht selten und aus guten Gründen gewählt wird. Sie, Herr Redakteur, wissen,

welche Mühe Sie hatten, die natürliche Scheu eines der Feder
so wenig gewohnten Mannes, wie ich, vor dem öffentlichen
Auftreten zu überwinden, Sie wissen, wie gefährlich es sein
kann, seine vom Staate mit 600 Tlr. jährlich so anständig
bezahlte Zeit, statt lediglich auf Aktenauszüge und Urteils-
entwürfe, auch auf solche Allotria wie juristische Briefe zu
verwenden. Angesichts des großen, seit dem ersten Juristen-
tage über ganz Deutschland verbreiteten Publikums dieser
Blätter fordere ich Sie also feierlichst auf, das Geheimnis
streng zu bewahren, selbst in unbewachten Momenten, wenn
solche bei einem Redakteur überhaupt möglich sind! Wird
es verraten, so sind Sie allein schuld, denn außer Ihnen
und mir selbst, der sein Geheimnis bewahren wird, kennt
niemand den Verfasser. Eben auch darum, um Sie gegen
indiskrete Fragen zu schützen, habe ich die Form der Briefe
gewählt, denn wer wird so zudringlich sein, Sie zur Verletzung
des Briefgeheimnisses, das selbst der zweite Dezember respektiert, veranlassen zu wollen, nachdem Sie mir die strenge Be-
wahrung desselben öffentlich, wie ich Sie hiermit zu tun
bitte[1]), in der Note gelobt haben?

Nur nach einer Seite hin verstatten Sie mir, den Schleier
des Geheimnisses zu lüften, und zwar in Form einer Anekdote, die Ihnen nicht unbekannt sein wird. In Berlin erschien bei einem Hofmaskenball unausgesetzt mehrere Stunden
hindurch eine und dieselbe Maske beim Büffet und entwickelte
dort einen Durst und Appetit, wie beide sonst Personen,
welche zu jenen Bällen Zutritt haben, nicht eigentümlich zu
sein pflegen. Unglaubliche Quantitäten Mandelmilch, Limo-
nade, Wein, Kardinal nebst den entsprechenden Beigaben
waren auf diese Weise in die Maske verschwunden, bis man
auf die Idee geriet, mit ausnahmsweiser Verletzung der

---

1) Geschieht hiermit.   Die Redaktion.

Maskenfreiheit den Inhaber dieses phänomenalen Appetites und Durstes zu konstatieren, und unter der Maske einen Soldaten von der Schloßwache entdeckte, der bereits der vierzehnte war, welcher auf diese Weise Durst und Appetit gestillt hatte. Inwiefern Sie die Maske des „Unbekannten", der diese Briefe schreibt, in ähnlicher Weise verwenden wollen, ist Ihre Sache; jedenfalls reichen meine Kenntnisse nicht aus, um alle die Briefe zu schreiben, die erforderlich sind, um ein vollständiges Bild der heutigen Jurisprudenz zu entwerfen.

Nun noch eins bei diesem Vorworte, das zugleich den Pakt darstellen möge, den wir vor den Augen des Publikums miteinander abschließen. Ich schreibe meine Briefe nur, wie Lust und Laune sie mir eingeben, werde mich also weder an eine Zeit binden, noch irgend eine systematische Ordnung dabei beobachten. Dagegen bedinge ich mir Maskenfreiheit aus, d. h. das Recht, mit meinen Scherzen und Angriffen niemand zu verschonen; finden Sie, daß ich zu weit gegangen, so legen Sie immerhin in einer Note Verwahrung ein oder streichen Sie, was Sie Lust haben.

Anbei erhalten Sie den ersten Brief.

Über die civilistische Konstruktion.

Sie kennen den hinkenden Teufel, der die Dächer abdeckte und seinen Schützling in die Geheimnisse der Zimmer blicken ließ. Lassen Sie mich einmal seine Rolle übernehmen und Ihnen die Studierzimmer unserer juristischen Theoretiker zeigen. Bei nächtlicher Weile und Lampenschein, zur Seite das corpus juris, diesen Schacht civilistischer Weisheit, sehen Sie hier die Träger der Wissenschaft des gemeinen Rechts emsig beschäftigt. Was treiben sie? Ich möchte eine Wette eingehen, daß die Hälfte derselben, wenigstens die Jüngeren,

die Hoffnung Deutschlands, augenblicklich konstruiert. Was
ist konstruieren? Vor etwa fünfzig Jahren wußte man noch
nichts davon, man „lebte harmlos und in Freuden, und das
Geschoß war auf Pandektenstellen nur gerichtet". Aber das
hat sich gewaltig geändert! Wer sich heute nicht auf die
„civilistische Konstruktion" versteht, der möge nur zusehen,
wie er durch die Welt kommt; sowenig wie eine Dame heutzutage ohne Krinoline zu erscheinen wagt, sowenig ein moderner Civilist ohne Konstruktion. Von wem sich eigentlich
diese neue civilistische Mode herschreibt, weiß ich nicht, nur
so viel ist mir bekannt, daß einer sogar dies Konstruieren
selbst wieder konstruiert und eine eigene Anweisung dazu gegeben, ja sogar zur Vornahme dieser Arbeit ein höheres
Stockwerk der Jurisprudenz angelegt hat, welches danach den
Namen der „höhern Jurisprudenz" erhalten hat.[1]) In der
untern Etage wird die gröbere Arbeit verrichtet, da wird
der Rohstoff gewalkt, gegerbt, gebeizt, kurz — interpretiert,
dann aber kommt er in die obere Etage, in die Hände der
civilistischen Künstler, die gestalten ihn, geben ihm künstlerisch-
civilistische Form. Haben sie diese gefunden, so verwandelt
sich jetzt die leblose Masse in ein lebendiges Wesen; durch
irgend einen mystischen Vorgang wird demselben, wie dem
Tongebilde des Prometheus, Leben und Odem eingehaucht,
und der civilistische Homunculus, d. h. der Begriff, wird pro-
duktiv und begattet sich mit andern seinesgleichen und
zeugt Junge.

Sie begreifen, daß alles auf jenen civilistischen Gestal-
tungsakt, auf die Konstruktion, ankommt; geschieht bei ihm
ein Versehen, setzt man die Beine z. B. an den Kopf, die
Nase hinten und, was unsereiner hinten trägt, ins Gesicht,

---

1) Ihering in seinem Geist des römischen Rechts Bd. 2, S. 385 ff.
und in seinen und Gerber's Jahrbüchern Bd. I, Abt. I.

so ist es mit der ganzen Sache nichts — es wird ein Wech-
selbalg. Kein Wunder also, daß diese des Schweißes der
Edlen werte Aufgabe alle Kräfte in Anspruch nimmt, und
daß die Erfindungskraft und Kombinationsgabe unabläffig
bemüht sind, die verschiedenen Stücke bald so, bald so zu-
sammenzusetzen. Ich will Ihnen jetzt an einigen schlagenden
Beispielen die Mühseligkeit der Arbeit veranschaulichen.

Zu den widerhaarigsten „Rechtsfiguren",[1]) die mit einer
wahrhaft dämonischen Störrigkeit behaftet sind, gehört vor
allem die Korrealobligation. Wünschen Sie die Literatur des gemeinen Rechts über sie? Sie würde eine ellenlange
Note füllen.[2]) Man kann die Juristen der heutigen Zeit in
zwei Klassen einteilen: diejenigen, die über Korrealobligation geschrieben, und die nicht darüber geschrieben haben.
Den Theologen kann der Begriff der Dreieinigkeit nicht
mehr Kopfzerbrechen verursacht haben, als unsern Juristen
der dieser civilistischen Zwei- oder Mehreinigkeit. Ist es
eine Obligation mit mehreren Subjekten, oder enthält sie
gleich viel Obligationen, als Subjekte? Gehen Sie herum
und halten Umfrage, wer nicht an diesem Problem labo-
riert, zählen Sie die schlaflosen Nächte, die dasselbe den
Jüngern der Wissenschaft verursacht hat. Mir schwindelt der
Kopf, wenn ich mich in diese Literatur vertiefe, und je mehr

---

1) Ausdruck von Kuntze.

2) Seit 1857 [bis 1861] sind nicht weniger als drei Bücher über
die Korrealobligation erschienen: von Helmolt (1857), Fitting
(1859), Samhaber (1861), der vielen sonstigen Besprechungen dieser
Lehre in Abhandlungen, Recensionen ꝛc. ganz zu geschweigen. [Wind-
scheid, Lehrbuch des Pandektenrechts Aufl. 5, Bd. 2 § 292: Noch
im Jahre 1829 konnte geschrieben werden (Guyet Abh. aus dem Gebiete des Civilrechts S. 262): „Es ist nicht leicht über irgend einen
andern Hauptpunkt des römischen Rechts die Literatur so dürftig wie
über diesen". Mancher möchte vielleicht diesen Zustand herbeiwünschen.]

ich davon lese, desto wirrer wird es mir, und wenn ich einen praktischen Fall zu beurteilen habe, so werde ich seiner nur dadurch Herr, daß ich alles, was ich je über Korrealobligationen gehört und gelesen, gänzlich vergesse. Zwischen ihnen und den sog. solidarischen Obligationen soll ein ganz gewaltiger Unterschied bestehen, etwa wie zwischen einem Tier auf zwei und auf vier Beinen. Aber fragen Sie unsere civilistischen Zoologen, worin sich denn diese Verschiedenheit praktisch äußert, wenn man den Vierfüßer und Zweifüßer vor den Pflug spannen will, — ich glaube, die meisten werden Ihnen die Antwort schuldig bleiben und sich damit entschuldigen, daß die Zoologie mit dem Pflügen nichts zu schaffen habe. Von einem Schriftsteller über die Materie, den ich auf diesen Mangel seiner Schrift aufmerksam machte, erhielt ich die Antwort: die praktische Seite der Frage habe er grundsätzlich von seinen Untersuchungen ausgeschlossen, er habe sich nur an die wissenschaftliche gehalten. Eine juristische Schrift, welche die praktische Anwendbarkeit der ganzen Materie grundsätzlich ignoriert — Konstruktion einer kunstvollen Uhr, welche nicht aufs Gehen berechnet ist! Eben darin liegt das Übel, daß die Jurisprudenz zu einer Zoologie hinaufgeschraubt wird, während sie doch die Kunst ist, mit dem civilistischen Zugvieh zu pflügen. [1]

---

1) [Ich benutze diese Gelegenheit, um den Anteil der Schuld, den man mir selber an dieser Verirrung wegen meiner Ausführungen an den oben citierten Stellen zumessen könnte, abzulehnen. Unius positio non est alterius exclusio. Die Betonung des hohen Werts der formal technischen Seite des Rechts, der juristischen Technik, verträgt sich vollkommen mit der Erkenntnis, an der es mir nie gefehlt hat, daß das Endziel der Jurisprudenz und damit aller theoretisch-dogmatischen Untersuchungen ein praktisches ist, und ich glaube dies bei meinen eigenen Arbeiten nie außer acht gelassen zu haben; dogmatische Untersuchungen, bei denen nicht irgend ein brauchbares praktisches Ergebnis abfällt,

Einmal bei der Obligation, will ich derselben noch einige interessante Probestücke der Konstruktion entnehmen. Wie stellen Sie sich die Obligation vor, d. h. die „Rechtsfigur", das „logische Gebilde" derselben? Darüber zerbrechen Sie sich nicht den Kopf, antworten Sie; Sie kommen auch so aus? O Sie Glücklicher oder, würde mancher sagen, Sie Bemitleidenswerter! Die Obligation kann gedacht werden als Recht auf die Handlung oder an der Handlung: dort richtet sie sich gegen die Person, hier umspannt sie als ihr Objekt die Handlung selber. Ja, man hat auch noch die Möglichkeit, sie als Recht über die Handlung zu denken. Nun wählen Sie! Sie werden sagen, wie kann man an einer Handlung, die noch nicht ist, ein Recht haben? Bevor sie vorgenommen wird, existiert das Objekt des Rechts nicht, und wenn sie vorgenommen wird, d. h. mit dem Moment der Erfüllung der Obligation, ist das Objekt sofort wiederum untergegangen. Fragen Sie Puchta, wie der es sich gedacht hat.[1]) Andere machen Ihnen ein ganz ähnliches dialektisches Kunststück vor. Die Erbschaft wird von vielen als das Recht an der Persönlichkeit des Verstorbenen definiert. Nun sollte man glauben, daß sie das in keinem Momente mehr wäre, als wenn der

---

würden für mich nicht die mindeste Anziehungskraft haben. Schon in meinem Geist des R. R. III, Abt. 1 § 59 habe ich gegen „den Kultus des Logischen, der die Jurisprudenz zu einer Mathematik hinaufschraubt," die Lanze eingelegt und das Ungesunde dieser ganzen Richtung an einzelnen eklatanten Beispielen nachzuweisen versucht, und mein Werk über den „Zweck im Recht" ist nur darauf berechnet, die praktische Auffassung des Rechts der formal juristischen und aprioristisch-philosophischen gegenüber zur Geltung zu bringen, indem es sich zur Aufgabe gesetzt hat, überall die praktischen Motive der Rechtsinstitute und Rechtssätze aufzudecken. Daß ich mir den dankbaren Stoff zur Persiflage, den die heutige Begriffsjurisprudenz mir darbot, in dieser Schrift nicht habe entgehen lassen, wird der Leser bald merken.]

1) Puchta, Pandekten § 219.

Erbe sie antritt, denn erst jetzt entsteht ja dessen Recht an der Erbschaft. Nein, fehlgeschossen! jetzt hört die Persönlichkeit nach manchen auf, — ähnlich der Wolke, die sich bei der Umarmung in nichts auflöst — während andere und namentlich auch Puchta so human sind, die Persönlichkeit des Erblassers in der des nächsten und aller folgenden Erben bis ans Ende der Welt fortleben zu lassen, womit die pythagoreische Seelenwanderung oder, wenn man lieber will, die persönliche Unsterblichkeit vom juristischen Standpunkt aus verwirklicht sein möchte! Eine Person ist in die andere geschachtelt, wie bei den Schachteln im Krämerladen schließt eine die andere in sich. Jeder von uns birgt noch ein unendlich verdünntes erbrechtliches Stück von Adam in sich. Jeder ist ein civilistischer Atlas, der die ganze bisherige Menschheit erbrechtlich mit zu tragen hat.

Sie müssen wissen, daß ich damit wiederum ein civilistisches „Phänomen" und einen höchst beliebten Gegenstand der Konstruktion berührt habe (man nennt es hereditas jacens), und wollten Sie eine Note daran wenden, um sich die Literatur mitteilen zu lassen, Sie würden staunen über den Reichtum civilistischer Kraft, die sich daran betätigt hat. Wie wenig weiß doch oft unsereiner, was er tut! Da nimmt er in aller Unschuld ein Inventar über einen Nachlaß auf, in dem er auch die Rechte und Forderungen des Erblassers aufführt, ohne zu bedenken, daß dieselben ja ohne Subjekt nicht existieren können, und daß, wenn er sie dennoch als fortdauernd annimmt, er eben damit auch den Erblasser als fortdauernd setzt, folglich nicht sowohl sein Vermögen, als ihn selber inventarisiert. Gegen den Gedanken, sich den Nachlaß ohne den in ihm fortlebenden Erblasser zu denken, empfindet ein civilistisch geschulter Geist ungefähr dasselbe Grauen, wie eine religiöse Natur gegen den Gedanken, sich das Weltall ohne Gott vorzustellen. Es liegt etwas Erhebendes

darin, daß der Totengräber sowenig wie die Seele, eben=
sowenig auch die juristische Persönlichkeit unter seinen Spaten
bekömmt, letztere vielmehr mit dem Tode als verklärter Geist,
frei und entfesselt von allen irdischen Banden, eine neue und
höhere Stufe ihres Daseins beschreitet. Freilich für gröbere
Naturen, die nur glauben, was sie sehen können, existiert die=
ser Geist nicht, aber sie selber existieren auch für die Wissen=
schaft nicht.

Gerade mit dem Begriff der Persönlichkeit hat die mo=
derne Wissenschaft ihre kühnsten und erhabensten Gedanken=
Evolutionen ausgeführt, und es ist bewundernswürdig, wie
sie durch geschickte Verwendung dieses Begriffes es verstanden
hat, die leblose Materie zu durchgeistigen und juristisch zu
beleben. Jener Zustand, den Schiller in seinen Göttern
Griechenlands besingt, wo alle Gegenstände, die uns bloß
als Objekte der unbelebten Natur erscheinen, die Quellen,
Bäume, Höhen 2c. von göttlichen Wesen bewohnt waren, —
jener Zustand ist auf dem Gebiete der Jurisprudenz repro=
duziert, und es fehlt mir bloß das Talent Schiller's, um ihn
gebührend zu besingen. Aber selbst in Prosa verfehlt er seinen
Effekt nicht!

Sehen Sie jenes alte Dach, von dem der Regen auf
des Nachbarn Grundstück träufelt? Wofür halten Sie das=
selbe? Für ein altes Dach. Gewiß, allein sehen Sie den
Glanz der juristischen Persönlichkeit nicht, der sich wie ein
elektrisches Licht über dasselbe ergießt? Lassen Sie es sich
sagen, was es ist; das alte Dach ist eine juristische
Person,[1] denn das Dach ist das Subjekt der Traufgerech=
tigkeit.

Sehen Sie dort bei Ihrem Bankier eine Schublade voll
von Staatspapieren, Aktien 2c.? Die werden Sie wiederum

---

1) Böcking, Pandekten Bd. 2, S. 212.

für Eigentumsobjekte halten. Fehl geschossen! Lassen Sie
sich von einem unserer Theoretiker[1] belehren, daß es juri=
stische Personen sind! Das Subjekt eines Papieres auf den
Inhaber ist das Papier selbst, — es ist der civilistische Münch=
hausen, der sich selbst beim Schopf aus dem Morast heraus=
zieht — Ziehender und Gezogener zugleich, Subjekt und Ob=
jekt. Konstruieren Sie mir einmal den juristischen Vorgang,
wie Sie ins Theater gelangen. Sie haben, antworten Sie,
ein Billet gekauft und abgegeben, welches zum Eintritt be=
rechtigt. Das ist keine Konstruktion! Als solche läßt sich nur
folgende denken: Das Billet berechtigt den „Inhaber als
solchen", „der Inhaber als solcher" aber ist etwas Abstraktes,
eine gedachte Persönlichkeit, eine juristische Person, und wenn
Sie mittels des Billets ins Theater gelangen, so geschieht
es nur darum, weil Sie diese juristische Person repräsentieren;
eigentlich hätte letztere selber hinein sollen, hätten sämtliche
Billets ihre Plätze einnehmen müssen. Danken Sie der Thea=
ter=Direktion, daß sie hier Repräsentation zuläßt!

Sie werden es jetzt auch nicht mehr überraschend finden,
daß jenes Ehepaar, welches sich der äußern Betrachtung als
Mann und Weib darstellt, für die Konstruktion der ehelichen
Gütergemeinschaft zu einer juristischen Person harmonisch zu=
sammenschmilzt, für welches Opfer an Persönlichkeit die Frau
unter, d. h. in Umständen dadurch entschädigt wird, daß ein
neuerer Jurist[2] den nasciturus zum Rang einer juristischen

---

1) Bekker (Jahrb. des gem. Rechts von Bekker und Muther Bd. I,
S. 292): „Das Papier selber ist das fragliche Rechtssubjekt, Gläubiger ...
Jeder Inhaber erhält gleichsam als jus possessionis die Befugnis, dies
Recht, das nicht sein Recht wird, gegen den Schuldner geltend zu machen.
Der Inhaber wird, wenn man so sagen will, Vertreter des Papiers
und kann die demselben zuständige Forderung eintreiben".

2) Rudorff in der von ihm besorgten Ausgabe von Puchta's
Pandekten § 114.

Perſon erhebt,[1]) wobei freilich nicht geſagt iſt, ob, da das
römiſche Recht ſich auf drei nascituri gefaßt zu machen be-
fiehlt, alle drei eine ſeparate oder eine Triple-Geſamt-Per-
ſönlichkeit bilden ſollen. Jedenfalls iſt dadurch das menſchliche Leben zwiſchen zwei juriſtiſchen Perſonen in ſchönſter
Weiſe in die Mitte gebracht: den nasciturus und die hereditas
jacens, und die juriſtiſche Perſon dürfte man darnach als die
Urſubſtanz bezeichnen, aus der die menſchliche Perſönlichkeit
ſich bildet, und in die ſie ſich wieder auflöſt. Das phyſiſche
Daſein der Menſchheit iſt nur ein vorübergehender Zwiſchen-
zuſtand zwiſchen der höheren Daſeinsform der Perſon: der
rein geiſtigen, immateriellen als juriſtiſche Perſönlichkeit.

Nachdem alte Dächer, Staatspapiere u. ſ. w. ſich in den
Kreis der Perſonen gedrängt haben, kann man es dem Menſchen wahrlich nicht verargen, daß er ſeinerſeits ſich aus
dieſer Geſellſchaft wegſehnt, zur Not ſelbſt um den Preis der
Verzichtleiſtung auf die Ehre der Perſönlichkeit. Und in der
Tat hat ein neuerer Juriſt[2]) ihm dazu den Weg gewieſen,
indem er die Freiheit als Eigentum am menſchlichen Körper
auffaßt, wodurch denn der von den genannten lebloſen Ob-

---

1) [Röder, Grundzüge des Naturrechts oder der Rechtsphiloſophie
Abt. II, Aufl. 2, S. 23 macht ihn bereits zu einer wirklichen Perſon,
zu einem Rechtsſubjekt, das als ſolches ſchon im Mutterleibe, nachdem
es eben konzipiert iſt, ſein Recht auf Leben geltend macht. „Denn mit
dem Leben ſelbſt kömmt auch ein Recht zu leben nicht bloß dem
bereits geborenen Menſchen zu, ſondern auch dem erſt gezeugten, alſo
Schutz gegen jede frevelhafte Abtreibung oder Durchbohrung des
Schädels u. ſ. w.“ Als Rechtsphiloſoph hat Röder ſich der praktiſch-
juriſtiſchen Frage enthalten, in welcher Form Rechtens das im Mutterſchoße befruchtete Ei dieſes Recht gerichtlich geltend machen ſoll; dem
Mangel eines proceſſualiſchen Stellvertreters könnte dadurch abge-
holfen werden, daß jeder verheirateten Frau und allen bedenklichen
Frauenzimmern ein Curator ventris nomine beſtellt würde.]

2) von Vangerow. Über die Latini Juniani S. 67 ff.

jekten verschmähte Eigentumsbegriff am Menschen wiederum
zu Ehren kommt. Und warum sollte er es auch nicht? Ob
die Natur oder ein Zahnarzt mir einen Zahn einsetzt, der
Zahn steht in meinem Eigentum; der Lockenkopf, der sein
Haar einem Friseur, der Verbrecher, der seinen Kadaver einem
Anatomen verkauft, beide müssen, um an dem Objekt einem
andern das Eigentum übertragen zu können, dasselbe vorher selbst gehabt haben, und was ist der ganze Mensch anders, als die Summe seiner sämtlichen Körperteile, die
Persönlichkeit also anders, als das Eigentum an ihnen?
Es war einem österreichischen Rechtsphilosophen[1]) vorbehal-
ten, mittelst dieser Anschauung jenes Recht, welches Posa vergebens von Philipp II. forderte, zu deduzieren: die Denkfreiheit.
Der Mensch hat das „Eigentum an den Sprachwerkzeugen";
um es zu benutzen, d. h. um sprechen zu können, muß man
aber denken (was beiläufig gesagt vom Schreiben, selbst vom
Bücherschreiben nicht immer gilt), folglich hat man auch das
Recht zu denken. Erst seitdem diese Schnabeltheorie zu meiner
Kunde gekommen ist, fühle ich mein Denken auf eine gesicherte rechtliche Grundlage gestellt, ich weiß, daß dasselbe
nicht mehr de facto, sondern de jure geschieht, und ich weiß
seit der Zeit auch, daß ich das Recht habe zu schwitzen, zu
verdauen, mich, wenn es mich juckt, zu kratzen u. s. w., ich
übe damit nur mein Eigentumsrecht an meinem Körper aus.
Nur gänzlich Unkundige können fortan noch den Rechtsgrund
des Urheberrechts in Frage stellen; es beruht auf dem Eigentum an den Sprachwerkzeugen.

Um das Gleichgewicht wieder herzustellen, hat man, nachdem man den Eigentumsbegriff von der Sache auf den Menschen übertragen hat, das Umgekehrte mit dem Begriff der
Obligation getan, indem man ihn, der nach natürlicher Vor-

---

1) Dem längst verstorbenen Schnabel in seinem Naturrecht.

ſtellung eine Perſon als Schuldner vorausſetzt, auf die Pfand-
ſache überträgt und das Pfandrecht als Obligierung einer
Sache definiert. Es iſt mit der Epoche der juriſtiſchen Konſtruktion eine Unruhe, eine Wanderluſt in die juriſtiſchen Begriffe gekommen, keiner hält es mehr auf dem Platze aus,
auf dem er ſeit Jahrhunderten geſtanden, es macht den
Eindruck, als ſpielten ſie „Kämmerchen vermieten". Das
Eigentum fühlt ſich nicht mehr befriedigt mit ſeiner „vollen
rechtlichen Herrſchaft über die Sache", es verlangt das „Recht
an der Beſtimmung der Sache" zu ſein[1]), den leer gewordenen Platz nimmt dafür die Servitut ein, indem ſie ſich
als „Eigentum an einzelnen als ſelbſtändige Sachen fingierten
Eigenſchaften einer fremden körperlichen Sache" aufſpielt[2]).

Für die damit geſchaffene künſtliche Sache ſpielt uns
aber die wirkliche Sache den Streich, daß ſie ſich nicht mehr
dazu verſteht, dem Eigentum als unmittelbares Objekt zu
dienen, letzteres beſteht vielmehr in der negativen Verpflichtung aller Nichtberechtigten, das Eigentum nicht zu verletzen[3]).

Einen ähnlichen Anfall von Widerſetzlichkeit hat auch
das Pfandrecht aufzuweiſen, indem es ſich in einer neuern
Schrift über Pfandrecht[4]) von ſeiner Form als Recht hat
emanzipieren und ſich, wie es angeblich zu Gajus' und Ulpian's Zeiten der Fall geweſen ſein ſoll, hinter die Pfand-
klage hat verſtecken wollen. Es macht dem gegenüber einen
wahrhaft wohltuenden Eindruck, wenn Begriffe, die es ſonſt
nicht nötig hätten, ſich der juriſtiſchen Konſtruktion zu fügen,

---

1) Girtanner in meinen Jahrbüchern für Dogmatik Bd. 3,
S. 83.
2) Elvers, die römiſche Servitutenlehre.
3) Kierulff, Theorie des gem. Civilrechts Bd. 1 S. 155.
4) Bachofen, das römiſche Pfandrecht Bd. 1.

freiwillig sich dazu verstehen, und ich kann es nicht genug rühmen, daß eins der edelsten Güter, die dem Sterblichen beschieden sind, die Hoffnung, sich in dem Maße fügsam erwiesen hat, daß wir nicht bloß, wie schon die alten Römer, einen Verkauf der Hoffnung (emtio spei) kennen, sondern neuerdings auch ein „Recht auf Hoffnung"[1], ja sogar ein „Pfandrecht[2] an derselben" gewonnen haben, womit auch den Frauen, die sich „guter Hoffnung" befinden, der für ihre Lage zutreffende juristische Gesichtspunkt erschlossen sein dürfte; für ihre Leibesfrucht ist schon in anderer Weise juristisch gesorgt (S. 14 Note).

Es ist damit zugleich für diesen ersten Brief ein so versöhnender Abschluß gewonnen, daß ich sehr gegen mein Interesse handeln würde, wenn ich denselben durch weitere Zusätze stören wollte.

Zweiter Brief.[3]

Daß Sie verschiedentlich nach meinem Namen gefragt sind, rechne ich mir, daß Sie das Geheimnis so treulich bewahrt haben, Ihnen zur Ehre an. Ich wünsche zwar, daß Sie dasselbe auch fernerhin bewahren, allein ich scheue mich doch nicht, unaufgefordert den Schleier des Inkognito etwas zu lüften, indem ich im folgenden Ihnen meine juristische Laufbahn schildere, aus der vielleicht der eine oder andere von meinen Bekannten mich erraten wird.

---

1) W. Sell, bedingte Traditionen S. 18, Note 2.
2) Puchta, Pandekten § 210, Nr. 2.
3) Deutsche Gerichtszeitung 1861, Nr. 85.

Welche schöne Zeit meines Lebens, als ich noch mit jugendlicher Begeisterung, um nicht zu sagen: an den Brüsten der Wissenschaft, an den Lippen meines Lehrers Puchta[1]) hing, durch dessen Mund Gajus, Paulus, Ulpianus und so viele andere große und kleine Propheten des corpus juris täglich zu mir redeten, und mir dem Namen nach bekannter wurden, als alle Juristen der Gegenwart, mit Ausnahme von ihm selber. Jener Begeisterung und der Beharrlichkeit, mit der er täglich uns Zuhörer mit Pandektenstellen versorgte, welche die wenigsten von uns nachschlugen, habe ich es zu danken, daß ich frühzeitig in den Besitz eines corpus juris geriet, daß ich die jugendliche Schüchternheit und das geheimnisvolle Grauen, mit dem dieses in Schweinsleder gebundene Stück des Altertums mich erfüllte, überwand und mich herzhaft in die dunklen Schachte der civilistischen Weisheit hineinwagte, schon damals als unpraktisch verschrieen bei meinen Bekannten. Statt mit ihnen in den Tönen von Mantius, suchte ich auf einsamem Zimmer meinen Genuß in den Stipulationen, Testamenten, Klagen von Titius, Mävius, Aulus Agerius, und wie sonst die dramatischen Figuren der Rechtsfälle der Pandekten und Gajus' heißen; die Quellen, aus denen ich schöpfte und meinen Durst stillte, waren Rechtsquellen, statt in Kroll's Wintergarten ging ich in die Bibliothek, die Gefährten, mit denen ich zurückkehrte, waren Ulpiani fragmenta, Gaji Institutiones u. a., lauter getragene Größen. Mehr und mehr fühlte ich, daß diese Gesellschaft mehr für mich gemacht sei, als die meiner Kameraden, mehr und mehr umstrickte mich der Zauber des römischen Rechts, und eines Tages stand es plötzlich klar vor meiner Seele, daß

---

1) [Fingiert; ich habe Puchta nie gehört, durch seine Werke hat er allerdings mehr auf mich gewirkt, als irgend ein anderer.]

meine Zukunft der Wissenschaft gehöre — der künftige Theoretiker war konzipiert.

Schon regte sich in mir der Drang theoretischen Schaf-
fens; wie in einem Glase Champagner perlten und stiegen
die Ideenbläschen zu theoretischen Taten in mir auf, Interpretation einer lex damnata, Leben und Schriften von Quin-
tus Mucius Scävola, Nexum, lex Pesulania de cane, Vadi-
monium, Praedes, servitus luminum — welche Fülle der an-
ziehendsten Probleme umgaukelte mich! Da fügte mein böser
Genius, daß ich an einem Thema haften blieb, das wahrhaft verhängnisvoll für mich werden sollte — — eine Aufgabe, die mich beinahe um meinen Verstand gebracht hätte,
schließlich aber doch nur eine geringere, wenn auch für mich
sehr schmerzliche Einbuße: die meiner theoretischen Zukunft,
für mich zur Folge hatte.

Nemo pro parte testatus, pro parte intestatus decedere
potest.

Diese wenigen Worte bilden den Wendepunkt meines
Lebens, ohne sie würde jetzt vielleicht mein Name, statt in
vergänglichen, bald reponierten Akten, auf unsterblichen theoretischen Schriften figurieren. Einer gewöhnlichen hausbacknen
Juristenseele fehlt völlig das Verständnis für die Tiefe oder
Höhe des Problems, das jener Satz in sich schließt, und es
mußte erst Hegel geboren und ihm in Gans ein Schüler
erweckt werden, der als der Winfried seiner dialektischen Methode unter die Juristen ging, damit ihnen verkündet wurde[1],
daß nur die philosophische Spekulation jenen Satz zu ergründen vermöge, sintemalen „der Verstand sich eine unnütze Mühe
gibt, wenn vom Auffassen des substantiellen Geistes die Rede
ist." Jener Satz enthält „den ganzen Gedanken des römi-

---

1) Gans in seinem „Erbrecht in weltgeschichtlicher Entwickelung",
Bd. 2, S. 451 ff.

ſchen Erbrechts", dieſer Gedanke war aber der der römiſchen Geſchichte überhaupt, der Gegenſaß des abſtrakt Allgemeinen und der Perſönlichkeit, der Kampf eines ſtrengen und
freien Prinzips, „deren Schickſal es iſt, einander gegenüber
verdammt zu ſein, — die Familie und das Recht des Individuums haben gegeneinander die Stellung feindlicher Mächte,
wovon jede die andere zu überwältigen hat, und deren Vereinigung und Verſöhnung nur die Folge der gegenſeitigen
Erſchlaffung iſt."

Ergriffen von der Erhabenheit dieſes Gedankens, ſollte
ich es in noch ungleich höherem Grade werden durch einen
Aufſaß, den Huſchke¹) über unſern Gegenſtand geſchrieben,
und an dem ich zuerſt jener Höhe der Auffaſſung, deren das
römiſche Recht fähig iſt, und des beſchränkten Maßes
meiner Kräfte innewerden ſollte. Wegen des beſtimmenden
Einfluſſes, den derſelbe auf mein Leben ausgeübt hat, muß
ich mir erlauben, die Hauptpartien mitzuteilen.

„Wenn der Menſch ſtirbt, ſo geht ſeine Perſon mit dem
perſönlichen Recht in das heilige Recht über, wird Dii Manes;
ſeine vermögensrechtliche Perſönlichkeit dagegen bleibt im jus
humanum zurück und bildet die hereditas; dieſe iſt demnach
von der lebenden Perſon nur darin verſchieden, daß ſie die
vermögensrechtliche Perſon von der wirklichen getrennt dar-
ſtellt und als ſolche eine Sache bildet."

Mit dieſem Saß berührt unſer Schriftſteller noch mit
einem Fuß die Erde, dann aber reißt er ſich von derſelben
auch mit letzterem los und erhebt ſich, einem kühnen Luft-
ſchiffer gleich, mehr und mehr in die Regionen der Abſtrak-
tion, in jene Regionen, wo nichts den trunkenen Geiſt mehr
an die Erde erinnert, und er ſich badet im reinen, klaren

---

1) Huſchke über die Rechtsregel: Nemo pro parte etc. Rhein.
Muſeum VI, Nr. 8.

Gedankenäther. Die Vererbung, dieſer ziemlich nüchterne
Vorgang auf Erden, erſcheint ihm jetzt bereits als „eine ver⸗
mögensrechtliche Fortpflanzung der Familie, die ebenſo, wie
die Zeugung in einem Aufgeben des perſönlichen oder
Gattungsdaſeins in ein neues Gattungsglied beſteht, ein Auf⸗
geben des individuellen nur noch im Vermögen wirkſamen
Daſeins in ein anderes Individuum iſt; jene fällt in die
Akme, dieſe in das Ende des menſchlichen Lebens. Die Zeu⸗
gung iſt die ſterbende Gattung, die Erbſchaft das ſterbende
Individuum. Sowie jene in einem Sohne ſtirbt, ſo dieſes
auch im Erben. Da aber das vermögensrechtliche Daſein
nicht weniger lebendig iſt, als das gewöhnliche, ſo iſt auch
die Vererbung nicht anders denkbar, als ſo, daß in dem⸗
ſelben Moment, wo dieſes vermögensrechtliche Daſein als
ſolches — gleich einem Samen — ſich trennt, es auch in der
neuen Perſönlichkeit aufgenommen werde; denn fiele beides
auseinander, ſo wäre es nicht mehr etwas Lebendiges, was
mitgeteilt würde, es gliche einem ſeparierten, aber nicht em⸗
pfangenen Samen, der keine Zeugung bewirken kann. Die
Vererbung kann nur die familia, nicht eigentlich die hereditas
treffen, weil dieſe einen bereits Verſtorbenen vorausſetzt und
daher etwas Unlebendiges iſt.“

Es ſtört im Grunde den Eindruck und beweiſt nur, daß
der Verf. ſich noch nicht hoch genug erhoben hat, um die
wirkliche Welt mit ihren praktiſchen Fragen ganz aus den
Augen zu verlieren, wenn er ſich die Frage aufwirft, wie
denn die hereditas angetreten werden könne; wir hätten
es als eine Tat philoſophiſcher Unerſchrockenheit anerkannt,
wenn er die Möglichkeit der Antretung völlig geleugnet hätte.
Er löſt jenes Rätſel in folgender Weiſe: „Was vom Erb⸗
laſſer als familia hinterlaſſen wird, iſt nach der Seite der
Erben hin hereditas.“

Verſtatten Sie mir von jetzt an einige Auslaſſungen und

namentlich auch das Weglassen der Gänsefüße, die schon
ihres Namens wegen etwas Anstößiges für mich haben, und
die ich bei so tiefsinnigen Ideen doppelt Anstand nehme zur
Einfassung zu verwenden. Familia und hereditas sind dieselbe
Sache und sind es auch nicht, je nachdem man die Sache an-
sieht. Sie sind dasselbe dem Objekt nach, sie sind verschieden
der Richtung nach. Das Objekt ist die Vermögensfreiheit
des Erblassers; aber gleichwie die Gegenwart zugleich als
die Vergangenheit beschließend und die Zukunft beginnend
betrachtet werden muß, wie sie auch mit ihrem der Vergangenheit zugewandten Momente d. i. ganz in die Zukunft
übergeht, so wird auch die vom Erblasser als familia hinter-
lassene Vermögensfreiheit vom Erben als hereditas begriffen;
indem er sie aber als solche ergreift, hat er sie zugleich als
familia. Somit ist also auch die hereditas nichts Unlebendiges,
sondern nur die unlebendigere, nach einer Wiederbelebung
sich sehnende Seite dessen, was zugleich hinter sich die leben-
digere der familia hat.

Diese letzteren Sätze sind es, welche den oben angedeu-
teten Einfluß auf mein Leben ausgeübt, und mittelst deren
der Huschke'sche Aufsatz sich für mich zu einem Schlagbaum
gestaltet hat, der mir den Zugang zur theoretischen Laufbahn für immer versperrte. Sie zu ergründen, jenes rätsel-
hafte Gebilde der hereditas zu verstehen, die halb der be-
lebten, halb der unbelebten Natur angehört, von vorne Erbschaft, von hinten Erblasser ist — ein würdiges Seitenstück
zu dem Wesen der Sphinx, welches des Morgens vierbeinig,
mittags zweibeinig, abends dreibeinig war — das war die
Aufgabe, die ich mit krampfhafter Anspannung meiner Geistes-
kräfte zu lösen suchte. Hatte ich bei Tage mich bemüht,
durch Heranziehung verschiedener Gegenstände des gewöhnlichen Lebens, welche ebenfalls von verschiedenen Seiten verschiedene Dinge repräsentieren, z. B. von der einen Seite einen

Löffel, von der andern eine Gabel, meiner Vorstellung mit
einigem Erfolg, wie ich glaubte, zu Hilfe zu kommen, so
erschien mir nachts im Traum ein phantastisches Bild der
hereditas, das aller Vergleichungen und sinnlichen Anknüpfungs-
punkte spottete, und hinter ihm der tiefsinnige Urheber desselben, ganz in der Gestalt der Sphinx, und sich anschickend,
mich, wie letztere es einst gewohnt war zu tun, in den Abgrund zu werfen, wenn ich das Rätsel nicht löste. Einst in
einer angstvollen Nacht glaubte ich es gelöst zu haben, ich
hatte die hereditas unter Händen, sie war leblos, kalt, feucht
anzufühlen; aber indem ich im Triumph mich ihrer bemächtigen wollte, zuckte es in ihr, das Phantom ward lebendig,
richtete sich auf und schnellte mich mit einem mächtigen Stoß
und den Worten zurück: „Elender Tropf, glaubst Du das
Wesen der hereditas mit Händen greifen zu können. Bevor
Du nicht die Sklavenketten des Verstandes zerbrochen hast,
wirst Du mich nimmer erschauen!"

Am folgenden Morgen lag ich in wilden Phantasien,
vom heftigsten Fieber geschüttelt, auf dem Krankenlager, die
Ärzte zweifelten, ob es bloße Gehirnentzündung oder Wahn-
sinn sei, — von der eigentümlichen Krankheitsform, die
mich befallen hatte: dem spezifisch juristischen Delirium
hatten sie keine Ahnung. Sie wissen, wie lange ich damals
gelitten, und wie mir noch als Rekonvalescenten der bloße
Name hereditas oder familia den Angstschweiß austrieb, wie
sodann die Ärzte, als sie mich für geheilt erklärten, mir die
Fortsetzung meiner Dissertation für immer verboten und mir,
wenn mir mein Verstand lieb sei, abrieten, Theoretiker zu
werden, welchem Rate ich um so weniger Widerstand entgegenzusetzen vermochte, als ich die Wahrheit der obigen
Behauptung von Gans, „daß der Verstand sich unnütze Mühe
gibt, wenn vom Auffassen des substantiellen Geistes die Rede
ist", an mir selbst in abschreckendster Weise erfahren hatte.

So sagte ich der hereditas und der Theorie Valet, ohne daß ich in meinem Studium der obigen Abhandlung nur bis zu dem Punkte gelangt wäre, wo der wahre Grund der Regel: Nemo pro parte u. s. w. in so überzeugender Weise entwickelt wird: „Wenn jemand sich selbst einen Erben ernennt, so ist es wiederum diese Person, welche diesen Akt vornimmt. Also fallen in dem Akt der Erbesernennung Subjekt und Objekt in eins zusammen, die familia will sich dem Erben übertragen, sie vererbt sich selbst. Wenn so Testator und Erbschaft sich indifferenzieren, so folgt, daß auf dieselbe Weise, wie die Erbschaft objektiv unteilbar ist, auch der subjektive mit ihr zusammenfallende Wille unteilbar, mithin die Konkurrenz eines andern Willens mit sich ausschließend sei."

Jene Zeit mit ihren Schmerzen liegt lange hinter mir, und ich hielt die Erinnerung daran für völlig abgestorben, aber neulich wachte sie mit vermehrter Heftigkeit wiederum in mir auf, als ich das neueste römische Erbrecht (Vering, Röm. Erbrecht in historischer und dogmatischer Entwicklung. Heidelberg 1861) in die Hände bekam.

Wie mir zu Mute sein mußte, als ich es las, kann nur der begreifen, der ein Lotterielos, auf das später der höchste Gewinn gefallen ist, bereits besessen und als wertlos weggeworfen hat. Die Ideen nämlich, die dieser Schriftsteller ausspricht, habe ich bereits besessen, und hätte nicht die unselige Furcht, darüber meinen Verstand einzubüßen, mich abgehalten, sie auszuarbeiten und zu veröffentlichen, so trüge jenes Werk statt seines Namens jetzt den meinigen an der Spitze. Gerade so, wie er die hereditas schildert, erschien mir dieselbe in jenen Zuständen erhöhter Geistestätigkeit, die nur ein Arzt mit dem Namen Fieber-Phantasien belegen kann, — und hätte ich einen Stenographen an meinem Bette sitzen

gehabt, um meine Selbstgespräche aufzuzeichnen, jener Schriftsteller hätte sich seine Mühe sparen können.

Mit Recht hat derselbe statt des völlig abgenutzten Ausdrucks „hereditas‘‘ den von Huschke noch mit einer gewissen
Schüchternheit gebrauchten der „familia‘‘ als stehenden benutzt; bleibt auch die Sache dieselbe, so gibt dieser neue
Name ihr doch ein ganz anderes Relief, ungefähr wie der
Ausdruck Diner in Anwendung auf ein dürftiges Mittagessen;
die Sache wird dadurch geadelt, aus der Sphäre der gemeinen Vorstellung, des bürgerlichen Lebens, in die der ex-
klusiven Gesellschaft gehoben, und den Uneingeweihten wan-
delt unwillkürlich das Gefühl der eignen Unkenntnis und des
Staunens über die Fortschritte der Wissenschaft an. Wenn
ihm jemand den Satz: „die Obligation ist nach R. R. vom
Subjekt untrennbar‘‘, damit erklären wollte, daß sie mit dem
Subjekt unzertrennlich zusammenhänge, so würde diese Tauto-
logie ihm schwerlich einen großen Respekt abnötigen; wenn
aber der Verf. (S. 101 Note 2) die Erklärung so faßt: „es
sei durch die Obligation die familia, die Rechtspersönlichkeit,
verstrickt, berechtigt oder verpflichtet worden‘‘, so macht
dies unverkennbar einen ganz andern Effekt. Die familia
nun, dieses „unsterbliche Wesen‘‘ (S. 89), verschafft dem Erben „das commercium des Erblassers‘‘ (S. 88), die „private
Rechtsfähigkeit desselben‘‘ (S. 103), — ein unschätzbarer
Dienst, gegen den die Verschaffung des Vermögens, in der
unsereiner den Vorteil der Erbschaft erblickt, in nichts zu-
sammenschrumpft, namentlich für einen Erben von minderer
Rechtsfähigkeit, der dafür die höhere des Erblassers ein-
tauscht. Diese Persönlichkeit ist unteilbar, wie „alle Freiheit, jedes lebende Wesen und alles, was juristisch den Charakter einer Persönlichkeit hat‘‘, und selbst die „eine, un-
geteilte Sonne, welche ihre Strahlen nach verschiedenen
Seiten hin sendet, (ohne daß sie selber sich zersplittert)‘‘, muß

mit diesem ihrem Licht das Dunkel der Unteilbarkeit der „familia'' erhellen (S. 108). Der glückliche Doppelsinn dieses Ausdruckes (als Nachlaß und Familie) macht es denn auch sehr leicht, den Beweis zu führen (S. 115), daß „der Erbe als Familienglied gilt, indem er ja die familia defuncti in sich aufnimmt und demgemäß in das innigste Verhältnis zum Erblasser tritt", und die aus dem Begriff und Wesen des Erbrechts sich ergebende „Naturnotwendigkeit" der fingierten Persönlichkeit der hereditas jacens so wie den Schlüssel zum gesamten römischen Erbrecht in einer Eigentümlichkeit des römischen Familienrechts zu finden.

Nachdem ich mich in meinem praktischen Beruf bereits gegen alle Anfechtungen durch die hereditas gesichert fühlte, führte mir das Schicksal in Gestalt des mich mit Novitäten versehenden Buchhändlers ein Werk in die Hände, das die Ihnen bisher geschilderte Episode meines Lebens erst zum wahren Abschluß gebracht hat und mich, indem ich es las, alle Schauer des Spiels unheilvoller Schicksalsmächte empfinden und das geheimnisvolle Rätsel des eigenen Lebens erkennen ließ. Dies Werk ist der zweite Teil des kürzlich in Leipzig unter dem pseudonymen Namen Ferdinand Lassalle erschienenen „Systems der erworbenen Rechte", betitelt: „Das Wesen des römischen und germanischen Erbrechts in historisch-philosophischer Entwicklung."

Ich habe den Verf. mit leiblichen Augen nie gesehen, aber ich kenne ihn so gut wie mich selbst, denn ich habe ihn in mir getragen, ihn mit meinem Herzblut gesäugt — er ist Ich selbst — mein Doppelgänger! Sie kennen doch das schaurige Sujet, welches Hoffmann in seinen Elixieren des Teufels behandelt, jene psychologisch so tiefe Idee der zwei Naturen im Menschen, von denen die eine sich losreißt von der andern und als Doppelgänger leibhaftige Gestalt annimmt, um, was in der Seele der einen bloß als sündhafte

Regung, als Gedanke auftaucht, als Tat lebendig zu machen. Jenes verruchte Treiben des wahnsinnigen Mönchs, jene Spukgestalt des Bruders Medardus, jenes haarsträubende Begegnen der Doppelgestalten — ich weiß jetzt, warum es mich seit fünf Jahren mit so unwiderstehlichem Grausen er-faßte, — an mir selbst sollte sich diese Tragik des Doppel-gängers wiederholen! In jener schreckensvollen Nacht, die ich geschildert, als ich, zerknirscht über die Erfolglosigkeit des bloßen Verstandes-Denkens, auf mein Lager zurücksank, fühlte ich einen stechenden Schmerz, als würde mir gewalt-sam aus dem Gehirn die pia mater oder das große Gehirn herausgezogen. Was sich damals von mir ablöste, war das spekulative Denken, mein Doppelgänger, der sich jetzt anstatt mit meinem Namen pseudonym Ferdinand Lasalle nennt — was mir zurückblieb, womit ich fortan allein zu vegetieren verdammt war, war der arme, nüchterne, borniere Verstand. Befreit von dem Joche des Verstandes, unter dem er mich zurückließ, im Besitz des Organs, das allein das Wesen der Dinge zu erkennen vermag, war es freilich nicht zu verwun-dern, daß an meinem Doppelgänger sich die Verheißung der hereditas verwirklichte, und daß sie ihm sich enthüllte. Wie ein Blinder, der nach langer Nacht das Augenlicht erhält, jauchzt und jubelt er auf über die Kraft seines Auges, über die Herrlichkeit der hereditas, die ihm erschienen, zuerst er-schienen, denn „nicht bloß dieses und jenes einzelne, sondern gerade ebenso das Einzelne wie das Ganze des röm. Erbrechts ist bis auf den heutigen Tag ohne Ausnahme völlig mißverstanden und unerkannt geblieben — ein unent-rätseltes Geheimnis" (S. 8). Selbst der Kirchenvater Cle-mens von Alexandrien hat sich für das Wesen des römi-schen Mancipationstestaments (die geistige Fortsetzung eines Individuums durch ein anderes) „ein viel tieferes Ver-ständnis gerettet als alle Juristen miteinander" (S. 152).

Auch „Gans mußte den Geist des Erbrechts verfehlen, weil auch er noch die Seele von den empirischen Auffassungen des Erbrechts nicht hinreichend gereinigt hatte" (S. 11), von Huschke ganz zu geschweigen, dessen obiger Aufsatz „eine der größten und anerkennenswertesten Zermarterungen des denkenden Verstandes ist, dem Begriff ohne begriffliches Denken nahe zu kommen, und daher das ewige Schicksal der angestrengtesten Verstandesreflexion teilt, ihn gerade immer da, wo sie sich ihm am meisten genähert zu haben scheint, wieder am vollständigsten zu verfehlen und einen Schatten zu umarmen" (S. 488). Der Aufsatz „gleicht dem beständigen Versuche eines Menschen, fliegen zu wollen ohne Flügel, einem Aufschwunge, bei dem er immer schwerer auf die Füße wieder zurückfallen muß. Es ist der rastlose Anprall des Verstandes gegen die Eisenstäbe seines Käfigs, ein Anprall, bei dem er aber nur ein rasselndes Geräusch erregt und diese Eisenstäbe nicht zu erschüttern vermag" (S. 495). Wer kennte diesen Zustand besser als der Verf., wenn ihm sonst noch eine Erinnerung an die Qualen und Martern bewahrt geblieben ist, die er vor seiner Trennung von mir zu bestehen hatte? — was ich um so weniger bezweifle, als nach ihm die mit der Suität gegebene „seiende Willenseinheit (des Erben und Erblassers) als unmittelbar gegebene bis in den Uterus zu dringen und die Person bis in die Anfänge ihres Personseins hinein zu ergreifen vermag" (S. 240). Daher eben jener glühende Haß gegen den Verstand, jene souveräne Verachtung desselben, zugleich aber auch jene genaue Kenntnis seines Wesens, die ihn in den Stand setzt, durch eine Zergliederung des Aufsatzes von Huschke einen „Beitrag zur Physiologie des Verstandes zu liefern, der in der juristischen Materie ausschließlicher als irgendwo wütet und von jeher — seit dem Untergange Roms — gewütet hat" (S. 514). Welch' wunderbar entwickeltes

Organ er besitzt, um auch das kleinste Minimum dieses juristischen Ods, auf größten Raum verteilt, zu spüren, zeigt
schlagend der Umstand, daß er gerade den Huschke'schen
Aufsatz auserlesen hat, um an ihm seinen „Sektionsprozeß"
durchzuführen, und daß schon der Verstand dieses Schriftstellers ihm „als der höchste, sein Scharfsinn als der begab-
teste und normalste" erscheint. Er spricht demselben nämlich
von den von ihm entdeckten 3 Sorten des Verstandes die
dritte und höchste zu. „Es gibt, sagt er, drei Sorten von
Verstand. Der eine ist der, der immer nur die eine Seite
der Sache sieht — dies ist der beschränkte Verstand.¹)
Der andere Verstand ist derjenige, welcher entwickelt genug
ist, um beide Seiten der Sache zu sehen, aber sie immer
nur abwechselnd, nie gleichzeitig sieht. Dies ist der
gebildete, entwickelte Verstand. Da er die beiden Seiten
der Sache nur abwechselnd sieht, so fühlt er ihren Widerspruch nicht, er lebt daher mit Gott und der Welt zufrieden,
vor allem mit sich selbst, stellt jede Seite der Sache in einen
besondern Winkel und vergißt jedesmal die eine ganz, wenn
er die andere braucht und hervorholt. Der seltenste und
höchste Verstand ist der, welcher gleichzeitig beide Seiten
der Sache sieht, eben deshalb aber auch ihren Widerspruch
fühlt. Da er ihn fühlt, so bildet er seine Marter und
darum vollzieht sich gerade an diesem höchsten Verstande
jenes Strafgericht" (welches der Verf. seiner Zeit, als er
noch als spekulativer Bruder Medardus von mir beherbergt
wurde, zu bestehen hatte und darum so ergreifend wahr zu
schildern imstande ist). — — „Er will den Widerspruch,
da er ihn in der Sache nicht versöhnen kann, mindestens mit
Worten verlöschen, und nun beginnt jene wilde Jagd der

---

1) Eine Species desselben wird der beschränkte Untertanenverstand
sein — er sieht die Sache bloß von seiten des Rechts an.

Worte, aus jeder noch so verwischten Fassung derselben schallt ihm aus der Tiefe seines Gewissens aufs neue das gelle Hohngelächter des einmal erkannten Widerspruchs entgegen — — er rennt sich mit allem Hin- und Herzerren den Marterpfahl des Widerspruchs nur um so tiefer in den Leib — — und wenn er zuletzt endlich atemlos, schweißtriefend, zitternd die tolle Jagd aufgeben muß, so ist es nur die Verzweiflung an der unmöglichen Aufgabe, die ihn bestimmt u. s. w." — kurz ganz sein und mein Martyrium in der von mir geschilderten Nacht.

Dank seiner genauen physiologischen Kenntnis des Verstandes ist es dem Verf. gelungen, diesen Giftstoff von seinem Buch so fern zu halten, daß ich auf den ganzen 608 Seiten desselben auch nicht eine Spur davon entdeckt habe, und es bestätigt nur meine Behauptung, wenn er, der den positiven Juristen jedes Organ für das wahre Verständnis des Erbrechts abspricht, gleichwohl ihnen „verbürgen zu können glaubt, daß keiner auch nur die ersten 20 §§ gelesen haben wird, ohne eine zwingende Überzeugung sich seiner bemächtigen zu fühlen, die sich immer mehr und mehr zu einer unerschütterlichen Positivität gestalten wird" — der positive Jurist, der zuerst für blind erklärt wird, soll sehen können!

Machen Sie jetzt an sich die Probe, ob Sie das Organ in sich tragen, diese „Versöhnung[1]) des positiven Rechts und der Rechtsphilosophie", wie das Werk sich auch betitelt, zu verstehen.

„Der durch das Christentum proklamierten Unendlichkeit des Subjekts geht in der Geschichte voraus eine andere, äußerlichere Unendlichkeit des Subjekts, die des subjektiven Willens (d. h. nach S. 223 die Möglichkeit, eine andere

---

[1]) Daß Ihr Setzer bei diesem Wort statt des „s" nicht etwa ein „h" nimmt!

Person als das Dasein des eigenen Willens zu setzen, die Willensidentität, subjektive Willensunsterblichkeit); das macht die Bedeutung des röm. Erbrechts und des römischen Geistes überhaupt aus. Die römische Unsterblichkeit ist das Testament (S. 23). Letzteres ist die Weise, in welcher die Unendlichkeit des Subjekts dem römischen Geiste aufgegangen und von ihm erobert worden ist. Dieser Triumph der reinen Willensfreiheit, der abstrakten Innerlichkeit, befähigte das Römertum, die unmittelbare dialektische Vorstufe für die noch tiefere und abstraktere Innerlichkeit des christlichen Geistes zu werden. Die geistige Unsterblichkeit in ihrer römischen Auffassung ist die unmittelbare Vorstufe der christlichen Unsterblichkeit (S. 223). Die Endlichkeit überwindet der Wille dadurch, daß er eine andere Person zu seinem Fortsetzer und Träger macht (S. 25). — Die wahre Bedeutung des Testaments liegt nicht sowohl darin, daß eine Verfügung über die hinterlassenen Vermögenssachen getroffen, sondern daß ein Willenssuccessor geschaffen wird — in der Hervorbringung der Willenskontinuität" (S. 28). Dem Verfasser ist das Vermögen so sehr Nebensache, daß der „Testator auf den Erben nicht sein Vermögen, sondern, auch wo beides zusammengeht, nur seinen Willen (und ersteres lediglich als Accessorium des letzteren) vererbt", während nach der gegnerischen Auffassung „das Vermögen die Person verschlungen haben soll" (S. 17). Darum läßt er auch (S. 116) beim Mancipationstestament „nicht Vermögen, noch Sache, sondern die Willenssubjektivität des Erblassers dem Erben mancipieren", darum ist es auch, wenn der im Testament eingesetzte nächste Intestaterbe die Erbschaft aus dem Testament ausschlägt, um sie ab intestato, frei von Legaten, zu gewinnen, nicht die Rücksicht auf die Legatare, welche ihm dies gesetzlich verwehrt — „das ist wieder die Täuschung, der Schein" — sondern die Rücksicht auf den Testator, damit er die „ihm adäquateste,

von ihm ausdrücklich gesetzte Willenserhaltung" gewinne
(S. 245). Denn mit dem Intestaterbrecht ist es eigentlich nichts
Rechtes, die gewöhnliche Ansicht über das Verhältnis desselben
zum testamentarischen Erbrecht, welche ersteres als das Prin-
zipale, letzteres als die Abweichung erfaßt, stellt einen „der
radikalsten und größten Irrtümer dar" (S. 27). Das wahre
Verhältnis ist gerade das entgegengesetzte: das Ursprüngliche,
Normale ist das Testament, „das Intestaterbrecht tritt nur als
ein mit dem individuellen Willen Identisches, als dieser vor-
ausgesetzte Wille ein, als Ergänzung des eignen nicht aus-
gedrückten Willens des Individuums" (voluntas tacita) (S. 386).
Zu den Intestaterben gehört nicht der suus — er ist ein
Mittelding zwischen Testaments- und Intestat-Erben, die Un-
mittelbarkeit der Willensidentität (S. 251) oder „begrifflich
gesprochen, ein lebendiges Testament" (S. 403). Daß wenn
der nächste Agnat ausschlägt, keine successio graduum et ordinum eintritt, ist eine spekulative Notwendigkeit, denn „nicht
die Individuen erben, sondern die Idee dieser Willens-
gliederung erbt und das Individuum nur sofern es der
zeitige Repräsentant derselben ist" (S. 421). Der Unterschied
in den Wirkungen der Präterition eines zu den suus gehören-
den Sohnes und eines Enkels oder einer Tochter nach altem
Rechte ist ebenfalls „einer der glänzendsten Beweise für die
fast wunderbare spekulative Konsequenz des alten Civilrechts"
(S. 261), denn die Tochter z. B. ist zwar ebenfalls, „als in
der Gewalt des Vaters stehend, Willensidentität mit ihm
und, als unvermittelt in diesem Verhältnis, unmittelbare
Identität — — aber sie ist doch nicht totale Identität mit
ihm, wie der Sohn" (S. 257).

Doch genug zur Probe, vielleicht schon mehr als zu viel!
Darf ich mir schließlich noch erlauben, die Moral aus dem
Bisherigen zu ziehen, so fasse ich sie in zwei Sätze zusammen:

1. **Das alte römische Erbrecht ist das verwirk-**

lichte Reich des spekulativen Gedankens. Alles und
jedes, was dasselbe bestimmt und nicht bestimmt, hat und
nicht hat, läßt sich auf spekulativem Wege entwickeln; und,
wäre uns kein Wort davon erhalten, Lassalle hätte es auf
apriorischem Wege entdeckt. Der Eintritt der Testierfähig-
keit mit der Geschlechtsreife („die Hervorbringung des eignen
Ichs ist es, die bei dem Testieren und dem Zeugen geschieht,
dort die geistigwillkürliche, hier die natürliche [S. 165],"
wofür sich die Verwandtschaft der testiculi mit dem testari
verwenden ließe!), die Suität („es ist daher der Triumph
des spekulativen Begriffs, wenn aus ihm sich spielend und
von selbst die Bedeutung entwickelt, welche dieser bisher
rätselhaften Bestimmung der Suität zukommt" S. 226),
die Folgen der Präterition der Söhne, Töchter, Enkel, das
Erbrecht des proximus agnatus, die Ausschließung der successio graduum et ordinum, kurz nennen Sie mir, was Sie
wollen mit Ausnahme der Einrichtungen des späteren Rechts,
bei denen man sich freilich darauf gefaßt machen muß, „den
gesamten spekulativen Erbrechtsbegriff zu Grunde gehen und
in menschliche Billigkeit untergehen" (S. 158) zu sehen — alles
und jedes ist für den, dem es einmal gelungen, „dem Erbrecht den verhüllenden sinnlichen Schleier abzureißen und seine
reine Seele durch das Stoffliche hindurch zur durchsichtigen
Erscheinung zu bringen" (S. 5), wahres Kinderspiel.

Die fernere Moral aber ist

2. daß dem Verstande das Verständnis für diese
erhabensten Offenbarungen der Spekulation völlig abgeht.
Wie sollte er es z. B. auch begreifen (und wäre er selbst der
Verstand No. 3), daß wenn von zwei elternlosen noch im
Stadium des Saugens begriffenen Zwillingen einer stirbt und
von dem andern ab intestato beerbt wird, dieser Vorgang
spekulativ folgende Gestaltung annimmt? Der nach Unsterblichkeit des Willens oder Willenskontinuität schmachtende

Erblasser hat durch stillschweigenden Willensakt (tacita voluntas, s. oben) sich seinen Bruder als „das Dasein des eignen Willens gesetzt". Nachdem er auf diese Weise die „Endlichkeit überwunden", wenn auch mit Hilfe des „allgemeinen Willens", und noch einen dankbaren Blick auf seinen neben ihm saugenden, von ihm durch einen Stellvertreter gezeugten Willensträger geworfen, schlummert er sanft ein und zieht sich befriedigt in den substantiellen Urstoff zurück!

Ich glaube der vollen Zustimmung dieses Schriftstellers sicher zu sein, wenn ich mich schließlich so ausdrücke: die Spekulation fängt da an, wo der gesunde Menschenverstand aufhört; um sich ihr widmen zu dürfen, muß man entweder nie Verstand gehabt oder ihn verloren haben. Welche von beiden Alternativen für den Verf. zutrifft, ist durch meine Schilderung seiner ursprünglichen Identität mit mir ins klare gesetzt. Zugleich wissen Sie jetzt, warum, nachdem meine spekulative Hälfte als Ferdinand Cassalle von mir abgegangen und mir nur die Verstands=Hälfte zurückgeblieben war, ich genötigt gewesen, der Theorie zu entsagen und mich auf die Praxis zu werfen. Von meinen Erfahrungen und Erlebnissen in derselben soll der nächste Brief handeln.

Dritter Brief.[1]

Erinnern Sie sich noch Ihres Anonymus, der Ihnen im vorigen Jahre zwei Briefe (in Nr. 51 und 85 des vorigen Jahrganges der Gerichtszeitung abgedruckt) über die neuere Jurisprudenz schrieb?

Ich hätte es in der Tat um Sie verdient, daß Sie mich vergessen hätten und daß Sie meinen Brief, anstatt ihn zum Abdruck zu bringen, einfach in den Redaktions-Papierkorb würfen.

Fragen Sie mich nicht nach dem Grunde meines langen Schweigens; gedrängt, mich zu rechtfertigen, könnte ich auf die Idee geraten, eine der neuesten auf österreichisch-postalischem Boden gewachsenen Exceptionen vorzuschützen, die exceptio Kallabbiana, oder zu Deutsch, die Einrede der unterschlagenen Briefe — für saumselige Korrespondenten eine der unschätzbarsten Erfindungen des neunzehnten Jahrhunderts[2]).

Wenn Sie sich die Mühe nehmen wollen, meinen letzten Brief aufzuschlagen, so werden Sie finden, daß Sie denselben (wozu ich Sie ja autorisiert hatte) mit Noten versehen haben, in denen Sie die spekulative Methode in der Jurisprudenz gegen

---

1) Deutsche Gerichtszeitung, Jahrg. IV 1862, Nr. 55.

2) Zur Zeit des Erscheinens dieses Briefes war die Anspielung im Text jedem verständlich, zum Verständnis der heutigen Zeit füge ich die Notiz hinzu: daß Kallab ein österreichischer Postoffiziant war, der geraume Zeit hindurch alle Briefe, in denen er Papiergeld oder Wertpapiere vermutete, unterschlagen hatte, ein Briefmarder größten Stils; man fand in seiner Wohnung eine unglaubliche Masse abgeschlachteter Briefe — ein Schlachtfeld, ein Kirchhof von Briefen.

mich in Schutz nehmen.[1]) Ich könnte es mit Ihren Noten ebenso
halten, wie das dänische Kabinett mit den österreichischen und
preußischen in der schleswig-holsteinschen Frage, d. h. mich
dadurch nicht anfechten lassen; allein ich würde mich dazu
nur dann entschließen, wenn zwischen uns beiden wirklich eine
Meinungsverschiedenheit bestände. Die ist aber in der Tat
gar nicht vorhanden. Was ich in jenem Briefe habe bekämpfen wollen, ist nicht die spekulative Richtung schlechthin,
sondern die Verirrungen derselben, und letztere werden auch
Sie nicht in Schutz nehmen. Ich benutze übrigens gern diese
Gelegenheit, um dem glänzenden Talente, das der neueste
Verfechter dieser Richtung, F. Lassalle, für sie in die Schran-
ken geführt hat, Gerechtigkeit widerfahren zu lassen; besäße
ich ein solches Talent, ich wüßte etwas Besseres zu tun, als
solche Briefe zu schreiben, und ich wollte in wenig Jahren
einer der ersten lebenden Juristen sein! Für die minder begabten Naturen bestehen jene Gefahren gar nicht, die gerade
für die Begabtesten in der Regel etwas so Verlockendes haben
— auf den Klippen lassen sich nur die Gemsen und Stein-
böcke, nicht die Schafe betreffen! Ein Moment gesellt sich
allerdings noch hinzu: jene Gefahren drohen nur den Theoretikern, nicht den Praktikern. Es gehört die Stille und Ab-
geschiedenheit der Studierstube dazu, um excentrische Ideen
zur Reife zu bringen; in Geschäftslokalen gedeihen sie nicht.
Wenn das Individuum von Haus aus auch noch so sehr
zu ihnen inkliniert — einige Jahre in der Praxis, und der
unbändigste Steinbock ist ein nützliches, gesetztes Haustier
geworden und ist zufrieden, wenn er im Staatsdienst nach
dem Gesetz der Anciennität einen jener Höhenpunkte erklimmen

---

1) Ich habe dieselben ihrer gänzlichen Bedeutungslosigkeit wegen
weggelassen, der Verfasser (Hiersemenzel, ein persönlicher Freund von
Lassalle) ist längst gestorben und ich brauche daher mit meinem Urteil
über den Wert derselben nicht zurückzuhalten.

kann, die der Staat in Gestalt von Kreis-, Stadt-, Land-
und Hofrichterstellen, der Oberappellationsgerichtsratsposten
ganz zu geschweigen, dem strebenden Ehrgeiz vor Augen hält.
Nur hier und da taucht einmal ein Advokat auf, den das
Gefühl, zum Reformator der Jurisprudenz geboren zu sein,
nicht schlafen läßt, und der die unfreiwillige Muße, die seine
Klienten ihm lassen, zum Heile der Menschheit benutzt, um
mit urwüchsiger, wilder Kraft welthistorische Ideen unter das
erstaunte Volk der juristischen Philister zu werfen. Vielleicht
gibt mir der Verlauf meiner Wanderung über das Gebiet
der Jurisprudenz Gelegenheit, auch diese eigentümliche Spiel-
art unserer modernen juristischen Titanen etwas näher zu
beleuchten; bis dahin habe ich aber noch viel vor mir, denn
Sie werden darin mit mir einverstanden sein, daß ich den
eigentlichen Gelehrten von Fach den Vorrang einräume.

Wenn Roland und Bayard sich ihre Klingen selber hätten schmieden müssen, so würden sie wahrscheinlich, statt als
Helden die Welt mit ihrem Ruhme zu füllen, als unbekannte
Schwertfeger gestorben sein; die Möglichkeit ihres tatenreichen
Lebens beruhte darauf, daß die damaligen Waffenschmiede ihnen
jene Mühe abnahmen. Die Moral von dieser Betrachtung
aber ist die: müßten wir Praktiker uns selber das uns nötige
theoretische Rüstzeug fabrizieren, müßten wir die Basiliken
herausgeben, den Gajus auffinden, das corpus juris kommen-
tieren, Pandekten-Kompendien schreiben u. s. w., wir würden
vor lauter Vorarbeiten nicht zur eigentlichen Berufsarbeit
gelangen; statt das Schwert der Gerechtigkeit zu schwingen, müßten wir es **hämmern** und **wetzen** — und mit
den Bayards und Rolands hätte es bei uns gute Weile.
Darum können wir der Vorsehung gewiß nicht genug dafür
danken, daß sie uns jener Mühe überhoben hat und mittelst
unausgesetzter Hervorbringung von Theoretikern dafür Sorge
trägt, daß jene Vorarbeiten regelmäßig von statten gehen.

Auch in dieser Anwendung bewährt das Gesetz der Teilung der Arbeit wiederum seinen großen Segen. Denn während wir einerseits unsere ganze Kraft ungeschwächt und ungeteilt unserem Stück Aufgabe widmen und die Muße, die uns übrig bleibt, auf Jagd, Whist, Politik u. s. w. verwenden können, verstattet die ausschließliche Beschäftigung mit ihrer Aufgabe den Theoretikern, es darin bis zur größten Meisterschaft zu bringen. Unter ihren Händen hat das Schwert der Gerechtigkeit auf dem theoretischen Schleifstein eine Schärfe erlangt, um welche die meisten Rasiermesser es beneiden könnten; man kann ein Haar damit spalten, und wer des Gebrauchs desselben nicht völlig mächtig ist, der hat sich schon geschnitten und geschunden, bevor er es noch in der Hand hat, und wohin er es wendet, setzt es Blut und Wunden. Kein Wunder, daß dasselbe den Parteien nicht selten ein Gegenstand des Schreckens wird, und daß manche von ihnen eine ungeschickte Bewegung desselben von seiten eines unerfahrenen Richters mit dem Verluste des ganzen Prozesses zu büßen hat.

Sowenig man dem Schwertfeger zum Vorwurf anrechnen darf, daß er die Klinge nicht zu führen versteht, sowenig sollte man dem Theoretiker daraus einen Vorwurf machen, daß er das Schwert der Gerechtigkeit nicht zu handhaben weiß. Wozu denn die Teilung der Arbeit, wenn jeder das Ganze verrichten soll? Der Scherenschleifer schleift das Messer, der Barbier rasiert damit; so gehört es sich, und dabei gedeiht ein jeder von ihnen, während sie sonst beide Pfuscher bleiben würden. Wer sich vom Scherenschleifer barbieren läßt, hat es sich selbst zuzuschreiben, wenn er geschunden von dannen geht. Beim Barbiergeschäft ist es nun freilich üblich, daß man den zukünftigen Barbier nicht in die Lehre zu einem Scherenschleifer schickt; allein darin weicht eben unser Beruf von dem genannten ab: wir Praktiker gehen in die Lehre bei dem Theoretiker. Darin liegt aller-

dings ein gewisser Übelstand, und ihn recht anschaulich vor
Augen zu bringen, ist der Zweck des gegenwärtigen Briefes.
Wollte ich für meine Aufgabe einen anspruchsvollen, hoch-
tönenden Namen suchen, so würde ich Ihnen sagen, sie be-
träfe das Verhältnis zwischen Theorie und Praxis in der
Gegenwart. Wenn ich den Zusatz „in der Gegenwart" hinzufüge, so erraten Sie, daß ich damit auf eine andere Gestaltung dieses Verhältnisses in der Vergangenheit hindeuten
will, und zwar habe ich dabei nicht etwa das alte Rom im
Auge, wo die Professoren im heutigen Sinn, d. h. die aus-
schließlichen Theoretiker, erst zum Vorschein kamen, als es
mit der Jurisprudenz zu Ende ging, sondern ich ziele damit
auf Zeiten hin, die kaum ein Menschenalter hinter uns liegen.
Unsere namhaften Theoretiker aus der frühern Zeit waren
sämtlich zugleich gewiegte Praktiker; die Spruchfakultäten
und Schöppenstühle führten ihnen einen praktischen Arbeits-
stoff zu von einem Reichtum und einer Mannigfaltigkeit, wie
er sonst sich nur an einem höchsten Tribunal findet. Diese
Quelle der praktischen Belehrung ist zwar in der Gegenwart
nicht völlig versiegt,[1]) aber doch im Vergleich mit früher
sehr arm geworden, wozu sich noch der Umstand gesellt, daß
der Aufschwung, den unsere Jurisprudenz mit der historischen
Schule genommen hat, sie zwar dem Quellenstudium mehr
zugeführt, der Praxis aber mehr entfremdet hat.

Sollte ich das obige Thema behandeln, wie es sich gehört, in wissenschaftlicher Form und erschöpfend, ich würde
wegen unzureichender Kräfte darauf verzichten müssen. Ich
wähle statt dessen eine Form, die mir geläufiger ist, und deren
ich mich schon einmal im vorigen Briefe bei Besprechung der

---

1) [Inzwischen gänzlich. Für die Rechtsprechung meines Erachtens
ein Vorteil, für den Theoretiker aber ein bedenklicher Ausfall; die einzige Gelegenheit zur Rechtsanwendung ist damit für letzteren hinweggefallen. Die Folgen werden nicht ausbleiben!]

spekulativen Jurisprudenz bedient habe, nämlich die, daß ich
Ihnen schilderte, wie jener Gegensatz der Theorie und Praxis
sich in meinem kleinen Leben bemerklich gemacht hat. Spie-
geln Sonne, Mond und Sterne sich im kleinsten Gewässer ab,
so können es auch die Erscheinungen an unserm juristischen
Firmamente in dem engen Spiegel des bescheidenen Lebens-
laufes eines gewöhnlichen Praktikers.

Das Leben des Juristen zerfällt bekanntlich in zwei Abschnitte, in die Universitätsjahre oder die Zeit der Aussaat,
und in die des praktischen Lebens oder die Zeit der Ernte.[1]
Es gab nun Zeiten, und sie reichen bis in unser Jahrhundert hinein, wo man es jedem überließ, wie gut und wie
schlecht er die Aussaat bestellen wollte, indem man davon
ausging, daß wer Disteln säet, keine Feigen ernten wird, und
daß das eigene Interesse wie den Bauersmann so auch den
zukünftigen Juristen bei der Aussaat leiten solle, ich meine
mit andern Worten die Zeiten, wo es noch kein Examen
gab. Wir Jüngeren kennen dieses goldene Zeitalter der
Jurisprudenz nur noch aus einzelnen mehr und mehr ver-
klingenden Traditionen. Direkt von der Universität zog man
damals in seine Vaterstadt, kaufte sich einen schwarzen Hut,
die Gesetzsammlung und Aktenpapier — und der praktische
Jurist, wenigstens wenn er sich beschied, Advokat zu werden,
war fertig. Wie manchem armen, in Examensnöten begriffenen Rechtskandidaten mag das Bild dieser entschwun-
denen Zeit ähnliche Klagen hoffnungsloser Sehnsucht ausgepreßt haben, wie einst Schillern die Erinnerung an die Götter
Griechenlands, und wie tief mag auch ein solcher in seiner
Weise die Worte empfunden haben:

---

1) Ernte? — Anmerkung des Setzers.

„Damals trat kein gräßliches Gerippe
An das Bett des — Strebenden."

Wer aus guter Familie war, fand damals ohne weitere
Prüfung im Staatsdienst sehr bald einen Posten, der seinen
Mann nährte; ja mancher stieg damals gleich einem Luft-
ballon um so schneller und höher, je leichter er war, und
für die übrigen, welche besser daran taten, sich der Advokatur zu widmen, galt letztere als gemeine Weide, auf der
jeder sein Schäfchen frei grasen lassen durfte. Jetzt ist
das alles anders; selbst der geborne zukünftige Staatsminister
und Präsident hat sein Examen zu machen,[1]) und dem Advokaten hat man die gemeine Weide eingehegt, und er kommt
nicht hinein, ohne den Schlagbaum zu passieren, bei dem die
Prüfung zu bestehen ist.

Dieser Schlagbaum, der die Universität und das praktische Leben, oder, lassen Sie mich kurzweg sagen, Theorie
und Praxis trennt, ist wie alle Grenzschlagbäume gewissen
Aufsichtsbeamten, Grenzzollwächtern, Revisoren und Kontrol-
leuren anvertraut, welche man im Leben bekanntlich Examinatoren nennt. Rücksichtlich der Wahl der dazu geeigneten
Personen herrschen in Deutschland noch verschiedene Ansichten,
deren Gegensatz sich principiell auf die Formel zurückführen
läßt, ob die Untersuchung an der Stelle stattfinden soll, wo
der Rechtskandidat auspassiert, oder wo er einpassiert.
Betrachtet man die Kenntnisse, die er mit sich führt, als

---

1) [Ich bedauere, daß ich seinerzeit diese Gelegenheit nicht benutzt
habe, um daran erbauliche Betrachtungen über die politische Bedenk-
lichkeit des Examens zu knüpfen, — wäre Bismarck seinerzeit durch das
Examen gefallen, so existierte das Deutsche Reich nicht! Die Stimme
eines einzelnen Examinators kann das Schicksal Europas bestimmen
— gewiß eines der triftigsten Motive für die Milde der Examinatoren,
das sich diejenigen, welche zur letzteren neigen, gegen ihre strengern
Kollegen nicht entgehen lassen sollten.]

Exportartikel, so muß die Revision diesseits, betrachtet man sie als Importartikel, so muß sie jenseits der Barriere stattfinden — mit andern Worten, in dem einen Fall examinieren ihn die Professoren, in dem andern praktische Juristen. Ohne mir ein vollgültiges Urteil anzumaßen, so glaube ich doch meine schlichte Ansicht darüber äußern zu dürfen. Ich bin entschieden für das Exportsystem. Nicht daß ich meinte, als handele es sich hier um die Ausstellung eines Ursprungs-Certifikats von seiten der ehemaligen Lehrer des Kandidaten oder gar um die Entrichtung eines Ausfuhrzolles; vielmehr glaube ich, daß nicht bloß das Interesse aller beteiligten Personen, sondern auch das der akademischen Lehrfreiheit dies mit sich bringt. Versetzen Sie sich in die Lage eines Kandidaten, der schwerbeladen mit Kenntnissen des Weges kommt, und der jetzt vor einer aus Praktikern besetzten Examinationskommission Halt machen muß. Er führt die schönsten Sachen mit sich: Versteinerungen aus den ältesten Zeiten der römischen Rechtsgeschichte, Mammutknochen, Mumien und das Allerneueste an bahnbrechenden Entdeckungen, scharfsinnigen Theorien und kühnen Hypothesen, was zu haben ist. Aber was hilft ihm das bei dem Praktiker? Der hat für diese Dinge in der Regel ebensowenig Interesse und Verständnis, wie ein gewöhnlicher Zollbeamter für die kostbarsten Kristalle, Versteinerungen und anatomische Präparate. Holen Sie aber in beiden Fällen den Kenner her, und Sie sollen erfahren, wie der darüber in Entzücken gerät! Wofür hat nun aber ein armer Student seinem Kopfe Gewalt angetan, um alle die vielen Dinge aufzunehmen, die er im spätern Leben gar nicht gebrauchen kann, wenn er sie nicht wenigstens einmal im Leben, im Examen, soll auskramen dürfen?

Doch dem sei, wie ihm wolle, entscheidend ist die Rücksicht auf die akademische Lehrfreiheit. Es gibt aller-

dings Leute, welche gerade diese Rücksicht für das Gegenteil
anführen, indem sie meinen, daß die Professoren mittelst des
Examens gewissermaßen ein Zwangs- und Bannrecht für ihre
Vorlesungen erhielten. Es kann nichts Verkehrteres geben!
Was heißt denn die Lehrfreiheit? Lehrer und Schüler sind
korrelate Begriffe, es kann niemand l e h r e n, wenn nicht
jemand zum L e r n e n da ist. Wenn nun die Lehrfreiheit
nicht ein völlig hohler Begriff sein soll, so muß Sorge dafür
getragen werden, daß nicht bloß Lehrer, sondern auch Schüler
da sind, und da die Anwendung von gewöhnlichen polizei-
lichen Zwangsmaßregeln unsern empfindlichen Anschauungen
von akademischer Freiheit widerstrebt, so läßt sich die obige
Voraussetzung der Lehrfreiheit nur dadurch herstellig machen,
daß man den Professoren das Staatsexamen überträgt. Ich
möchte wissen, wie es mit dem Besuch oder auch nur mit
dem bloßen Belegen so mancher Vorlesungen bestellt sein
würde, wenn der Docent plötzlich aufhören würde, Examin-
nator zu sein! Sein Auditorium würde sich so l e e r e n, daß
es mit dem L e h r e n vorbei wäre und irgend ein kecker Pri-
vat-Docent würde mit der ganzen Zuhörerschaft davonlaufen.
Was wäre aber die notwendige Folge davon? Um die
Zuhörerschar nicht in die Hände von solch einem unerfahrenen Menschen geraten und sich dort wissenschaftlich ruinieren
zu lassen, müßte der Professor, statt sich lediglich durch s e i n e n
Geschmack, durch s e i n e Neigungen, durch s e i n e n Genius
leiten zu lassen, den Geschmack und die Wünsche seiner Zuhörer berücksichtigen, er müßte sich Zwang auferlegen; der
Zwang aber ist das direkte Gegenteil der F r e i h e i t — um
die Lehrfreiheit wäre es geschehen!

Könnten die bisher entwickelten Gründe noch irgend
einen Zweifel über die obige Frage für mich übrig lassen,
so würden meine eigenen Erfahrungen ausreichen, ihn zu
heben. Auf der Universität hatte ich jahrelang mit einem

Freunde zusammen gewohnt, studiert und repetiert, und obschon
ich selbst unter meinen Bekannten wegen meiner Kenntnisse
ein gewisses Ansehen genoß, so hatte doch nicht bloß ihr,
sondern auch mein eignes Urteil diesem meinem Freunde im
Punkte des juristischen Wissens entschieden die Palme zuerkannt. Was geschah nun im Examen? Mein Freund hatte
dasselbe in seinem Vaterlande vor einer Kommission von
Praktikern zu bestehen, ich in dem meinigen vor der juristischen Fakultät, — und während ich den ersten Charakter mit
Auszeichnung erhielt, kam er mit genauer Not durch das
Examen; während meine Examinatoren mir ihr Bedauern
aussprachen, daß ich meine frühere Absicht, die akademische
Laufbahn einzuschlagen, aufgegeben habe, sprachen seine
Examinatoren ihm jede Zukunft ab. Woher das? Ihm
hatte man, wie es dort üblich, zwei Akten zur Relation gegeben, und was ihm in unserm Examen zum größten Verdienst angerechnet worden wäre, daß er nämlich infolge der
angestrengtesten Arbeit von beinahe dreiviertel Jahren zwei
Relationen angefertigt hatte, aus denen der Unkundige ganze
Abschnitte der römischen Rechtsgeschichte, der Pandekten und
des Kriminalrechts hätte lernen können, gerade dieser Umstand gereichte ihm bei seinen Examinatoren zum Nachteile.
Mir dagegen war das Examen, ganz abgesehen von dem
überaus günstigen Erfolge desselben, ein wahrer Genuß.
Da ich bei sämtlichen Examinatoren sämtliche Vorlesungen
gehört und meine sorgfältig nachgeschriebenen Hefte vermöge
meines guten Gedächtnisses fast wörtlich auswendig gelernt
hatte, so konnte ich, gleich einem nach Art einer Spieluhr
aufgezogenen Kollegienheft, alles mit den verbis ipsissimis
herunterleiern, und ich sehe noch das freundliche Schmunzeln
meiner Examinatoren, mit dem sie diese echoartige Wiedergabe ihrer Vorträge belohnten. Bei einem derselben, der
mich im römischen Rechte eine ganze halbe Stunde lang

über die Infamie examinierte, verfehlte ich keine einzige
Frage. Alle Fälle der infamia mediata und immediata hatte
ich wie am Schnürchen; von den 25 Fällen der ersteren Sorte,
die v. Vangerow in seinem Pandekten-Lehrbuch §. 47 auf-
zählt, war mir nur Nr. 22: „wer zum Ackerbau bestimmte
Gerätschaften oder Tiere beschädigt oder wegnimmt", entfallen, und rücksichtlich Nr. 2: „die Großjährigen, welche als
Schauspieler öffentlich aufgetreten sind", hatte ich das Moment der Großjährigkeit vergessen. Der andere Romanist
examinierte mich über die capitis deminutiones und den „unus
casus" der Institutionen, mit dem er sich seit Jahren mit
Vorliebe beschäftigt hatte, und über den er eine „Mono-
graphie", die aber wegen der Schwierigkeit des Gegenstandes
und der Umfänglichkeit der Literatur noch immer nicht erschienen ist, vorbereitete, und dieser Gegenstand nahm ihn so
sehr in Anspruch, daß ihm für die servitus luminum, bekanntlich ebenfalls ein rechtshistorisches Rätsel, eine wahre Sphinx
von Servitut, über die unendlich viel geschrieben ist, nur
noch wenig Zeit übrig blieb.

In der römischen Rechtsgeschichte ging es mir nicht
ganz so gut. Zwar die tres partes und das infortiatum
kannte ich genau und entwickelte meinem Examinator zu seiner
großen Befriedigung mit allen Gründen die von ihm verteidigte Ansicht, der zufolge diese Einteilung auf Absicht
beruht; auch die 7 partes der Pandekten, der umbilicus Di-
gestorum und Antipapinian, die libri terribiles, die Namen
für die Füchse und alten Burschen auf den Universitäten zu
Justinian's Zeit, die kürzeste und längste lex in den Pandekten,
die Zahl der Titel in den Institutionen, Pandekten und Codex
— lauter Punkte, auf die mein Examinator großes Gewicht
legte [1]) — waren mir gut in der Erinnerung; dagegen war

---

1) [Fragen aus dem Doktorexamen von Hugo in Göttingen.]

mir das zweite Kapitel der lex Aquilia total entfallen, und die verwünschte Homöophonie der lex Atinia, Atilia, Acilia, Aquilia konfundierte mich etwas, auch die lex Furia Caninia und Aelia Sentia über die Freilassung der Sklaven hielt ich nicht ganz genau auseinander und schließlich fehlten mir gar von den berühmten Juristen mit dem Vornamen „Anton" zwei, wovon der eine der eines der anwesenden Examinatoren war [1]).

Doch ich will Sie mit Examensfragen nicht weiter behelligen; das Gesagte genügt, um Ihnen zu zeigen, daß ich, wenn ich bei Praktikern mein Examen zu bestehen gehabt hätte, gar nicht in die Lage gekommen wäre, meine Kenntnisse zu entfalten. Ich hätte unter dieser Voraussetzung meinem ganzen Studium eine andere Richtung geben müssen, namentlich was die Pandekten betrifft. Von den Pandekten kamen in unserm Examen regelmäßig nur gewisse Materien vor, für welche die Examinatoren sich besonders interessierten: aus dem Eigentum die Lehre vom thesaurus, von der accessio und specificatio, dem alveus derelictus und der insula in flumine nata, aus dem Obligationenrecht die verschiedenen römischen Formen der Bürgschaft, die act. de pauperie, die Deliktsklagen und die actiones adjectitiae qualitatis, aus dem Familienrecht die Adoption, Emancipation, die Pekulien und vor allem der Unterschied zwischen tutela und cura, aus dem Erbrecht die bonorum possessio [2]), das Privattestament, das

---

1) [Ebenfalls eine Frage aus dem Doktorexamen bei Hugo. Der anwesende Examinator war der Kriminalist Anton Bauer; die Frage war auf eine Bosheit abgesehen: „Rechnen Sie meinen Kollegen Anton Bauer nicht zu den berühmten Juristen?"]

2) [Löhr, mein Vorgänger in Gießen, kannte nur drei Materien, über die er examinierte: die bonorum possessio, die dos und die Pekulien. Seine Kollegen versuchten ihn einmal zu bestimmen, ein anderes Thema zu wählen, und er ging bereitwillig darauf ein und beschloß

altrömische Noterbrecht und der Unterschied zwischen Legaten und Fideikommissen. Wer in diesen Materien gut gesattelt war, dem konnte man einen glücklichen Erfolg des Examens garantieren.

Lassen Sie mich jetzt in meiner Geschichtserzählung weiter fortfahren. Das Examen war bestanden: Ex (erat) Amen! Der Schlagbaum ward aufgezogen, und ich trat als Praktikant in den Staatsdienst und zwar bei dem Amtsgerichte zu X. Wie sehr kontrastierten aber die ersten Eindrücke, die ich hier erhielt, mit den letzten aus meinem Leben! Mein wohlbestandenes Examen hatte mir ein gewisses Selbstgefühl und Vertrauen eingeflößt, es dauerte aber keinen Monat, daß dasselbe der bittersten Mutlosigkeit Platz machen sollte. Ich kam mir vor wie einer, der auf dem Trocknen das Schwimmen gelernt hat und jetzt ins Wasser gesetzt wird. Die Glanzpartien meines Wissens erwiesen sich als völlig wertlos, ja sie dienten, wie z. B. die verschiedenen Formen der römischen Bürgschaft, zum Teil nur dazu, mich völlig rat- und hilflos zu machen, und mehr und mehr stellten sich bei mir Zweifel darüber ein, ob ich statt etwas vom Recht, etwas Rechtes gelernt habe. Im Laufe einer 15 jährigen praktischen Tätigkeit ist mir auch nicht eine einzige von alle den Fragen aus dem römischen Rechte vorgekommen, die mir im Examen vorgelegt wurden. Wie sehr würde ich mich

---

über das Eigentum zu examinieren. Erste Frage: Was ist das Eigentum? „Richtig!" Zweite Frage: Wer hat an den Dotalgegenständen das Eigentum, der Mann oder die Frau? „Richtig — da wollen wir uns doch die dos einmal etwas genauer ansehen." Fortan hatte das Examen nur die Dos zum Gegenstande. Seit der Zeit verzichteten seine Kollegen darauf, ihn aus seiner Bahn zu bringen, es war vorauszusehen, daß wie auch die erste Frage gelautet hätte, die zweite die Anwendung derselben auf die bonorum possessio, die dos, die Pekulien enthalten hätte.]

gefreut haben, meinen mühsam errungenen Besitz in der Lehre
von der Infamie, der mich viele Tage angestrengten Lernens gekostet hatte, zu verwerten. Wie lechzte ich nach
„Söhnen von perduelles" (Vangerow a. a. O. Nr. 15), oder
nach jemandem, „der individuelle Verfügungen des Regenten
arglistig interpretiert oder sich dabei einer Erschleichung schuldig macht" (Nr. 19), oder nach einem, „der in einzelnen vom
Gesetz hervorgehobenen Fällen auf unerlaubte Weise bei dem
Regenten suppliziert" (Nr. 20)! Ich würde allenfalls auch
mit „Notaren und Richtern, welche eine von einem Juden an
einen Christen geschehene Schuldcession aufsetzen" (Nr. 24),
oder „Advokaten, welche sich bei Führung des Prozesses un-
nötiger (?) Injurien schuldig machen" (Nr. 17), vorlieb
genommen haben; „Huren, Ehebrecherinnen, Witwen, die
das Trauerjahr verletzen, Zinswucherer" (Nr. 5, 6, 8, 10) waren mir zu gemein und uninteressant, — allein sowenig ich
bezweifelte, daß die schönsten Exemplare jener Kategorien
sich ohne Treibjagd würden auffinden lassen, so sah ich doch
nicht ein, wie man ihnen eigentlich mit der Infamie beikommen sollte. Das einzige Mittel, ihre Infamie gerichtlich
zu konstatieren, nämlich ihnen diesen Vorwurf ins Gesicht zu
schleudern und der von ihnen angestellten Injurienklage die
exceptio veritatis entgegenzusetzen, schien mir zu gewagt, insbesondere in Anwendung auf Notare, Richter und Advokaten.
Auch der unus casus der Institutionen und die servitus luminum wollten sich nicht blicken lassen, und so oft mir im Leben
Fälle vorkamen, wo jemand total den Kopf verloren hatte,
so wollte sich doch keiner derselben unter den Begriff der
römischen capitis deminutio subsumieren lassen. Das Leben
brachte mir ganz andere Fragen als das Examen, und ich
darf sagen, daß im Vergleich mit dem fortgesetzten Examen,
das ich im Leben zu bestehen hatte, jenes der Schule Kinderspiel war, daß ich das eine ebenso schlecht bestand, wie ich

das andere gut bestanden hatte. Das Verwünschte dabei
war, daß gerade die einfachsten Fälle mich am meisten in
Verlegenheit setzten, und meine Bücher mich dabei regelmäßig
gänzlich im Stich ließen.

Was kann es Einfacheres geben, als ein Darlehn und
ein darüber ausgestellter Schuldschein? Aber der erste Fall
desselben, der mir vorkam, hat mich wahrhaft gedemütigt
und beschämt.

Schulze hatte dem Zwickauer — der Kladderadatsch
möge mir erlauben, daß ich statt des römischen Aulus Agerius und Numerius Negidius seine Namen zu meinem Rechtsfall verwende — Schulze also hatte dem Zwickauer in Gegenwart von zwei Zeugen 100 Tlr. geliehen und sich darüber
folgenden Schein ausstellen lassen:

> „Endesunterschriebener bekennt hiermit, Herrn Schulze
> 100 Tlr. schuldig zu sein, verzinslich zu 5 pCt. und
> gegen beiderseitige monatliche Kündigung.

Schilda, den 31. September 1847.

Zwickauer".

Unter diesem Scheine folgte folgender Zusatz:
> „Für das Obige stehen ein

A. Schmidt und K. Meier".

Schulze hatte Klage erhoben, in der er anführte, daß
er dem Zwickauer 100 Tlr. gegen den beigelegten Schein
geliehen und vor einem Monat gekündigt, sein Geld aber
bisher nicht erhalten habe. Zwickauer hatte sich mit seiner
Vernehmlassung kontumazieren lassen, was nach der Praxis
unseres Landes die Annahme negativer Litiskontestation nach
sich zog. Mein Amtmann fragte mich, wie ich erkennen würde,
und da ich auf die Frage eine bestimmte Antwort sofort
nicht zu erteilen vermochte, so bat ich mir Bedenkzeit aus.
Ich unterwarf das Verhältnis dann zu Hause der eingehend-

ften Unterſuchung, wobei Puchta, Vangerow und das corpus juris nicht geſchont wurden, und gelangte zu folgendem Reſultat. Die vom Kläger angeſtellte Klage war die condictio ex mutuo; nach römiſchem Recht aber gehört zum Begriffe des Dar= lehns der Übergang des Eigentums, eventuell die ſpätere Konſumtion der geliehenen Geldſtücke (Puchta, Pandekten § 304, l. 2 § 1, 4 de reb. cred. 12. 1). Da nun Kläger in der Klagſchrift weder das eigene Eigentum an den Geld= ſtücken und den dadurch erſt ermöglichten Eigentumsüber= gang, noch auch die Konſumtion von ſeiten des Empfängers behauptet hatte, ſo war die Klage unſchlüſſig und mußte „angebrachtermaßen" abgewieſen werden. Das Lachen meines alten Amtmanns unterbrach mich in der ferneren Ent= wickelung meiner Anſicht. Ob ihm jene Beſtimmung des römiſchen Rechts über das Darlehn gar nicht bekannt war — kurzum, er geriet faſt in Harniſch, als ich in theoreti= ſchem Sicherheitsgefühl mich auf das römiſche Recht und Puchta berief, und ſchnitt mit dem Paſchaſpruch, daß wenn auch alle Geſetzbücher der Welt einen ſo unſinnigen Satz ent= hielten, er ihn nie zur Anwendung bringen würde, indem derſelbe jedes Darlehn unmöglich mache, alle ferneren Er= örterungen über dieſen Punkt ab, und mein eventueller An= trag: das Eigentum des Gläubigers, beziehungsweiſe die Konſumtion alternativ zum Beweiſe zu verſtellen, kam gar nicht mehr zur Sprache.

Über den Schuldſchein liefen unſere Anſichten nicht we= niger auseinander. Meiner Anſicht nach hatte derſelbe nicht den geringſten Wert, denn einmal lautete derſelbe auf einen Tag, der im Kalender gar nicht exiſtiert, den 31. September, er enthielt alſo etwas juriſtiſch Unmögliches; denn wie kann jemand an einem nicht exiſtierenden Tage etwas ſchuldig werden? Sodann war er, da ihm die An= gabe der causa debendi fehlte, eine cautio indiscreta, mithin

weder geeignet, eine Schuld zu begründen, noch auch sie
zu beweisen (Puchta, § 257). Dem Gläubiger, der nicht
darauf dringt, daß die causa im Scheine genannt wird, geschieht es schon recht, wenn derselbe nichts gilt. Zwar wenn
er Ursache hat, die causa zu verdecken, wird er schon dafür
sorgen, daß irgend eine erdichtete causa, regelmäßig das
Darlehn, im Scheine zum Schein angeführt wird, und dann
ist die Sache in Ordnung. Aber auch die ehrlichen Leute
sollen, wie ihre Pässe, so auch ihre Schuldscheine in Ordnung
haben, und sie haben es sich selbst zuzuschreiben, wenn sie in
den Schlingen der Polizei und Justiz, die dem geriebenen
Betrüger nichts anhaben, hängen bleiben. Würde an ihnen
nicht mitunter ein Exempel statuiert, was sollte die Spitzbuben
zur Vorsicht veranlassen! Trotz dieser guten Gründe aber
machte ich auch hier wiederum bei meinem Chef mit der
Theorie Fiasko; er meinte: jenes auf bloßes „Schulden“ gerichtete Bekenntnis bedeute bei gemeinen Leuten regelmäßig
ein Darlehn, und ganz abgesehen davon, müsse es jedem
frei stehen, im Einverständnis mit der Gegenpartei dem
Richter den nähern Einblick in ihr Geschäft und ihre beider-
seitigen Geschäftsbeziehungen zu verwehren, mit andern Worten, bei Konstituierung einer Geldschuld von der causa zu ab-
strahieren. Ich konnte mich davon nicht überzeugen und freue
mich, daß trotz der in der Praxis mehr und mehr hervor-
tretenden Hinneigung zu dieser Ansicht und trotz der von
Bähr in seiner Schrift über die Anerkennung versuchten
wissenschaftlichen Rechtfertigung derselben die Theoretiker sich
derselben bisher hartnäckig widersetzt haben, wie dies namentlich jüngst noch von Schlesinger (Zur Lehre von den
Formalkontrakten, Leipzig 1858) geschehen ist. Mit Recht
achtet dieser Gelehrte einen solchen Schein für nichts, während sich, um seine Worte zu gebrauchen (S. 141): „die Sache
plötzlich ganz anders stellt, wenn wir uns an jene Erklärung

(des bloßen Schuldigseins) noch den Beisatz: „„und verspreche,
dieselben daher zu bezahlen"'" angefügt denken. Dieses Versprechen macht, in Verbindung mit der Acceptation der andern Seite, offenbar einen obligatorischen Vertrag aus, und
zwar, da es sich als ein Versprechen eines schon geschuldeten
Objekts angekündigt, ein Konstitutum (debiti proprii)". Ganz
natürlich! Denn wenn schon bei dem ausdrücklich abgelegten
Versprechen der ernstliche Wille, es zu halten, so oft im Leben fehlt, um wieviel weniger wird man ihn bei einem
solchen bloßen Schuldbekenntnisse voraussetzen dürfen, wo der
Schuldner die Erklärung, daß er auch wirklich zahlen wolle,
umgeht, während dieselbe doch so höchst nötig ist, um dem
Schuldner die Ausflucht abzuschneiden, daß er zwar die Absicht gehabt habe, Schuldner zu werden und auch zu bleiben, durchaus aber nicht die, später aufzuhören es zu
sein, mit andern Worten, zu zahlen. Das bloße Schuldbekenntnis ist etwas Halbes, es konstatiert zwar den Willen
der Errichtung, durchaus aber nicht den der Lösung der
Obligation. Ob letzterer bereits mit den Worten „und verspreche dieselben daher zu zahlen", hinreichend dokumentiert
ist, wie Schlesinger annimmt, ist mir mehr als zweifelhaft,
vielmehr scheint es mir nötig, diesem Versprechen noch das
hinzuzufügen: „es auch wirklich halten zu wollen". So wenig
sich aus dem bloßen Schuldbekenntnis die Zahlungsverbind-
lichkeit von selbst ergibt, so wenig folgt aus dem bloßen
Versprechen die Verpflichtung dasselbe zu halten, denn versprechen und halten ist bekanntlich zweierlei.

Auch über die Bedeutung der Unterschrift der beiden
Zeugen A. und B. gingen Theorie und Praxis weit auseinander. Mein Chef erklärte das Geschäft rundweg für
eine Bürgschaft, während ich nach dem Satz, daß in dubio
das Geringere anzunehmen sei, darin um so eher ein bloßes
Attest über den vor den Zeugen geschehenen Vorgang der

Konſtituierung des Schuldverhältniſſes erblicken zu müſſen
glaubte, als A. und B. zugeſtandenermaßen zunächſt als
Zeugen hatten dienen ſollen, und in dubio anzunehmen ſei,
daß ſie dieſe Eigenſchaft auch bei der Unterſchrift beibehalten
haben. Und wenn es denn einmal eine Bürgſchaft ſein ſollte,
welche Form derſelben war es? Fidejussio, mandatum qualificatum oder constitutum debiti alieni? Denn daß dieſe Formen noch heutzutage fortdauern, entſpricht der Anſicht be-
währter Theoretiker[1]).

Kennt das heutige Recht keine Bürgſchaft in abstracto,
ſowenig wie die Natur einen Vogel in abstracto, ſondern nur
die römiſchen species, ſo kann man ſich nicht dabei beruhigen, daß A. und B. zugeſtandenermaßen den Willen, ſich zu
verbürgen, gehabt haben, ſondern es muß ſchon der anzu-
ſtellenden Klage wegen für eine der drei Formen der Aus-
ſchlag gegeben werden, und läßt ſich zu dem Zweck kein
ausſchlaggebendes Moment entdecken, ſo kann von einer
Bürgſchaft überall nicht die Rede ſein, der auf ſie gerichtete
Wille ſchwankt zwiſchen allen dieſen in der Mitte, ohne ſich
für eine derſelben zu erklären.

Doch genug über dieſen meinen erſten ſo völlig verun-
glückten Verſuch, meine theoretiſchen Kenntniſſe in der Praxis
zur Geltung zu bringen. Er ſollte nicht lange allein ſtehen
bleiben; ein Fall nach dem andern brachte mir neue Ver-
legenheiten, und um ſo größere, je tiefere theoretiſche Studien

---

1) Auch die, welche, wie z. B. Puchta (§ 404), Girtanner
(Bürgſchaft S. 373 f.), die fidejussio und das constitutum zuſammen-
werfen, retten wenigſtens doch noch das mandatum qualificatum.
Vangerow (§ 579) und andere haben ſich auch des constitutum angenommen, während Arndts (Pandekten § 353) den Theoretiker ſo
weit verleugnet, daß er alle drei Formen in den einen Begriff der
Bürgſchaft aufgehen läßt. Er hätte eigentlich nicht Theoretiker werden ſollen, denn was ſoll aus der Theorie werden, wenn die Theoretiker
ſelber die feinſten Unterſchiede des römiſchen Rechts opfern?

ich zur Bewältigung derselben anstellte, und ich gelangte schließlich zu dem Punkte, auf dem ich jetzt stehe, und den ich in den Satz zusammenfassen kann: **daß man erst den Glauben an die Theorie vollständig verloren haben muß, um ohne Gefahr sich ihrer bedienen zu können.** Interessiert es Sie, noch einige jener Fälle zu vernehmen, die diesen Skepticismus bei mir zuwege gebracht haben, so zeigen Sie es mir an, und ich werde Ihnen mit einigen aufwarten.

Vierter Brief. [1)]

Sie haben die Reihe meiner Briefe durch einen vierten unterbrochen, der einen gänzlich heterogenen Gegenstand behandelte. Ich kann mich dadurch in dem systematischen Gang, den ich mir für meine Briefe einmal vorgezeichnet habe, nicht unterbrechen lassen. Ich bin in dieser Beziehung nicht so willfährig, wie jener Rechtshistoriker, der den Eingriff, den der Zufall in Gestalt eines Windstoßes und Stubenmädchens in die systematische Anordnung seiner römischen Rechtsgeschichte vorgenommen hatte, genehmigte und adoptierte. Kennen Sie die Geschichte? Es sei Ihre Strafe für Ihren Eingriff in meine Briefe, daß Sie dieselbe abdrucken lassen müssen.

Es war in den großen Ferien. Der Professor war verreist, und das Stubenmädchen hatte sein Studierzimmer von

---

1) [Deutsche Gerichtszeitung Jahrgang V, Nr. 21. Der in dem Blatt als vierter Brief veröffentlichte rührt nicht von mir her; ich hatte in meinem ersten Briefe derartige Einschiebsel ausdrücklich verstattet.]

dem gelehrten Staub zu reinigen, der sich darin angesammelt
hatte. Türe und Fenster waren gegeneinander aufgestellt,
das Mädchen war nach verrichteter Arbeit hinausgegangen.
Da will das Unglück, daß ein starker Wind sich erhebt, ein
mächtiger Stoß dringt ins Zimmer und zwischen die ihren
Ferienschlaf haltenden Hefte. Institutionen, Pandekten, Civilprozeß, römische Rechtsgeschichte — alles gerät in Bewegung und Aufregung, und namentlich bohrt und wühlt der
Wind mit satanischem Behagen in die ganz besonders expo-
nierte Rechtsgeschichte. Ein starker Stoß — — und die ganze
römische Rechtsgeschichte wirbelt wie ein Staubregen in der
Luft herum, das prätorische Edikt im Kampf mit den 12 Tafeln, das jus gentium mit dem jus civile, die Senatuskonsulte
mit den kaiserlichen Konstitutionen, Labeo und Capito, die
unversöhnlichen Gegner, umgekehrt eng umschlungen, Coruncanius und Aelius über Ulpian und Paulus liegend,
Justinian's Kompilation hoch über allen — kurz ein wildes
Durcheinander, eine Zersprengung aller Bande der römischen
Rechtsgeschichte, man hätte glauben mögen, daß eine rechtshistorische Auferstehungsscene dargestellt werde, — alles, was
in den Gräbern ruht, wird lebendig, erhebt sich! In diesem entscheidenden Momente erscheint das Dienstmädchen —
der Danae gleich überschüttet mit einem rechtshistorischen
Goldregen. Auf der Höhe des Hauptes ließ sich, ihrem Rang
entsprechend, die legis actio sacramento nieder, etwas tiefer auf
der Brust die pignoris capio, die manus injectio fiel in die
Schürze, die judicis postulatio wählte sich die Füße, nur der
Formularprozeß als jüngere Formation verspürte noch kein
Bestreben, sich abzulagern, die klassischen Juristen senkten in
sympathischer Regung sich zu ihr nieder und schlossen schwebend
einen Reigen um sie.

Welche Situation! Ein Dienstmädchen mitten in dem
systematischen Sturm und Strudel der römischen Rechtsge-

schichte, berufen, diesen Sturm zu beschwichtigen und die Ordnung wieder herzustellen!

In einer halben Stunde war sie mit der Aufgabe fertig. Die römische Rechtsgeschichte war neu geordnet. Das Format, die Farbe, das Alter des Papiers, die Seitenzahlen, soweit sie vorhanden waren, und andere äußere Merkmale wurden redlich berücksichtigt, im übrigen aber ließ die Ordnerin ihren Genius frei walten und ordnete nach „eigenem System". Dasselbe war jedenfalls höchst originell. Die 12 Tafeln kamen ungefähr ans Ende, weit hinter die Juristen, die sie behandelt hatten, weit hinter alle Gesetze, Senatuskonsulte u. s. w., die ihnen gefolgt waren und sich auf sie bezogen, die Magistrate der Republik mit ihren Edikten hatten im dunklen Loyalitätsdrange den Kaisern mit ihren Konstitutionen den Vorrang eingeräumt u. s. w. Den Verlauf der Geschichte erzähle ich kurz. Der Herr kam aus den Ferien zurück, las die angekündigte römische Rechtsgeschichte, ganz als wenn nichts mit ihr vorgefallen, indem er täglich den nötigen Bedarf von Heftblättern zu sich steckte, und kam so, ohne es zu wissen und zu wollen, immer tiefer in die ihm oktroyierte neue Ordnung hinein, bis er zuletzt nicht mehr zurück konnte und sich schließlich auch mit ihr befreundete. Ob er dieses sein neues System in Form eines Grundrisses, wie es ja jetzt Mode ist, veröffentlicht oder auf andere Weise mitgeteilt hat, ist mir unbekannt, kurzum Tatsache ist, daß die angegebenen eigentümlichen Umstellungen in der römischen Rechtsgeschichte sich in einem der neuesten Lehrbücher befolgt finden.[1)]

---

1) [Rudorff, Römische Rechtsgeschichte, 2 Bände 1857 und 1859. Dies Werk enthält in meinen Augen die ärgste Mißhandlung, welche die römische Rechtsgeschichte je erfahren hat, einen gänzlichen Verzicht auf allen und jeden Nachweis der geschichtlichen Entwicklung des Rechts — einen Haufen Bausteine statt eines Gebäudes! Und der Verfasser

Seitdem ich diese Geschichte erfahren, ist mir über manche wunderbare systematische Erscheinungen in unseren juristischen Werken, wie man sagt, ein Licht aufgegangen. Was in dem obigen Fall sich ereignete, kann es sich nicht auch in anderen Fällen wiederholt haben? Kann der Wind nicht auch einmal zwischen die Institutionen und Pandekten fahren und den sogenannten allgemeinen Teil ans Ende und z. B. die Ehe, Adoption und Legitimation in die ersten Paragraphen des Systems jagen, an eine Stelle, wo von dem Begriff eines Rechts und Rechtsverhältnisses überall noch nicht die Rede gewesen ist? Der Wind und Stubenmädchen sind unberechenbar, und was kein Verstand der Verständigen sieht, kann vielleicht durch das Spiel des Zufalls herbeigeführt werden. Darum sollten Wind und Stubenmädchen, wie ich meine, zu Manuskripten und Heften immer freien Zutritt haben.

Ich schloß meinen dritten Brief mit einem Satz, der, so leicht er sich hinschreiben läßt, doch erst auf langsamem, mühsamem Wege von mir gewonnen werden mußte, mit dem Satze: daß man erst den Glauben an die Theorie vollständig verloren haben muß, um ohne Gefahr sich ihrer bedienen zu können. Wieviele Fälle müßte ich berichten, wenn ich den Weg bezeichnen wollte, auf dem ich zu diesem Satze gelangt bin. Sie endeten ebenso wie der früher mitgeteilte. Trotz oder richtiger gerade wegen meines festen Anklammerns an die Theorie fand ich mich jedesmal schmählich aus dem Sattel gehoben und in den Sand geworfen. Ich kam mir vor, wie ein Tierarzneibeflissener, der, nachdem er mit größtem Fleiß die Vorlesungen

zählte sich zu den Hauptvertretern der historischen Schule. Ein Seitenstück auf dogmatischem Gebiet hat er in seinem Werke über die Vormundschaft geliefert, in dem das Zerreißen des Zusammengehörigen und das Zusammenstellen des Heterogenen auf die Spitze getrieben ist.]

über die Anatomie des Pferdes besucht, im Vertrauen auf
diese seine wissenschaftliche Bekanntschaft mit dem Pferde sich
auf einen wilden Schimmel gewagt hat und im Chaussee-
graben Muße erhält, darüber nachzudenken, daß ein Pferd
zu reiten und seine Anatomie zu kennen zweierlei ist.

Ich will die wertvollen Spalten Ihrer Zeitschrift nicht
mit diesen Fällen anfüllen, aber zwei derselben, welche für
meine juristische Entwicklungsgeschichte epochemachend geworden sind, müssen Sie mir schon erlauben Ihnen mitzuteilen.
Sie haben meinem Glauben an die Theorie jenen Stoß versetzt, der mich schließlich mit unwiderstehlicher Gewalt zu
jenem Punkt hindrängte, auf dem ich jetzt stehe, und von
dem aus ich in meinen folgenden Briefen unsere heutige
Theorie beurteilen werde. Urteilen Sie, ob dieselben einen
andern Erfolg ausüben konnten, als meinen Glauben gründlich zu erschüttern!

Der Held meines ersten Falles, welcher die Lehre von
den Generalhypotheken betraf, war ein liebenswürdiger, leicht-
sinniger Musikus, dem schon sein Name einen Anspruch auf
eine gewisse Excentricität gegeben hatte, er hieß nämlich
Sausewind. Obschon Musiker mit Leib und Seele, verspürte er doch mitunter einen unwiderstehlichen Drang in sich,
mit der praktischen Jurisprudenz in nähere Berührung zu
treten, indem er nämlich das Mißverhältnis zwischen Ausgaben und Einnahmen, das er auf andere Weise vergebens
herzustellen bemüht gewesen war, mittelst der praktischen Ver-
wertung der Theorie des Darlehns auszugleichen versuchte,
wozu seine Gläubiger noch die des Pfandrechts hinzufügten,
indem sie den Schuldscheinen den Zusatz sub hypotheca omnium bonorum hinzufügten. Nachdem er mit der Theorie
des Darlehns nebst angrenzenden Materien: Schuldscheinen,
Wechseln, Zinsen und Zinseszinsen u. s. w. zur Genüge ver-
traut geworden war und auch bereits mit dem Civilprozeß eine

gewiſſe Bekanntſchaft gemacht hatte, wandte er ſich einer proceſſualiſchen Materie zu, die ihm bis dahin noch völlig fremd
geblieben war, indem er nämlich ſeine Gläubiger erſuchte,
an Stelle ihrer bisherigen Solovorträge, wie er in muſikaliſcher Sprache ſich ausdrückte, ihre Kräfte zu einem gemein-
ſamen proceſſualiſchen Symphonieſatz zu vereinigen, den der
Juriſt in ſeiner Sprache Konkurs nennt.

Das Thema, das hier nicht ſowohl kontrapunktiſch als
kontradiktoriſch behandelt ward, war echt muſikaliſcher Natur,
es beſtand in verſchiedenen Streich- und Blas-Inſtrumenten,
einem Fortepiano und den erforderlichen Muſikalien. Das
Liquidationsverfahren hatte gar keine Schwierigkeiten, um
ſo größere aber das Prioritätsverfahren, namentlich in Bezug
auf die verſchiedenen Generalhypotheken, die von dem Kridar
ſucceſſiv bis acht an der Zahl beſtellt worden waren. Zwar
ihr Altersverhältnis war klar und unbeſtritten, jede Generalhypothek trug ihren Geburtstag an der Stirn, ſie folgten ſich
ganz in demſelben Verhältnis wie die Buchſtaben des Alpha-
bets A, B bis H, mit denen ich ihre Innehaber bezeichnen
will. Aber den Streitpunkt bildete die objektive Beſtimmung
dieſer Hypotheken, ob nämlich als Gegenſtand derſelben das
ganze Vermögen oder die einzelnen Stücke desſelben betrachtet
werden ſollten. Im erſteren Fall erhielt vom Geſamterlös
desſelben zuerſt der A ſeine Befriedigung, dann der B und ſo
fort. Im zweiten Fall hatte A die erſte Hypothek bloß an
denjenigen Sachen, die zur Zeit ihrer Beſtellung im Vermögen des Schuldners geweſen, an den ſpäter erworbenen hingegen hatte er mit allen anderen Gläubigern, die damals
bereits eine Generalhypothek erhalten hatten, ein gleichzeitiges
Pfand; in dieſem Fall kam mithin alles auf den Moment
an, in welchem dieſe einzelnen Stücke ins Vermögen gekommen waren.

Jene erſte Anſicht hat jahrhundertelang in der Praxis

gegolten, allein unfere heutige Theorie hat ziemlich allgemein
das Verdammungsurteil über fie gesprochen, und es wird
niemand wunder nehmen, daß ich im vorliegenden Fall die
zweite Anficht, welche von Männern wie Puchta, Vangerow, Sintenis u. a. verteidigt ward, meiner Beurteilung
zu Grunde legte. Die Anwendung derselben war freilich mit
großen Schwierigkeiten verbunden. Denn ihr zufolge be-
ftimmte fich die Prioritätsfrage nicht lediglich nach dem Datum
der Pfandbeftellung, sondern zugleich nach dem des Eintritts
der einzelnen Gegenftände in das Vermögen, und dies Datum
muß bekanntlich von dem, der es behauptet, bewiefen
werden.

Nun war zwar die Reihenfolge, in der diefer Eintritt
ftattgefunden, im allgemeinen leicht zu konftatieren. Das Fortepiano war zuerft dagewesen, ihm hatte fich eine Violine
angeschloffen, die bald an einer Bratsche und beide wiederum
an einem Cello Succurs erhalten hatten. Dann folgte die
Periode der Blasinftrumente: Sie begann mit einer A-Klarinette, die nicht lange nachher an der ihr fo nahe verwandten
B-Klarinette eine Gesellschafterin gefunden hatte; und, einmal
ins Blasen hineingekommen, hatte der Kridar sodann im un-
aufhaltsamen Fortbildungsdrange es auch mit der Flöte ver-
fucht, die aber bald dem Waldhorn hatte Platz machen
müffen. Bei den vielverfprechenden Studien auf diefem In-
ftrumente überraschte ihn der Konkurs, das decretum de
aperiundo concursu fiel gerade in die Schlummerarie und der
Gerichtsdiener ganz bezeichnend in die von dem Kridar selbft
komponierte und eingelegte Schluß-Kadenz hinein. Die bloße
Konftatierung jenes relativen Zeitverhältniffes konnte aber
begreiflicherweise nicht genügen; fie würde es nur unter der
Voraussetzung gekonnt haben, daß der Kridar mit Inftru-
menten und Gläubigern gleichen Schritt gehalten hätte, z. B.
den D zwischen die Bratsche und das Cello, den E zwischen

letzteres und die A-Klarinette u. s. w. geschoben, kurz auf
jedes neue Instrument ein neues Darlehn und einen neuen
Gläubiger gesetzt hätte. In der Tat scheint der Kridar
diesen Parallelismus zwischen der Ausdehnung seiner musika-
lischen Studien und seiner Schulden beobachtet zu haben, denn
er selber hatte in seinem Humor die neuen Instrumente jedesmal nach dem vorhergehenden Gläubiger benannt, und seine
Klarinetten z. B. trugen daher nicht den Namen der A- und
B-Klarinette, sondern der Schmul- und Jtzig-Klarinette. Von
dieser Voraussetzung aus stellte sich das Schema des Priori-
tätsverhältnisses (auf den Kopf gestellt) folgendermaßen:

Generalhypotheken am

Waldhorn:	H	G	F	E	D	C	B	A
Flöte:		G	F	E	D	C	B	A
B-Klarinette:			F	E	D	C	B	A
A-Klarinette:				E	D	C	B	A
Cello:					D	C	B	A
Bratsche:						C	B	A
Violine:							B	A
Klavier:								A

Allein processualisch bewiesen war jene Annahme in
keiner Weise, das Prioritätsurteil konnte mithin nicht auf
sie fußen, es bedurfte des Beweises der einzelnen Erwerbs-
tage. Selbst die Monate genügten nicht, denn auf den
Juni 1850 fiel unbestritten z. B. als neuer aktiver Bestandteil des Vermögens die A-Klarinette, als neuer passiver die
Schuld an den E; allein, ob erstere vor oder nach dem
13. Juni, dem Tage der Bestellung des Pfandes an den E,
ins Vermögen gekommen, war völlig zweifelhaft und unter
den Gläubigern bestritten.

So blieb denn in der Tat nichts übrig, als den 8 Gläubigern rücksichtlich aller Instrumente mit Ausnahme des Forte-
pianos den Beweis der Zeitpunkte aufzulegen, wann sie ins

Vermögen des Kridars gekommen waren. Rücksichtlich der
Musikalien mußte ganz dasselbe eintreten; jedes Streichquar-
tett von Mozart, jede Sonate von Beethoven, ja jeder
Walzer von Strauß: „Mein schönster Tag in Baden", „Die
blaue Donau" 2c. bildete möglicherweise den Gegenstand
von so und so viel Generalhypotheken.

Welche Schwierigkeiten mir die richtige Formulierung dieser Beweissätze gemacht hat, darüber lassen Sie mich schweigen. Das Traurigste kommt zuletzt. Als ich meinem Amtmann — Sie erinnern sich noch jenes alten wackern, aber
derben Justiz-Paschas von meinem dritten Briefe her —
meinen Entwurf vorlegte, sah er nach beendigter Lektüre
mich drei Minuten starr an, dann überfiel ihn aber ein Lach-
krampf, der gar nicht enden wollte. Ein Waldhorn Gegenstand von 8 Generalhypotheken, eine Flöte von 7, eine Klari-
nette von 6 u. s. w.; ein Strauß'scher Walzer als Kampf-
preis eines Prioritätsstreites — dieser Gedanke hatte etwas
so Überwältigendes für ihn, daß er trotz aller Zuneigung zu
mir aus dem für mich so peinlichen Lachen gar nicht heraus-
kommen konnte. Um das Ende kurz zu machen, so warf er
meinen Entwurf nicht, wie ich erwartet hatte, in den Papier-
korb, sondern er nahm ihn als unschätzbares Kuriosum zu
sich, und bei seinem Tode wird man ihn noch unter seinen
Papieren finden. Was er bei der Gelegenheit über die Theorie
äußerte, darüber lassen Sie mich schweigen; dagegen verdient
die Art, wie er die alte Praxis juristisch rechtfertigte, allerdings der Mitteilung. Er meinte: wenn einmal nichts dagegen zu erinnern sei, daß man ein Warenlager als universitas mehrmals verpfände, d. h. mit der Wirkung, daß an
allen Stücken, welche sich im Moment der Ausübung des
Pfandrechts auf dem Lager befinden, einerlei wann sie
hineingekommen, der A die erste, der B die zweite Hypothek
erhielte, daß man dann auch dem Willen der Parteien es

überlassen müsse, ein ganzes Vermögen ganz in derselben juristischen Weise zu behandeln; ob der zweite Pfandgläubiger von dem Pfandrecht des ersten etwas wisse, könne in diesem Fall ebensowenig etwas relevieren, wie in jenem.

Der zweite Fall, den ich Ihnen berichten will, spielt auf dem Gebiet der Besitztheorie. Daß, nachdem Savigny über den Besitz geschrieben und diese Lehre in das volle Tageslicht der juristischen Klarheit gerückt hatte, mir noch irgend ein Fall aus der Besitzeslehre würde Schwierigkeiten machen könnte, hätte ich nicht für möglich gehalten. Und welcher Fall war es, der mich eines Besseren belehren sollte! Der einfachste von der Welt! Es überfällt mich ein Grauen, wenn ich mir die Unsicherheit der menschlichen Dinge ausmale, wie sie mir an diesem Fall so recht grell zum Bewußtsein gekommen ist. Man spricht von einem »beatus possessor«, und er selber, der Glückliche, wenn er um sich schaut und seine Blicke weidet an allem, was ihn umgibt, mag sich seines Glückes rühmen und mit Lust ausrufen: „Dies alles ist mir untertänig, gestehe, daß ich glücklich bin!" Glücklich? Ja, so lange, wie es dauert! Ein Besitzprozeß kann Dich um Dein ganzes Glück bringen! — wenigstens, wenn er nach der Savigny'schen Theorie entschieden wird. Hören Sie meinen Fall!

Peter Habermaier — so hieß der Edle — Peter Habermaier war der Bruder von Jürgen Habermaier, beide Nachbarn, beide jenes Mittelding zwischen Bauer und Gutsbesitzer, für das unsere deutsche Sprache keinen Ausdruck hat, und das man daher gezwungen gewesen ist, mit dem Fremdwort Ökonom zu bezeichnen. Im Jahre 1848 hatte Jürgen das Unglück, sich zu tief in die praktische Politik einzulassen, und eines Tages nahm er einen raschen, ergreifenden Abschied von seinen Gänsen, Schweinen, Kühen:

„Lebt wohl, ihr Berge, ihr geliebten Triften,
Ihr Gänse, Schweine, Kühe, lebet wohl!"

sprach sodann mit Peter einige geheimnisvolle Worte und war schnell über alle Berge. Selbigen Tages erschien Peter auf dem verlassenen Gehöft, um dort zu wohnen und zu wirtschaften, erklärte den Leuten, daß sie von jetzt an ihn als Herrn zu respektieren hätten, und nahm sich der verwaisten Gänse, Schweine u. s. w. an. Über den Rechtstitel dazu, oder über die juristische Natur seines Besitzverhältnisses, ob er als curator absentis, fiduciarius, mandatarius, negotiorum gestor oder als antichretischer Pfandgläubiger, Käufer oder Pächter die Wirtschaft übernommen, hatten weder er noch seine Nachbarn sich den Kopf zerbrochen, man respektierte ein- fach die Tatsache. Unangefochten erntete Peter, was Jürgen gesäet hatte, unangefochten erging sich das Vieh im hohen Grase, und ganz wie zu Jürgen's Zeiten liefen Gänse, Enten, Hühner im unverminderten Gefühl ihrer Rechtssicherheit frei herum.

Dieser friedliche Zustand sollte jedoch bald ein tragisches Ende finden. Kaum ein halbes Jahr war vergangen, als es einem Nachbar einfiel, daß jetzt der Zeitpunkt gekommen sein dürfte, alte Eigentumsansprüche an gewisse zum Hofe des Jürgen gehörige Ländereien zu erneuern, und eines Tages stürzte in wilder Flucht, blökend, grunzend und zum Himmel schreiend über die Freveltat, die an ihnen begangen, ganz wie in der ersten Scene von Reineke dem Fuchs, das ganze Tierreich des Hofes auf letzterem zusammen. Der Raben- heinrich — so nannte man ihn mit seinem Spitznamen — war mit seinen Leuten: seinen Kindern, Knechten, Mägden und allem, was sein war, ausgezogen, gleich als wären die Zeiten des Faustrechts wieder lebendig geworden, und hatte jene Ländereien in Besitz genommen, indem er alles, was an Vierfüßlern und Zweifüßlern sich auf ihnen befand, zum schleunigen Rückzug nötigte. Am folgenden Tage wieder- holte sich die Scene. Peter Habermaier, durch das Beispiel

seines Bruders gewitzigt, verzichtete darauf, seine Ideen vom
Recht durch Gewalt zu verwirklichen, und zog es vor, den
Rechtsweg einzuschlagen. Er reichte eine Klage wegen Be-
sitzesstörung ein und bat um Schutz im Besitz. Es ward mir
übertragen, den Entwurf des Erkenntnisses aufzusetzen. Mein
alter Amtmann war gerade ins Bad gereist, und der Assessor
und ich waren allein zurückgeblieben. Wären wir doch statt
seiner ins Bad gereist gewesen! Wie haben wir beide
hinterher das Urteil, das ich verfaßt und mein Assessor ge-
nehmigt hatte, „ausbaden" müssen. Der Karlsbader Spru-
del, den unser alter Herr an Ort und Stelle getrunken, war
nichts gegen den, den er gegen uns loszulassen pflegte, wenn
die Rede auf jenes Urteil kam. Dies Urteil selber aber
war, wie ich noch heutigentages behaupte, theoretisch durchaus korrekt, ganz und gar nach der Savigny'schen Besitztheorie
gearbeitet, — aber freilich, ein ordentlicher Praktiker würde
sich eher die Finger abgehackt haben, als daß er es unter-
schrieben hätte. Mein Assessor hat das unterlassen. Schade
drum! Es wären manche schlechte Urteile und ungenieß-
bare Abhandlungen von ihm ungeschrieben geblieben. Sie
müssen nämlich wissen, daß er zugleich juristischer Schriftsteller
war und zwar einer von der gefährlichsten Sorte.

Es ist hier nicht der Ort, Ihnen meine Ansicht über die
verschiedenen Sorten der juristischen Schriftsteller auseinanderzusetzen. Aber für die gefährlichste Species unter ihnen
halte ich die, zu der mein Assessor gehörte, d. h. diejenigen
Praktiker, welche sich darum für große Theoretiker halten,
weil eine innere Stimme ihnen sagt, daß sie keine Praktiker
sind. Sie werden mit mir darin einverstanden sein, daß es
viel leichter ist, mit Hilfe der Literatur eine juristische Abhandlung zu machen, die jeder Schriftsteller über die Materie
und jeder Kompendienschreiber sich verpflichtet hält zu citieren,
als ein gutes Urteil oder eine gute Parteischrift. Auch der

Dümmste bringt mit Hilfe der Literatur leicht eine Abhandlung zustande, in der er über alle Schriftsteller, die v o r
ihm über den Gegenstand geschrieben haben, zu Gericht sitzt;
und es gehört bekanntlich nichts dazu, sie in irgend einer
unserer gemeinrechtlichen juristischen Zeitschriften zum Druck
zu bringen; nimmt das Archiv für civilistische Praxis sie
nicht, so nimmt sie das für praktische Rechtswissenschaft;
weist von den beiden Dioskuren-Jahrbüchern: den Jahrbüchern von Gerber und Jhering und dem Jahrbuch von
Bekker und Muther, das eine sie zurück, so bleibt immer
noch das andere, und reißen alle Stricke, so ist schließlich
noch die Zeitschrift für Civilrecht und Prozeß übrig, die das
Opus sicherlich nicht ausschlägt, da jeder Beitrag zu derselben ungesehen und ungelesen in die Druckerei wandert —
— ein Unterkommen für Obdachlose, in dem jeder Aufnahme findet. Mit einem Urteil oder einer Parteischrift,
wenn der Gegenstand einigermaßen intrikat ist, hat es aber
gute Wege; da kann man nicht mit fremden Gedanken operieren, sondern muß selber denken. Kein Wunder, daß manche,
denen auf diesem Felde keine Lorbeeren beschieden sind, einen
Erfolg in der Schriftstellerei suchen, wäre es auch nur, um
die Ansichten, mit denen sie abvotiert, die Deduktionen, mit
denen sie in allen Instanzen abgewiesen sind, zu Markte zu
bringen und von dem beschränkten Urteil der Kollegen und
der Gerichte an das erleuchtete und unbefangene des größeren Publikums zu appellieren. Wird, wie es nicht ausbleiben
kann, die Abhandlung des Verfassers von irgend einem namhaften Gelehrten, z. B. Vangerow citiert, so ist es in vielen
Fällen um ihn geschehen, er zählt fortan zu den „juristischen
Schriftstellern" Deutschlands, sein Name gehört so gut wie
der von Savigny und Puchta der „Literatur" an: Savigny,
Puchta, Vangerow, Hühnerfuß.

„Savigny," heißt es vielleicht in irgend einer Schrift

„ſtellt die und die Behauptung auf; mit Recht wendet jedoch
Hühnerfuß dagegen ein, daß u. ſ. w., was Kohlmeier
(ſein Kollege) mit Unrecht beſtritten hat."

Freudeſtrahlend zeigt Hühnerfuß den Paſſus ſeiner Frau,
und letztere, die gewohnt iſt, das geiſtige Rangſtufenverhält-
nis danach zu beſtimmen, wer „Recht" und „Unrecht" hat,
ſchwelgt fortan in dem glückſeligen Gedanken, daß ihr Hühnerfuß einen Mann wie Savigny, den ihr Ehegatte unbedingt
über Goethe ſtellt, und der gleich jenem in Glas und Rahmen
bei ihnen aufgehängt iſt, berichtigt habe. Er ſelber aber,
der Glückliche, geht am folgenden Tage noch einmal ſo
ſelbſtbewußt in die Sitzung, und paſſiert es ihm, wie gewöhnlich, daß er abvotiert wird, ſo entlockt ihm dies nur ein mit-
leidiges Lächeln über die Unwiſſenheit ſeiner Kollegen —
„Handwerker, die von der wahren Wiſſenſchaft keinen Begriff
haben".

Nach einigen Wochen oder Monaten erſcheint dann eine
Abhandlung, worin deren Anſicht als eine „Verirrung" der
Praktiker gebührend gezüchtigt wird. Da kann es denn
nicht wunder nehmen, daß er auf ſeine Relationen und Urteile immer weniger Mühe verwendet und ſich jedes Mal,
wenn er an einer ſolchen arbeitet, als Pegaſus im Joche
fühlt.

Ein ſolcher civiliſtiſcher Pegaſus war mein Aſſeſſor.

Je weniger er bei Anweſenheit unſeres Chefs Ausſicht
hatte, ſeine „theoretiſchen Schrullen", wie letzterer ſie nannte,
zur Geltung zu bringen, um ſo erwünſchter war ihm die
Gelegenheit, zu jenem Zeitpunkt, wo er das Reich für ſich
allein hatte, der Theorie die Ehre zu geben.

Peter Habermeier ſollte erfahren, was das hieß!

Der Beklagte hatte die gewaltſame Dejektion und den
faktiſchen Beſitz in der Perſon des Klägers zugeſtanden,
allein er beſtritt ihm den juriſtiſchen Beſitz, oder ſpecieller:

das Moment, welches nach der Savigny'schen Theorie letzteren von ersterem unterscheidet: den animus domini.

Da vom Kläger verkehrterweise nicht das Summariissimum, sondern das possess. ordinarium angestellt war, so blieb nichts übrig, als dem Kläger den Beweis seines juristischen Besitzes, in specie des animus domini aufzulegen; eine Präsumtion des letzteren zu Gunsten des Besitzers war und ist mir nicht bekannt. In diesem Sinne faßte ich denn das Beweisinterlokut ab, „daß Kläger die Grundstücke quaest. in der Absicht wie ein Eigentümer besessen habe; mein Assessor genehmigte den Entwurf — und so ward denn das Urteil publiziert. Kläger appellierte zwar dagegen, unglücklicherweise aber ließ er das Rechtsmittel desert werden; das Beweisinterlokut ward rechtskräftig.

So hatte denn Peter Habermaier seinen animus domini zu beweisen, und erst jetzt, als es an den Beweis ging, merkte ich, was ich angerichtet hatte. Da ich für Juristen schreibe, so habe ich wohl nicht nötig, auszuführen, daß und warum der Beweis mißlingen mußte. Beweise mal einer, wenn ein Bauer seinen Acker bestellt, ob er dies animo domini getan. Sehen Sie es jenen beiden Fudern Mist, Heu u. s. w. an, ob das eine von einem detentor, das andere von einem possessor gefahren wird? Soll das Erfordernis des animus irgend einen Sinn, soll es praktische Wahrheit haben, so muß der Besitz mit ihm stehen und fallen. Wie nun, wenn ein Pächter gegen alle Theorie sich erdreistet, den animus domini haben zu wollen, und umgekehrt ein wirklicher juristischer Besitzer sich fälschlich diesen animus abspricht? Da wird die Theorie sagen: das gilt nicht! Aber wenn's nicht gilt, wenn jeder faktische oder juristische Besitzer immer den Besitzwillen hat, den er dem Recht nach haben muß, wozu dann das ganze Erfordernis des animus domini? Dann scheint mir derselbe nichts zu sein, als der willenlose Begleiter des

juriſtiſchen Beſitzes — ſein bloßer Schatten, und von ihm das
Daſein oder Nichtdaſein des letzteren abhängig zu machen,
ſcheint mir denn um nichts beſſer zu ſein, als wenn man
ſagen wollte: ob ein Geſchöpf zweibeinig oder vierbeinig iſt,
entſcheidet ſich danach, ob ſein Schatten zwei oder vier
Beine hat — wenn die Sonne nur immer ſchiene, möchte es
noch allenfalls darum ſein!

So bin ich denn durch jenen Fall in meinem Glauben
an den animus domini für immer kuriert worden. Dem Peter
Habermaier koſtete dieſe Kur freilich 373 Tlr. 17$\frac{1}{2}$ Sgr.;
denn daß er ſchließlich den Prozeß nebſt Koſten verlor, brauche
ich nicht zu erwähnen.

Für mich aber iſt dieſe Summe nicht vergebens verausgabt worden, und ich hoffe, daß auch noch der eine oder
andere Ihrer Leſer davon gut haben wird, ſo daß alſo
ſchließlich das Geld doch nicht nutzlos verausgabt ſein wird.
Es iſt einmal ja ſo eingerichtet in der Welt, daß die Juriſten und Ärzte die Erfahrungen machen und die Parteien
und Patienten ſie bezahlen, — damit muß man ſich tröſten,
es kommt der Menſchheit und der Wiſſenſchaft zugute.

Die vielen unangenehmen Stunden, die mir jener Fall
trotzdem gemacht hat, ſind für mich reichlich aufgewogen
durch den Nutzen, den er mir geſtiftet, denn ihm, muß ich
ſagen, verdanke ich es, daß ich die Sklavenketten der Theorie
gänzlich und für immer geſprengt habe. Dazu hat freilich
mein alter Amtmann das Seinige redlich beigetragen, denn
er ließ fortan keine Gelegenheit vorübergehen, um mich an
jenen Fall zu erinnern, und es bedurfte, wenn ich je noch
die geringſte Anwandlung von ungeſundem Theoretiſieren ver-
ſpürte, aus ſeinem Munde nur der Frage: „Wollen Sie
wieder einmal habermaiern?“ Dieſen Ausdruck habe ich
ſeit der Zeit von ihm adoptiert, und ſo pflege ich auch die
ganze Periode meines Lebens, die in dieſem Habermaier-

Fall ihren Abschluß gefunden, nur als meine Habermaier-Periode zu bezeichnen. Wer keinen besseren Ausdruck für die Sache findet, dem schlage ich den meinigen vor.

Fünfter Brief. [1])

Die Volkmar'schen Anträge über die Reform des juristischen Studiums und Examens.

[Zum Verständnis der beiden folgenden Briefe halte ich es für nötig, die Volkmar'schen Anträge hier abdrucken zu lassen.

Antrag des Justizrat Volkmar in Berlin für den 4. deutschen Juristentag. (Mainz 1863.)

„Der Juristentag wolle als seine Überzeugung aussprechen:

Das juristische Studium auf den Universitäten bedarf einer weitern Entwicklung. Diese anzubahnen erscheinen folgende Maßregeln geeignet:

1. Die Exegese und die juristische Literaturgeschichte ist mehr zu berücksichtigen, als dies bisher geschehen.

2. Bei der Besetzung der Professuren ist auch auf die praktische Vorbildung des Docenten Gewicht zu legen.

3. Es ist durch eine juristische Klinik den Bedürfnissen der Praxis zu genügen.

4. Die Studienzeit ist auf einen vierjährigen Zeitraum auszudehnen.

5. Ein einziges Examen genügt. Bei diesem wirken in gleicher Zahl als Examinatoren mit:

---

1) Deutsche Gerichtszeitung, Jahrgang V, 1863, Nr. 35 und 36.

a) die Docenten der Fakultät ohne Unterschied zwischen den ordentlichen und außerordentlichen Professoren und den Privatdocenten,

b) die Mitglieder der Gerichte,

c) die Mitglieder des Barreau.

Die Personen der Examinatoren wechseln.

6. Die collegia publica sind ein wesentliches Moment des Unterrichts.

7. Die Lernfreiheit ist so notwendig als die Lehrfreiheit. Es fällt daher fort:

jeder Kollegienzwang, jedes Monopol der Landesuniversität,

jede Verkümmerung des Privatdocententums."

Aus den Motiven glaube ich folgendes hervorheben zu sollen.

„Wie viele Praktiker, denen Zeit und Umstände verbieten, die Privatcollegia zu besuchen, wären eifrige Zuhörer eines Publicum, das Belehrung, Anregung gewährt. Just die Publica sollen dem Docenten den Anlaß bieten, daß er das docendo discimus praktisch anwendet und dort Dinge behandelt, die ihm bis dahin nicht völlig bekannt, nicht hinreichend klar geworden. Er ließ im Dio 60. 33, wie Claudius den Julius Gallicus, weil er vor des Kaisers Tribunal mit Offenheit und Freimut gesprochen, ohne weiteres in die Tiber werfen läßt, wie Domitius Afer um deswillen seinen Beistand mit den Worten versagt: Wer sagt Dir, daß ich ein besserer Schwimmer sei als Gallicus? — und er beschäftigt sich in einem Publicum mit den Advokaten.

In Macrob ließ er die Worte: Ego taceo, non est enim facile in eum scribere, qui potest proscribere etc., er sucht publice das Problem der Staatsanwaltschaft zu lösen."]

Sie haben Recht, mein Bester: die Volkmar'schen Anträge schlagen ganz in meine Aufgabe hinein, und ich sollte die gute Gelegenheit, die sie mir bieten, mich auch darüber auszusprechen, wie und wo es besser werden müsse mit unserer Jurisprudenz, um so eher benutzen, als ich bisher bloß die bequeme Rolle eines ewigen Tadlers übernommen habe, und bereits Stimmen laut werden, mit meiner Kritik sei's doch nichts Rechtes, sie verhalte sich rein negativ. Was man von einem Tadler verlangen kann, ist, wenn auch nicht, daß er selber es besser mache — denn das pflegen die Tadler einmal nicht zu tun — aber doch, daß er mindestens angebe, wie andere es besser machen sollen. Und welch günstigerer Zeitpunkt ließe sich für mich denken, als gerade der jetzige, wo die „Gesamtkraft der deutschen Juristen", wie der Antragsteller den deutschen Juristentag nennt, sich anschickt, sich um die Jurisprudenz kein geringeres Verdienst zu erwerben, als die fast gleichzeitig in Frankfurt tagende Gesamtkraft der deutschen Fürsten um das deutsche Vaterland? Wohl uns, daß wir leben in einer Zeit, wo solche Dinge vor sich gehen, glücklich jeder, der berufen ist, seine Stimme mit zu erheben und selber mit Hand ans Werk zu legen, — und Verachtung jedem, der aus Bequemlichkeit oder Ängstlichkeit sich dem entzieht.

Und dennoch — ich will es Ihnen nur gestehen — habe ich anfänglich gezögert und geschwankt, Ihrer Aufforderung zu entsprechen. Der Volkmar'sche Antrag ist mir nämlich um einige Jahre zu früh gekommen; er versetzte mich in die Lage eines Jägers, dem das lang ersehnte Wild in den Schuß kommt, bevor er noch geladen hat. Herr Volkmar steht bereits bei meinem letzten Brief, ich selber aber erst beim fünften. Oder wenn Ihnen dies unklar sein sollte: ich meinerseits beschäftigte mich immer noch mit den Symptomen, den Krankheitsursachen und der Natur des Übels, während

jener Antrag bereits die Heilung desselben: die Kurmethode
zur Frage stellt. Es ist dies eine verdiente Strafe für meine
Langsamkeit. Hätte ich das Ihnen versprochene Dutzend
Briefe in rascherer Folge erscheinen lassen, so könnte ich jetzt
bereits mit dem elften fertig sein und beim zwölften im
Thema mit dem Herrn Volkmar zusammentreffen. Aber die
Ereignisse warten nicht, zumal wenn es, wie hier, eine Frage
gilt, die der Antragsteller mit Recht als brennend bezeichnet,
— brennend auch in dem Sinn, daß mancher sich die Finger
daran verbrennen kann. In wenig Tagen gelangt dieselbe in
Mainz zur Verhandlung, und will ich, der ich diesmal leider
verhindert bin, den Juristentag zu besuchen, mit meinem
zwölften Briefe nicht post festum erscheinen, einen historischen
Moment verpassen, wie er vielleicht sich nie im Leben wiederholt, so muß ich trotz aller systematischen Bedenken mit meinem zwölften Briefe schon jetzt heraus. Macht's doch mancher
Arzt nicht besser! Sollte er doch, um ein Heilmittel anzuwenden, eigentlich erst mit seiner Prognose und Diagnose
vollständig abgeschlossen haben, über die Natur der Krank-
heit völlig mit sich im Reinen sein. Aber der Patient wartet
nicht, er will ein Mittelchen, und so verschreibt man ihm
Lakritzenwasser oder sonst etwas.

Sehr viel mehr als Lakritzenwasser kann auch ich Ihnen
diesmal nicht bieten; nicht sowohl darum, weil ich selber
nichts anderes hätte — ich könnte zur Not noch etwas
Besseres auftreiben, — als weil derjenige, der es nehmen
soll, augenblicklich nicht in der Verfassung ist, etwas anderes
zu vertragen. Wer wird in Mainz neben all den Freuden
und Herrlichkeiten, die seiner dort warten, die Lust haben,
einen ernsten Brief über die Volkmar'schen Anträge zu lesen,
namentlich, da er dort schon mehr zu lesen vorfinden wird,
als ihm lieb ist? Soll daher mein diesmaliger Brief nicht
demselben Schicksal anheimfallen, dem manche von den Druck-

fachen, die fie dort wie gewöhnlich mit freigebiger Hand
ausstreuen werden, schwerlich entgehen dürften, dem Schickfal,
in dem fich die Notwehr des Cefers gegen die Überfchwem-
mung mit Preßerzeugniffen vollzieht, nämlich ungelefen bei
Seite geworfen zu werden, fo bleibt mir kein anderes Mittel,
als ihn der Stimmung und den Verhältniffen, die in Mainz
in jenen Tagen fich vorausfetzen laffen, anzup ffen. Er muß
fo abgefaßt fein, daß er gleich dem Branntwein, von dem
es in jenem bekannten Verfe heißt:

> Daneben foll der Branntewein
> Um Mitternacht nicht fchädlich fein,

auch mitternachts, wenn ein ehrfames Juriftentags-Mitglied
nach vollbrachter Arbeit des Tages mit fchweren Füßen und
verdunkeltem Bewußtfein fein Cager auffucht, zur Hand genommen werden kann.

Warum aber überhaupt ein Brief? Die Tage in
Mainz find dem lebendigen Wort gewidmet. Schon lange
verfpürte ich den Drang in mir, auch einmal auf dem Ju-
riftentage eine Rede zu halten, um gleich fo manchem Kollegen ruhmbedeckt von dort zurückzukehren und in den fteno-
graphifchen Berichten meinen Namen noch der fernften Nachwelt aufbewahrt zu fehen. Leider fehlte mir bisher nur die
Eigenfchaft, die manche in fo beneidenswertem Maße befitzen,
— der Mut, oder richtiger, er kam mir ftets zur Unzeit,
denn mein Entfchluß, mich zum Wort zu melden, fiel bisher
regelmäßig mit jenem kritifchen Moment zufammen, wo jene
ehrenwerten Mitglieder des Juriftentages, denen jede Sitzung
zu lang und jede gefellige Zufammenkunft zu kurz dauert,
bereits das verhängnisvolle Wort: Schluß, Schluß! gerufen
hatten, in welches den Protokollen zufolge fich ihr ganzer
Anteil an der Debatte zufammenfaffen läßt. Aber diesmal
follen fie mich nicht abhalten! Ich melde mich gleich im
Anfang zum Wort.

Präsident. Der Unbekannte hat das Wort.

Der Unbekannte. Meine Herren! Nach dem vortrefflichen Vortrage, den wir soeben aus dem Munde des Herrn Piepmeier vernommen, ist es kein Leichtes für mich, das Wort zu ergreifen und noch dazu über eine Frage, deren Bedeutung ich nicht überschätze, wenn ich sie als eine Lebensfrage für unsern Beruf und unsere Wissenschaft bezeichne. Es hieße Ihre Geduld auf die Probe setzen, wenn ich auf diejenigen Punkte zurückkommen wollte, die der Herr Vorredner bereits in einer Weise entwickelt hat, die allen späteren Rednern die Möglichkeit, etwas Besseres oder auch nur etwas Neues zu sagen, abschneidet. Ich werde mich daher auf solche Punkte beschränken, die er weniger eingehend berührt hat.

Die Tendenz des Volkmar'schen Antrages läßt sich mit einem Wort als juristische Zuchtveredlung bezeichnen. M. H.! Gestehen wir es uns offen: unsere Zucht ist schlecht! Ich hätte gewünscht, daß auch der Herr Antragsteller den Mut gehabt hätte, dies offen auszusprechen, anstatt es uns bloß erraten und zwischen den Zeilen lesen zu lassen. Man kann den Pelz nicht waschen, ohne ihn naß zu machen, — eine trockene Wäsche ist bis dato noch nicht erfunden, und wer reformieren will, soll nicht mit Fingerspitzen und Glacéhandschuhen, sondern mit derber Faust die Sache anfassen; am wenigsten aber soll ein solcher, wie es der Herr Antragsteller am Ende seiner Motive tut, sich mit der Versicherung verabschieden, daß er „seine Anträge nach allen Seiten gern preisgebe, wenn u. s. w."

Unsere Zucht also ist schlecht, aber sie muß, und sie kann veredelt werden. Wer fühlte sich nicht gleich mir von dieser freudigen Zuversicht durchdrungen, wenn er auf die Erfolge blickt, von denen die Zuchtveredlungsversuche auf Gebieten gekrönt worden sind, die tief unter dem unsrigen stehen? Was den Landwirten gelungen, sollte es uns zu schwer sein? Vermag die Zucht, die Wolle des Schafs zu veredeln (Unruhe in der Versammlung), hat sie das Problem gelöst, die Tiere auf Fleisch, Milch, Wolle, Knochen zu ziehen, sollten dann nicht auch wir (steigende Unruhe) imstande sein, durch angemessene Veränderung der juristischen Atzung den heranreifenden Jünger der Themis statt der kahlen theoretischen Haut, mit der er frierend ins praktische Leben tritt, mit einem soliden Pelz auszustatten, der ihn gegen jedes Ungemach der Witterung sicherstellt? (Allgemeines Scharren und Murren.)

Indem ich mich jetzt den Vorschlägen zuwende, die der Antragsteller zu diesem Zweck macht, kann ich meine Lage nur mit der eines ungläubigen Brunnengastes vergleichen, dem der Brunnenarzt eine Reihe von Verhaltungsmaßregeln gegeben hat. Sie wissen, m. H., daß Ärzte dieser Art es lieben, die Verhaltungsmaßregeln zu häufen; da wird Wein, Bier, Thee, Butter, Obst und was sonst noch untersagt, da darf der Kurgast nicht länger und nicht weniger als so und so viel Stunden schlafen, nicht nach dem Essen, nicht vor dem Essen u. s. w., kurz alles hat bis ins Kleinste hinein seine strengste Ordnung und Regel. Der Skeptiker macht aber bald die Erfahrung, daß es dieses Rigorismus nicht bedarf, und in einem vertraulichen Moment gesteht ihm wohl der Arzt ein, daß er Recht hat, und daß viele dieser Vorschriften lediglich dazu da sind, um gläubigen Gemütern zu imponieren. In derselben Weise unterscheide ich bei den Vorschlägen des Antragstellers solche, mit denen es ihm wirklich Ernst ist, — dahin zähle ich die über die praktische Reform des juristischen Studiums und das Examen, und solche, welche lediglich aufgenommen sind, um zu imponieren oder dekorieren, — dahin zähle ich die über die juristische Literaturgeschichte, die Publica, Exegetica, die Verlängerung der Studienzeit auf vier Jahre. Die überaus liberale Konzession, die der Antragsteller

mittelst ihrer den Interessen der reinen Wissenschaft macht,
schließt jedem den Mund, der in seinen Reformvorschlägen eine
Gefahr für letztere wittern wollte. Ich konstatiere, daß sie diesen Zweck vollkommen erreicht haben, und daß sie namentlich
in akademischen Kreisen mit großer Satisfaktion aufgenommen worden sind. Die Studierenden, welche ich Gelegenheit
hatte zu sprechen, waren über die Verlängerung der Studienzeit auf vier Jahre in freudigster Aufregung, und ich bin
von mehreren derselben inständigst gebeten worden, mich
vorzugsweise dieses Punktes mit aller Energie anzunehmen.
Dieselben finden nämlich, daß der dreijährige Kursus für die
Zwecke, für die sie ihn den Motiven zufolge verwenden[1]),
zu kurz sei, namentlich da, wo gegenwärtig noch ein Kollegienzwang bestehe, und sind der Überzeugung, daß wenn
letzterer dem Antrage gemäß beseitigt, das akademische Trien-
nium aber zu einem Quadriennium erweitert werde, es ihnen
nicht mehr schwer fallen werde, ihr Aufgabe vollkommen zu
lösen. Um diesen Preis sind sie auch bereit, die Notwendigkeit anzuerkennen, „daß der Augapfel Gottes, die Rechtsphilosophie, das Naturrecht," mit aller Liebe gepflegt werde,
und sich Vorlesungen über juristische Literaturgeschichte, Exegetika und Publika aller Art gefallen zu lassen, vorausgesetzt,
daß sie sie nicht zu hören brauchen und nicht darin examiniert
werden. Diesen Teil des Publikums hätten wir also schon
für uns, m. H., und dies ist nichts Unbedeutendes; denn
wer die Jugend für sich hat, dem gehört die Zukunft. (Stimmen: Sehr wahr. Bravo!)

------

1) „Sie (die Kandidaten) studierten im ersten Jahr nicht, weil sie
noch angegriffen von den Strapazen des Abiturienten-Examens die
akademische Freiheit in vollen Zügen genießen wollten. Sie studierten
im zweiten Jahr nicht, weil sie ihrer Militärpflicht genügen müßten.
Sie studierten im dritten Jahr nicht, weil sie sich zum Examen vorbereiten ließen."

Auch die Docenten, die ich sprach, waren größtenteils höchlich befriedigt; namentlich waren es die Privatdocenten über ihre Aufnahme in die Examinationskommission und über die Kreirung der beiden neuen Professuren des Exegetikers und Literarhistorikers, was für Deutschland und die Schweiz eine ganz stattliche Anzahl neuer Stellen abwürfe. Nur von dem Recept zu einem Publikum, das der Antragsteller in den Motiven gibt, wollten sie nicht viel wissen. Zwar bequem genug fanden es alle. Man brauche nur Fragen zu haben, die einem „bis dahin nicht völlig bekannt, nicht hinreichend klar geworden seien," und irgendwo einen auf sie bezüglichen Vorfall, eine Anekdote u. s. w. zu lesen, — — und „man beschäftigt sich in einem Publikum mit dem Gegenstand." Man würde, meinten sie, zu dem Zweck nicht einmal nötig haben, mit dem Antragsteller seine Lektüre auf den Dio Cassius oder Macrobius auszudehnen — Bücher, die nicht jeder Muße finde zu lesen, sondern die gangbarste Lektüre, selbst eine Zeitung, ein Anzeigeblatt, ein Roman, namentlich ein modern-juristischer, würden ausreichen, derartige Anregung zu gewähren. Aber um ein Publikum zu lesen, müsse man ein Publikum haben, das hören wolle, und sie befürchteten, daß die Anweisung, die der Antragsteller ihnen auf die „vielen Praktiker, deren Zeit und Umstände verböten, die Privatkollegia zu besuchen," ausstelle, nicht honoriert werden dürfte, dieselben es vielmehr ungleich bequemer finden dürften, nach jenem Recept sich selber ihr Publikum zu machen.

Soll ich mein eignes Urteil über jene doktrinären Vorschläge aussprechen, so muß ich mich aufs entschiedenste dagegen erklären. Welcher Arzt wird einem Patienten, der die warmen Bäder nicht vertragen kann, verordnen, daß er noch länger darin verbleibe und ihre Temperatur noch erhöhen? Der Patient aber ist der Student, die warmen Bäder die

theoretischen Vorlesungen. Durch die Verlängerung des drei-
jährigen Kursus zu einem vierjährigen, durch Literärgeschichte,
Naturrecht und Exegetika kommt der Patient noch immer
tiefer in die Theorie hinein, — das Übel, das wir kurieren
sollen, wird verschlimmert, statt gebessert!

M. H.! Was unser Patient nötig hat, ist gerade das
Entgegengesetzte (Sehr richtig!): Abkühlung, kalte Umschläge,
Eis um den Kopf, Blutegel, damit er wieder zu sich komme,
und damit man ihn ohne Gefahr in die frische Luft des
praktischen Lebens hinaustreten lassen könne. Der Unterricht
muß praktischer, der Satz: daß die Jurisprudenz eine praktische Wissenschaft sei, muß eine Wahrheit werden. Hierüber
ist nun in der bisherigen Debatte bereits so viel Treffliches
vorgebracht, daß ich in meinem eignen Interesse wohl tun
werde, mich auf diejenigen beiden Punkte zu beschränken, die
meiner Ansicht nach noch nicht vollständig erschöpft sind, das
sind nämlich die juristische Klinik und der Antrag, die Examina auf ein einziges zu reduzieren.

Die Idee einer juristischen Klinik hat, wie ich Gelegenheit hatte zu beobachten, viele frappiert, mich selber hat sie
in keiner Weise überrascht. Es kommt nur darauf an, sie
im Zusammenhang mit der Entwickelungsgeschichte unserer
Wissenschaft zu begreifen; unter dieser Voraussetzung nämlich
erscheint sie nicht als etwas Unvermitteltes, absolut Neues,
sondern als etwas durch die bisherige Richtung unserer
Wissenschaft notwendig Bedingtes, als letzter Abschluß und
Kulminationspunkt derselben, in dem Maße, daß ich behaupte:
hätte der Antragsteller das Wort nicht gesprochen, so hätte
es ein anderer, so hätte ich es getan. M. H.! In jeder
Wissenschaft gibt es Perioden, wo es ihr zu eng wird in
ihren eigenen Räumen, wo sie hinaus muß ins Freie, um
sich zu erfrischen und zu erholen, gleich unsereinem, wenn er
das ganze Jahr hindurch hinter dem Aktentisch gesessen und

zu seiner Erholung eine Reise nötig hat. Ich nenne dies die Reisen der Wissenschaften. Da geht sie zu ihren Nachbarinnen und lieben Freundinnen, quartiert sich eine Zeitlang bei ihnen ein, erfährt und sieht allerhand Neues und kehrt erfrischt, gestärkt und bereichert mit neuen Anschauungen nach Hause zurück. So wohnte z. B. zur Zeit der Naturphilosophie die Naturwissenschaft bei der Philosophie, so im Mittelalter die Philosophie bei der Theologie, sonstiger Beispiele zu geschweigen. In derselben Weise hat nun auch unsere Jurisprudenz von Zeit zu Zeit das Bedürfnis gefühlt, bei ihren Schwestern einen Besuch abzustatten, früher vorzugsweise bei der Geschichte, Philologie, Philosophie, im letzten Decennium aber bei den Naturwissenschaften und der Medicin, und man könnte die gegenwärtige Phase in der Entwickelungsgeschichte unserer Wissenschaft als die naturwissenschaftliche — gibt es doch bereits eine eigne „naturwissenschaftliche Methode" in der Jurisprudenz[1]) — oder besser noch als die medicinische Periode bezeichnen. Soll doch der gebildete Jurist heutzutage, um die Rechtsinstitute wahrhaft verstehen zu können, sie einer anatomischen und physiologischen Untersuchung unterwerfen, können doch wir Praktiker in unserer Berufstätigkeit uns kaum mehr rühren, ohne etwas Medicinisches vorzuehmen. Wir sezieren den Rechtsfall gleich dem besten Anatomen, wir haben wie der Arzt am Krankenbett eine Diagnose nötig und was der Art mehr ist. Wo kann man aber sich diese juristisch-medicinische Bildung anders aneignen, als in der juristischen Klinik? Der Antrag auf Einrichtung einer solchen kann also so wenig wundernehmen, daß man umgekehrt sich wundern möchte, daß er nicht schon lange gestellt ist. Er bedarf nur

---

1) [Anspielung auf meinen Geist des röm. Rechts II, 2 § 41. Ebenso das Folgende.]

noch einer Ergänzung und Vervollständigung, die ich die Ehre haben werde im folgenden Ihnen vorzulegen.

Der Unterricht bei den Medicinern, der uns stets als Vorbild vorschweben muß, beginnt bekanntlich nicht sofort mit der Klinik, sondern erst mit den theoretischen Fächern. Zum instruktiven Vortrage derselben sind aber Sammlungen aller Art erforderlich: eine anatomische, eine pathologisch-anatomische, eine physiologische, pharmakologische u. s. w. Es scheint mir nun ein unerläßliches Requisit des praktischen Unterrichts in der Jurisprudenz zu sein, der Anschauung ebenfalls durch entsprechende Sammlungen zu Hilfe zu kommen. Die Überzeugung von der Notwendigkeit dieser Sammlungen und des mittelst ihrer zu beschaffenden Anschauungsunterrichts stützt sich für mich auf eine Erfahrung aus meinen Universitätsjahren. Der Lehrer, bei dem ich die Pandekten hörte, hatte neben der Eigenschaft, ein ausgezeichneter Pandektist, auch die, einer der stärksten Schnupfer zu sein, und hatte stets auf dem Katheder seine goldene Tabatière neben sich liegen. War es nun diese äußere oder war es die innere Nähe, in der sie zu seinem Herzen stand, kurzum, alle die Rechtshändel, in denen Mävius und Titius während eines ganzen Semesters unablässig miteinander verflochten waren, gravitierten stets um die Dose, und mit derselben Sicherheit, mit der wir erwarten konnten, in jedem neuen Rechtsfall die wohlbekannten Figuren von Titius und Mävius auftreten zu sehen, durften wir auch darauf rechnen, daß die goldene Dose das Objekt ihres Streits bildete, gleich als hätte unser Lehrer gefühlt, daß es, um das Gleichgewicht zwischen dem Altertum und der Gegenwart herzustellen, gegenüber den antiken Trägern seiner Rechtsfälle eines durchaus modernen Objekts derselben bedürfe. Kam Titius in die Lage, bei Mävius etwas deponieren zu müssen, so war es sicherlich die goldene Dose; wollte er etwas leihen, verpfänden, wollte er tauschen, kaufen, schenken, legieren, einen Innominatkontrakt abschließen, überall war es die Dose, so daß man hätte glauben sollen, der Handel und Wandel im alten Rom und die Interessen des römischen Lebens hätten sich ausschließlich um Schnupfen und Schnupftabaksdosen gedreht. Mitunter schwang sich die Dose allerdings über sich selbst hinaus und verwandelte sich in ein praedium rusticum oder urbanum, um uns die Prädialservituten, Hypotheken und andere Rechtsverhältnisse an Grundstücken klar zu machen. Diese unerschöpfliche Vielseitigkeit des Demonstrationsobjekts hatte aber ihr Mißliches, und von einem meiner Bekannten, mit dem ich die Pandekten zu repetieren pflegte, wage ich geradezu zu behaupten, daß die Dose ihn verhindert hat, ein ordentlicher Jurist zu werden. Die ewige Gleichheit des Objekts, an dem sein aufmerksames Auge unausgesetzt mit ungeschwächter Lernbegierde hing, das er stets von neuem mit gierigem Blick verschlang, ließ nämlich die Verschiedenheit der rechtlichen Beziehungen desselben für ihn nicht aufkommen, seine Aufmerksamkeit schoß beständig über die Begriffe hinaus und auf die Dose hinüber, und am Ende der Stunde hatte er von allen Demonstrationen fast nichts behalten als die Dose. Ganz ebenso am Ende des Semesters. Die Summe seiner ganzen Kenntnisse reduzierte sich auf die Dose, — die Dose war der Inbegriff und das Grab seines ganzen Wissens geworden.

Diese Erfahrung, m. H., brachte mich schon damals zu der Einsicht, daß es für den juristischen Anschauungsunterricht verschiedener Demonstrations-Objekte bedürfe, und in weiterer Verfolgung dieses Gedankens bin ich endlich zu der Idee gelangt, die ich jetzt die Ehre habe Ihnen vorzulegen.

An jeder deutschen Universität muß für den juristischen Anschauungsunterricht ein juristisches Demonstrationskabinet oder Museum gegründet werden. Dasselbe zerfällt in zwei

Abteilungen: die eine für die Rechtsobjekte, die andere
für die Rechtssubjekte; beide sind den Docenten jederzeit
für die Zwecke des Unterrichts zur Verfügung gestellt. Das
Objektenkabinet umfaßt nur bewegliche Sachen, diese aber
in einer Vollständigkeit, daß ähnlichen Kalamitäten, wie der
obigen, aufs gründlichste vorgebeugt wird. Der Anschauungsunterricht rücksichtlich der unbeweglichen z. B. der res
publicae, religiosae, der Prädialservituten, Superficies und
Emphyteuse, wird mittelst Exkursion in die Nachbarschaft be-
werkstelligt. Die leitende Idee bei Anlegung der Sammlung
besteht darin, daß für jeden Begriff, für jedes Rechtsverhältnis ein passendes Objekt gewählt und ihm ausschließlich zu-
gewiesen wird, damit beide, Begriff und Objekt, sich im Geist
des Zuhörers zur Einheit der Vorstellung verbinden. Vermöge dieses bekannten mnemotechnischen Kunstgriffes würden
sich die Begriffe aufs leichteste und festeste einprägen. Angenommen als Objekt für das Commodatum würde ein Buch
gewählt, so würde jedes Buch, das der Student zu Gesicht
bekommt, ihm den Begriff des Commodats wieder vor die
Seele führen; mit dem Objekt ginge auch der Begriff in
sein Erinnerungsvermögen über. Alle diese Objekte würden
daher mit fester Etikette versehen und nach Maßgabe des
Systems geordnet. In den Institutionen und Pandekten
kämen also zuerst die des allgemeinen Teils: die einfachen und
zusammengesetzten Sachen, die Haupt- und Nebensachen, die
Pertinenzen, Früchte, die fungibeln und verbrauchbaren
Sachen. Wer diesen Teil der Sammlung auch nur ein einziges Mal gesehen, wäre durch das bloße Sehen für immer
gegen jede Gefahr einer Verwechselung oder verkehrten Anwendung der Begriffe gesichert. Zum Überfluß könnten die
Demonstrationsobjekte noch nach der Stunde den Zuhörern
zur nähern Ansicht überlassen und überhaupt der Besuch des
Kabinets ihnen jederzeit verstattet werden.

Daß 3. B. eiserne Nägel, Lichter, Brennholz u. f. w.
zur Kategorie der verbrauchbaren Sachen oder Konsumti-
bilien gehören, müßte einem in dieser Weise unterrichteten
Schüler für immer sich einprägen, während ich mich noch
aus meinen Studentenjahren eines lebhaften Streites mit einem
meiner Bekannten erinnere, welcher mir bestritt, daß jene
Gegenstände zur Klasse der verzehrbaren, wie man damals
sagte, zu zählen seien, weil man eiserne Nägel, Talglichter
und Brennholz nicht zu verzehren pflege.

Nach den Objekten des allgemeinen Teils kämen die
des speciellen Teils, so 3. B. im Eigentum eine instruktive
Kollektion für die Lehre von der Accession und Spezifikation,
für letztere immer je zwei Gegenstände: der ursprüngliche
und der spezifizierte. Für das Obligationenrecht fiele auf
jeden Kontrakt oder jeden besonderen juristisch interessanten
Anwendungsfall je ein Objekt; so müßten 3. B. die verschiedenen Spielarten des Kaufkontrakts: der Kauf auf Probe,
nach Probe, per aversionem, per mensuram u. f. w. vollständig vertreten sein; für den Kauf der Erbschaft dürfte man
der Kostenersparnis wegen aus dem Erbrecht die Erbschaft
hinübernehmen, im Übrigen aber dürfte, um der Gefahr
einer Verwirrung vorzubeugen, derselbe Gegenstand nie für
zwei verschiedene Rechtsverhältnisse benutzt werden, im Gegenteil würde es geraten sein, für manche Verhältnisse zwei
völlig gleiche Exemplare des Demonstrations-Objekts anzuschaffen, von denen das eine die normale, das andere die
abnorme Gestalt des Verhältnisses zu repräsentieren hätte, in
derselben Weise, wie der Mediciner der anatomischen Sammlung eine pathologisch-anatomische gegenüber stellt. Beispielsweise würde das eine von den beiden Commodatsbüchern
den Gegenstand darstellen, wie er hingegeben war und wie
er zurückzugeben ist, das andere, wie er durch culpa des
Commodatars mit einem Tintenfleck beschmutzt wäre.

Ich will Sie nicht ermüden, m. H., durch weitere Häufung von Beispielen. In derselben Weise, wie hier für die Pandekten, würde die Idee des Objektenkabinets auch für die übrigen Zweige des Rechts verwirklicht, so z. B. für das Wechselrecht, wo die verschiedenen Arten von Wechseln und die einzelnen Vorgänge im Leben des Wechsels durch Formulare veranschaulicht würden.

Ein solches Kabinet, planmäßig und vollständig angelegt und richtig benutzt, müßte Wunder tun und würde den Zuhörer ganz unvermerkt und ohne die geringste Mühe ins Leben einführen. Die Kosten würden nicht ganz unbeträchtlich sein, durch den Nutzen jedoch reichlich aufgewogen werden. Am teuersten dürften die erforderlichen Tiere zu stehen kommen, schon aus dem Grunde, weil sie ein fressendes Kapital sind. An Tieren aber dürften nicht fehlen: für den contractus socidae eisernes Vieh, für die actiones aedilitiae ein Pferd mit irgend einem Fehler, etwa dem Koller, für die act. de pauperie einige Tiere mit Fehlern contra naturam sui generis, die eben aus dem Grunde aber ebenso wie das Pferd billig zu haben sein würden, für den ususfructus ein Schaf mit einem Lamm, nur die im allgemeinen Teil als Beispiel der universitas rerum distantium nötige Herde müßte aus Ersparnisrücksichten auf dem Wege der Exkursion zur Anschauung gebracht werden.

Die zweite Abteilung meiner Sammlung, das Subjektenkabinet, welches das erforderliche Material von Rechtssubjekten zu stellen hätte, würde ungleich größere Schwierigkeiten darbieten, und ich verhehle mir nicht, daß es in der Planmäßigkeit und Vollständigkeit, wie es mir im Geiste vorschwebt, in der nächsten Zeit schwerlich Aussicht auf Realisierung hat. Dies soll mich jedoch nicht abhalten, Ihnen die Idee wenigstens schon jetzt vorzulegen, möge das Samenkorn immerhin erst nach Jahrhunderten aufgehen!

Die Bestimmung der Kabinets- oder Institutsfubjekte bestände darin, vor den Augen der Zuhörer die Rechtsfälle von Anfang bis zu Ende aufzuführen. Sie errichteten Kontrakte, Testamente, Kodizille, stellten Wechsel aus, führten Prozesse, legten Zeugnis ab, schwörten falsche Eide, vidimierten Urkunden, erließen Arrestbefehle, begingen Delikte und Verbrechen — kurz alles und jedes, was auf dem Gebiete des Rechts nur möglich ist. Der Kostenersparnis wegen könnten, wie bei kleinen Bühnen, mehrere Rollen, die dies vertrügen, von einer und derselben Person dargestellt werden; so könnten z. B. der Verkäufer und Käufer des Instituts zugleich als Vermieter und Mieter, Commodant und Commodatar u. s. w. fungiren, kurz alle zweiseitigen Verträge abschließen; nur für die einseitigen müßten, um den Unterschied zwischen zweiseitigen und einseitigen Geschäften zu betonen, zwei andere angestellt werden, die außerdem noch alle sonstigen einseitigen Geschäfte, z. B. die Errichtung von Testamenten, Antretung von Erbschaften zu übernehmen hätten, jedenfalls aber durch ein äußeres Kennzeichen von den Vertretern der zweiseitigen Geschäfte sich abheben müßten, am passendsten würde der Gegensatz der Magerkeit und Beleibtheit sich für sie verwenden lassen. Aber trotz dieser Vereinfachung würde doch die Zahl der anzustellenden Personen eine ziemlich beträchtliche werden. Als völlig unerläßlich würde ich nämlich folgende beanspruchen müssen. Zunächst für den Prozeß einen Richter, zwei Sach- und Anwälte, die erforderliche Kollektion von Zeugen: fähige, unfähige, verdächtige, und einen Exekutor. Die zuerst genannten Personen müßten der Kostenersparnis wegen auch für den Strafprozeß und in Civilsachen für die zweite und dritte Instanz verwandt werden; für den Fall der Syndikatsklage, wo zwei Richter erforderlich wären, könnte der judex qui litem suam fecerit durch irgend eine disponible Person des Instituts dargestellt

werden; zu Geſchwornen müßte man, ſoweit der Perſonal-
beſtand des Inſtituts nicht ausreichte, für jeden einzelnen Fall
vorübergehend Dienſtmänner mieten. Für das Privatrecht
müßten aus dem allgemeinen Teil zunächſt die Altersſtufen
repräſentiert ſein, alſo ein infans (der nasciturus würde der
Frau zu überweiſen ſein, welche bei der missio ventris nomine
die Rolle des venter zu übernehmen hätte, und welche aus
nahe liegenden Gründen nicht dauernd anzuſtellen, ſondern
jedesmal, wo man ihrer bedürfte, zu engagieren ſein würde).
Sodann ein infantia major, ein infantiae und pubertati proximus, ein pubes, ein minor und major. Die dazu genommenen Perſonen könnten dauernd im Inſtitut bleiben und von
einer Stufe zur andern aufrücken; nach erreichter Volljährig-
keit hätten ſie eine Anwartſchaft auf die nächſte der frei
werdenden Stellen. Was den Geſchlechtsunterſchied anbetrifft,
ſo könnte man von dem Zwitter abſtrahieren, beziehungsweiſe
die Zuhörer auf das anatomiſche Kabinet verweiſen; dagegen
müßten allerdings einige Frauenzimmer vorhanden ſein, jedenfalls ein unverheiratetes und verheiratetes, um die Ver-
lobung, die Ehe, die Dos, die Paternitätsklage und das SC.
Vellejanum zu erläutern, — unter Umſtänden, wenn ſie ſich
nämlich ſelber in ſolchen befänden, könnten ſie auch bei der
missio ventris nomine verwandt werden — jedesmal natürlich mit veränderter Toilette. Dagegen müßte für die Rolle
einer persona turpis im erforderlichen Fall eine geeignete
Perſon gemietet werden, was nicht bloß die Koſten verein-
fachen, ſondern auch durch die ſchuldigen Rückſichten auf die
übrigen im Inſtitut vorhandenen Perſonen und ſelbſt der
Studierenden wegen geboten ſein würde. Von Männern dürfte
ſchon der Teſtamentsformen wegen ein miles, ein rusticus
und ein Blinder nicht fehlen; die Aufnahme eines furiosus
in das Inſtitut möchte ich nicht befürworten. Dagegen wäre
unerläßlich der diligens paterfamilias und als Seitenſtück zu

ihm, um die culpa lata zu veranschaulichen, eine ungewöhnlich
sorglose und nachlässige Person — ein Posten, den man mit
einem armen Dichter besetzen könnte, womit zugleich der
Schillerstiftung ein Dienst geschähe. Aus dem speciellen Teil
des Privatrechts kämen zu den oben genannten Personen noch
hinzu der Tutor und Kurator; im Übrigen könnte man sich
mit den vorhandenen begnügen. Dagegen dürfte es für das
Kriminalrecht nicht an einem ausreichenden Material von
Verbrechern fehlen, denn die Rollen des kleinen, großen und
qualifizierten Diebes, des Mörders und Totschlägers dürften
unserm obersten Princip nach nicht mit denselben Personen
besetzt werden. (Unruhe in der Versammlung.)

Präsident. Ich möchte den Redner ersuchen, sich etwas
kürzer zu fassen, — die gegebenen Beispiele scheinen mir zur
Erläuterung seiner Idee vollkommen ausreichend.

Stimme aus der Versammlung. Wie will der Red-
ner einen absens, einen Verschollenen darstellen? (Heiterkeit.)

Unbekannter. Ich verkenne die Schwierigkeiten nicht,
die sich einer ganz konsequenten Durchführung meiner Idee
entgegenstellen, und eine gewisse Resignation ist hier unerläßlich geboten. So gestehe ich z. B., daß auch die Darstellung der juristischen Persönlichkeit einer Stiftung mir bisher
noch nicht gelungen ist. Allein, m. H., dies hindert uns doch
nicht, die Idee, soweit sie schon jetzt ausführbar ist, zu adoptieren. Mit welcher Anschaulichkeit würde sich schon allein mit
den von mir benannten Mitteln das praktische Leben des
Rechts dem Zuhörer deutlich machen lassen, — wie würde
diese Rechtsdramatik sein Interesse anregen und anfeuern,
seiner Vorstellung zu Hilfe kommen, die Arbeit des Gedächtnisses erleichtern. Es ist Ihnen bekannt, m. H., daß manche
Rechtslehrer noch für das heutige Recht an dem Unterschied
zwischen tutor und curator festhalten, und vielleicht ist Ihnen
noch aus Ihren Universitätsjahren in der Erinnerung, wie-

viel Mühe es einem armen Studenten macht, diesen Unterschied zu fassen. Wie klar würde derselbe plötzlich werden,
wenn der Lehrer vor den Augen der Zuhörer den Instituts-
tutor seine auctoritas interponieren, den Kurator aber lediglich seinen Konsens erteilen ließe, wie deutlich würde es
dadurch ans Licht treten, daß der eine die unvollkommene
Persönlichkeit ergänzt, der andere aber bloß sich an der Vermögensverwaltung beteiligt. Der Kurator könnte auch über
die Zwecke des akademischen Unterrichts hinaus in einer
Weise verwandt werden, die für das handeltreibende Publikum von größtem Segen wäre. Die Ansicht, daß ein Minder-
jähriger sich durch seine Verträge ohne Genehmigung des
Vormundes nicht verpflichten könne, zählt bekanntlich manche
Anhänger, und noch vor wenig Jahren hat das Oberappel-
lationsgericht in Rostock die Klage eines Kaufmanns gegen
einen minderjährigen Leutnant wegen gelieferter Kleidungs-
stücke aus diesem Grunde abgewiesen, indem es zur Begründung derselben die Behauptung des Daseins einer Bereicherung im Moment der Litiskontestation verlangte.¹) — Diese
Ansicht will einmal dem schlichten Verstande des Laien nicht
in den Sinn. Kein Kellner wird Anstand nehmen, einem
Leutnant die bestellte Flasche Wein zu bringen, ohne zu
fragen, ob er nicht vielleicht trotz seines Schnurrbarts noch
minderjährig und trotz seiner ihm bekannten glänzenden Ver-
mögensverhältnisse kein bares Geld in der Tasche hat. Ist
letzteres unglücklicherweise der Fall, oder hat der Gast bloß
vergessen zu zahlen, so ist der bedauernswürdige Kellner verdammt, den Leutnant „bis auf den Betrag der Bereicherung
im Moment der Litiskontestation" in Anspruch zu nehmen!
Dieser Ansicht zufolge müßte der Arzt, der des Nachts zu

---

1) Das Urteil ist abgedruckt in Seuffert, Archiv für Entscheidungen u. s. w. Bd. XI, Nr. 26.

einem Kranken gerufen wird, um sicher zu gehen, sich erst
erkundigen, ob letzterer nicht vielleicht minderjährig sei, im
Bejahungsfalle aber erst den Kurator aus dem Bett holen
lassen, damit er seine Genehmigung erteile; dasselbe müßte
der Apotheker tun, bevor er die Medicin verabfolgte; und
bevor Vormund, Arzt und Medicin einträfen, möchte in
manchen Fällen der Patient bereits das Zeitliche gesegnet
haben. Ein Gastwirt müßte alle Gäste, bei denen die Möglichkeit existierte, daß sie minderjährig wären und unter Vor-
mündern ständen, entweder zurückweisen oder sich im Voraus
bar bezahlen lassen. Kein Schneider, Schuster dürfte Rock
und Stiefeln anmessen oder wenigstens sie anfertigen ohne
specielle Genehmigung des Vormundes oder Vorausbezahlung.
Daß alle diese guten Leute dies nicht tun, daß sie von der
Geltung eines so abnormen Rechtssatzes regelmäßig keine
Ahnung haben, bis sie für schweres Geld seine Bekanntschaft
machen, davon kann das tägliche Leben jeden überzeugen.
Wie instruktiv würde es nun für sie sein, wenn dieser Rechtssatz ihnen von Zeit zu Zeit, etwa bei Jahrmärkten und
öffentlichen Festen, in plastischer, dramatischer Gestalt durch
unsern Institutsvormund vor Augen geführt würde. Der
Vormund müßte, wie es durch diesen Rechtssatz stillschweigend
postuliert wird, seinen Leutnant auf Schritt und Tritt begleiten und bei Abschluß eines jeden Rechtsgeschäfts entweder
seinen Konsens erteilen oder selber den Beutel ziehen. Um
die gänzliche Unselbständigkeit seines Mündels noch eindringlicher zu signalisieren, könnte er ihn, soweit er nicht zu schwer
wäre, etwa wie ein Wickelkind auf den Arm nehmen.

Wenn ich mir erlauben darf, noch einige solche Tableaus
vorzuführen — (Nein! Nein! Zur Sache, zur Sache! — Große
Unruhe.)

Präsident. Ich muß den Herrn Redner in seinem
eignen Interesse ersuchen, sich an die Sache zu halten; er

wollte ja von der juristischen Klinik sprechen — dies scheint er vergessen zu haben.

Unbekannter. M. H.! Ich bin ja beständig bei der Sache. Was sind denn meine Sammlungen anders, als die konsequente Ausführung der Idee der juristischen Klinik? Wie kann der Lehrer einen klinischen Unterricht erteilen ohne das erforderliche Material? Und Sie können ihm doch nicht zumuten, sich dasselbe auf eigene Kosten anzuschaffen — dazu sind dieselben viel zu beträchtlich. Denn mit einer bloßen Poliklinik und ambulatorischen Klinik, d. h. mit den öfters erwähnten juristischen Exkursionen, ist es nicht getan. Soll der klinische Unterricht wirklich fruchtbar sein, so bedarf es, wie bei den Medicinern, außerdem noch der stationären Klinik, und die ist, wie gesagt, ohne mein Kabinet gar nicht möglich. Ich bin übrigens mit diesem Gegenstand jetzt fertig; nur verstatten Sie mir noch eine Bemerkung. Die Herstellung des Subjekten-Kabinets oder — wie ich es lieber nennen möchte — des juristischen Instituts würde, wie es scheint, mit einem so enormen Kostenaufwande verknüpft sein, daß unsere deutschen Kammern denselben schwerlich bewilligen würden. Allein die Sache läßt sich doch, richtig angefaßt, höchst billig einrichten. Die meisten Stellen könnte man mit Juristen besetzen, und Sie wissen, m. H., wir sind nicht gewohnt, hohe Anforderungen zu machen. Dient so mancher von uns seine zehn Jahre und darüber dem Staate ganz umsonst, bis er endlich 300 Rtlr. erhält, so kann er es auch bei dem juristischen Institut, und wenn der Mangel der Einnahme durch einen verlockenden Titel, z. B. Instruktions- oder Institutsrat, ausgeglichen, oder wenn gar für die jedesmaligen Dienstleistungen Diäten bewilligt würden, so zweifle ich nicht daran, daß sich eine große Anzahl von Bewerbern dazu verstehen würden, bei dem Institut ihren praktischen Kursus durchzumachen. Ein anderes Mittel der Ersparnis wäre, daß man zwar besoldete Stellen kreierte, sie aber, wie dies in einigen deutschen Staaten mit großem Erfolge in Anwendung gebracht wird, kommissarisch ohne Gehalt verwalten ließe. Des Anstandes halber könnte man einige mit vollem Gehalt als Pensionsposten an quieszierte Richter, loyale ältere Advokaten und hoffnungslose Privatdocenten vergeben. Kurz, ich bin der Überzeugung, daß sich die Kosten in einer Weise ermäßigen würden, die in gar keinem Verhältnis zu dem Nutzen des Instituts stände.

Ich wende mich jetzt der Examensfrage zu. Wenn ich bisher in der glücklichen Lage war, den Antragsteller zu unterstützen und seine Idee weiter auszuführen, so sehe ich mich bei diesem zweiten Punkt leider gezwungen, ihn aufs entschiedenste zu bekämpfen. Weit entfernt nämlich, zu glauben, daß die Examina vermindert werden müssen, bin ich umgekehrt der Ansicht, daß sie vermehrt werden müssen. (Oho! Oho! Starkes Murren.) Ja, m. H., die Examina müssen vermehrt werden, und ich zweifle nicht daran, daß ich Sie trotz Ihres lebhaften Widerspruchs für meine Ansicht gewinnen werde. Ich fasse dieselbe in den Satz zusammen: das Examen ist ewig!

In Bezug auf die Examensfrage kann ich nur zwei Ansichten als berechtigt anerkennen: es findet gar kein Examen statt, oder es bedarf einer unausgesetzten Wiederholung desselben, so lange der Mensch lebt. Alles andere ist klägliche Halbheit. Denn entweder ist das Examen überflüssig oder nötig. Wenn ersteres, so soll man es ganz aufgeben; wenn letzteres, so ist es so lange nötig, als der Grund fortdauert, der seine Notwendigkeit bedingt. Der Zweck des Examens besteht aber bekanntlich darin, dem Staate die Überzeugung zu verschaffen, daß der Anzustellende das erforderliche Maß von Kenntnissen besitzt, und mittelbar letzteren anzuhalten, sich dasselbe anzueignen. Wären nun Kenntnisse ein dauerndes Besitztum, so würde die einmalige Aneignung und folglich auch ein einmaliges Examen ausreichen. Allein als geistiger Besitz haben dieselben leider dieselbe Eigenschaft, wie der Spiritus, daß sie mit der Zeit verdunsten. Wird nicht immer von neuem aufgefüllt, so ist eines schönen Tages das Faß leer. Wieviele sind unter uns, die sich getrauen möchten, τύπτω vollständig durchzukonjugieren, und doch hat jeder von uns auf der Schule im Griechischen noch ganz andere Dinge geleistet! Was folgt aber daraus? Es folgt daraus, daß das Examen lebenslänglich von Zeit zu Zeit wiederholt werden muß. Hat einmal jeder von uns, er sei Richter oder Sachwalt, ein bestimmtes Maß von Kenntnissen nötig, und hält es der Staat für seine Pflicht, sich durch ein Examen von dem Dasein dieses Erfordernisses zu vergewissern, welche Garantie gibt dann ein vor 30 oder 40 Jahren ab-gehaltenes Examen dafür, daß das erforderliche Maß von Kenntnissen gegenwärtig noch vorhanden sei? Vor 40 Jahren war das Faß bis zum Überlaufen voll, aber jetzt ist vielleicht kein Tropfen mehr darin. Es kommt nicht bloß auf das erste Füllen, sondern auch auf das Nachfüllen an. Glaubt man jenes nur durch Zwang erreichen zu können, wie will man den Zwang für letzteres entbehren? Es gesellt sich noch ein anderer Umstand hinzu. Der Jurist soll nicht bloß das ursprüngliche Kapital seines Wissens, das er mit von der Universität gebracht hat, erhalten, er soll es auch vermehren; er soll Schritt halten mit der fortschreitenden Wissenschaft — sich unausgesetzt fortbilden. Ich frage abermals: welche andere Garantie gibt es dafür, daß er dies tue, als ein periodisch wiederholtes Examen?

M. H.! Entschuldigen Sie den Freimut, mit dem ich mich ausdrücke; aber ich spreche, wie ich denke. Meiner An-sicht nach ist es unverantwortlich, daß der Staat das Leben, die Ehre, die Sicherheit, das Vermögen seiner Untertanen

Perſonen anvertraut, von denen er nicht die Überzeugung
hat, daß ſie, nicht ob irgend einmal, ſondern noch jetzt
ihrer Aufgabe völlig gewachſen ſind. Mit demſelben Recht
dürfte auch eine Eiſenbahnverwaltung es bei der uranfänglichen
einmaligen Prüfung der Cauglichkeit ihrer Waggons bewen-
den laſſen. Aus denſelben Gründen aber, aus denen bei
den Eiſenbahnwaggons eine wiederholte Prüfung ihrer Cauglichkeit geboten iſt, iſt dasſelbe auch bei den Juriſten, die ja
in gewiſſem Sinn als Laſtwagen zu betrachten — (Stimmen:
Das iſt zu ſtark — wir verbitten uns einen ſolchen Vergleich!
Allgemeine Unruhe.)

Präſident. Ich muß den Redner wegen dieſes un-
paſſenden Vergleichs zur Ordnung rufen. (Bravo!)

Unbekannter. M. H.! Ich bitte wegen dieſes Ver-
gleichs, der mir unbedachtſam entfuhr, um Entſchuldigung.
Verſtatten Sie mir nur noch wenig Worte. (Nein! Nein!
Schluß! Schluß!) M. H.! Ich möchte doch wenigſtens einen
Antrag ſtellen. (Schluß — Schluß — — andere Stimmen:
Den Antrag muß er doch wenigſtens ſtellen dürfen!)

Präſident. Den Antrag werden Sie ihm doch verſtatten?

Unbekannter. Mein Antrag iſt ein Amendement zu
dem erſten Satz von Nr. 5 der Volkmar'ſchen Anträge und
lautet folgendermaßen:

> Die Reviſion der dem praktiſchen Juriſten jederzeit
> notwendigen Kenntniſſe, d. i. das Examen, muß von
> Zeit zu Zeit wiederholt werden und zwar ohne An-
> ſehen des Alters und der Stellung.

M. H.! Zur Empfehlung dieſes Antrages brauche ich
dem Bisherigen noch kaum etwas hinzuzufügen. Erſt mit
dieſer Einrichtung erlangt die Idee des Examens ihre volle
logiſche Entfaltung, erſt mit ihr wird ſie eine Wahrheit —
alles andere iſt elendes Stückwerk. Aus denſelben Gründen,

aus denen die Staatsbehörde von Zeit zu Zeit die öffentlichen Kassen revidiert, muß sie auch die Kenntnisse der Juristen
revidieren; letztere repräsentieren ein ungleich wertvolleres
Kapital, als der Inhalt jener Kassen: das geistige Betriebs-
kapital, mit dem der Staat seine höchste und wichtigste Aufgabe erfüllt: die Handhabung der Rechtspflege, die Aufrecht-
haltung der Rechtsordnung. Der Gedanke einer solchen
Revision hat etwas Erhabenes. Es wäre eine großartige
Inventarisation der gesamten juristischen Intelligenz des
Landes, eine vergeistigte und des neunzehnten Jahrhunderts
würdige Repristination der Idee des altrömischen Census.
Jeder müßte sich schätzen lassen, keiner dürfte davon ausgeschlossen werden, selbst z. B. der Justizminister nicht. (Heiterkeit.) Welch erhabener Gedanke, m. H., den Justizminister
dem Examen unterworfen und möglicherweise wegen fehler-
hafter staatsrechtlicher Anschauungen oder wegen grober Verstöße gegen die Theorie der Auslegungskunst seinen Platz räumen zu sehen. M. H.! Diese Ausdehnung des Examens
auf sämtliche Staatsdiener und praktische und theoretische
Juristen ohne Unterschied würde einen Triumph der Gerechtigkeit und Gleichheit vor dem Gesetz enthalten, wie ich mir
keinen höhern und schönern denken könnte, und dem Volke
zu den Juristen ein Vertrauen einflößen, wie sie sich desselben
selbst im alten Rom kaum erfreut haben.

Sie werden mich nun fragen: wer soll, wenn alle die
Rolle der Examinanden zu spielen haben, die der Examinatoren übernehmen? Nichts leichter als das: es bedarf nur
der Übertragung der Bell-Lancaster'schen Unterrichtsmethode
auf das Examen, — mit andern Worten, das Examen ist
ein gegenseitiges. In dem einen Jahre examiniert die
eine Hälfte von uns die andere, in dem folgenden diese uns,
und so fort. Welch erhebendes Schauspiel, jedes Jahr
von neuem den gesamten Juristenstand vor den Augen des

ganzen Landes — ich setze nämlich voraus, daß das Examen ein öffentliches sein wird — in einem geistigen Ringkampf begriffen zu sehen; wie würde das Volk dazu zusammenströmen, welche Gelegenheit, sich auszuzeichnen und hervorzutun! Vielleicht könnte man nach dem Vorgange der Turner, oder, um aus älterer Zeit leuchtende Vorbilder heranzuziehen, nach Art der olympischen Spiele bei den Griechen oder der Turniere des Mittelalters ein Nationalfest daraus machen. (Große Heiterkeit.)

M. H.! Sie mögen lachen, und vielleicht bin ich in der Ausschmückung meiner Idee etwas zu weit gegangen, aber die Idee selber, d. h. der Gedanke der Ewigkeit des Examens ist ein durchaus berechtigter und — was mehr sagen will — er ist ausführbar. (Oho!) Ja, m. H., er ist nicht bloß ausführbar, sondern in mehreren deutschen Staaten bereits in der Ausführung begriffen. Gibt es doch in Preußen bereits drei Examina; wieviel fehlt dort noch zur Realisierung meiner Idee? (Unruhe. Schluß! Schluß!) In China — (Schluß! Schluß!) M. H.! Soll ich denn mit China schließen? Ist denn Deutschland — (Schluß — Schluß — Schluß! Wegen der großen Unruhe konnte am Stenographentisch von dem Schlußsatz des Redners nichts mehr verstanden werden, als die abgerissenen Worte: Examina — Chinesische Einrichtungen).

Sechster Brief. [1])

Die Idee, welche ich in meinem ersten Briefe, der — zu
meinem Schrecken sehe ich es — bereits in Nr. 41 des Jahrganges 1861 das Licht erblickte, angeregt habe, hat eine über
Erwarten glänzende Verwirklichung gefunden. Die Maske
des „Unbekannten" ist in der Tat jener Domino geworden,
in dem hintereinander die ganze Mannschaft der Schloß-
ache den Hof-Maskenball besuchte und sich am Buffet bene
tat; bald steckt dieser, bald jener Unbekannte sich hinein,
ohne daß einer von dem andern weiß. Bald bin ich der
civilistische Unbekannte, bald der kriminalistische, bald der
civilprocessualische [2]), und neuerdings (Heft 2, S. 153) sogar
der „extra seriem". Ich spalte und vermehre mich vor den
Augen des Publikums wie ein Wurm, den man in Stücke
schneidet; jedes Stück zappelt und krabbelt für sich, und alle
diese zappelnden und krabbelnden Unbekannten sind doch
schließlich ich selber. Wäre es nicht so unheimlich, an seinem
eigenen Ich irre zu werden und lauter Doppelgängern von
sich zu begegnen, man könnte es fürwahr ein beneidens-
wertes Los nennen, sich in dieser Weise zu vervielfältigen
und ohne eigene Mühe und Anstrengung eine große literarische
Fruchtbarkeit zu entfalten. Warum haben Savigny und Puchta
nicht auch einmal den Gedanken gehabt, eine fremde Kappe
überzuhängen und ihre Werke z. B. auf den Namen von

---

1) Deutsche Gerichtszeitung. Neue Folge. Bd. 1, S. 309 ff. 1866.
2) Es waren von den Briefen noch eine zweite und dritte Serie
(civilprocessualische und kriminalistische) erschienen, die nicht von mir
herrühren.

Brackenhöft oder Roßhirt in die Welt zu schicken? Welche Überraschung hätte es für letztere sein müssen, ein Werk von sich in die Hände zu bekommen, das sie selber verstanden hätten! Sie wissen, daß Hauff seinen „Mann im Monde" unter dem Namen Clauren's herausgab; das Publikum ahnte nichts von dem Betruge. Wer weiß, ob dem juristischen Publikum nicht öfter ein ähnlicher Possen gespielt wird; wenigstens kann ich mich bei der Lektüre so mancher Schriften neuerer Autoren nicht des Verdachtes erwehren, daß dieselben nicht von ihnen selber herrühren, sondern daß ein verwünschtes altes Waschweib in unserer Literatur sein Unwesen treibt. Neulich habe ich wieder etwas von ihr unter Händen gehabt: eine ganze Bütte voll Waschwasser, ca. 300 Seiten lang, nichts darin als ein kleiner, dürftiger und noch dazu unrichtiger Gedanke. Erwische ich die Person einmal, die selbst Leute von Namen und Ansehen nicht schont, es soll ihr schlecht ergehen! Könnten Sie nicht die juristische Gesellschaft in Berlin veranlassen, aufs Einfangen des juristischen Waschweibes, das unter dem Namen juristischer Schriftsteller ihr Spiel treibt, eine Prämie zu setzen?

Wie es sich mit dieser Vermutung aber auch verhalten möge, kurz, in Bezug auf mich ist es Tatsache, daß andere unter meiner Maske schreiben. Mögen andere sich beklagen, daß man ihnen die Geisteseier stiehlt und die ausgebrüteten Jungen für eigene ausgibt, bei mir kehrt der Begriff des literarischen Diebstahls in erfreulichster Weise sich dahin um, daß man mir heimlich die Eier ins Nest legt und auf meinen Namen ausbrütet. Welche staunenswerte Belesenheit entwickle ich auf allen Gebieten des Rechts! Römisches, preußisches Civilrecht, Rechtsgeschichte, Kriminalrecht, Civilprozeß — nichts ist mir fremd! Am gespanntesten bin ich darauf, welche Kenntnisse des Staatsrechts ich noch entwickeln werde. Darin etwas zu wissen, ist jetzt die Kunst.

Bundesstaatsrecht, hannöversches, kurhessisches, nassauisches
Staatsrecht — über Nacht ist es abhanden gekommen. Nur
die Hefte der Professoren sind geblieben. Untätig liegen sie
im Pult und grollen dem bösen Bismarck; vielleicht träumen
auch sie von einer glücklichen Auferstehung, wo die Welt, die
ihnen unter den Händen fortgerutscht ist, sich reuig wieder unter
die Hefte zurückbegibt, und die depossedierten Souveräne wieder
in ihre „Reiche" und zu ihren „Völkern" zurückkehren.

Doch nach meiner Gewohnheit verirre ich mich einmal
wieder. Was ich wollte, war: allen jenen liebenswürdigen
Leuten, die mir unaufgefordert die Eier ins Nest gelegt haben,
öffentlich meinen Dank ausdrücken; privatim kann ich es nicht,
da ich ihre Adresse nicht kenne, und Sie, mein verehrter Herr
Redakteur, mir dieselbe einmal nicht mitteilen wollen. Ich
heiße Euch alle unter meinen Flügeln willkommen, unbekannte Mitbrüder oder Mitbrüter! vor allen aber Dich neuesten Ankömmling im Nest, der Du Deine Zusendungen mit
dem Poststempel Leipzig versehen anonym machst. Hoffnungs-
voller Ableger von mir, bringe noch öfter solche Gaben, wie
Deinen ersten Brief (Nr. 16 de 1866 S. 61), tauche noch öfter
in das weite Meer des juristischen Unsinns, um aus der
Tiefe des Abgrundes solche köstliche Perlen zu Tage zu fördern, wie die Strippelmann'sche Schwiegermutter — ein
Kabinetstück ersten Ranges. Vereint wollen wir alle und
wer sonst noch Lust hat, sich zu uns zu gesellen, den Kampf
gegen die Auswüchse unserer Literatur von neuem beginnen,
und der Flitterstaat der Gelehrsamkeit, des Scharf- und
Tiefsinnes, mit dem sie sich behangen haben, soll uns nicht
abhalten, sie in ihrer wahren Gestalt zu erkennen und aufzudecken. Mögen andere den Kampf gegen sie mit schwerem
Geschütz führen, Batterien auffahren, um Mücken und Fliegen in den Grund zu bohren, wir unsererseits begnügen
uns mit der Fliegenklappe und der Pritsche — ein richtig

verſetzter Schlag damit wirkt oft mehr als eine ganze Kanonade von Corpus-Juris-Stellen. Ich weiß nicht, welcher Engländer es war, der seine Rettung dem Lachen verdankte, — ein innerliches Geſchwür, dem die Ärzte weder mit Feuer noch Eiſen beizukommen vermochten, brach auf, als er ſeinen Pudel mit einer Allongeperücke vor ſich ſitzen ſah und darüber in ein herzhaftes Lachen verfiel. An innerlichen Geſchwüren fehlt es auch unſerer Jurisprudenz nicht; verſuchen wir's mit dem Pudel und der Allongeperücke, vielleicht bringen wir ſie zum Lachen und damit zur Geſundheit. Wer einmal über eine ungeſunde Anſicht gelacht hat, iſt für immer dagegen geſichert; das Zwerchfell iſt ein höchſt wertvolles Stück des Verſtandes.

Daß es mit unſerer Civilrechtspflege nicht recht in Ordnung iſt, darüber ſind alle Stimmen einig. Die Theoretiker, Savigny an der Spitze, meinen, der Grund des Übels liege darin, daß die Praxis zu wenig theoretiſch, die Praktiker, daß die Theorie zu wenig praktiſch ſei. Der eine erklärt den verdorbenen Magen daher, daß der Patient zu viel, der andere, daß er zu wenig Medicin zu ſich genommen; täglich werden ihm neue Recepte verſchrieben in Geſtalt von dicken Büchern, keins ohne die troſtreiche Verſicherung, daß der Patient bisher auf dem Holzwege geweſen, aber daß jetzt der Weg des Heils für ihn entdeckt ſei. Rechtsgeſchichte, Exegeſe, Rechtsphiloſophie, Nationalökonomie, Naturſtudium, der Kirchenvater Clemens von Alexandrien, Shakeſpeare, die Porzia und der Doge von Venedig im Kaufmann von Venedig — was alles ſoll ihm nicht eine beſſere Verdauung und Konſtitution verſchaffen! Armer Patient, ſollſt Du warten, bis Deine Leibärzte ſich über das, was Dir fehlt und wie Dir zu helfen, geeinigt haben, Du kannſt ihnen unter den Händen ſterben. Fahre inzwiſchen ruhig fort in der Verrichtung Deiner Leibesnotdurft: zu impetrieren, regiſtrieren, präſentieren,

infinuieren, dekretieren, publizieren, kontumazieren, appellieren, und was des Jerens mehr iſt. In dem Seuffert'ſchen
Archiv für Entſcheidungen der oberſten Gerichte beſitzeſt Du
einen getreuen Spiegel Deiner ſelbſt und einen zuverläſſigen
Führer. Im Wolkenkuckucksheim der Wiſſenſchaft mag man
Dich verketzern, daß Du Dich mehr ſeiner Leitung, als der
ihrigen anvertrauſt; meines Erachtens tuſt Du wohl daran,
denn vom Himmel aus kann man Dir den Weg nicht weiſen, Dein Wegweiſer muß auf die Erde hinabſteigen, und
ſo lange die Wiſſenſchaft dies verſchmäht, hat ſie es ſich
ſelbſt zuzuſchreiben, daß Du zu ihrer Führung kein rechtes
Vertrauen haſt. Nur eins habe ich an dem Seuffert'ſchen
Unternehmen auszuſetzen, und ich werde meinerſeits den
Mangel durch ein neues Unternehmen unſchädlich zu machen
verſuchen, welches ich als Urheber der Idee das Recht habe
zu taufen, und das ich hiermit Anti-Seuffert taufe. Wenn
man jemandem den Weg der Tugend weiſen will, ſo genügt es nicht, ihm glänzende Vorbilder der Tugenden vorzuführen, ſondern man muß ihm auch die abſchreckenden Beiſpiele des Laſters vor Augen halten. Seuffert aber gibt
bloß die glänzenden Vorbilder, — wie wäre es auch anders
möglich, da er ſich auf Entſcheidungen der oberſten Gerichte beſchränkt? Allein es fehlen die abſchreckenden Beiſpiele,
ſolche Erkenntniſſe, bei denen dem einfachen gewöhnlichen
Menſchenverſtande Hören und Sehen vergeht. Ich halte viel
von abſchreckenden Beiſpielen, meine ganze Erziehung, die
ich meinem Großvater verdanke, iſt darauf gegründet worden. Was hilft's, pflegte er zu ſagen, wenn ich, um dem
Jungen z. B. die Tugend der Mäßigkeit anzuerziehen, ihm
glänzende Vorbilder der Mäßigkeit vorführe? ein Betrunke-
ner, eines „Beſoffenen"[1]) gar nicht zu gedenken, predigt

---

1) Vgl. die Begriffsbeſt. beider bei Wächter, Sächſ. Strafr., S. 346.

ihm diese Tugend eindringlicher als hundert Nüchterne.
Wenn ich nie in meinem Leben in Versuchung gekommen
bin, mir mit zu vielen Pflaumen den Magen zu verderben,
so verdanke ich dies nur dem Umstande, daß mein Großvater, der wie ein Geier auf alle abschreckenden Beispiele
aus war, mich an das Bett eines Jungen führte, der durch
übermäßigen Genuß von Pflaumen sich eine grimmige Kolik
mit obligatem Erbrechen zugezogen hatte. Um auf meinen
Anti-Seuffert zurückzukommen, so frage ich: welchen Eindruck müßte es machen, wenn derartige Erkenntnisse, wie ich
sie hier im Sinne habe, zum Nutzen und Frommen der
Menschheit und zur besonderen Abschreckung der Juristen,
wie die Eulen ans Tor oder die falschen Münzen auf den
Ladentisch, öffentlich angenagelt würden? Eine Galerie
juristischer Mißgeburten, ein pathologisch-juristisches Kabinet!
Denken Sie sich den richtigen Anatomen dabei, mit welchem
Behagen er solche Prachtstücke sezieren und präparieren, dem
Unsinn gewissermaßen den Bauch aufschneiden und in den
Eingeweiden die Infarkten einer unverdauten Theorie zum
Vorschein bringen würde — welcher Dienst für die Rechtspflege! Ein in dieser Weise präpariertes und in unserer ju-
ristisch-pathologischen Sammlung zur allgemeinen Abschreckung
aufbewahrtes Urteil würde nicht zum zweiten Male das Licht
der Welt erblicken.

Gestehen Sie es nur, Sie beneiden mich um diese Idee.
Ich will, um Ihren Neid zu entwaffnen, auch Ihnen einen
Anteil daran zugestehen. Sie sollen den Anti-Seuffert in
Verlag haben, d. h. er soll von jetzt an einen integrierenden
Teil Ihrer Zeitschrift bilden. Was mir an brauchbarem
Material zukommt, werde ich Ihnen zustellen, und wenn ich
bei meinen Fachgenossen die rechte Unterstützung finde, so
müßte es wunderbar zugehen, wenn nicht fortan der Anti-
Seuffert eine stehende Rubrik Ihres Blattes bilden würde.

Um diese Unterſtützung will ich hiermit alle, die in der Lage
ſind, ſie zu gewähren, dringendſt gebeten haben, die Beiträge
mögen zunächſt an die Redaktion dieſer Zeitſchrift eingeſandt
werden. Alſo abgemacht: von jetzt an aſſoziieren wir uns
für den Anti-Seuffert. „Aber der Skandal, den die Sache
machen wird" — ſagen Sie kopfſchüttelnd. Verehrter Gönner!
Seitdem Pythagoras zur Feier der Erfindung ſeines bekannten Lehrſatzes den Göttern 100 Ochſen ſchlachtete, zittern
und brüllten nach einem bekannten Ausſpruche alle Ochſen
bei jeder neuen Entdeckung, — welches lebende Weſen ſchreit
nicht, wenn es geſchlachtet werden ſoll? Das etwaige Ge-
ſchrei unſerer Kollegen würde mir nur ein Beweis ſein, daß
mein Anti-Seuffert ſich den wichtigſten Entdeckungen aller
Jahrhunderte anzureihen das Recht hat. Übrigens werde
ich gern, da es mir auf die Sache, nicht auf die Perſonen
ankommt, die Konceſſion machen, die Bezeichnung der Streit-
ſache und des Gerichts völlig fortzulaſſen, oder ſie durch
fingierte Namen zu erſetzen. Wer ſich trotzdem noch verletzt
fühlt, der möge bedenken, daß eine ſolche Art der Kritik
ſeines Urteils im Vergleich zu der früher in Deutſchland
üblichen eine unendlich milde iſt. Das „Schelten des Urteils"
im altdeutſchen Prozeß hatte für den Richter zur Folge, daß
er ſein Urteil mit Waffen in der Hand verteidigen mußte.
Wie würden unſere Straßen von Blut triefen, wenn dieſe
Art der Anfechtung der Urteile noch üblich wäre! Außer
den Geheimen Ober-Tribunals- und Ober-Appellationsräten,
deren Urteile ſich ja einmal nicht ſchelten laſſen, würde kein
Richter ſeines Lebens mehr ſicher ſein. Das Avancement
würde merkwürdigerweiſe gewinnen. Nicht wahr? gegen
ein ſolches Abſchlachten der Richter in natura iſt doch das
ſeitens der Kritik nur Kinderſpiel?

Mit meinem Anti-Seuffert iſt mir ein Stein vom Herzen
gefallen, den ich lange mit mir herumgetragen habe, und

ich kann nunmehr ungehindert meinen Weg fortsetzen, der mich fortan mit Beiseitelassung der Praxis ausschließlich zur Theorie zurückführen wird. Ein langer, langer Weg, aber gottlob nicht langweilig — dafür ist gesorgt.

Erinnern Sie sich noch meines vierten Briefes? An den muß ich zunächst anknüpfen, der fünfte war ein Fastnachtsscherz, der nicht mitzählt. Ich schilderte Ihnen, wie ich als harmloser junger Mensch mit vollem Glauben an die Theorie in die Praxis trat, wie dann aber dieser Glaube durch die bitteren Erfahrungen, die ich mit der Theorie in der Anwendung machte, vollständig erschüttert ward und einer Anschauungsweise Platz machte, die ich früher in den Satz zusammengefaßt habe, daß man, um sich der Theorie ohne Gefahr bedienen zu können, vorher den Glauben an sie gänzlich verloren haben müsse. Sie werden begreifen, daß ich unter der „Theorie" nicht die Schriften gewiegter Praktiker verstehe, auch nicht die der Theoretiker über Rechtsphilosophie, Rechtsgeschichte und sonstige ungefährliche Disciplinen, sondern ich verstehe darunter die Werke der bloßen Theoretiker über das praktisch geltende Recht. Meiner Ansicht nach sollte ihnen mit geringen Ausnahmen (s. u.) das Schreiben über diesen Gegenstand ein für alle Male gelegt werden. Was bei dem Schreiben herauskommt, hat schon Justinian eingesehen, indem er alle Schriftstellerei über seine Gesetzbücher streng untersagte. Das schöne, einfache Edikt, berichtet er, sei durch die Schriftsteller so zerzaust und zerpflückt worden, daß beinahe das ganze Recht in Verwirrung geraten sei. Jetzt habe er mit genauer Not Ordnung geschaffen: kämen da die Bücherschreiber wieder darüber her, so ginge die ganze alte Geschichte von neuem wieder los. Darum solle jeder von ihnen, der sich das unterstände, als Falsarius bestraft und seine Bücher dem Feuer überantwortet werden. Aber was vermögen Feuer und Schwert gegen den

Schreibkrampf! Von einem neueren Juriſten behauptete die Fama, daß er ſelbſt an einem Orte, wo es einem ſonſt nur auf eine andere Erleichterung abgeſehen iſt, ſich auch in literariſcher Richtung Erleichterung verſchaffe, gleich als müſſe er an dieſer für die Konſumtion der Literatur ſo verhängnis- vollen Stelle das Gleichgewicht zwiſchen Konſumtion und Produktion wieder herſtellen — dulce est desipere — — in loco. Der alte Glück in Erlangen ertrug den Gedanken nicht, daß ſeine Zuhörer ſich bloß mit ſeinen Vorleſungen, Diktaten und Druckbogen über die Pandekten behelfen ſollten, er ſetzte ſich hin, um ihnen noch einen kleinen Pandekten- Kommentar von 6 Bänden zum Privatſtudium mit nach Hauſe zu geben. Die treue Seele! Als er ſtarb, hatte er es bis auf 34 Bände gebracht und war etwas über die Hälfte der Pandekten vorgerückt; dann kam Mühlenbruch, dann Fein, erſterer atmete beim Titel: si quis aliquem testari coegerit vel prohibuerit (XXIX, 6), letzterer bei XXIX, 7 de jure codicillorum ſeinen Geiſt aus, erſterer mit Hinterlaſſung von 9, letzterer von 2 Bänden. Wieviele Generationen von Juriſten werden noch darüber hinwegſterben, bis das Werk fertig iſt! Wie mag's dann in der Welt ausſehen! Warum iſt denn nie einer von den vielen ſtarrköpfigen Ro- maniſten, die jeden Buchſtaben im corpus juris aufrecht er- halten wollen, auf die Idee gekommen, die obige Straf- beſtimmung von Juſtinian für gültig zu erklären und den alten Glück oder Savigny oder Puchta als Falſarius zu denunzieren? Aber da hapert es plötzlich mit der Geſetzlich- keit — wer hackt ſich ſelber die Finger ab? Und doch, es hilft nichts, wenn es beſſer werden ſoll, müſſen wir der Schreiberei zu Leibe. Ganz ausrotten wird ſich das Übel freilich nicht laſſen, aber es muß wenigſtens dafür geſorgt werden, daß es in vernünftige Grenzen eingeſchloſſen werde. Da bin ich denn nach längerem Nachdenken auf eine Idee gekommen, die ich mir im Folgenden erlauben werde Ihnen vorzulegen.

Konstatieren wir zunächst den eigentlichen Sitz des Übels. Meines Erachtens liegt er in einer traditionellen Einrichtung unserer deutschen Universitäten, nämlich darin, daß dieselben ihre Pforten nur demjenigen öffnen, der eine „literarische Leistung" aufzuweisen hat, d. h. von ihm Geschriebenes hat setzen und drucken lassen. Der Weg zur Professur geht durch die Druckerei hindurch, — ohne Setzer kein Professor! Welcher deutsche Privatdocent wird um eine solche Prämie sich nicht die Finger wund schreiben! Glückt's mit dem ersten Werke nicht, so ist schnell ein zweites und drittes da, und er bombardiert so lange mit Abhandlungen, Monographien, Lehrbüchern u. s. w. gegen das verschlossene Tor, bis es sich ihm endlich öffnet. Festungen beschießt man nicht mit Sechspfündern, dazu bedarf es des schweren Geschützes; je dicker das Buch, desto wirksamer der Erfolg. Daher jener Fluch und Schrecken unserer Literatur, jenes künstliche und gewaltsame Auftreiben des dürftigsten Inhalts zu möglichst großem Volumen — ein kleiner, kümmerlicher, dürftiger Gedanke, um den ein ganzes Buch herumgebaut wird. Und mitunter fehlt selbst dieser. So stehen sie denn da, die Jünger der Wissenschaft, in Reihe und Glied aufmarschiert, und jeder Meß-Katalog, jedes Heft einer juristischen Zeitschrift bringt eine neue Kanonade, und wenn der eine glücklich in die Festung eingelassen ist, ist sofort wieder ein anderer an seine Stelle getreten, der sie von neuem beschießt. Und das wird so fort gehen bis an den jüngsten Tag, wenn nicht unsere Regierungen und die deutsche Nation ein Einsehen haben.

Aber was schadet es, werden Sie sagen, warum den Leuten diese harmlose Geistes- und Leibesübung wehren? Ob man von ihnen verlangt, daß sie, um sich auf den Lehrstuhl zu schwingen, Purzelbäume schlagen, oder ein Buch

schreiben sollen, ist ja im Grunde völlig gleichgültig. Die
Bücher, die sie schreiben, beißen niemanden, jeder kann
ihnen aus dem Wege gehen; wer es nicht tut, wer sie kauft
und liest, hat den etwaigen Schaden sich selber zuzuschreiben.
Nein, mein Verehrtester, die Sache steht anders. Die schlechte
Ware verdirbt der guten den Markt. Ameier, Bmeier,
Cmeier und die übrigen Meier durchs ganze Alphabet hindurch bis zu Zmeier über Korrealobligationen, Natural-
obligationen, unteilbare Obligationen u. s. w., rein vom
sublimen Standpunkte der „rein wissenschaftlichen Methode"
aus ohne die geringste Bezugnahme auf die Fälle und Bedürfnisse unseres heutigen Lebens, machen einen armen Praktiker zuletzt so kopfscheu, daß er im Unmut schließlich der
ganzen Literatur den Rücken kehrt. Warum hat unsere deutsche Leinwandindustrie ihren früheren Absatz im Auslande so
gut wie eingebüßt? Antwort: weil die unsoliden Leineweber
Baumwolle unter das Leinen gemischt haben; die unsoliden
aber haben nicht bloß sich selbst, sondern auch die soliden
um den Absatz gebracht.

In unserer juristischen Literatur ist es ebenso. Die
schlechten Bücher verderben den guten den Markt. Wer
kauft denn noch Bücher?[1] Du lieber Gott! unter tausend
Juristen kaum einer! Ich kenne juristische Bücher, wahre
Wunderwerke der Gelehrsamkeit, wie z. B. Buchholz über
Prälegate (700 Seiten!), von denen vielleicht kaum 50 Exemplare abgesetzt sein dürften, und ich bin überzeugt, in manchen deutschen Staaten wird sich von vielen juristischen
Werken auch nicht ein einziges Exemplar auftreiben lassen.

---

1) Ich meine nicht etwa Holzschuher's Theorie und Kasuistik und
derartige literarische Hausmannskost, auch nicht die Kompendien, sondern diejenigen, die nach Absicht und Ansicht ihrer Verfasser in den
Ätherregionen der reinen Wissenschaft sich bewegen, die Luftballons-
untersuchungen, welche die ordinäre Welt tief unter sich lassen.

Ich selber kaufe schon lange keins mehr. Ich habe einen alten Onkel, einen kuriosen Kauz, der muß alles haben, was erscheint, und da er selber die Bücher nicht liest, sondern sie nur zur Zimmerdekoration verwendet — beiläufig ein teurer Luxus, der laufende Fuß kommt ihm plus minus auf 60 Mark zu stehen —, so nehme ich mir von Zeit zu Zeit das eine oder das andere mit, da ich sie für meine juristischen Briefe nötig habe. Und in dieser Beziehung bieten sie mir allerdings einen höchst ergiebigen Stoff, von dem Sie noch oft profitieren sollen. Der Eindruck bleibt sich aber, wenn ich von sehr wenigen absehe, immer gleich: wer viel davon liest, spürt es im Magen. Die Schuld davon liegt nicht an den guten Leuten, welche sie schreiben, sondern an den Verhältnissen. Die Bücher über das römische Recht — und von letzterem spreche ich in meinen Briefen allein — müssen notwendiger-weise von Jahrhundert zu Jahrhundert immer schlechter wer-den. Die Drohung Justinian's: volumina autem eorum omni-modo corrumpentur (Const. Tanta circa § 21) ruht wie ein Fluch auf unserer juristischen Literatur. Hören Sie meine Beweisführung!

Ich weiß nicht, ob Sie an dem Gestade der Spree je in der Lage gewesen sind, Wein zu keltern, jedenfalls werden Sie mir keinen Widerspruch entgegensetzen, wenn ich Ihnen sage, daß, wenn wir zwei beide nacheinander dasselbe Quan-tum Trauben zu keltern hätten, der erste von uns am besten, der zweite am schlechtesten daran sein würde, und daß, wenn noch ein Dritter und Vierter u. s. w. an die Reihe käme, schließlich selbst mit einer hydraulischen Presse kein Tropfen mehr hervorzubringen sein würde. Die Anwendung aufs römische Recht liegt auf flacher Hand. Seit 7 bis 8 Jahr-hunderten mühen Tausende und aber Tausende, um nicht zu sagen: Millionen von Juristen sich ab, es auszupressen, und es gab Zeiten, wo der Most in armdickem Strahl herauslief,

wo man die größten Bütten und Fässer, will sagen:
Folianten nötig hatte, um ihn aufzufangen. So z. B. zu
den Zeiten des Cujacius und Donellus. Da war es noch
eine Lust zu keltern! Über die bloße Lehre vom usus fructus
schrieb Galvanus einen Folianten, mit dem man einen
Ochsen hätte totschlagen können. Dann kam das Zeitalter
der Quartanten. Da floß der Most schon etwas dünner,
und der Geschmack ward bereits bitterer. Nun aber gar das
Zeitalter der Oktavbände, in dem wir gegenwärtig leben,
— denn bis zu Duodez und Sedez ist die Jurisprudenz
noch nicht heruntergekommen[1]) — was bleibt da noch viel

---

1) Bei Absendung dieses Briefes kommt mir ein „Taschenbuch
des gemeinen Civilrechts, von Dr. G. A. Hesse, Justizrat und Ge-
richtsamtmann. Jena, Fr. Mauke. 1867" zu, das den Übergang der
Octavliteratur des gemeinen Civilrechts zur Duodezperiode in Aussicht
zu stellen scheint. Der Verfasser stellt die Berechtigung des Erscheinens
seines Buches in der Vorrede ausdrücklich auf das Format. „An
tüchtigen Lehrbüchern fehlt es zwar nicht, aber ein Buch, das für
Juristen, besonders auch für Studierende, zu einem Vademekum sich
eignete, auf Reisen, in den Ferien, in Gerichtssitzungen, Vereinsver-
sammlungen u. s. w. sie begleiten könnte, bequem, handlich und aus-
hilflich, ein solches Buch besitzen wir noch nicht." In der Tat ein
glücklicher, origineller Gedanke: das römische Recht als Taschenkalender, zum Verwechseln ähnlich mit „Cornelia, Taschenkalender für das
weibliche Geschlecht" oder „Iduna, Taschenkalender für die heran-
reifende weibliche Jugend"! Es fehlte bloß noch als Titelkupfer das
Porträt von Justinian oder Tribonian, und als artistische Beigaben
„Scenen aus dem Leben der Kaiserin Theodora" (der antiken Lola
Rasmussen), „die bona und mala fides, zwei weibliche Charakterköpfe,"
oder das „Decretum Divi Marci, in Musik gesetzt, mit obligater Be-
gleitung der Posaune" u. s. w. Im Geiste sehe ich schon an der
Wengernalp einen blondgelockten Jüngling lagern, ganz vertieft in ein
kleines Büchlein. „Um Vergebung, Waldmeisters Brautfahrt, oder
Hannchen und die Küchlein, wenn ich fragen darf?" „Nein, Hesse,
Taschenbuch des gemeinen Civilrechts; nie ohne dieses!" Auf der
Rückreise besuche ich den Bockkeller in München. Dieselbe Scene mit

übrig? Ein Vergleich mag es sagen. Wenn die Champagner=
fabrikanten in Asmannshausen und Ingelheim die Trauben
für ihre Zwecke genugsam ausgepreßt haben, so gießt der
eigentliche Weinproducent Wasser auf die Treber und preßt
sie noch einmal aus. Dann wird Spiritus und Zucker zuge=
setzt, und fertig ist der Asmannshäuser und Oberingelheimer
Rote. Wasser, Spiritus, Zucker — das sind die Ingredien=
zien, mittels deren man heutzutage allein noch hoffen darf,
aus dem ausgepreßten römischen Recht einen trinkbaren Wein
herzustellen. Aber — es ist und bleibt ein Kunstprodukt,
„man kann dabei nicht singen, dabei nicht fröhlich sein." Das
Verhältnis, in dem diese verschiedenen Ingredienzien zugesetzt
werden, ist nach dem individuellen Geschmack ein verschiede=
nes, bei den meisten wiegt ganz entschieden das Wasser vor,
einer hat es zwar ausschließlich mit Spiritus versucht, aber
ohne sein Wissen soll auch ihm manches Wasser zwischen
seinen „Geist" gelaufen sein. Wenn Sie die neueren Erschei=
nungen auf dem angegebenen Gebiete einmal auf diese In=
gredienzien hin prüfen wollen, wird es Ihnen nicht schwer
werden, die meisten von ihnen richtig zu klassifizieren; vielleicht
versuche ich in einem späteren Briefe es selber.

Ich wiederhole nun ausdrücklich: die Schuld dieser Proce=
duren liegt nicht an unseren Schriftstellern, sondern an den
Verhältnissen. Schreiben sollen sie einmal. Einfach die bereits
vorhandenen Ansichten reproduzieren dürfen sie nicht, — das

---

einem alten Granbart. Ein Glas Bier in der einen, einen Rettich
und Hesse's Civilrecht in der andern Hand. Soll das Buch übrigens
in Studentenkreisen recht, was man sagt, ziehen, so dürfte es sich
empfehlen, bei einer zweiten Auflage einige Kommerslieder mit aufzu=
nehmen, wozu sich insbesondere die juristischen, z. B. „In einem kühlen
Grunde, da ruht eine Servitut", oder „Juchheisa, juchheisa, die
Erben sind da" u. s. w. eignen dürften. Einem industriösen Buch=
händler möchte ich empfehlen, juristische Spielkarten, mit Definitionen
oder Stellen aus dem Titel de regulis juris versehen, drucken zu lassen.

gilt nicht als „literariſche Ceiſtung", — was bleibt alſo übrig, wenn die Vorgänger alles Gute bereits vorweggenommen haben, als das Schlechte zu nehmen? Sind die denkbaren vernünftigen Anſichten über den Gegenſtand vollſtändig er- ſchöpft, nun gut, wer will es einem armen Schriftſteller, der trotzdem noch eine neue Anſicht aufſtellen muß, zur Caſt legen, daß er zu einer unſinnigen hat greifen müſſen? Da iſt mir in dieſen Tagen Verſchiedenes von einem Dr. Aſher, Privat- docent in Heidelberg, unter die Hände gekommen, — unſchätz- bare Beiträge, die ich in einem der nächſten Briefe neben manchen anderen verwerten werde. Ich frage Sie nun aber: was kann dieſer Mann, der allerdings in dem obigen Artikel das Unglaubliche geleiſtet hatte, dafür, daß Cujacius drei Jahrhunderte vor ihm gelebt und ihm das Beſte vorwegge- nommen hat? Wäre er damals und Cujacius in unſe- rem Jahrhundert geboren, ſo wäre er vielleicht Cujacius und Cujacius Dr. Aſher geworden, — es kommt alles nur darauf an, wer zuerſt an der Kelter ſitzt! Sie haben gut reden: man ſolle, wenn keine neue geſcheite Anſicht mehr möglich ſei, lieber eine der bereits vorhandenen annehmen. Das verſtehen Sie nicht! Cieber eine unſinnige Anſicht für ſich allein, als eine vernünftige mit andern gemeinſchaftlich. Es iſt wie mit den Frauen, — wem wäre nicht eine häßliche für ſich allein lieber, als eine ſchöne mit anderen zuſammen? Oder wie mit den Kindern — wer hat die eigenen nicht lieber, als die fremden, ſelbſt wenn erſtere noch ſo dumm ſind? Wer wird fremde Kinder adoptieren, ſo lange er noch die Hoffnung hat, ſelber welche zu erzielen? Kurzum, die Anſichten muß man ſich ſelber machen, wenn man Schrift- ſteller werden will, ſonſt laſſe man letzteres nur ganz bleiben.

Nun, habe ich meinen Beweis erbracht? Muß nicht die Citeratur über das römiſche Recht immer öder, leerer, uner- quicklicher werden? müſſen nicht die Anſichten immer unge-

sunder, unnatürlicher, verdrehter werden? Ich soll, was ich
Ihnen hier auf apriorischem Wege deduziert habe, noch auf
aposteriorischem beweisen? Gut! im nächsten Briefe soll es
geschehen. Ich werde Ihnen eine Blumenlese des juristischen
Unsinns zusammensuchen, daß Ihnen das Herz im Leibe lachen
soll. Sie meinen, die Sache sei nichts weniger als zum Lachen,
sie habe ihre sehr ernste Seite? Gewiß! Es kommt darauf
an, wie man über die fernere Fortdauer der Gültigkeit des
römischen Rechts in Deutschland denkt. Wünscht man, daß
dieselbe ein baldiges Ende nehme, so kann man sich über die
oben von mir dargelegte literarische Erschöpfung des römi=
schen Rechts nur freuen, sie enthält das sicherste Zeichen, daß
es mit demselben zu Ende geht; das römische Recht ist
altersschwach geworden, es geht an Marasmus senilis und
Langeweile zu Grunde. Wünscht man demselben noch ein län=
geres Leben, dann muß dem Übel freilich baldigst Einhalt
getan werden, und damit komme ich auf das Mittel zurück,
das ich gegen dasselbe in Petto habe. Die Gefährlichsten im
Punkte der Schriftstellerei sind, wie bereits oben bemerkt, die
deutschen Privatdocenten. Ohne je einen einzigen praktischen
Fall unter Händen gehabt zu haben, schreiben sie über die
intrikatesten Materien, die den gewiegtesten Juristen in Ver=
legenheit setzen könnten, unbefangen darauf los. Dem Un=
kundigen ist alles leicht und klar, und wer über das corpus
juris nicht hinaussieht und mit dem nötigen Selbstvertrauen
und der gehörigen Selbstgefälligkeit ausgestattet ist, dem wird
es nicht schwer fallen, die Fortbildung, die unsere Praxis in
richtiger Würdigung der veränderten Verhältnisse und der
Bedürfnisse unseres heutigen Verkehrs einem römischen Ge=
danken gegeben hat, als eine aus Unkenntnis der Quellen
oder mangelhafter Interpretation hervorgegangene Verirrung
zu stigmatisieren und mit mitleidigem Lächeln auf den in der
Schule des Lebens ergrauten Präsidenten des höchsten

Gerichts herabzusehen. Es macht mir denselben Eindruck, als wenn ein Philolog, mit Aristoteles und Plinius in der Hand, sich herausnehmen wollte, in Bezug auf naturwissenschaftliche Fragen Cuvier und Liebig zu schulmeistern.

Meiner Ansicht nach gibt es nun ein ganz einfaches Mittel, um die Privatdocenten literarisch unschädlich zu machen. In Rom bestand bekanntlich seit August die Einrichtung, daß wer aus einem Testament erwerben wollte, eine gewisse An- zahl von Kindern aufweisen mußte: die liberi waren die Bedingung der »capacitas«. Personen, denen der Kaiser wohl- wollte, ersparte er die Mühe durch Erteilung des jus libe- rorum, die Kinder wurden fingiert, oder es wurde gänzlich von ihnen Umgang genommen; auf diesem Wege kam unter andern auch die Diana zu Ephesus, der man als der keuschen Göttin anständigerweise die Erfüllung des Gesetzes nicht zu- muten konnte, in den Besitz der capacitas. Was in Rom die leibliche, bedeutet bei uns die geistige Fruchtbarkeit; „ohne liberi keine Erbschaft,‟ hieß es dort, „ohne libri keine Pro- fessur,‟ heißt es hier. Ich halte dies Princip für ein höchst unglückliches und meine, man sollte die „Capacität‟ eines Privatdocenten mehr nach dem Lehren als dem Schreiben bestimmen. Wenn jedoch die Universitäten von dem Erfor- dernis des Schreibens nicht lassen wollen, so mache man es wenigstens in der Anwendung für die Jurisprudenz unschäd- lich, indem man nach Analogie des römischen jus liberorum den juristischen Privatdocenten, sobald sie sich anschicken, mit einem Werke an die Öffentlichkeit zu treten, das jus librorum erteilt, d. h. man mache sie zu Professoren, gleich als ob sie die nötigen Bücher hätten drucken lassen. Wird es doch bisher schon auf manchen Universitäten mit ihren Büchern nicht gar so streng genommen, vielmehr dieselbe Nachsicht geübt, welche auch die Römer bei Beurteilung der liberi eintreten ließen, und welche die l. 135 de V. S. (50. 16) in

einer so menschlich schönen und für das vorliegende Verhältnis so zutreffenden Weise motiviert, daß ich mich nicht enthalten kann, die ganze Stelle hier abdrucken zu lassen:

L. 135 de V. S. (50. 16): Quaeret aliquis, si portentosum vel monstrosum vel debilem mulier ediderit
vel qualem visu vel vagitu novum, non humanae
figurae, sed alterius magis animalis quam hominis
partum; an, quia enixa est, prodesse ei debeat? Et
magis est, ut haec quoque parentibus prosint, nec
enim est, quod iis imputetur, qui qualiter
potuerunt, statutis obtemperaverunt, neque
id, quod fataliter accessit, matri damnum injun-
gere debet.

Frei übersetzt für unsern Fall: Was können die Privatdocenten, die, so gut und so schlecht, wie sie nun eben konnten (qualiter potuerunt), den Universitätsstatuten nachgekommen
sind (statutis obtemperaverunt), was können sie dafür, wenn
fatalerweise (quod fataliter accessit) das von ihnen erzeugte
Buch weniger den Charakter eines normalen literarischen Er-
zeugnisses (non humanae figurae), als den einer literarischen
Mißgeburt (portentosum vel monstrosum) oder die Spuren der
Geistesschwäche (vel debilem partum ediderint) an sich trägt?
Sie haben doch etwas zur Welt gebracht, das genügt (quod
enixi sunt, prodesse eis debet). Die Erteilung des jus librorum und der Professur würde natürlich nur erfolgen gegen
die Verpflichtung, das vorgelegte Buch nicht, oder wenigstens
während eines längeren Zeitraumes, etwa der klassischen
9 Jahre (nonum prematur in annum), nicht herauszugeben;
am sichersten dürfte es sein, es der juristischen Fakultät zur
Verwahrung anzuvertrauen. Nach Ablauf der 9 Jahre und
nach glücklich erlangter Professur würde der Verfasser schwerlich noch auf der Herausgabe bestehen, mutmaßlich sogar
Gott danken, daß eine weise väterliche Regierung ihn vor

einer literarischen Übereilung bewahrt habe. Welche Gestalt
würde unsere Literatur erhalten, wenn diese Einrichtung der
neunjährigen Deposition der Manuskripte zur ganz allgemeinen erhoben würde? Ich behaupte, sie würde eine größere
Revolution hervorrufen, als das Zündnadelgewehr. Wie
unzählige Bücher würden ungeschrieben, und wenn geschrieben, ungedruckt bleiben, und wie würden diejenigen, die
schließlich dennoch gedruckt würden, dadurch gewinnen. Es
ist ein Gedanke, auf den ich mir etwas einbilde, ein würdiges
Seitenstück zu meinem Anti-Seuffert; ich beabsichtige ihn durch
einen Freund als Antrag beim deutschen Reichstag einbringen
zu lassen. Verbietet die Polizei, unreifes Obst, saures Bier
zu verkaufen, warum nicht auch unreife Bücher? Sollten die
deutschen Regierungen auf meinen Vorschlag der Erteilung
des jus librorum wegen des Widerstandes, den die Universitäten voraussichtlichermaßen demselben entgegenstellen werden,
nicht eingehen, so bleibt nichts übrig, als daß wir Juristen
selber die Sache in die Hand nehmen, und ich proponiere zu
dem Zwecke eine Nationalkollekte, um aus dem Ertrage derselben alle fertigen Manuskripte der juristischen Privatdocenten
anzukaufen, oder richtiger: zur Sequestration zu erhalten, damit sie die obigen 9 Jahre hindurch unter Klausur gehalten
werden. Neben uns Juristen würden auch die Verleger heranzuziehen sein, und ich zähle auf eine rege Beteiligung von
ihrer Seite; sie werden schon wissen, wobei sie das beste Geschäft machen, ob bei der bisherigen, oder der von mir pro-
jektierten Einrichtung.

Damit wären die Privatdocenten abgetan; nun zu den
Professoren! Ich habe schon erklärt, daß ich sie für ungleich
weniger gefährlich halte als erstere. Sie befinden sich bereits
im Besitz dessen, was der Privatdocent sich erst durch sein
Schreiben erwerben will: der Professur, — dieser Impuls
zum Schreiben fällt für sie mithin weg. Sodann ist ein

großer Teil ihrer Zeit durch Vorlesungen und Amtsgeschäfte
in Anspruch genommen, die Ferien aber haben sie zu ihrer
Erholung nötig, so daß schließlich nicht so viel Zeit zum
Schreiben übrig bleibt, während viele Privatdocenten das
ganze Jahr hindurch Ferien haben; höchstens dürfte etwa
durch Abkürzung der Ferien die überflüssige, aufs Schreiben
verwendbare Zeit um etwas zu vermindern sein. Und endlich und vor allem: je mehr man lernt, desto mehr merkt
man, daß nicht jeder neue Gedanke sich der Veröffentlichung
verlohnt. Dem jungen Storch, der zum ersten Male seinen
Schnabel aus dem Nest herausstreckt, ist alles neu, er macht
die wunderbarsten Entdeckungen, in dem Misthaufen sieht er
einen Berg, in der Pfütze einen See; aber der alte Storch,
der seine langen Reisen gemacht, kann weite Strecken zurück-
legen, bevor ihm etwas aufstößt, was er seiner Aufmerksamkeit würdigt. So möge immerhin den juristischen Professoren
das Recht, auch über dogmatische Fragen zu schreiben, unter
gewissen Einschränkungen und Kautelen zugestanden werden.
Das römische Recht gewährt uns auch hier abermals einen
Anhaltspunkt, nämlich in dem gleichzeitig mit dem jus liberorum
aufgekommenen jus respondendi. Die angeseheneren Juristen
erhielten in der Kaiserzeit von Staatswegen die Autorisation,
responsa juris zu erteilen. Nach dem Vorbilde dieses jus
respondendi gebe man unseren hervorragenden Theoretikern
das jus scribendi, den zweifelhafteren etwa, wie dies bei
den Anstellungen der Staatsdiener in Süddeutschland geschieht,
auf Widerruf, damit sie Gelegenheit haben, sich zu erproben;
bestehen sie die Probe, so verwandle man es in ein defini-
tives, bestehen sie sie nicht, so entziehe man es ihnen gänzlich. Ich hatte anfänglich vor, Personalvorschläge hinzuzufügen, allein bei Entwerfung derselben stieß ich auf solche
Bedenken und Zweifel, daß ich mich derselben gänzlich enthalte und mich darauf beschränke, Ihnen und dem Leser zu

eigenem Gebrauch folgende (für Rechtskandidaten zum Zwecke des Examens in Memorialverse gebrachte) Liste der lebenden Romanisten mitzuteilen!

> Viel' Juristen gibt's auf r,
> Wächter, Bekker und Muther,
> Römer, Neuner, Samhaber,
> Schirmer und auch Schlesinger,
> Pagenstech-, Regelsberger,
> Auch noch Unger und Müller.
> Vier Juristen merk' auf ing,
> Böck-, Fitt-, Stintz- und auch Jhering,
> Wer da will, noch den Vering.
> Wenige nur gibt's auf o,
> Dieses ist der Sanio,
> Anders schreibt sich Dangerow.
> Dreie end'gen sich mit l,
> Das sind Büchell, Wetzell, Sell.
> Rudorff, Kuntze, Fritz
> Gehen an der Spitz',
> Dernburg, Köppen, Witte
> Kommen in der Mitte.
> Ribb'ntropp, Windscheid, Francke
> Schreiben mir zu Danke.
> Zweie memorier auf eist,
> Diese heißen Gneist und Leist.
> Sonst noch einer Silb' allein
> Arndts, Bruns, Brinz, auch Scheurl sich freu'n.
> Dazu dann noch Schmidt und Danz,
> Hast Du die Juristen ganz.
> Wer hier nicht unterkommen kann,
> Schaff' sich 'nen andern Namen an.

Wollen Sie selber noch einige Verse hinzufügen, so gebe ich Ihnen hiermit die nötige Vollmacht dazu. Der civilistische Nachwuchs sorgt dafür, daß stets neue Namen hinzukommen. In meinem nächsten Briefe folgt die versprochene Blumenlese aus der neueren romanistischen Literatur.

Plaudereien eines Romanisten.

Ein Brief an die Redaktion als „Einleitung".[1]

Sie haben mich kürzlich wieder an ein Versprechen er-innert, das ich Ihnen vor Jahren, kurz bevor ich Wien ver-ließ, in einer jener Zusammenkünfte in der goldenen Ente gegeben habe, durch welche die Juristische Gesellschaft in so glücklicher Weise das Gleichgewicht zwischen ihrem geselligen und juristischen Bedürfnis herzustellen wußte, an das Ver-sprechen, Ihnen einen Beitrag für die „Juristischen Blätter" zu liefern[2] Ich weiß nicht, was ich in der heiteren Stim-mung, die sich des vom Drucke der Jurisprudenz befreiten Gemütes bei einer derartigen Nachtfeier bemächtigte, nicht alles versprochen hätte! Leute, welche leicht versprechen, haben regelmäßig auch die glückliche Eigenschaft, rasch wieder zu vergessen, — die Natur gleicht auf diese Weise das Miß-verhältnis zwischen ihrer Gutmütigkeit und Leistungsfähigkeit wiederum aus — und auch mein Ihnen damals gegebenes Versprechen war bei mir gänzlich der Vergessenheit anheim-gefallen, bis es durch Ihre Mahnung mir wieder in die Erinnerung zurückgerufen worden ist. So erheben sich die

---

1) Juristische Blätter, herausgegeben von Max Burian und Lothar Johanny, Jahrgang IX, Wien 1880, Nr. 10.

2) Es war auf eine Fortsetzung meiner Briefe eines Unbekannten abgesehen, von denen man inzwischen erfahren hatte, daß sie von mir herrührten.

Geiſter längſt geſchwundener Stunden aus dem Grabe und präſentieren einem den Wechſel, den man in heiterer Stimmung ausgeſtellt hat, — ich werde den Wechſel einlöſen.

Aber ſie müſſen mir verſtatten, dies in einer Weiſe zu tun, die dem Orte und den Umſtänden entſpricht, an dem und unter denen es erteilt worden iſt. Jch habe mein Verſprechen in der goldenen Ente gegeben und werde es in der goldenen Ente erfüllen, das heißt: ich bilde mir ein, daß ich dort bei einem Glaſe Wein mit Jhnen zuſammenſäße und mich über juriſtiſche Dinge mit Jhnen unterhielte, mit anderen Worten: ich werde mit Jhnen plaudern, und Sie laſſen dies Geplauder, ſoweit Sie es geeignet finden, in den „Juriſtiſchen Blättern“ abdrucken.

Der Titel, unter dem ich Jhnen meine Beiträge gebe: „Plaudereien eines Romaniſten,“ iſt, meines Wiſſens, ein noch nicht dageweſener, und ich bilde mir etwas darauf ein, unter dieſem Titel eine neue literariſche Form der Behandlung juriſtiſcher Dinge in die Welt geſetzt zu haben. Es iſt der Feuilletonartikel auf dem Gebiete des Rechtes. Jene Bezeichnungsweiſe ſoll mir in ſachlicher wie formeller Beziehung die Ungezwungenheit und Leichtigkeit der völlig unvorbereiteten mündlichen Unterhaltung gewähren, ich will plaudern — jeder muß wiſſen, ob er meinem Plaudern zuhören will.

Sie wiſſen jetzt, daß dieſe Plaudereien nicht den Anſpruch erheben, der Literatur anzugehören; ſie haben ihren Zweck erfüllt, wenn ſie Jhren Leſern eine vorübergehende Unterhaltung oder eine Anregung zu eigenem Denken gewährt haben; dazu, um von deutſchen Profeſſoren citiert zu werden, ſind ſie nicht beſtimmt, ſie tauchen auf und gehen unter mit dem Augenblick; bei mir, der ich ſie raſch zu Papier zu werfen gedenke, ebenſo wie beim Leſer, der ſie vergeſſen mag, wenn er ſie geleſen hat.

Das also ist der Pakt, den ich mit Ihnen und Ihren Lesern schließe: Erlaubnis nach Herzenslust und ohne alle Vorbereitung zu plaudern. Mir ist vor all den ernsten Dingen, mit denen ich mich in den letzten Jahren beschäftigt habe, und in der Atmosphäre, die sich über unserer würdigen Georgia Augusta lagert, so ernst zu Sinne geworden, daß ich das Bedürfnis fühle, mich einmal gründlich auszuspannen, zu lachen und Scherze zu treiben. Hätte ich meine Unterhaltungen mit Ihnen nicht bereits mit dem obigen Namen belegt, so würde sich, da sie unserer Verabredung zufolge in der goldenen Ente bei einem Glase Wein spielen sollen, der Name „juristische Enteneier" empfehlen, — wären es goldene, so würde ich sie selber behalten; da dies nicht geschieht, so wissen Sie, was Sie von ihnen zu halten haben! Wenn bei dieser Gelegenheit „juristische Enten" zum Vorschein kommen — eine Varietät, die, meines Wissens, bisher noch nicht konstatiert worden ist —, so werden Sie sich darüber nicht wundern dürfen.

Ich habe einen großen Vorrat solcher Eier; ich glaube, ich könnte sie dutzendweis abgeben. Sie liegen bis jetzt wild und ungeordnet durcheinander, oder, richtiger, sie sind noch gar nicht da, sie stecken noch ungelegt in mir — ich trage ein ganzes Nest davon in meinem Kopfe herum!

Es ist wunderbar, wie einem Menschen, der sein Leben lang systematische Vorträge gehalten hat, das System und das Klassifizieren zuletzt zum unwiderstehlichen Bedürfnis, zur zweiten Natur wird — ich muß selbst die noch ungelegten Eier klassifizieren! Sie wissen, daß ein Romanist eigentlich aus zwei Hälften besteht: halb Dogmatiker, halb Rechtshistoriker, und wenn sich die Wesenseigentümlichkeit dessen, was der Mensch ist, auf das erstreckt, was er erzeugt, so werden auch die Erzeugnisse des Romanisten diesen Doppelcharakter an sich tragen. Sie werden demnach für meine

zukünftigen Eier zwei Fächer anzulegen haben: ein dogmatisches und ein rechtshistorisches.

Ein „rechtshistorisches"? fragen Sie und schütteln den
Kopf. Ich weiß, was das bedeuten soll. Das Publikum
der „Juristischen Blätter", wollen Sie sagen, besteht vorzugsweise aus Praktikern des österreichischen Rechts; was soll
denen die römische Rechtsgeschichte?

Ich will's gleichwohl darauf wagen, ich habe es mir
einmal in den Kopf gesetzt, die römische Rechtsgeschichte bei
Ihrem Publikum zu Ehren zu bringen. Nicht durch künstliche
Mittel, durch die man bekanntlich auch die geschmacklosesten
Gerichte schmackhaft machen kann. Es gilt als Probestück
des richtigen französischen Koches, daß er Leder so zuzube-
reiten verstehe, daß der Unkundige, der es ißt, nie etwas
Besseres auf der Zunge gehabt zu haben glaubt. Eine der
ersten Autoritäten auf dem Gebiete der Saucentheorie erfand
für die kulinarische Unwiderstehlichkeit einer gewissen Sauce
das treffende Motto: ,,Avec une telle sauce on mangerait son
père''. Ich zweifle nicht daran, daß ein Mann mit dem
rechten Humor und Witz jenes Probestück auch mit einer
juristischen Materie — es gibt darunter welche, die es mit
jedem Leder aufnehmen — fertig bringen würde, und vielleicht ist der Mann schon geboren, der uns dermaleinst mit
einer „Elegie über den non usus" oder „Scenen aus dem
Leben des diligens paterfamilias" beschenken wird.

Solchen künstlichen Reiz hat die römische Rechtsgeschichte
nicht nötig, sie kann der Saucen entbehren, es kommt nur
darauf an, daß man sie richtig behandelt. Für die römische
Rechtsgeschichte habe ich meine eigene Methode der Behandlung. Sie weicht von der herrschenden ab. Aber sie hat
sich bewährt. Ich habe sie bisher als Geheimnis bewahrt;
ich erachte jetzt die Zeit für gekommen, sie zu Nutz und Frommen anderer zu veröffentlichen.

Eine Hauptsache dabei ist eine gute, feine Cigarre, nicht
zu schwer, nicht zu leicht, außerdem ein Sofa oder Kanapee.
Nachdem man sich mit dem positiven rechtshistorischen Mate-
riale hinlänglich gesättigt hat, schließt man die Tür ab, um
sich durch niemanden stören zu lassen, zündet sich die Cigarre
an und wirft sich aufs Sofa; ob man dabei die Beine in
die Höhe strecken will, wie ich es bei mir probat gefunden,
hängt von der Individualität ab. Dann richtet man sein
ganzes Denken mit aller Willenskraft auf die alte Zeit, indem man alles um sich herum und sich selber vergißt. Man
denkt sich in den Gedanken hinein, man habe selber in jener
Zeit gelebt und sei nur durch eine seltsame Laune der Natur
auf dem Wege der Seelenwanderung im neunzehnten Jahrhundert als Privatdocent oder Professor des römischen Rechtes
an dieser oder jener Universität wieder zum Vorschein gekommen, ursprünglich sei man ein alter Römer gewesen, und
das wenige, was man über die alte Zeit aus Büchern wisse,
sei nur der letzte Rest der eigenen Erinnerung, die es nur
gelte durch energische Anstrengung wieder recht lebendig zu
machen, was schon die griechische Philosophie bei der Lehre
von der Seelenwanderung für möglich hielt. Hat man eine
Zeitlang in dieser Weise mit offenen Augen träumend da-
gelegen, so wird die Erinnerung an die alte Zeit in der
Tat wieder wach, das Bild derselben steigt aus dem Grunde
der Seele (der Region des „Unbewußten") wieder auf und
spiegelt sich ab in den Wolken des Cigarrendampfes, den man
von sich bläst; man sieht sich selber wandeln auf den Straßen
des alten Rom und macht alle schönen Dinge der römischen
Rechtsgeschichte mit: eine mancipatio, in jure cessio, Manusehe, in jus vocatio u. s. w. Es ist unglaublich, was man
da alles bei einer einzigen Cigarre erfahren kann! Aber
freilich muß man zu rauchen verstehen, und das verstehen
manche nicht. Darum sehen sie auch nichts, selbst wenn sie

sich eine Cigarre anzünden und sich dabei aufs Sofa werfen, sie erzeugen zwar gewaltige Rauchwolken, stärkere als
manche andere, die zu rauchen verstehen, aber sie erblicken
keine Bilder darin. Darum behaupten sie, daß ein anderer
es auch nicht vermöge oder, wenn er es behaupte, daß die
Bilder nichts seien als Eingebungen seiner durch Tabaks-
narkose erregten Phantasie, welche die Wissenschaft mit Protest zurückzuweisen habe, — wo die Quellen aufhörten, da
höre auch die Wissenschaft auf. Ich meinerseits behaupte:
da fängt sie erst recht an, — — — ich bleibe dem Rauchen
treu.

Ich habe in meiner Kiste noch einen anständigen Vorrat von Cigarren; ich werde mir hie und da eine davon
anzünden und Ihnen berichten, was ich gesehen habe. Ich
werde diese Berichte als „Bilder aus der römischen
Rechtsgeschichte" bezeichnen. Es ist ein hübscher Titel,
und ein solcher allein ist schon etwas wert, vorzüglich bei
einem Gegenstande von so zweifelhafter Anziehungskraft, wie
die römische Rechtsgeschichte, und ich sehe nicht ein, warum
wir Leute der Wissenschaft die schönen Titel lediglich den
Literaten überlassen sollen, bei denen der Titel mitunter das
einzige Neue und Pikante am ganzen Werke bildet. Mein
glücklicher Instinkt hat mich den Wert eines guten Titels
schon früh erkennen lassen, der Titel meiner Werke hat ihrer
Verbreitung und Bekanntschaft nicht wenig Vorschub geleistet.
Denken Sie sich meinen „Geist des römischen Rechts" unter
dem Namen: „Über den Charakter und die Bedeutung u. s. w."
oder „Versuch einer Ermittlung der charakteristischen Züge
u. s. w." oder meinen „Kampf ums Recht" unter dem Titel:
„Über die sittliche Verpflichtung der Privatperson, ihr Recht
unter Umständen geltend zu machen u. s. w." Wer hätte
einen solchen Titel behalten? Der Titel muß die Eigenschaft eines militärischen Kommandowortes haben: kurz, präcise,

beſtimmt, kategoriſch; er muß ein literariſches Kommandowort ſein, das man in die Welt hinausſchreit.

Der Name, den das zukünftige Kind haben ſoll, iſt jetzt gefunden, es fehlt nur noch die Kleinigkeit: das Kind ſelbſt. Ich bin geſpannt darauf, wie es ausſehen wird, es geht mir wie der Mutter vor der Entbindung: wird es ein Junge werden — ein Mädchen —, ſchön, geſund, ſtark — ſchwäch- lich, häßlich — ein Wechſelbalg? Kurz es werde, was es will, es liegt nicht viel daran — es iſt ja bei ihm nur auf ein Eintagsleben abgeſehen.

Bilder aus der römiſchen Rechtsgeſchichte. [1]

I.

Das Occupationsrecht an herrenloſen Sachen einſt und jetzt.

Eine romaniſtiſche Elegie.

Ich habe die unglückliche Eigenſchaft, alle Dinge, die mir vorkommen, zu vergleichen, das Eigene mit dem Frem- den, das Jetzt mit dem Einſt. Die unglückliche Eigenſchaft, ſage ich, denn meine Vergleiche ergeben mir nicht immer ein wohltuendes Reſultat; es wäre mir beſſer, wenn ich, anſtatt zu reflektieren, naiv genöſſe, was mir beſchieden. Meine Sucht zu vergleichen beſchränkt ſich aber nicht bloß auf dasjenige, was mich perſönlich betrifft; ſie erſtreckt ſich auf alles, was mir in den Wurf kommt, nichts iſt ſicher vor mir. Die reichſte Ausbeute gewährt mir ſelbſtverſtändlich mein ſpecielles Fach,

---

[1] Juriſtiſche Blätter, 1880, Nr. 11.

und es gibt kaum einen Gegenstand, der auf der Bildfläche desselben auftauchen kann, den ich nicht mit anderen verglichen hätte. So habe ich das altrömische mit dem neuen römischen Rechte verglichen und mir und anderen den Gegensatz desselben klar zu machen gesucht, — das war das Motiv zu meinem Geist des römischen Rechts, — und so habe ich auch unser heutiges Recht mit dem römischen verglichen. Auch in diesem Punkte bin ich zu dem Resultate gekommen, daß die Gegenwart es in manchen Stücken mit der Vergangenheit nicht aufnehmen kann — für eine Schadenersatzklage z. B. hätte ich mir lieber einen römischen als einen heutigen Richter gewünscht. In ganz besonders hohem Grade gilt dies von dem Punkte, der den Gegenstand meiner gegenwärtigen Elegie bildet: Das Occupationsrecht an herrenlosen Sachen.

Wenn Sie ein achtsames Auge für die geschichtliche Entwickelung des Rechts haben, so werden Sie mit mir zu der schmerzlichen Überzeugung gelangt sein, daß wir in Bezug auf die Möglichkeit eines unentgeltlichen Erwerbes, der, wie die Psychologen behaupten, für den Menschen einen ganz besonderen Reiz haben soll, einen bedauerlichen Rückschritt im Vergleiche zu den Römern gemacht haben. Wie reichlich waren letztere in dieser Beziehung ausgestattet, wie lang war die Liste der herrenlosen Sachen, wie weit der Spielraum der Occupation in ihrem Rechte! Wild aller Art: Vögel, Fische, Vierfüßler oder, wie unsere Quellen sich ausdrücken[1]): die Tiere, welche im Wasser, im Himmel und auf Erden geboren werden (in coelo . . . nascuntur), können ungehindert gejagt werden; die Natur selber hat dies so bestimmt, so steht es geschrieben im Naturrechte, das ja mit dem Menschen

---

1) Für Leser, die mich kontrollieren wollen, werde ich die Citate aus den Quellen in der Note hinzufügen. Die oben in Bezug genommene Stelle ist § 12 J. de R. D. (2. 1).

gleichzeitig zur Welt gekommen ist.[1]) Da war es doch noch
eine Lust, Jäger, Vogelsteller, Angler zu sein. Auch Bern=
stein, Perlen, Edelsteine gehörten dem Finder, — man konnte
Millionär werden, ohne das geringste Anlagekapital. Um die
Erd=, Brom=, Him= und anderen Beeren des Waldes und die
Pilze, welche kürzlich in Preußen Gegenstand legislativer
Regelung geworden sind, kümmerte man sich damals noch
nicht. Selbst die Schätze, nach denen jetzt in so manchen
Staaten der Fiskus gierig seine knöchernen Hände ausstreckt,
um sie dem glücklichen Finder (in einem solchen Falle richti=
ger: „dem unglücklichen Finder") zu entziehen, verblieben
damals ihm und dem Grundeigentümer.

Und nun gar der Soldat mit der occupatio bellica! Der
Feind war völlig rechtlos, alles, was er hatte, gehörte dem
braven Soldaten, der es ihm abjagte; es kam nur darauf
an, daß er es kriegte. Indem ich das Wort „kriegte"
niederschreibe, mache ich eine mir völlig neue und überraschend
tiefsinnige sprachliche Bemerkung. Es wird Ihnen erinnerlich
sein, daß die alten Römer, nach einer Mitteilung von Ga=
jus[2]), die Erbeutung vom Feinde (wir nennen es heutzutage
„Annektieren") für die beste Art des Eigentumserwerbes an=
sahen, und ich habe darin stets eine eigentümliche römische
Anschauungsweise erblickt. Jetzt führt mich der Zufall, indem
ich das Wort „kriegte" in Verbindung mit der occupatio
bellica niederschreibe, auf die Entdeckung, daß unsere Alt=
vorderen in dieser Beziehung ebenso dachten, wie die alten
Römer, — wir werden es hier wahrscheinlich mit einer Ur=
anschauung der indogermanischen Völker zu tun haben.
„Kriegen" im Sinne von capere, nancisci, hängt etymologisch
mit „Krieg", bellum zusammen; kriegen heißt also ursprünglich

---

1) § 11 J. ibid.
2) Gajus IV, 16 maxime enim sua esse credebant, quae ex hosti-
bus cepissent.

durch Krieg erwerben (bello capere), es ist die occupatio
bellica der Römer statt in zwei Worten in einem einzigen
Wort. Die Formen des Krieges haben sich im Laufe der
Zeit verfeinert; an die Stelle des offenen Feldes sind die
verschlossenen Räume: Börsen, Geschäftslokale, Läden u. s. w.
getreten, an die des schweren, wuchtigen Schlachtschwertes
unserer Vorfahren die Feder. Endlich ist auch der Begriff
des „Feindes" erweitert worden: Feind ist jeder, der etwas
hat, und von dem man etwas kriegen kann. Das ist die
Gestalt unseres modernen Kriegsrechts.

Beiläufig fällt mir bei dieser analogen Ausdehnung des
Begriffes des „Feindes" eine Parallele ein, die gerade auf
Österreich Bezug hat, sie bildet eine Frucht meines Aufent-
haltes in Wien. Es existiert bei Ihnen eine von einem alten
Haudegen unter Prinz Eugen gemachte Stiftung für österreichische Invaliden aus den Türkenkriegen. Der Mann hatte
die Türkenkriege für Österreich als ein habituelles, periodisch
sich von Zeit zu Zeit mit derselben Gewißheit wie Hagel-
schlag, Überschwemmungen, Mißwachs wiederholendes Übel
angesehen, und zu seiner Zeit war er dazu gewiß vollkommen
berechtigt. Inzwischen haben aber die Türkenkriege, wie ich
als Pandektist mich ausdrücken würde, ihr dogmatisches Interesse für Österreich verloren. Man braucht kein Prophet
zu sein, um zu wissen, daß es mit den Kriegen zwischen
Österreichern und Türken für immer vorbei ist. Was wird
jetzt aus jener Stiftung? Soll sie bis in alle Ewigkeit fort-
existieren, Zinsen auf Zinsen häufend, ohne je wieder einem
Menschen zugute zu kommen? Ein Romanist ist um die Antwort nicht verlegen, das römische Recht gibt ihm das richtige Mittel an die Hand, die Stiftung lebensfähig, d. h. stets
auf der Höhe der Zeit zu erhalten: die Fiktion — hat man
keine wirklichen Türken, mit denen man Krieg führt, so
hilft man sich mit fingierten. Es wird ein Gesetz erlassen,

welches z. B. erklärt: die Russen sollen für Türken gelten,
oder wenn man dies für bedenklich hält, so wird die Staats-
regierung ermächtigt, bei Ausbruch des Krieges in jedem
einzelnen Falle den Feind für einen „Türken" zu erklären.
So würde „Türke" ein Rechtsbegriff werden, der vielleicht
noch lange im Rechte fortlebte, nachdem die wirklichen Türken
längst aus Europa oder der Welt verschwunden wären. Ein
Romanist würde sich freuen, wenn auf diese Weise die Fiktion
einmal wieder zur praktischen Anwendung gelangte, damit er
nicht mehr nötig hätte, seine Beispiele für Fiktionen bloß
aus den römischen Quellen zu entnehmen, und damit das Beispiel des Gajus von den Peregrinen, welche als Römer
fingiert werden, endlich einmal Ruhe bekäme. Dasselbe ist
übrigens ganz interessant, es kommt nur darauf an, es ins
richtige Licht zu setzen. Wenn die Diebstahlsklage einem
Peregrinen oder gegen einen Peregrinen gegeben werden
solle, sagt Gajus,[1] so müsse er als Bürger fingiert werden.
Das heißt juristisch ausgedrückt: der Diebstahl ist etwas
Nationalrömisches, ein Peregrine kann weder stehlen, noch
bestohlen werden. Als in Schilda ein Fremder gehangen
werden sollte, protestierten die Bürger: der Galgen sei nur
für sie und ihre Kinder da — — wenn ein Fremder gehangen werden wolle, so möge er erst Bürger werden! So hätte
eigentlich auch ein Peregrine, der in Rom stehlen oder bestohlen werden wollte, erst das römische Bürgerrecht erwerben
müssen — man wäre entgegenkommend genug, den Mangel
durch Fiktion zu ersetzen.

Doch zurück zur occupatio bellica der Römer, der Ur-
quelle des römischen Eigentums. In Rom war es in der
Tat noch eine Lust Soldat zu sein, in noch ungleich höherem Grade als Jäger, Vogelsteller, Angler; da hatte das

---

1) Gajus IV, 37.

Lied aus der weißen Dame: O, welche Lust Soldat zu sein,
seinen guten Sinn, denn die ganze Welt, außer der römi=
schen, gehörte ihm, es kam nur auf die Kleinigkeit an, die
Schätze, die sie potentiell in sich schloß, aktuell sich anzueignen.
Es macht mir immer einen wehmütigen Eindruck, wenn ich
in meinen Vorlesungen das peculium castrense vortragen
muß, insbesondere wenn sich filii familias milites unter meinen
Zuhörern befinden. Da zeigt man ihnen alle die schönen
Dinge, die sie in der letzteren Eigenschaft bekommen können:
Erwerb vom Feinde, Geschenke vom Regenten und von der
Regentin u. s. w. und macht ihnen damit den Mund wässern,
und doch sind das alles nur Attrappen — — der einzige prak=
tische Bestandteil des peculium castrense, mit dem sie sich
begnügen müssen, ist die Erbschaft der reichen Frau.

Zu der reichen Zahl der beweglichen Sachen, die ich
Ihnen im Bisherigen vorgeführt habe, fügt das römische
Recht noch gewisse unbewegliche Sachen hinzu, die man gänz=
lich umsonst haben konnte. Es ist mir immer eine große
Freude, wenn ich diese Partie in den Pandekten behandle.
Nicht wegen der praktischen Aussichten, die sich daran heut=
zutage knüpfen ließen — leider ist es damit nichts! — ich
stelle mich dabei vielmehr auf den rein historischen Stand=
punkt, indem ich mir einen alten Römer vergegenwärtige,
dem ein solcher Erwerb zuteil ward, und mich in seine
Seele hinein freue. Da sind zunächst die insula in flumine
nata und der alveus derelictus — zwei Leckerbissen für den
Pandektisten. Der Erwerb wird den Anliegern so bequem
gemacht, daß sie nicht einmal nötig haben, zu occupieren,
das Recht macht ihnen ein Geschenk damit, ohne daß sie
nötig haben, sich zu bemühen. Beiläufig: haben Sie wohl
einmal darüber nachgedacht, warum die Römer in beiden
Fällen, da es sich hier doch um herrenlose Sachen handelt,
nicht die Konsequenz der herrenlosen Sachen: das freie Occu=

pationsrecht zugelaſſen haben? Malen Sie ſich die Scene aus, welche die Ausübung desſelben hervorrufen würde: die Balgereien im Waſſer, bevor noch die Inſel völlig aus dem Waſſer heraus oder das Strombett vom Waſſer frei iſt — ich möchte ſagen: während die Natur noch in den Wehen liegt! — die Verſuche, die langſame Geburt auf natürlichem Wege durch eine Zangengeburt zu erſetzen, und Sie werden wiſſen, warum die Römer ſo verſtändig geweſen ſind, in dieſem Verhältniſſe die Occupation auszuſchließen.

Bei der insula in mari nata gelangt die Theorie der Herrenloſigkeit wiederum zu ihrer vollen Konſequenz, dieſelbe fällt demjenigen zu, der ſie occupiert. Es hat etwas Er= hebendes, mitten im fernen Weltmeere an einem kaum dem Mutterſchoße der Natur entſtiegenen einſamen Eiland die Theorie der Occupation wiederum der Anerkennung teilhaftig werden zu ſehen, die ihr in jenen beiden Fällen auf dem Feſtlande verſagt ward. Schade, daß der Wert der Kon= ceſſion durch die vom Juriſten hinzugefügte naturhiſtoriſche Bemerkung, daß der Fall ſelten vorkäme (quod raro accidit) erheblich abgeſchwächt wird.

Mit der letzten unbeweglichen Sache, an der man un= entgeltlich Eigentum bekommen kann und die wir Pandek= tiſten ebenfalls nicht übergehen dürfen: dem ager desertus, hat es nicht viel auf ſich, man muß den Acker erſt mühſam bebauen, und wenn man es getan und das verwilderte Land wieder inſtand geſetzt, das Unkraut vertilgt und Miſt auf= gefahren hat, iſt man nicht ſicher, daß der bisherige Eigen= tümer, der jetzt wieder Freude an ſeinem Grundſtücke ge= wonnen hat, es nicht einlöſe — ich bin längſt mit mir ins Reine darüber gekommen, daß ich nie einen ager desertus bebauen werde.

Damit ſind wir mit den unbeweglichen Sachen am Ende. Aber das Beſte habe ich mir zuletzt aufgeſpart, nämlich die

Occupation erbschaftlicher Sachen. Sie nimmt unter allen Occupationsfällen zweifellos die oberste Stelle ein, in ihr steigert sich der Gedanke der Occupation zum idealen Non plus ultra, zu einer solchen Höhe, daß ihm der Unterschied der beweglichen und unbeweglichen Sachen, den er, um in Hegel'scher Weise zu sprechen, auf den soeben geschilderten Stufen seiner dialektischen Selbstentwickelung noch nicht über= wunden hatte, von hier aus nur noch als wesenloser Schein erscheint. Gold, Silber, Wertsachen aller Art, Vieh, Wein, Grundstücke, Häuser, ja ganze Landgüter, alles, was nur in einer Erbschaft zu finden ist, kann derjenige, der Lust dazu hat, sich aneignen, es ist kein Diebstahl — ,,rerum heredita= riarum furtum non fit'' lautete die eigens für diesen Zweck in die Welt gesetzte Regel. Der einzige Unterschied von den übrigen Occupationsfällen bestand darin, daß der Occupant das Eigentum nicht sofort erhielt, sondern daß er die Sachen erst noch ein Jahr lang besitzen mußte, wozu er mit Ver= gnügen bereit gewesen sein wird.

Sie begreifen, daß ich mir diese Art des unentgeltlichen Eigentumserwerbes bis zuletzt aufgespart habe, nach ihr schmecken alle anderen fade. Ich werde mir diesen Fall für die nächste Zusammenkunft aufsparen.

Und nun der Übergang von dieser reichen Tafel des römischen Rechtes, wo ein Gericht das andere überbot, von diesem schwelgerischen Mahl der Herrenlosigkeit zu der Bettel= suppe des heutigen Rechtes, bei der von all der Herrlichkeit so viel wie nichts mehr übrig geblieben ist. Alle Plätze an der Tafel sind vom Eigentum besetzt, für die Herrenlosigkeit ist kein Kouvert gedeckt, sie kann stehend zusehen und ab= warten, bis das Eigentum ihr einen Knochen zuwirft, den es selber nicht mehr gebrauchen kann. Mit der Poesie der Occupation im Rechte ist es vorbei, die Prosa des Eigen= tums — des Vielfraßes Eigentum! — hat alles zerstört.

Die insula in flumine wie die in mari nata nimmt sich der Staat, ebenso den alveus derelictus; als Gegenstände der Privatoccupation figurieren sie nur noch in den Lehrbüchern — ich möchte wissen, wann der letzte Anwendungsfall wirklich vorgekommen ist! Sie zählen zu den ausgestopften Rechtsbegriffen unserer juristischen Museen, den Mumien, Spirituspräparaten. Von ihnen gilt, was Justinian von einer solchen Reliquie zu seiner Zeit: dem dominium ex jure quiritium sagte: „Nec umquam videtur nec in rebus apparet, sed vacuum est et superfluum verbum.[1] Bleibt nur noch der ager desertus. Wenn sich heutzutage nur jemand fände, ihn zu ermöglichen! Ich habe nie von einem Fall gehört.

So verschwinden die sämtlichen unbeweglichen Sachen von der Bühne. Man könnte ihren Verlust verschmerzen, wenn nur die beweglichen blieben! Aber auch von ihnen tritt eine nach der anderen ab; man wird an die Abschieds-symphonie von Haydn erinnert, in der ein Mitglied des Orchesters nach dem anderen sein Pult verläßt und sein Licht auslöscht. Die usucapio pro herede lucrativa — die occupatio bellica — die freie Jagd auf Fische und Wild — das freie Suchen nach Bernstein, Fossilien u. s. w. — in manchen Staaten sogar der Schatzerwerb — — lauter ausgelöschte Lichter — allgemeine Dunkelheit! Wohin der Mensch sich wendet, überall stößt er sich an das Privateigentum, das ihm sein: Bis hieher und nicht weiter! entgegenruft. Selbst über den Feind streckt es seine schirmende Hand aus, mit dem gemütlichen Plündern früherer Zeiten ist es vorbei, und selbst das Wild, das nach dem jus naturae dem Occupanten gehört, ist durch positive Satzung unter den Bann des Jagd-rechtes gebracht. Dafür, daß Erbschaftssachen Gegenstände der freien Occupation sind, hat die Zeit alles Verständnis

---

[1] L. un. Cod. de nudo jure (7, 25).

verloren; wir müssen abwarten, ob die Kommunisten es ihr wieder beibringen. Nur der Wald war bisher noch frei, da durften sich doch die Kinder ihre Erd-, Brom- und Himbeeren suchen, eine gute Hausfrau ihre Pilze und ihr Gatte seinen Waldmeister zu einer Bowle Maitrank. Damit ist es bei uns in Preußen jetzt auch vorbei — selbst das Recht der Kinder auf Suchen im Walde wird nicht mehr respektiert.

Ich habe die Lust am Rechte verloren, ich freue mich, daß ich nicht Kind mehr bin, ich sage mit dem Tischler in Hebbel's Maria Magdalena: ich verstehe die Welt nicht mehr. Hätte ich nur nicht Pandekten vorzutragen. Da muß ich bei jedem schönen römischen Occupationsfall ein Kreuz setzen: mortuus est, und meine Zuhörer warnen, daß sie ihn nicht praktisch exerzieren, damit sie nicht mit dem Strafgesetzbuche in Konflikt geraten. Die Poesie ist aus dem Rechte verschwunden, ich klage mit Schiller in den Göttern Griechenlands mit kleiner Veränderung des Textes:

> Schöne Welt, wo bist Du? O, so kehre
> Wieder doch zurück, Recht der Natur!
> Ach nur in der Märchenwelt der Lehre
> Lebt noch Deine fabelhafte Spur.
> Ausgestorben trauert das Gefilde,
> Keine Beute zeigt sich meinem Blick,
> Selbst bei Beeren, Pilzen, Wilde,
> Ruft das Recht: Die Hand zurück!

II.

Die Mausefalle des alten Erbrechtes.[1]

Ich weiß nicht, ob ich voraussetzen darf, daß die Kennt-
niffe, welche Sie sich auf der Univerſität über die usucapio
pro herede lucrativa des altrömischen Rechtes angeeignet
haben, noch bis auf den heutigen Tag vorgehalten haben.
Mit den auf der Univerſität erworbenen Kenntniffen pflegt
es sich umgekehrt zu verhalten wie mit den meiſten Dingen:
je weniger man Gebrauch davon macht, deſto eher verringern
sie sich, sie laſſen sich, im Gegenſatze zu den res, quae usu
consumuntur vel minuuntur, als res, quae non-usu consumuntur vel minuuntur bezeichnen. Sie werden es daher
wohl genehmigen, wenn ich Ihre Erinnerung in Bezug auf
unſer Inſtitut etwas aufzufriſchen verſuche.

Unſere Quellen, unter denen Gajus[2] obenan ſteht, geben
uns folgendes Bild von der Sache. War jemand geſtorben,
der keine sui heredes hinterlaſſen hatte, ſo durfte jeder, der
Luſt hatte, dem berufenen Erben in Bezug auf die Beſitz-
nahme der Nachlaßgegenſtände zuvorkommen, darin lag kein
furtum. Nur für Perſonen, welche Sachen des Verſtorbenen
bereits in Beſitz hatten, war eine Verwandlung des bisherigen Beſitzverhältniſſes oder, wie die Römer ſagen, ihres
bisherigen Titels in den titulus pro herede ausgeſchloſſen
(nemo sibi ipse causam possessionis mutare potest), das
heißt alſo: die Beſitzaneignung der erbſchaftlichen Sachen
ſollte als äußerer Akt ſichtbar werden, der demnächſtige
Erbe ſollte wiſſen, wer sich den Beſitz angeeignet hatte, und

---

1) A. a. O. Nr. 12—15.
2) Gajus II, 52—58; III, 201.

wen er auf Rückgabe desselben zu belangen habe. Zu dem
Zwecke war ihm ein Jahr als Frist gesetzt; versäumte er
dieselbe, sei es, weil er erst später antrat oder erst später
die Klage erhob, so war sein Recht verwirkt, die Besitzer
waren jetzt durch die usucapio pro herede Eigentümer, und
nicht bloß Eigentümer, sondern Erben geworden. Als
Gegenstand der Usukapion wurden nämlich nicht die einzelnen Sachen, sondern die Erbschaft selber angesehen, letztere
ward in jenen usukapiert, und die Folge dieses Gesichtspunktes war, daß auch die unbeweglichen Sachen, für die
sonst die Usukapionsfrist zwei Jahre betrug, in einem Jahre
usukapiert wurden. Durch Antretung und Besitzaneignung
der Erbschaft von Seiten des Erben war jenes Occupationsrecht, wie ich es nennen will[1]), ausgeschlossen; wer jetzt noch
zugriff, machte sich eines furtum schuldig, ebenso wie in dem
Falle, wenn sui heredes da waren.

Das sind die rohen Umrisse des Institutes, wie die
Quellen es uns zeichnen. Sie lassen allerdings manche Fragen ungelöst, die mich aber nicht kümmern, da es nicht in
meiner Absicht liegt, Ihnen einen gelehrten Vortrag über
die usucapio pro herede lucrativa zu halten, sondern lediglich
Ihnen meine Idee über eine eigentümliche Seite des Institutes zu entwickeln, die, meines Wissens, bisher von andern
noch nicht beachtet worden ist.

Nur eins fügt Gajus noch hinzu, das ist die Bemerkung über den legislativen Zweck des Institutes. Er wirft
sich die Frage auf, was das alte Recht bestimmt haben könne,

---

[1] Die Römer gebrauchen den Ausdruck occupare nicht bloß von
der Eigentumsaneignung herrenloser Sachen, sondern auch von
der Besitzaneignung fremder — sei es im Besitz befindlicher, sei es
besitzloser Sachen, s. l. 3, § 8 de A. P. (41, 2) .. domum a latronibus
occupatam, l. 1, § 2 quod legat. (43, 3) .. quod quis legatorum nomine
occupavit.

ein so gottloses Institut (tam improba possessio et usucapio)
zuzulassen, und er erteilt darauf die Antwort: es habe dadurch eine Pression auf die berufenen Erben ausgeübt werden sollen, die Erbschaft rasch anzutreten, im Interesse der
Gläubiger sowohl, als auch der ordnungsmäßigen Besorgung
der sacra.

Damit ist unser historisches Material erschöpft, ich zünde
mir jetzt meine Cigarre an — — Sie wissen, was das bedeutet.

Es ist wunderbar, wie einige kräftige Züge aus derselben auf mich wirken. In den Rauchwolken erblicke ich Gajus
— langer, dürrer Mann — Leberflecken auf der Stirn —
einwärts gebogene Beine — Schulmeistergesicht.

Noch einige Züge und ich befinde mich im Gespräch
mit ihm.

Gajus?

„So nenne ich mich.“

Ich habe nicht gewußt, ob ich Sie so nennen darf, ein
neuerer Schriftsteller [1] hat behauptet, das sei bloß ein „Vulgär-
name“ oder, wie man im Leben sagt, ein Spitzname für Sie
gewesen, bei dem die Studenten Sie genannt hätten, wie sie
dies auch heutzutage bei beliebten Lehrern zu tun pflegen.

„Studenten? Was sind das?“

---

[1] H. Dernburg, Die Institutionen des Gajus ein Kollegienheft aus dem Jahre 161 nach Christi Geburt. Halle 1869, S. 96:
„eine der Umgangssprache angehörende Bezeichnung desselben“. S. 97:
„Und wie ließe sich leichter die traute Bezeichnung mit dem Vornamen
erklären, als durch die Zurückführung auf den Gebrauch der Studierenden, deren Lehre die Tätigkeit unseres Juristen gewidmet war. Sie
nannten den trefflichen Lehrer mit dem Vornamen, wie der Freund
den Freund, sie bezeichneten ihn so in ihren Kreisen, sie bürgerten
diesen Namen bei den nachfolgenden Generationen der Studierenden
und im Buchhandel ein.“

Ihre Zuhörer, die bei Ihnen Ihre Institutionen hörten und denen wir Ihr Heft über die Institutionen verdanken[1]). „Heft? Was ist das?"

Die schriftlichen Aufzeichnungen der Zuhörer, die ihnen entweder vom Lehrer diktiert oder von ihnen selber nach seinem Vortrage zu Papier gebracht werden.

„Meine Zuhörer waren, wenn ich sprach, gewohnt, zu hören, nicht zu schreiben."

Also freier Vortrag! Demnach wären Ihre Institutionum commentarii quatuor von Ihnen selber verfaßt?

„So ist es. Weiß man denn von denen noch etwas? Es scheint mir schon lange her zu sein, daß ich sie schrieb."

Ungefähr siebzehnhundert Jahre. Seit Sie, mein Verehrtester, in Verona von Niebuhr wieder aufgefunden worden sind, bilden Sie für uns Romanisten das tägliche Brot.

„Romanisten? Was sind das?"

Das sind Ihre modernen Nachfolger. Wir Germanen — sie befinden sich augenblicklich in einer unserer schönsten Städte, zu Wien in der goldenen Ente — treiben ebensogut noch das römische Recht wie Ihre Landsleute zu Ihrer Zeit, und diejenigen Professoren, die darüber auf unseren Rechtsschulen Vorlesungen halten, nennt man Romanisten; ich selber habe die Ehre, mich Ihnen als solchen vorzustellen, lese jedes Jahr einmal Institutionen und Pandekten.

„Also Kollege? Freut mich sehr, Deine Bekanntschaft zu machen. Du kennst also meine Institutionen?"

Wie gesagt, unser tägliches Brot — sehr viel daraus gelernt — sehr dankbar dafür — aber leider viele Lücken in der Handschrift — die alten Mönche unbarmherzig mit Ihnen gewirtschaftet — einen christlichen Heiligen: den heiligen Hieronymus über Sie gelegt — viel von Ihnen durch den

---

[1]) Die Ansicht des genannten Schriftstellers.

verschluckt — und dann der Bluhme, oder wie er sich später
in Vorahnung Puttkamer's ohne h schrieb, der Blume, der
Sie unter die Mache genommen hat. Sie könnten uns den
größten Dienst erweisen, wenn Sie sich entschlössen, diese
Lücken auszufüllen.

„Wollen es uns überlegen — augenblicklich keine Zeit
und Lust dazu. Was veranlaßte Dich dazu, mich aus dem
Orkus heraufzubeschwören?"

Ich wollte Sie über die usucapio pro herede lucrativa
befragen. Was Sie über dieselbe berichten, höchst wertvoll
— ganz neue Aufschlüsse über das alte Recht. Aber — Ihre
Autorität in Ehren — Ihre Ansicht über den legislativen
Grund des Institutes scheint mir nicht die richtige zu sein.

„Warum nicht?"

Wenn Sie gütigst verstatten wollen, mein sehr verehrter
Lehrer und Meister, so werde ich Ihnen meine Meinung
auseinandersetzen.

„Sprich!"

Ihre Ansicht über den legislativen Grund des Institutes
geht von folgender Voraussetzung aus. Es hat eine Zeit
gegeben, wo die usucapio pro herede noch nicht existierte, das
Erbrecht im Übrigen aber bereits ausgebildet war. Da
machte man die üble Erfahrung, daß die berufenen Erben die Antretung der Erbschaft, für die es ja, wenn der
Testator nicht etwa eine cretio festgesetzt hatte, keine Frist
gab, ungebührlich hinausschoben; es lag in deren Interesse,
da sie die Auszahlung der Legate um so viel verzögerten,
also die Früchte und Zinsen profitierten, und da sie auch die
Auslagen für die sacra ersparten. So geht es nicht länger,
sagten die Gläubiger, wir wollen unser Geld, und wir, fügten
die Pontifices hinzu, können das ebenfalls nicht dulden, die
sacra vertragen die lange Unterbrechung nicht, und auch die
Legatare und Substituten mischten sich in den Chor ein. Da

kamen die Väter der Stadt zusammen und berieten: was
tun? Hätten sie uns beide um Rat gefragt, wir hätten
ihnen das richtige Mittel schon angeben wollen. Setzt eine
gesetzliche Frist für die Antretung fest, würden wir ihnen ge-
antwortet haben, oder gebt dem Prätor auf, was letzterer
später von selbst so einsichtig war zu tun, nämlich auf Antrag der Interessenten ein „tempus ad deliberandum,“ oder,
wie wir heutzutage sagen, ein spatium deliberandi festzusetzen
bei Strafe der Verwirkung des Erbrechtes, und ordnet im
Interesse der um ihre sacra besorgten Pontifices eine Strafe
an den geistlichen Fonds an, die von Monat zu Monat steigt,
eine Straflawine nach Art des Rutscherzinses in Deutschland
— das wird schon helfen!

Allein das Conclusum der Väter der Stadt lautete anders. Wir wollen die usucapio pro herede lucrativa einführen, sagten sie, wir erteilen hiemit jedem die Erlaubnis,
sich in Besitz der Nachlaßsachen zu setzen mit der Wirkung,
daß, wenn der Erbe nicht innerhalb Jahresfrist antritt und
ihm dieselben wieder abjagt, er Eigentümer und zugleich
Erbe werden soll; verschmäht der eingesetzte Erbe die Erbschaft, so ist sie herrenlos, so mag sie nehmen, wer Lust hat.

Habe ich Ihre Ansicht richtig getroffen, hoher Meister?

„Du hast es.“

Dann verstatten Sie mir eine Frage: Haben Sie specielle Nachrichten über diesen Vorgang?

„Ich bin der Darstellung des Varro gefolgt.“

Das habe ich mir gedacht! Der hat viel wunderliche
Dinge.

„Du bist — — doch ich vergesse, daß, um mich der
treffenden Wendung Eures Bismarck zu bedienen, meine ge-
sellschaftlichen Formen mir verbieten, Dir darauf die gebüh-
rende Antwort zu geben. Du willst Dir herausnehmen,
Dinge aus dem römischen Altertume besser zu wissen, als

Varro, von deſſen Lobe bei ſeinen Lebzeiten wie nach ſeinem Tode ganz Rom voll war, den Cicero als ,,diligentissimus investigator antiquitatis'' und Quintilian als ,,vir Romanorum eruditissimus'' anerkennt?''

Seit Niebuhr nehmen wir uns das heraus. Varro könnte von uns Heutigen viel lernen; wie es z. B. bei der Gründung Roms herging, das wiſſen wir heutzutage viel beſſer als er. An Reichtum des Materials iſt er uns zwar überlegen, in der Methode aber ſind wir es ihm, und vermöge dieſer Methode ſind wir inſtand geſetzt, Varro, Feſtus, Livius und wie ſie alle heißen mögen und auch Sie zu berichtigen. Es iſt die kritiſch-hiſtoriſche Methode, die ich Ihnen augenblicklich nicht erklären kann; wenn Sie mir einmal wieder das Vergnügen machen, werde ich es nachholen.

Um nun auf Ihre Meinung über den Urſprung und den Zweck der usucapio pro herede zurückzukommen, ſo nehme ich mir heraus, Ihnen ins Geſicht hinein zu behaupten: ſo, wie Sie ſich die Sache vorſtellen, kann ſie ſich nicht begeben haben. Ihre Erklärungsweiſe trägt den Stempel der hiſtoriſchen Unwahrheit an der Stirne, ſie gehört zur Kategorie jener Erklärungen, die wir heutzutage als rationaliſtiſche bezeichnen.

,,Schon wieder ein neuer Ausdruck, den ich nicht verſtehe; was bedeutet denn der?''

Nehmen Sie mir nicht übel, wenn ich Ihnen darauf jetzt keine Antwort erteile, meine Cigarre iſt ſchon halb ausgeraucht, und bevor ſie es ganz iſt, muß ich mit der usucapio pro herede fertig ſein. Ich werde Ihnen eine Kritik Ihrer Anſicht geben, aus der Sie vielleicht entnehmen werden, was jener Ausdruck bedeutet; ich werde es mit derſelben Offenheit tun, wie wenn ich vor meinen Studenten ſtände.

Sie verwechſeln Zweck und Folge. Die Folge davon, daß es Diebe gibt, beſteht darin, daß die ehrlichen Leute sich Schlösser an ihre Türen machen lassen, aber niemand ist noch auf die Idee verfallen, zu behaupten, das Stehlen sei eingeführt, um die Anfertigung und Anschaffung von Schlössern zu bewirken. Um nichts besser ist es, wenn Sie behaupten: die usucapio pro herede sei im Interesse der Beschleunigung der Antretung der Erbschaft eingeführt worden, — das war Folge, aber nicht Zweck derselben. Das Stehlen braucht nicht erst eingeführt zu werden, es macht sich von selbst, und so werden auch Ihre Vorfahren nicht erst die Aufforderung von Seiten des Rechtes abgewartet haben, um sich aus einer Erbschaft, für die der Erbe noch nicht da war, zu nehmen, was sie kriegen konnten, — darauf verstanden sie sich schon.

„Ich muß mir jede boshafte Anspielung auf meine Vorfahren verbitten. Übrigens ist dieselbe auch gänzlich verfehlt, denn die alten Römer waren gar nicht meine Vorfahren, Theodor Mommsen hat nachgewiesen, daß ich Provincialjurist gewesen bin.[1]) Über die Sache aber bemerke ich Dir, daß alles, was Du da vorgebracht hast, sich nur auf die Tatsächlichkeit der Aneignung, die Occupation erbloser Gegenstände bezieht, während ich ja von der rechtlichen Gestalt der Sache, dem Stempel, den das Recht ihr aufgedrückt hat: der Usukapion, dem Erwerb von Eigentum und Erbrecht am Nachlaß gesprochen habe."

Auf den Punkt wollte auch ich hinaus. Gerade in ihm liegt die Widerlegung Ihrer Ansicht. Hätte das alte Recht mit der usucapio pro herede weiter nichts bezweckt, als den berufenen Erben zur möglichst raschen Antretung der Erbschaft zu veranlassen, so hätte dazu die Verstattung der straflosen Aneignung der erbschaftlichen Sachen, ich will sie die erbrechtliche Kaperei nennen, allein schon genügt — wenn Kaper zu

---

1) Jahrbuch des gemeinen deutschen Rechtes, III, S. 1 ff.

fürchten sind, wird das Schiff schon dafür sorgen, daß es rasch in den Hafen gelangt — und als Äußerstes hätte man allenfalls noch die Usukapion der erbschaftlichen Sachen hinzufügen mögen, aber unerklärlich, völlig unverständlich ist es, warum man aus diesem Grunde die Usukapion der Erbschaft hätte einführen sollen. Das ist der entscheidende Punkt; über den haben Sie kein Wort gesagt! Wie erklären Sie sich ihn, Gajus?

„Jetzt bin ich es satt, mich von Dir zur Rede stellen und ausfragen zu lassen, als ob ich ein Examen bei Dir zu bestehen hätte. Du hättest nicht nötig gehabt, mir mitzuteilen, daß Du Professor bist, und daß ich mich in Germanien befinde, im Lande der nordischen Barbaren; an dem Ton, den Du gegen mich angeschlagen, und an dem vielen Wein, den Du während dieser Zeit zu Dir genommen hast, und noch dazu unvermischt, würde ich es sofort erkannt haben. Ich ziehe es vor, die Unterhaltung mit Dir abzubrechen, und werde dafür sorgen, daß sie sich nicht wiederholt. Dir werde ich nicht wieder erscheinen, und wenn Du zehn Cigarren rauchst!"

Sprach's, und fort war er!

Ein bequemes Ding, sich aus der Verlegenheit zu ziehen! Wenn man nicht mehr weiß, was man antworten soll, verschwindet man und wirft dem unbequemen Fragesteller zum Abschied wohl gar noch eine Grobheit an den Hals. Sie, meine Herren Redakteure, werden es mir bezeugen, daß ich die Grenzen einer wissenschaftlichen Debatte und die Gesetze des guten Tons in meiner Unterhaltung mit Gajus nicht einen Moment überschritten habe. Dieser Gajus — — empfindlich wie ein Heldentenor!

Ich setze meine Unterhaltung mit Ihnen wieder fort. Sie werden sich überzeugt haben, daß die Ansicht von Gajus an einem inneren Widerspruche leidet — hätte er es nicht

selber gefühlt, so hätte er nicht nötig gehabt zu verduften.
Doch ich sehe, meine Cigarre ist mir ausgegangen. Etwas
Feuer, wenn ich bitten darf. So — jetzt dampft sie wieder.
Verstatten Sie mir einige Momente. Ich nehme schwache
Umrisse eines Bildes wahr — sie werden immer schärfer,
deutlicher — jetzt ist das Bild da.

Ich befinde mich in der Urzeit unter den alten Römern.
Ein Mann ist gestorben, ohne Frau und Kinder; der Erbe,
den er in seinem vor der Volksversammlung errichteten Testamente eingesetzt hat, befindet sich beim Heer vor dem Feinde.
Da läuft's in seinem Hause aus und ein, jeder, der leer
hineingeht, kommt beladen zurück — Gläubiger — Legatare
— Nachbarn — gute Freunde — es ist die Zeit des Inter-
regnums im Eigentume, die wir heutzutage hereditas jacens
nennen — jeder macht sie sich zu Nutze.

Ich mische mich unter die Leute.

Wie könnt Ihr das alles nehmen? rede ich sie an, Ihr
seid ja ein wahres Diebsgesindel, das gehört doch nicht Euch,
Ihr vergreift Euch ja an fremdem Eigentume!

„An fremdem Eigentume? Man merkt Dir an, daß
Du ein Fremdling in Rom bist. Wo kein Eigentümer ist,
gibt es auch kein Eigentum — wo kein Kaiser, hat der
Kaiser sein Recht verloren. Mag der eingesetzte Erbe, wenn
er aus dem Felde zurückkehrt und die Erbschaft antritt, es
uns wieder entziehen, vorläufig ist er nicht da. Macht Ihr
Germanen es etwa anders? Wenn ein Schiff an Eueren
ungastlichen Küsten strandet, rennt nicht auch Ihr herbei und
nehmt, was Ihr kriegen könnt? Das nennt Ihr Strandrecht.
Nicht anders machen wir es — es ist unser erbrechtliches
Strandrecht — die erbschaftlichen Sachen treiben herrenlos
auf den Wellen."

Aber was nützt es Euch, daß Ihr es nehmt? Ihr
müßt es ja doch zurückgeben, wenn der Erbe zurückkommt.

„Ob er zurückkehren wird, ist noch die große Frage, er steht vor dem Feinde; vielleicht fällt er, vielleicht gerät er in feindliche Gefangenschaft, und selbst wenn er zurückkehrt, kommt es noch darauf an, ob wir es ihm zurückgeben müssen."

Mit welchem Grund Rechtens könnt Ihr es ihm vorenthalten? Ich kenne ja Euer Recht, ich weiß, daß Ihr zwar die actio furti nicht zu scheuen habt, denn Euer Recht ist nachsichtig genug gewesen, hier kein furtum anzunehmen, aber Ihr vergeßt, daß der Mann die hereditatis petitio gegen Euch hat.

„Dann mag er mir vorher meine Forderungen bezahlen, ich bin Gläubiger des Verstorbenen, niemand kann es mir verargen, daß ich auf meine Sicherheit Bedacht nehme, Deckung suche, wie Ihr es nennt."

Aber Du da, bist Du auch Gläubiger?

„Ich nicht, aber der Verstorbene hat mir die Sachen, die ich in Besitz genommen habe, vermacht — die gebe ich nicht wieder heraus."

Aber das mußt Du ja, der Prätor gibt gegen Dich das interdictum quod legatorum [1]).

„Existiert zur Zeit noch nicht! Du verwechselst die verschiedenen Perioden der römischen Rechtsgeschichte — — so weit sind wir jetzt noch nicht."

Und Du da, hast Du Dir die Sachen auch genommen, weil Du Gläubiger oder Legatar bist?

„Nein! ich habe sie mir bloß so genommen [2]), wie Ihr

---

[1]) l. 1, § 2 Quod leg. (43. 3): Ut quod quis legatorum nomine non ex voluntate heredis occupavit, id restituat heredi.

[2]) Ich weiß nicht, ob man auch in Österreich diese höchst charakteristische Wendung des „bloß so" kennt, zur Erläuterung desselben führe ich folgenden Fall an. Eine unverheiratete Eierlieferantin vom Lande, welche bisher bei ihrer Kundschaft allein erschienen war, zeigt sich eines Tages in Begleitung von einem Jungen. „Wem

Deutschen sagt, — ich warte ab, was geschieht, das Schlimmste, was mir passieren kann, ist, daß ich sie wieder herausgeben muß."

Gottlob! daß das Bild verschwindet, es duldet mich nicht länger unter diesem Volke.

Da taucht ein neues auf. Die Scene spielt auch in Rom, aber einige Jahrtausende später, der Schauplatz ist im Vatikan. Der Papst ist gestorben. Sollte man es für möglich halten? Kaum hat er die Augen geschlossen, so rennt alles, was im Palast ist, durcheinander und nimmt sich, was zu haben ist. Auf meine Frage: wie sie das tun mögen? heißt es: Spolienrecht[1])! Würdige Enkel ihrer Großväter!

---

gehört der Junge?" Mir. „Ich habe gar nicht gewußt, daß Ihr verheiratet waret." Das bin ich auch nicht, den Jungen habe ich bloß so bekommen. Ein römischer Jurist würde das „bloß so" mit naturaliter im Gegensatz zum civiliter wiedergegeben haben.

1) Über das am Nachlaß der Geistlichen schon sehr früh ausgeübte Spolienrecht siehe den Artikel von Friedberg in Herzog's Real-Encyklopädie für protestantische Theologie und Kirche, Bd. 14, S. 683—688. „So bildete sich schon in frühen Zeiten die Gewohnheit aus, daß, sobald ein Kleriker gestorben war, die anderen sich als Repräsentanten der erbenden Kirche gebahrten und ohne jede Rücksicht die Hinterlassenschaft des Toten an sich rissen. So sagt schon das Konzil von Chalcedon (a. 451): non liceat clericis post mortem episcopi rapere res pertinentes ad eum; so klagt die Synode von Ilerda (a. 524): occumbente sacerdote exspectoratoque affectu totaque disciplina severitate posthabita immaniter quae in domo pontificali reperiuntur invadunt et abradunt (S. 681). Die weltlichen Fürsten machten es den Klerikern später nach und nahmen ihrerseits das Spolienrecht in Anspruch: more praedonum debacchantes . . . crudeliter abducentes animalia universa etc., wie Innocenz III. sich ausdrückte. War es doch nach den Worten des Breslauer Konzils von 1279 dahin gekommen: quod in rebus ecclesiae furtum reputatur sagacitas, rapina probitas, et violentia fortitudo. Sogar in Rom, der heiligen Stadt, selbst an dem Nachlaß des Papstes wurde, wie das Concilium Romanum von 901 sagt, die „scelestissima consuetudo" des Spolienrechts vom Laien und Klerus ge-

Fort mit dem Bilde! Mich kümmert nicht die neuere
Zeit, nicht Strandrecht, noch Spolienrecht, ich will wissen,
was aus der usucapio pro herede lucrativa geworden ist.

Die Cigarre tut ihre Dienste. Ich erblicke ein neues
Bild, es spielt in der Zeit nach den XII Tafeln. Eine Versammlung von Juristen, darunter ganz bekannte Gestalten:
Appius Claudius und sein Schreiber Flavius, jener der Verfasser, dieser der Herausgeber des jus Flavianum[1]). Da geht
etwas Wichtiges vor, hören wir zu.

---

meinsam ausgeübt. Selbst die Päpste nahmen später das Spolienrecht
für sich in Anspruch; das Weitere siehe bei Friedberg.

[1]) In welcher Weise letzterer die „Herausgabe" besorgte, wird
Ihnen wohl noch aus den Vorlesungen über die römische Rechtsge-
schichte erinnerlich sein, „subreptum librum populo dedit," (l. 2, § 7 de
O. J. l. 2), der erste historisch nachweisbare Fall des Nachdrucks in der
Geschichte. Ich benutze die Gelegenheit, alle, welche römische Rechtsgeschichte zu examinieren haben, auf diese bisher gänzlich übersehene
schöne Examensfrage aufmerksam zu machen. „Wer war der erste
Nachdrucker in der Welt?" Gnäus Flavius — vergleiche das deutsche
Reichsgesetz vom 11. Juni 1870, § 4: „Jede mechanische Vervielfältigung
eines Schriftwerkes, welche ohne Genehmigung des Berechtigten hergestellt wird, heißt Nachdruck und ist verboten. — — — Als mechanische Vervielfältigung ist auch das Abschreiben anzusehen, wenn es
dazu bestimmt ist, den Druck zu vertreten." Mit einer solchen Vertre-
tung mußte Flavius in Ermangelung der Druckerpresse sich zu seiner
Zeit noch behelfen. Wening-Ingenheim, der Herausgeber des
Heyse'schen Pandektenheftes, das er unter eigenem Namen als
Lehrbuch des gemeinen Civilrechts publizierte, — „subreptum librum
populo dedit" — hatte es in dieser Beziehung bequemer, er brauchte
das Heft nur einmal zu schreiben, das übrige besorgte der Setzer. Er
hatte die Aufmerksamkeit, das Buch dem Urheber zu widmen, nach
Morstadt's treffender Bezeichnung: „wie die Hebamme dem Vater das
neugeborene Kind in die Arme legt." Die folgenden Auflagen des
Buches nahm Heyse, damals Präsident des Oberappellationsgerichtes
in Lübeck, nicht in die Bibliothek desselben auf, er erkannte das Buch
nicht mehr als ihm gehörig an, denn Wening-Ingenheim war bei

„Da hat das Volk wieder einmal eine ganze Erbschaft ausgeplündert," sagt einer — die übrigen nennen ihn den Konsul L. Volumnius — „der Sache müssen wir ein Ende machen. Das ist noch ein Rest der Barbarei aus alter Zeit, die sich mit den Ideen unserer vorgeschrittenen Zeit nicht verträgt, und bei der eine geordnete Abwickelung der Erb-schafts-Angelegenheiten gar nicht bestehen kann. Da greift jeder zu, und hinterher, wenn der Erbe kommt, soll er es sich aus allen Ecken und Kanten wieder zusammenholen, während er selber, so wie er angetreten hat, den Gläubigern sofort haften muß. So geht es nicht länger! Ich werde als Konsul einen Gesetzantrag ans Volk bringen, daß das erb-rechtliche Occupationsrecht aufgehoben, und jede Ausübung desselben fortan als furtum bestraft werde."

Kann mich Ihnen nicht anschließen, hochmögender Herr Kollege, läßt Appius Claudius sich vernehmen[1]). Das Volk

demselben von dem Vorbilde seines römischen Vorgängers abgewichen, indem er der Versuchung etwas von dem Seinigen hinzuzufügen, der Flavius standhaft widerstanden hatte („nec de suo quicquam adjecit libro", l. 2, § 7 de O. J. I. 2), nicht hatte Widerstand leisten können. Dies ist der einzige Unterschied zwischen beiden, im übrigen herrscht zwischen beiden eine so vollständige Übereinstimmung, daß man Wening-Ingenheim als unseren Flavius und letzteren als römischen Wening-Ingenheim bezeichnen dürfte. In beiden Fällen geschah mit diesem mutigen Griff der Welt ein großer Dienst („gratum id fuit munus populo", l. 2, § 7 cit.), denn Appius Claudius sowohl wie Heyse, der es mit dem alten Römer aufnehmen konnte, hatten sich nicht bemüßigt gefunden, ihr Werk selber zu publi-zieren; es bedurfte der fremden Hand, um die Welt in Besitz desselben zu setzen, in beiden Fällen ward das Werk nicht nach dem Verfasser genannt, sondern nach demjenigen, der sich das letztere Verdienst zu-schreiben durfte, in beiden Fällen blieb der Lohn nicht aus: Flavius ward Volkstribun in Rom, Wening-Ingenheim Professor in München.

1) Man kann daraus entnehmen, daß der Vorfall im Jahre 446 spielt, in dem nach Livius 9, 42, Appius Claudius und L. Volumnius Konsuln waren.

würde Ihren Antrag nicht annehmen; es hat sich einmal seit
Jahrhunderten an die Sache gewöhnt und zählt sie zu seinen
„berechtigten Eigentümlichkeiten", die man selbst in mächtigen Monarchien in Bezug auf annektierte Provinzen zu schonen
pflegt, geschweige in Republiken. Wir lassen dem Volk sein
Vergnügen, aber wir wollen es ihm schon so versalzen, daß
es ihm verleidet wird. Wir schlagen denselben Weg ein,
wie bei der lex Furia testamentaria. Als es zur Zeit des
letzteren Gesetzes darauf ankam, im Widerspruch mit der Bestimmung der XII Tafeln: uti legassit super pecunia tutelave
suae rei, ita jus esto, eine Maximalgrenze für die Höhe der
Legate einzuführen, ließ man den Satz selber unangetastet,
legte aber demjenigen, der sich ein Legat über den gesetzlichen Betrag auszahlen ließ, die Strafe des vierfachen Ersatzes des Überschusses auf — das Gesetz war gerettet, der
Zweck erreicht. Ebenso machen wir es im vorliegenden Fall.
Wir lassen das alte Institut unangetastet, wir gehen ganz
auf die Idee des Volkes ein: die Nachlaßgegenstände, die
der Erbe noch nicht in Besitz genommen hat, sind herrenlos,
jeder mag sie nehmen. Ja wir gehen noch einen Schritt
weiter: die Erbschaft selber ist herrenlos. Ist sie es, so ergibt sich daraus als Konsequenz, daß derjenige, der sie genommen und ein Jahr besessen hat, durch Usukapion Erbe
wird. Wir bringen die Erbschaft unter die „ceterae res"
der XII Tafeln, für welche das Gesetz ein Jahr als Usukapionsfrist festgesetzt hat.

„Aber, bester Appius, die Erbschaft gehört doch nicht
zu den Sachen, zu den körperlichen Dingen, die das Gesetz
im Auge hat."

Ich bitte mich nicht zu unterbrechen, Volumnius. Wir
Juristen haben bereits die manus über die Ehefrau unter die
„ceterae res" gebracht, obschon sie doch nicht zu den Sachen,
sondern zu den Rechten gehört, die Erstreckung des Begriffs

der res auf Rechte ist also nicht ohne Vorgang. Wir bezeichnen die Rechte fortan als „res incorporales,“ wie sie noch
nach einem Jahrtausend werden genannt werden[1]); damit
ist die Sache erledigt.

Sie erraten, meine Herren, was ich damit bezwecke.
Wird der Usukapient Erbe, so hat er auch die Schulden und
die sacra zu übernehmen, welches letztere ich insbesondere für
die anwesenden hochwürdigen Herrn Pontifices bemerke, auf
deren Zustimmung zu meinem Vorschlage ich ein ganz besonderes Gewicht lege.

„Wir unsererseits würden uns damit vollkommen einverstanden erklären können,“ — lautete die Antwort der geistlichen Herren.

Freut mich sehr — war im voraus davon überzeugt.
Sie wollen etwas bemerken, M. Valerius? Der Rat eines
Mannes, der, wie Sie, viermal die Prätur bekleidet hat[2]),
kann uns nur von hohem Wert sein.

„Ich wollte nur bemerken, daß wir schwerlich Aussicht
haben, mit dem Vorschlag beim Volk durchzudringen. Das
Volk wird schon merken, worauf es abgesehen ist, und die
Tribunen, die schon so oft unsere feinst angelegten Pläne
durchkreuzt haben, werden interzedieren.“

War auch gar nicht meine Absicht, die Sache ans Volk
zu bringen. Das ist eine Frage, die wir Juristen für uns
abzumachen haben, und in die das Volk und die Tribunen
uns nicht hineinzureden haben: sie gehört zur „interpretatio“
der XII Tafeln, und die ist, wie jeder Jurist demnächst
aus dem Encheiridion von Pomponius[3]), erfahren wird, die
Domäne des Pontifices und Juristen. Dem Volke stellen wir

---

1) § 2 J. de reb. corp. (2. 2).
2) Liv. 9, 41.
3) I. 1, § 5, 6 de O. J. (1. 2).

die Sache sogar als eine große Konzession dar, die wir ihm machen; wir geben den Occupanten der Nachlaßsachen mehr, als sie bisher hatten, sie bekommen Eigentum an denselben und Erbrecht — was wollen sie mehr?

„Ein wahres Danaer-Geschenk," ließ sich eine Stimme vernehmen, die aber sofort verstummte, als der ehemalige Diktator Papirius das Wort ergriff.

„Sie sind doch unübertrefflich, Appius Claudius, mit Ihnen kann es an Schlauheit niemand von uns aufnehmen. Müßten wir den Namen des „Schlaukopfs" nicht für Ihren Urenkel Sextus Aelius Pätus aufsparen, der das jus Aelianum verfassen, und den die Welt Catus[1]) nennen wird, wir würden den Namen Ihnen dekretieren."

Mir kommt es nur auf die Sache an, erwiderte Appius. Ich bin übrigens mit der Motivierung meines Vorschlages noch nicht fertig, ich habe noch einen anderen sehr triftigen Grund in petto, der ihn unterstützt. Sie wissen, meine Herren, daß es gar nicht selten ist, daß die berufenen Erben sich über die Antretung der Erbschaft nicht erklären wollen, weil sie die Zahlung der Schulden und die Entrichtung der Legate und — leider bin ich genötigt, dies Zeichen von dem schlechten, irreligiösen Geist unserer Zeit zu konstatieren — sogar die Erfüllung der Pflichten gegen die Götter möglichst lange hinauszuziehen bezwecken. Auch dem steuern wir. Haben sie die Erbschaft ein Jahr lang besessen, so können sie bei Annahme meines Vorschlages als Erben in Anspruch genommen werden, ohne daß die Kläger erst noch nötig haben, den Akt der Antretung der Erbschaft zu beweisen. Und selbst noch eins, meine Herren. Sie haben an einigen celebren Fällen der letzten Jahre erfahren, welche Unzuträglichkeiten

---

1) Varro de ling. lat. VII, 46: Catus Aelius Sextus, non, ut aiunt, sapiens, sed acutus. Daß Sextus Urenkel des Appius war, erfahren wir erst bei dieser Gelegenheit.

es hat, wenn ein von der Welt bisher als völlig sicher und unzweifelhaft betrachteter Erbschaftserwerb hinterher nach Jahren von einem näheren Erben, der erst jetzt in der Lage ist, sein Erbrecht geltend zu machen, wieder angefochten wird. Da sind inzwischen die meisten Sachen verkauft, die Schulden bezahlt, die Forderungen einkassiert, und nun kommt der wahre Erbe, der sich irgendwo in der Fremde herumgetrieben hat, zurück und verlangt, daß alles wieder auf den Kopf gestellt werde. Meine Herren, das ist nicht zu ertragen; wer ein Recht hat, mag es zur rechten Zeit geltend machen, versäumt er es, so ist dasselbe verwirkt, wir können es ihm nicht für immer aufbewahren — Rechte gehören zu den Dingen, die wie das Obst das lange Liegen nicht vertragen.

„Ich finde das einem Kriegsgefangenen gegenüber, der erst nach Jahren aus der Gefangenschaft zurückkehrt, sehr unbillig," konnte ich mich nicht enthalten einzuwerfen.

Die ganze Versammlung wandte ihre Augen auf mich, und erst daran merkte ich, wie sehr ich mich vergessen hatte.

Man sieht, entgegnete mir der Redner, zu mir gewandt, daß Sie, der Sie übrigens gar nicht berechtigt waren, hier das Wort zu ergreifen und nur s o hier teilnehmen, ein Fremdling in Rom sind. Der Fall, den Sie da setzen, kommt bei uns in Rom ganz unendlich selten vor. Entweder sind die Verwandten in der Lage und geneigt, das Lösegeld für den Kriegsgefangenen zu entrichten, dann wird er sofort losgekauft, oder sie sind es nicht, dann kehrt er nie zurück; mir ist in meiner ganzen Praxis nur ein einziger Fall vorgekommen, daß ein Kriegsgefangener erst nach Jahren zurückkehrte, es war ein Mann aus der Plebs, der sich durch schlaue Flucht der Gefangenschaft entzogen hatte. Wegen solcher unendlich seltener und noch dazu fast nur in den niedersten Schichten der Plebs zu besorgender Fälle können wir uns von Maßregeln, die sonst geboten sind, nicht abhalten lassen.

Sehen Sie sich gefälligst den Ausspruch von Celsus in I. 4 und 5 de leg. (l. 3)[1]) an, daraus können Sie sich über unsere Maxime belehren. Übrigens wird der Prätor sich später der Sache annehmen und dem Kriegsgefangenen restitutio propter absentiam verleihen, gegenwärtig ist das noch nicht an der Zeit, wir schreiben erst das Jahr 447 der Stadt, der Prätor darf sich das gegenwärtig noch nicht erlauben.

„Sicherlich nicht!" war das allgemeine Echo der Anwesenden, „damit würde die ganze Ordnung der römischen Rechtsgeschichte gestört werden; wir leben in der Zeit, von der es späterhin heißen wird: edicta praetoris nondum in usu habebantur."[2])

Weiter habe ich meinerseits, nahm Appius das Wort, nichts mehr hinzuzusetzen. Wünscht noch sonst jemand das Wort? Niemand. Dann bringe ich die Sache zur Abstimmung. — — Ich sehe, mein Antrag ist allgemein angenommen. — Freut mich, wird schon wirken. Ich hebe hiemit die Sitzung auf, verstatten Sie nur noch, daß mein Schreiber Flavius das Protokoll verliest. Flavius, verlesen Sie das Protokoll.

Damit war die Sitzung aus und ich sehe, meine Cigarre ist es auch. Bevor ich sie wieder anzünde und ein neues Bild aufsteigen lasse, benutze ich die Pause, um an das, was ich soeben gehört, einige Betrachtungen zu knüpfen.

Es ist, während ich Zeuge jener Scene war, der Plan in mir entstanden, Ihnen einmal einen Vortrag zu halten über die Tücke des alten römischen Rechts. In der Tat: tückische Leute diese alten römischen Juristen, damit können wir heutigen es nicht aufnehmen; man muß nach

---

1) Ex his, quae forte uno aliquo casu accidere possunt, jura non constituuntur. Nam ad ea potius debet aptari jus, quae et frequenter et facile, quam quae perraro eveniunt.

2) Gajus IV, 11.

Nordamerika gehen, um ihresgleichen zu finden — ein echter
amerikanischer Advokat steckt zehn von den unsrigen und
hundert Professoren in den Sack. Der Kunstgriff, dessen sich
Appius Claudius bediente, um das alte Institut unschädlich
zu machen, erinnert an die Art, wie man es verhindert, daß
das für technische Zwecke oder für den landwirtschaftlichen Gebrauch bestimmte Salz für den Hausgebrauch verwandt werde,
man setzt Kohle oder irgend etwas anderes zu, was den
Geschmack verleidet, oder, um den Kunstausdruck zu gebrauchen: man denaturiert es. In dieser Weise hat die alte
römische Jurisprudenz die Occupation erbschaftlicher Sachen
„denaturiert", sie hat dafür gesorgt, daß das Volk, um die
Sache in seiner Weise auszudrücken, fortan ein „Haar darin
finde". Als Superlativ dieser Wendung, der hier vielleicht
am Platz wäre, habe ich dafür den Ausdruck „Perücke"
gehört. Er war von einem alten burlesken Herrn, der die
Ehe nicht von der verlockendsten Seite hatte kennen gelernt,
und der, nachdem der Tod seiner Frau ihm die langentbehrte
Ruhe und den Frieden im Hause zurückbeschieden hatte, die
Aufforderung, sich doch wieder zu verheiraten, mit der
stereotypen Wendung beantwortete: er habe nicht bloß ein
Haar im Heiraten gefunden, sondern eine ganze Perücke.

Sie fragen mich: ob dies Haar nicht von allem Anfange
in der usucapio pro herede lucrativa gewesen sein kann?
Ich beantworte die Frage mit einem entschiedenen: Nein!
Die Anwendung der Usukapion auf das unkörperliche Objekt
der hereditas schließt eine Reise und Virtuosität der juristischen Abstraktion in sich, daß man sie unmöglich in die Urzeit
versetzen kann; erblickte doch selbst noch ein Seneca in ihr
eine Spitzfindigkeit der Juristen[1]). Bevor ein Jurist auf den

---

1) Seneca de beneficiis VI. 5. Jureconsultorum istae acutae
ineptiae sunt, qui hereditatem negant usucapi posse, sed ea quae in

Gedanken geraten konnte, den Begriff der Usukapion von
den sinnlich wahrnehmbaren Gegenständen auf das bloß vor-
gestellte, auf reiner Abstraktion beruhende Objekt der Erbschaft im technisch-juristischen Sinne zu übertragen, müssen
beide Begriffe: die Usukapion wie die Erbschaft längst vollständig entwickelt, vollkommen ausgewachsen gewesen sein;
die Übertragung kann erst in einer Zeit erfolgt sein, wo das
abstrakte juristische Denken bereits einen hohen Grad der
Ausbildung und Sicherheit erlangt hatte.

So bleibt denn, wenn das ganze Institut, worunter ich
die Verbindung der Occupation und der Usukapion zur Einheit verstehe, nicht der Urzeit, sondern der Periode der Jurisprudenz angehört, nur die doppelte Möglichkeit übrig, daß
entweder die Jurisprudenz dasselbe völlig neu eingeführt
oder auf den längst vorhandenen alten Stamm der Occupation nur das neue Reis der Usukapion gepfropft habe.
Ersteres ist die Ansicht von Gajus, über die ich mich bereits
geäußert habe. Ich meine, man braucht sich die Sache nur
einmal deutlich vorzustellen, um von ihrer Unmöglichkeit überzeugt zu sein. Jahrhundertelang hatte das römische Volk
das Recht des berufenen Erben respektiert, jeder hatte gewußt, daß er sich an einem fremden Nachlaß nicht vergreifen
dürfe, widrigenfalls ihn die Strafe des furtum treffe. Da
ward auf einer vorgerückten Stufe der Kultur die occupatio
und usucapio pro herede eingeführt, das heißt also: es ward
die Erlaubnis zum Plündern fremder Erbschaften erteilt
und zu dem Zweck die Bestimmung in Bezug auf das darin
gelegene furtum zurückgenommen, und dies lediglich eines
Zweckes halber, den man in anderer Weise ungleich sicherer
und leichter hätte erreichen können. Die Ansicht von Gajus

---

hereditate sunt, tanquam quidquam aliud sit hereditas quam ea quae in
hereditate sunt.

ist um nichts besser, als wenn nach Jahrtausenden ein der
Geschichte unkundiger Jurist, der in Urkunden des achtzehnten
Jahrhunderts das Strandrecht erwähnt gefunden hätte, wäh=
rend ihm keine Zeugnisse dafür aus früherer Zeit vorgekom=
men wären, die Behauptung aufstellen würde: das Strand=
recht sei erst im achtzehnten Jahrhundert eingeführt worden,
früher sei es unbekannt gewesen. Das Strandrecht unserer
Vorfahren wie das erbrechtliche Occupationsrecht der Römer
waren Reste der Roheit der Urzeit.

Stammt also unser Institut als einheitliche Schöpfung
weder aus der Urzeit noch aus der Periode der Jurisprudenz,
so erübrigt als dritte Möglichkeit nur noch diejenige Ansicht,
die ich für die allein mögliche halte: verschiedener zeit=
licher Ursprung der beiden Seiten des Instituts.
Die eine: die straflose Occupation der erbschaftlichen
Sachen (womit sich vielleicht die Usukapion des Eigentums
verband) bildet den ursprünglichen Stamm des Instituts, sie
ist ein Überbleibsel aus der Urzeit, die andere: die Usukapion
der Erbschaft enthält einen neuen Zusatz zu demselben.

Nun will ich keineswegs bestreiten, daß auch andere
Gründe, als das eben von mir dem Appius Claudius in den
Mund gelegte Motiv der Abschreckung von der Aneignung
fremder Erbschaften zu dieser Veränderung mitgewirkt haben
können, so insbesondere der Wunsch, bei Zweifelhaftigkeit der
Erbansprüche möglichst rasch einen Zustand der Sicherheit zu
gewinnen, so ferner die Absicht, der Enge des alten Intestat=
Erbrechts, bei der der Fall einer völligen Erblosigkeit nicht
selten vorkommen mochte, dadurch Abhilfe zu gewähren, daß
den nicht durch das Gesetz, aber durch die Volksstimme be=
rufenen bloßen Blutsverwandten (Kognaten) damit ein gesetz=
licher Zugang zur Erbschaft eröffnet werde. Was ich be=
haupte, ist nur, daß die Aussicht, als Usukapient der Erbschaft
möglicherweise für die Schulden der Erbschaft haften zu müssen,

eine abschreckende Wirkung ausüben mußte. Ward der Usukapient Erbe, so verstand sich seine Haftung für die Schulden
und sacra von selbst.

Es wird nicht bemerkt, daß diese Folge bloß dann eingetreten sei, wenn die berufenen Erben die Erbschaft aus-
geschlagen hatten, wir werden sie daher auch für den Fall
annehmen müssen, daß sie dieselbe angetreten hatten. Ebensowenig wird bemerkt, daß der Occupant nur im Verhältnis
zur Wertquote der Sache Erbe geworden sei, was ja auch
der Grundanlage des römischen Erbrechtes widersprochen
hätte, da dem letzteren zufolge die Quoten der Erbschaft
sich bekanntlich nicht nach den Sachen richten, die dem Erben
wirklich zuteil werden. So mußte, wer auch nur das
kleinste Stück aus der Erbschaft entwandt hatte, gewärtigen,
daß nach Ablauf des Jahres Gläubiger und Pontifices ihn
als Erben auf das Ganze in Anspruch nahmen.

Die Erbschaft war damit zu einem noli me tangere gemacht, mit einer unsichtbaren Schutzwehr versehen, unter
Umständen einer ungleich wirksameren, als sie ihr durch die
actio furti gewährt worden wäre. Wer Sachen stahl, konnte
das Maß seiner Haftung im Falle der Entdeckung übersehen,
es betrug im ungünstigsten Falle das Vierfache, im günstigen
Falle das Doppelte des Werts der Sache. Wer sich dagegen auch nur die unbedeutendste Sache aus einer ihm nicht
gehörigen Erbschaft aneignete, konnte den vermeintlichen Gewinn möglicherweise mit dem Verluste seines ganzen Vermögens büßen.

Habe ich jetzt noch nötig, Ihnen den Mechanismus
meiner Mausefalle des alten Erbrechts zu explizieren? Die
Erbschaftssachen bildeten den Speck — wer sie nahm, die
Maus — der Satz, daß er Erbe ward, den Schnepper, der
ihn festhielt.

Aber die bisher geschilderte Gefahr war nicht die

einzige, welcher der Occupant sich aussetzte, es gesellten sich noch andere dazu. Es war ein tückisches Institut diese usu- capio pro herede lucrativa, bei dem jeder sich vorsehen mochte. Betrafen ihn die Angehörigen oder die Gläubiger bei dem Versuch, sich etwas anzueignen, so durfte er sich nicht be- klagen, wenn sie ihn einfach aus dem Hause warfen, und gar mancher mochte statt mit den gehofften Sachen mit Schlägen und Beulen nach Hause zurückkehren. Und wenn es ihm geglückt war, sich die gewünschte Beute ungefährdet zu verschaffen, so war es keineswegs sicher, daß er mit der bloßen Restitution derselben an den Erben davon kam. Hatte letzterer, ohne daß ihm dies bekannt geworden, die Erbschaft angetreten und in Besitz genommen, so enthielt fortan jede Besitzaneignung der Sachen durch einen Dritten ein furtum. Traf ihn der Erbe dabei, so war es ein furtum manifestum, im andern Fall ein furtum nec manifestum; im ersten Fall hatte er seinen Versuch mit dem Vierfachen, im zweiten mit dem Doppelten des Werts zu büßen. Daß man ihn in alter Zeit mit der Ausrede gehört haben würde: er habe von der Besitzaneignung des Erben nichts gewußt, möchte ich bezweifeln[1]). Aussicht auf unsanfte Zurückweisung, Prü- gel, Beulen — das duplum, quadruplum — Haftung für die Schulden und die sacra — — in der Tat ein hoher Einsatz für die usucapio pro herede. Gajus nennt sie lucrativa — ich meine, in manchen Fällen hätte sie mit mehr Recht den Namen: luctuosa verdient!

Eben dies Übermaß der Strenge und Gefährlichkeit scheint den späteren Römern wie so manche kaptiöse Institute des älteren Rechtes so auch dieses verleidet zu haben. Gajus

---

1) Die abweichende Behandlung in Bezug auf den Irrtum über den Tod des Testators in l. 83 pr. de furt. (47. 2) dürfte vor den Augen der alten Juristen schwerlich Gnade gefunden haben — wohin hätte man mit der Zulassung solcher Ausflüchte gelangen müssen?

berichtet uns, daß man später den Gesichtspunkt der Usukapion der Erbschaft habe fallen lassen und dieselbe auf die
der erbschaftlichen Sachen beschränkt habe. Über den Grund
dieser Veränderung fügt er nichts hinzu, er stellt die Sache
so dar, als sei es ein theoretisches Bedenken der Juristen
gewesen, welches diesen Umschwung bewirkt habe (,,postea
creditum ipsas hereditates usucapi non posse"), womit er
sicherlich ebensowenig das Richtige getroffen hat, als mit
seiner oben erörterten Ansicht über den Grund der Einführung
des Instituts.

Damit hatte die Entwickelung des Institutes ihren Höhe-
punkt erreicht, es war das goldene Zeitalter der usucapio pro
herede. In dieser Gestalt verdiente sie in der Tat den
Namen: lucrativa, man konnte, soweit dies faktisch möglich
war, unbesorgt zugreifen, und ward einem die Sache nicht
etwa innerhalb des Jahres vom Erben wieder abgejagt, so
hatte man sie in der Tat lukriert, völlig umsonst bekommen.
Selbst bei Grundstücken behauptete sich das von der Usukapion der Erbschaft hinübergenommene Jahr. Diesen Zustand der Sache hatte ich bei meiner Elegie über die
Herrenlosigkeit der Sachen[1]) im Auge, und Sie werden das
lebhafte Interesse, mit dem ich mich dort über die usucapio
pro herede aussprach (S. 134), verstehen: in meinen jungen
Jahren habe ich für kein Institut des römischen Rechtes so ge-
schwärmt, wie für dieses — wie sehr habe ich die Römer
darum beneidet, daß sie pro herede usukapiren konnten, wie
gern hätte ich es getan!

Aber dem Schönen ist auf Erden kein langes Dasein
beschieden.

Die entartete Kaiserzeit hatte kein Verständnis für den
sinnigen, naivgemütlichen Charakter der usucapio lucrativa,

---

1) Nr. I der Bilder aus der römischen Rechtsgeschichte S. 127.

sie stempelte das Aneignen aus fremden Erbschaften zu einem Diebstahl unter anderem Namen: dem crimen expilatae hereditatis, und so nahm ein Institut von römischer Erde Abschied auf Nimmerwiedersehen, dessen erste Anfänge in die Urzeit hinaufreichen, und das sich dann, einen zweimaligen Umbildungsprozeß bestehend, mit der unverwüstlichen Lebenskraft römischer Institutionen fernerhin behauptet hatte.

Eine Stelle von Cicero[1]) setzt uns in Stand, noch eine eigentümliche Entwickelungsphase des Instituts zu konstatieren, die auf dem Boden des geistlichen Rechtes spielt. In Bezug auf die Haftung des Erbschafts-Usukapienten für die sacra hatten die Pontifices eine Bestimmung eingeführt — ob sofort bei Erstreckung der usucapio pro herede auf das Erbrecht oder erst später, wissen wir nicht, jedenfalls aber datiert sie, da Cicero des Coruncanius gedenkt, schon aus dem Anfang des sechsten Jahrhunderts der Stadt, — sie hatten also, sage ich, eine Bestimmung eingeführt, die von den seitens der Juristen für die Rechtsstellung des Erben festgehaltenen Grundsätzen principiell abwich, und die darin bestand, daß der Usukapient zu jenen Lasten nur unter der Voraussetzung herangezogen werden sollte, daß kein Erbe vorhanden war, bei einer Mehrheit der Usukapienten nur derjenige, der das meiste usukapiert hatte. Welche Rücksichten dabei maßgebend gewesen sind, vermögen wir nicht zu bestimmen, jedenfalls waren dabei die auf dem Gebiete des weltlichen Rechts befolgten juristischen Grundsätze außer acht gelassen worden, denn ihnen zufolge verteilte sich die Haftung für die Schulden des Erblassers auf sämtliche Erben, es mußten mithin nicht bloß in dem Falle, wenn gar kein Erbe angetreten hatte, sämtliche Usukapienten haften, nicht bloß derjenige, der das meiste usukapiert hatte, sondern selbst dann, wenn

---

1) Cicero de legib. II. C. 19—21.

die eingesetzten Erben angetreten hatten, denn auch die Usukapienten waren Erben geworden; aus welchem Grunde, ob
durch Testament, Gesetz oder Usukapion, war gleichgültig.
Daß die Usukapienten neben den Erben nicht haften sollten,
war in dem Normativ der Pontifices, welches die verschiedenen Klassen der für die sacra haftbaren Personen feststellte,
nicht ausdrücklich gesagt, allein es ergab sich daraus, daß
sie hinter den Erben genannt wurden.[1]

Die Bestimmung, daß derjenige, der das meiste usukapiert habe, haften solle, konnte in der Praxis zu großem Streit
führen. Wer hatte das meiste usukapiert? Man müßte nichts
von den alten Römern wissen, wenn man annehmen wollte,
die Pontifices hätten sich in einem Normativ, das sie selber
aufstellten, einen Beweis aufbürden wollen, den sie vielfach
gar nicht in der Lage gewesen sein würden zu erbringen,
der aber unter allen Umständen ein höchst lästiger, unbe-
quemer, weitaussehender gewesen wäre. Der Sinn der Bestimmung kann nur folgender gewesen sein: Wer von den Pontifices gegriffen ward, konnte sich seinerseits befreien, wenn
er den Nachweis erbrachte, daß ein anderer mehr usukapiert
hatte als er. Es war die potioris nominatio des späteren
Vormundschaftrechts, welche es dem von der Obrigkeit als
Vormund Gegriffenen überläßt, denjenigen zu nennen, der,
wie wir uns auszudrücken pflegen, „näher dazu" ist — die
Befreiung von eigener Haftung, wie sie dem Königszeugen
in England und dem index im römischen Quästionenprozeß
zuteil ward, man kann sagen: eine Denuncianten-
Prämie. Dadurch ward dafür gesorgt, daß die Vorgänge

---

3) In der ursprünglichen Fassung jenes Normativs an zweiter
Stelle (si majorem partem pecuniae capiat, wobei in Gedanken zu ergänzen: usu), in der neuen Fassung an dritter Stelle (mit deutlicherer
Bezeichnung: qui de bonis .... usu ceperit plurimum possidendo); für
unseren Zweck ist diese Verschiedenheit ohne Bedeutung.

bei der Occupation von Erbschaften ans Tageslicht kamen — Einer denunzierte den anderen, es kam nur darauf an, einen einzigen zu faffen, das Knäuel nur bei irgend einem Punkt in die Hand zu bekommen, dann rollte es fich von felber ab.

Obfchon eingeführt lediglich für die sacra, hatte die Be= ftimmung doch auch für die Gläubiger einen außerordentlich hohen Wert. Jede neue Denunciation verfchaffte ihnen einen neuen Schuldner, das officielle Unterfuchungsverfahren, wie wir es einmal nennen wollen, nach dem Verbleiben der erb= fchaftlichen Gegenftände vor dem geiftlichen Gerichte lieferte ihnen das Beweismaterial für die demnächftige Durchführung ihrer Anfprüche im Wege des Civilprozeffes. Abermals eine jener fchlauen Einrichtungen des alten Rechtes, von denen ich Ihnen noch viele Beifpiele geben könnte, unfehlbar in ihrem Erfolg und unanfechtbar in ihrer Berechtigung, denn wer hätte den Pontifices das Recht beftreiten wollen, auf dem ihrer Obhut anvertrauten Gebiet der sacra diejenigen Beftimmungen zu treffen, die fie für angemeffen hielten? Und auch hier die Tücke wiederum unter der Maske der Milde, der Nachficht. Was entfprach derfelben mehr, als daß man es mit Kleinigkeiten nicht fo genau nahm und in Um= kehr unferes heutigen Satzes: die kleinen Diebe hängt man, die großen läßt man laufen, die großen fing und die kleinen laufen ließ? Wer das meifte zu fich genommen hatte, mochte die Zeche bezahlen, das Nafchen der anderen ward nicht weiter beachtet, es ging in deren Rechnung mit ein. Aber wer hatte das meifte genommen? Damit war das gegenfeitige Denunzieren in Scene gefetzt.

Jenes pontificifche Normativ über die sacra enthielt in feiner neuen Faffung noch eine Beftimmung, welche ebenfo= wenig wie die foeben von mir erörterte bisher ihr richtiges Verftändnis gefunden hat. Diefelbe legte an vierter Stelle demjenigen die Haftung auf, ,,qui de creditoribus plurimum servet''. Man hat nicht recht gewußt, was man daraus machen sollte. Unmöglich kann der Sinn der Bestimmung der gewesen sein, daß derjenige von den erbschaftlichen Gläubigern, der, wie wir sagen würden, im erbschaftlichen Liquidationsprozeß den höchsten Betrag ausgezahlt erhält (plurimum servet in diesem Sinn), die sacra zu übernehmen hatte. Denn da alle Gläubiger im Verhältnis ihrer Forderungen zu gleichem Procentsatz befriedigt wurden, so war derjenige, der das meiste bekommen, zugleich derjenige, der das meiste eingebüßt hatte, und unmöglich konnte man ihm, der, statt etwas aus dem Nachlasse zu profitieren, umgekehrt noch verloren hatte, die sacra auferlegen — möglicherweise hätte er dann noch zuzahlen müssen! In dieser Verlegenheit hat Savigny eine Emendation des Textes bei Cicero vorgeschlagen. Statt: qui de creditoribus plurimum servet, soll man lesen: qui creditoribus plurimum servet und darunter den bonorum emtor verstehen, der den Gläubigern das höchste Gebot getan und darauf hin den Zuschlag erhalten hat. Als ob das Unrecht gegen die Gläubiger, das in Heranziehung einer insolventen Masse zu den sacra liegen würde, dadurch vermieden würde, daß man die Haftung dem bonorum emtor auferlegte, der natürlich bei seinem Gebote für die Masse den kapitalisierten Betrag für die sacra in Rechnung stellte und ihn nach Art der Überwälzung der indirekten Steuern durch ein um so viel vermindertes Gebot für die Masse auf die Gläubiger übertrug.

Die Sache ist ganz einfach. Denken wir uns den Fall praktisch, daß jemand im alten Rom gestorben wäre, dessen Nachlaß voraussichtlichermaßen zur Deckung der Schulden nicht ausreichte, und den daher auch kein Erbe in Besitz nahm. Was werden die Gläubiger getan haben? Sicherlich haben sie die Hände nicht in den Schoß gelegt! Das Korrekte wäre

gewesen, gemeinsame Maßregeln zu ihrer Sicherung zu
treffen, etwa eine Vertrauensperson zu ernennen (den späteren
,,magister‘‘ des prätorischen Edikts: ,,per quem bona ve-
neant‘‘, Gaj. III. 79), dem die Sorge für die Bewachung der
Masse und alles Weitere überwiesen ward. Es konnte aber
auch ein Gläubiger auf die Idee verfallen,[1] für sich allein
zu sorgen und Sachen in Besitz zu nehmen, um sich zu sichern:
,,servare‘‘.[2] Welche Stellung sollte das Recht zu ihm nehmen? Zweifellos mußte es ihn durch Androhung eines empfindlichen Nachteiles davon abzuschrecken suchen. Aber welchen Nachteil? Das Präjudiz der Usukapion der Erbschaft
wie bei dem gewöhnlichen Occupanten erbloser Sachen?
Für ihn paßte dasselbe offenbar nicht, denn er hatte, wenn
ich mich einmal so ausdrücken darf, nicht pro herede, sondern
pro creditore occupiert, er wollte sich nicht aus der fremden
Erbschaft bereichern, sondern er hatte nur ein Pfand aus der
Masse genommen, das der Erbe, wenn er demnächst antrat,
auslösen mochte. Aber verleiden mußte man ihm doch die
Sache, und dafür sorgten die Pontifices, indem sie denjenigen, ,,qui de creditoribus plurimum servet‘‘, d. h. das meiste
zu seiner Sicherstellung zur Seite geschafft hatte, eventuell zur
Bestreitung der sacra heranzogen. Damit war auch hier
wiederum von der gegen jeden Widerspruch gedeckten Position
des geistlichen Rechtes aus eine Einwirkung auf das Civilrecht ausgeübt, welche letzteres alle Ursache hatte dankbar

---

1) Der Fall wird in den Pandekten erwähnt in l. 95, § 8 de
solut. (46. 3).

2) Die technische Bedeutung des „servare‘‘ in diesem Sinne ist bekannt, ich erinnere an die cautio legatorum servandorum causa, die
missio creditorum rei servandae causa l. 1, l. 8. Quib. ex c.
(42. 4), l. 1, § 9. Si quis omissa (29. 4) . . crediti servandi causa
venisse in possessionem, während die Savigny'sche Erklärung des servare im römischen Sprachgebrauch nicht den mindesten Anhalt findet.

anzuerkennen. „Wer von den Gläubigern sich einseitig der Nachlaßsachen seines Schuldners bemächtigt," lautete der Satz, „läuft Gefahr, für die sacra einstehen zu müssen; hat ein anderer dasselbe getan, so kann er dadurch, daß er nachweist, jener habe noch mehr beiseite geschafft, sich der Haftung entziehen."

Völlig gleichgültig dafür war es, ob er seinen Zweck, sich auf Kosten der anderen Gläubiger Deckung zu verschaffen, erreicht hatte oder nicht; auch wenn sie ihm die Sachen sämtlich wieder abgejagt hatten, blieb er in der Schlinge, in der er sich einmal gefangen, haften, es hieß nicht: „qui servaverit", sondern: „qui servet", d. h. wer sich aneignet; was später geschehen, kommt nicht in Betracht. Darum bedurfte es auch nicht des Ablaufes eines Jahres, wie bei der Usukapion der Erbschaft.[1]) Wozu auch? Von einer „usucapio pro creditore" ist dem Rechte nichts bekannt.

Mochte nun ein Gläubiger viel oder wenig aus dem Nachlaß sich angeeignet haben, konnte er nicht nachweisen, daß ein anderer mehr genommen hatte, so haftete er, denn wenn niemand etwas genommen, so ist auch derjenige, welcher nur um eines Pfennigs Wert sich angeeignet: „is, qui plurimum servet". Hatten andere dasselbe getan, so öffnete sich ihm der oben besprochene Weg der Denunciation, um die Last von sich auf die anderen zu wälzen, die mehr genommen hatten. Auf diese Weise kam auch hier Licht in die Sache, die ehrlichen Gläubiger, welche sich jedes Eingreifens enthalten hatten, erfuhren, wo die Nachlaßsachen geblieben waren, und an welche Personen sie sich zu wenden hatten — das geistliche Gericht lieferte ihnen die Adressen.

Ob nun die im Bisherigen geschilderte Rückwirkung des

---

1) Wie fälschlich und ohne Anhalt in den Quellen Leist in seiner Fortsetzung der Glück'schen Pandekten, Serie der Bücher 37 und 38, Theil I, Erlangen 1870, S. 202, annimmt.

geiftlichen Rechtes auf das Civilrecht, fowohl im Fall der usucapio pro herede, als in dem der occupatio der Gläu-biger, eine bloße Folge — Reflexwirkung, wie ich fie zu nennen pflege — oder Abficht, Zweck war, darüber will ich mich mit niemandem in einen unfruchtbaren Streit ein-laffen. Ich meinerfeits nehme erfteres an, aber da ich weiß, daß ich viel eher Ausficht habe mit meiner Anficht durchzu-dringen, wenn ich auf den Widerfpruchsgeift als auf die Zu-ftimmung der Leute rechne, fo behaupte ich hiermit letzteres und erwarte jetzt, daß ich von dem nächften, der über die usucapio pro herede fchreibt, eines Befferen werde belehrt werden. Wäre ich doch bereits früher fo klug gewefen, die neuen Anfichten, die ich aufzuftellen gedachte, als von irgend einem gegen mich geäußerte, völlig unhaltbare zu wider-legen — da hätte ich ihnen leichter Eingang verfchafft!

Meine Cigarre geht zu Ende, ich bin genötigt, meinen Vortrag zu fchließen.

Aber etwas führe ich noch bei mir, das ich Ihnen mit-teilen muß, da es eine direkte Beftätigung meiner Anficht über den kaptiöfen Charakter der usucapio pro herede lucra-tiva enthält. Es ift die Abfchrift eines erft in jüngfter Zeit entdeckten, auf unferen Gegenftand fich beziehenden wert-vollen Stückes aus dem römifchen Altertum. Im vorigen Jahre hat man im Vatican in einem Codex rescriptus der Septuaginta (F. 115) auf einem Blatte, das den Pfalm 137 enthält, den darunter befindlichen Grundtext wieder hergeftellt und darauf ein einzelnes Stück aus einer größeren in latei-nifcher Sprache abgefaßten Sammlung von Hymnen und Ge-fängen entdeckt. Der Gefang, der auf unferem Blatte fteht, ift als Nr. 34 aufgeführt und trägt die Überfchrift: ,,Carmen creditorum debitoris sine herede defuncti.'' Ein wunder-bares Zufammentreffen des Zufalls hat es gefügt, daß der obere und untere Text in ihrer Faffung in einer Weife übereinstimmen, daß man auf die Idee geraten könnte, der eine sei dem anderen nachgebildet, jedenfalls ist die Übereinstimmung der beiden ersten Verse ganz überraschend, und in der Handschrift decken sie sich sogar äußerlich, der eine steht über dem einen, der andere über dem anderen. Nur darin findet eine Abweichung statt, daß der untere Text den Jubelgesang der römischen Gläubiger, der obere Psalm dagegen das Trauerlied der gefangenen Juden in Babylon enthält.

Ich setze Ihnen die ersten Verse des Psalms hin, damit Sie sich von der Übereinstimmung überzeugen können; den lateinischen Text habe ich frei übersetzt, herausgegeben ist er zur Zeit noch nicht.

Psalm 137. Der gefangenen Juden Jammerlied.

1. An den Wassern zu Babylon saßen wir und weinten, wenn wir an Zion dachten,

2. Unsere Harfen hingen wir an die Weiden, die drinnen sind.

Hymnus 34. Der Gläubiger Jubellied.

1. Wir saßen still daheim und ängsteten uns, ob kommen würde der Erbe, die Erbschaft anzutreten und unsere Forderungen zu zahlen.

2. Unsere Scheine legten wir in die Kiste,[1]) die fest ist, damit sie sicher seien und zur Hand, wenn wir sie nötig hätten.

3. Aber niemand kam, die Erbschaft anzutreten, weder ex testamento noch ab intestato, denn jeder wußte, daß nichts zu holen sei.

4. Nicht einmal ein bonorum possessor ließ sich blicken,[2])

---

1) Offenbar eine Anspielung auf die „nomina arcaria": bei Gajus III 131, Kistenforderungen im Gegensatz der Buchforderungen.

2) Hieraus geht hervor, daß der Lobgesang aus einer Zeit stammt, als das prätorische Recht sich schon entwickelt hatte, er mag etwa ins siebente oder achte Jahrhundert der Stadt gehören.

nicht einmal die Ehefrau suchte bonorum possessio unde vir et uxor nach — der letzte Schimmer der Hoffnung in unserer Seele erlosch.

5. Da kam er, der Mann, der auf den Leim gehen sollte,[1]) uns zu erretten aus unserer Bedrängnis.

6. Er sah stehen den Pflug unseres Schuldners, des Strolchs,[2]) auf dem Felde, den wir dort gelassen, absichtlich in schlauer List.[3])

7. Und er fand Wohlgefallen vor seinen Augen, und er beschloß, ihn zu sich zu nehmen, wenn die Gelegenheit günstig.

8. Und als es Nacht war und es dunkelte, ging er hin und holte ihn sich und verbarg ihn in seinem Stall unter vielem Heu.

9. Unser Späher[4]) aber, den wir gelassen zurück, durchbohrte die dunkle Nacht mit den Augen des Vogels der Minerva und meldete uns, was geschehen.

10. Wir aber vernahmen die Botschaft mit offenem Ohr und begruben sie in der stillen Kammer des Herzens wie das Saatkorn im Erdreich, bis gekommen die Zeit der Reife.

11. Stille saßen wir und rührten uns nicht und warteten ab, bis die Sonne am Himmel ihren Jahreslauf zurückgelegt.[5])

12. „Mir ist gestohlen ein Pflug, im Heu verbarg ihn

---

1) Frei übersetzt, der Text hat: cui contigit in laqueos incidere.

2) Im Text: homo nequam.

3) Im Text: scientes dolo bono.

4) Im Text: speculator. Man entnimmt daraus, daß die Römer in gewissen Fällen Wachtposten aufstellten, in l. 5[de poss. (41. 2) findet er sich als „custodia" beim Holzhaufen.

5) Es ist hier offenbar der annus usucapionis gemeint; man durchschaut die Tücke der Gläubiger, die den Usukapienten, um ihn völlig sicher zu machen, unangefochten ein Jahr im Besitze lassen.

der Cajus; felber fuche ich ihn mir, verfehen mit Schüffel und Schurzfell."[1]

13. Alfo die Rede des Spähers, wir andern folgten als Zeugen.

14. Und heraus kam der Pflug aus dem Heu. Zwar war es nicht der des Spähers, er felber erkannte den Irrtum. „Selber bist Du der Herr, Du haft ihn erworben dem Recht nach, denn Erbe wardst Du des Stichus."

15. „Alfo will es das Recht," fo riefen wir alle im Chore, „Erbe bist Du und Schuldner demnach, hier haft Du die fämtlichen Scheine."

16. „Heil Dir dreimal und viermal, dem glücklichen Eigener der Erbschaft; Heil nicht minder auch uns, daß wir den Erben gefunden."

Damit schließt der Gläubiger Jubelgefang. Ich schlage vor, ihn den erbrechtlichen Pfalm oder das hohe Lied von der Maufefalle des alten Erbrechts zu nennen.

---

1) Es ist hier die feierliche Hausfuchung gemeint beim furtum lance et licio conceptum, Gajus III 192, 193. Auch hier liegt wiederum eine arge Tücke zu Grunde. Eine Hausfuchung nach occupierten erbfchaftlichen Sachen hätte nicht stattfinden können, da die Aneignung derfelben kein furtum enthielt, die Hausfuchung aber nur in Bezug auf geftohlene Sachen rechtlich beanfprucht werden konnte; darum gibt der Späher an, daß ihm der Pflug geftohlen worden fei.

Ein Brief an die Redaktion.[1]

Sie fragen an, ob ich verstummt bin? Es fehlt wenig daran. Ich bin eingeschüchtert worden, ich wage kaum noch, meine Plaudereien in bisheriger Weise fortzusetzen. Es ist mir zu Ohren gekommen, daß meine Plaudereien in gewissen Kreisen Anstoß erregt haben, und ich besitze sogar ein direktes Zeugnis dafür aus Prag, worin der Verfasser sich redlich bemüht, mir die bittersten Dinge zu sagen. Da der Umstand, daß der Verfasser seinen Namen nicht genannt hat — er unterzeichnet sich kollektiv als „die bisherigen Leser der Juristischen Blätter" —, mich der Möglichkeit beraubt, ihm auf privatem Wege eine Mitteilung zu machen, so benutze ich die gegenwärtige Gelegenheit, ihn in Kenntnis zu setzen, daß ich nicht in Gießen, wohin er seinen Brief gerichtet hat, sondern in Göttingen wohne. Hätte die Postbehörde in Gießen meinen gegenwärtigen Aufenthaltsort nicht besser gekannt als er, sein Brief wäre nie in meine Hände gelangt, und ich wäre dadurch um die Kenntnis des Eindrucks gekommen, den meine Plaudereien bei den „bisherigen Lesern" Ihrer Blätter in Prag hervorgerufen haben. Der Briefsteller, der in ihrem Namen das Wort ergreift, hat offenbar den besten Willen, mir recht widerwärtige Dinge zu sagen, und sein Brief würde nichts zu wünschen übrig lassen, wenn sein Witz auf derselben Höhe stände mit seinem guten Willen. Nach der Probe, die er mir davon gegeben, begreife ich es, daß er an meinen Plaudereien keinen Gefallen finden kann, es würde mir ganz ebenso gehen, wenn ich in seiner Haut steckte. Es fällt mir

---

[1] Juristische Blätter 1880 Nr. 23—27.

dabei die Antwort ein, die ein wißiger Kopf erteilte, als man in seiner Gegenwart einen anderen einen Kopfhänger nannte: „Wenn ich einen solchen Kopf hätte, ließe ich ihn auch hängen!" — Hätte ich einen solchen Kopf wie mein Anonymus aus Prag, die Welt wäre bei mir vor den Plaudereien eines Romanisten ebenso sicher gewesen, wie sie es bei ihm sein wird.

Wäre nur er es allein, der an denselben Anstoß genommen, ich würde die Sache nicht so ernst nehmen, allein es sind seiner Unterschrift zufolge Ihre sämtlichen Abonnenten in Prag, die mir durch ihn den Absagebrief haben zukommen lassen, und ich halte mich in Ihrem Interesse verpflichtet, Sie nicht durch Fortsetzung meiner Plaudereien in Gefahr zu bringen, Ihre Prager und sonstigen gleichgestimmten Abonnenten einzubüßen. Sie dürfen die Sache nicht zu leicht nehmen. Ihre Abonnenten haben einmal den Anspruch auf wöchentliche Verabreichung der bisherigen gewohnten juristischen Hausmannskost, und Sie dürfen ihnen nichts vorsetzen, was auf diese Bezeichnung keinen Anspruch hat. Wollen Sie also, wie ich aus Ihren Mahnbriefen an mich entnehme, daß die bisher unterbrochenen Plaudereien eines Romanisten fortgesetzt werden, so bleibt, um den Interessen und dem Geschmacke der beiden Leserkreise Ihres Blattes, von denen der eine auf der bisherigen soliden Verpflegung besteht, der andere aber sich neben derselben auch einmal leichtere Kost gefallen lassen will, gerecht zu werden, nichts übrig, als von jeder Nummer Ihres Blattes eine Doppelausgabe zu veranstalten, die eine mit, die andere ohne meine Plaudereien. Der Zweck dieser Zeilen besteht darin, Ihnen im Interesse Ihres Blattes die Annahme dieses meines Vorschlages dringend ans Herz zu legen. Eine derartige Doppelausgabe eines und desselben Blattes ist nicht ohnegleichen. Es gab eine Zeit, wo eine unserer ersten deutschen Zeitungen

von jeder Nummer zwei Ausgaben veranstaltete, die eine
für das Österreich Metternich's: zahm, harmlos, unschädlich;
die andere für die übrige Welt: minder ängstlich und
diätetisch eingerichtet. Auch die Literaturgeschichte weiß von
Fällen zu berichten, wo Exemplare eines und desselben Werkes
für gewisse Personen, in deren Hände sie gelangen sollten,
verschieden gedruckt wurden. Ein Verfasser, der den Wunsch
hegte, mehreren Personen sein Werk zu dedizieren, aber nicht
in Gemeinschaft, sondern jeder einzelnen für sich, löste diese
scheinbar unlösbare Aufgabe dadurch, daß er für jedes der
Dedikations-Exemplare ein besonderes Dedikationsblatt drucken
ließ, auf dem nur der Name desjenigen prangte, dem er es
überreichte — eine sinnvolle Imitation der Korreal-Obliga-
tion auf dem Gebiete der Literatur, die aber, sollte sie ihren
Zweck erreichen, voraussetzte, daß kein correus von dem
anderen Kunde erhielt, was in jenem Fall nicht zutraf. Sie
Ihrerseits würden bei der zu veranstaltenden Doppelausgabe
nicht so behutsam zu Werke zu gehen brauchen. Kündigen
Sie dieselbe öffentlich an und überlassen Sie es jedem Ihrer
Kostgänger, sich die seinem Geschmack entsprechende zu wählen.

Meine briefliche Mitteilung ist hiemit beschlossen; wir
verfügen uns beide in die goldene Ente und setzen dort
unsere Plaudereien fort. Wenn sie etwas ernster ausfallen
sollten, als bisher, so schieben Sie es auf die gedrückte Stimmung, in die mich das obige Schreiben versetzt hat.

III.

Reich und arm im altrömischen Civilprozeß.

Sie sind überrascht, mich ein anderes Thema nennen zu hören, als ich für unsere nächste Zusammenkunft in Aussicht genommen hatte? Sie erinnern mich, daß ich Ihnen das zweite Kabinetstück aus meiner juristischen Kuriositätensammlung: die civilprocessualische Attrappe, versprochen hatte. Ich habe dieselbe heute noch zu Hause gelassen, ich habe gefürchtet, in Kuriositäten des Guten zuviel auf einmal zu tun, die Leser mögen sich von dem Eindruck der Mausefalle erst wieder etwas erholen. In Bezug auf letztere sehe ich mich übrigens zu dem beschämenden Geständnis genötigt, daß ich in Bezug auf den Jubelhymnus der Gläubiger (in Nr. 15 Ihres Blattes am Ende) mystifiziert worden bin; derselbe ist, wie ich inzwischen erfahren, von Anfang bis zu Ende erdichtet. Es ist ein Stückchen à la Sanchuniathon, Simonides und anderen Fälschern, denen, wie das celebre Beispiel der Moabiter-Altertümer aus den jüngsten Jahren gezeigt hat, selbst gelehrte Körperschaften zum Opfer fallen können, und das im vorliegenden Falle, wie ich zu meiner Entschuldigung hinzufügen will, gleich mir auch andere getäuscht hat. Es ist von mehreren Seiten die Frage an mich gerichtet worden [1]), wo denn das lateinische Original des Jubelhymnus sich finde, und ob es bereits gedruckt sei, oder ob man warten müsse, bis Bruns in einer neuen Auflage der fontes juris Romani antiqui es zum Gemeingut der gelehrten Welt machen werde. Diese Nachfragen bestimmten mich zu Nachforschungen, deren bedauerliches Ergebnis ich Ihnen mitgeteilt habe. Schade

---

1) Tatsächlich wahr!

darum! Es wäre so schön gewesen, wenn der Jubelhymnus echt gewesen wäre! Denken Sie übrigens von meiner Ansicht über die usucapio pro herede lucrativa, die in dem Jubel-hymnus eine Stütze zu finden glaubte, darum nicht schlechter. Derselbe hätte echt sein können, er hatte innere Wahrheit, und das ist mehr, als man von manchen Restitutionsversuchen lückenhafter echter Originaltexte aus dem Altertum behaup-ten kann; der Jubelhymnus braucht sich vor manchen Resti-tutionen des Textes unserer Quellen durch ganz namhafte Gelehrte nicht zu schämen.

Jetzt zu unserem gegenwärtigen Thema.

„Reich und arm im altrömischen Civilprozeß? — fragen Sie mich verwundert — ich habe nie von diesem Gegen-satz im alten Recht reden hören. Gab es im alten Rom ein anderes Prozeßrecht für Reiche als für Arme, reichte unser heutiges Armenrecht vielleicht in das graue Altertum hin-auf?" Sie haben recht, sich zu verwundern, auch ich habe von diesem Thema nie etwas gehört, es ist meine eigene Er-findung, „myne eegene Inventie", wie ein Holländer in Karls-bad mit Stolz antwortete, der mit einem Orden erschien, den noch niemand gesehen hatte, und durch den er in dem Maße die öffentliche Aufmerksamkeit erregte, daß jemand sich die Freiheit nahm, ihn darüber zu befragen, worauf er die Antwort erhielt: myne eegene Inventie! Sie kennen die Quelle, aus der ich meine rechtshistorischen Entdeckungen beziehe: meine rechtshistorische Cigarre. Einer feinen Ha-vanna hätte es für dieses Thema nicht bedurft, eine ge-wöhnliche österreichische Regiecigarre hätte dieselben Dienste getan, oder minder bildlich: die Dinge, die ich Ihnen im Folgenden mitteilen will, sind ohne große Mühe zu finden, es bedarf keines gewaltsamen Kopfzerbrechens, sondern nur des einfachen Nachdenkens. Aber freilich zwischen den Zeilen muß man in unseren Quellen schon zu lesen verstehen, denn

mit dürren Worten enthalten sie von alledem, was ich ihnen
zu entnehmen gedenke, nicht das mindeste, und weil auch bei
diesem Punkt niemand dies Lesen zwischen den Zeilen ver=
sucht hat, so ist mein obiges Thema bis auf den heutigen
Tag der Wissenschaft gänzlich unbekannt geblieben. Ich hoffe
dasselbe so zu Ehren bringen zu können, daß fortan nie=
mand daran mehr achtlos vorübergehen soll. Bestünde der Ge=
winn, den ich mir von meiner Arbeit verspreche, lediglich in
der Aufhellung einer bisher übersehenen Seite des altrömi=
schen Prozesses, so würde ich vielleicht Anstand nehmen, mein
Thema vor einem Leserkreise vorzugsweise österreichischer
Juristen zu behandeln, allein das Interesse, welches sich an
dasselbe knüpft, geht über den altrömischen Prozeß weit hin=
aus, es ist ein Stück römischer Geschichte, das ich Ihnen vor=
führen werde, und zwar ein Beitrag zur Geschichte des
Klassenkampfes zwischen Patriziern und Plebejern.

Der Boden, auf dem sich unsere Untersuchung bewegt,
ist das altrömische Prozeßverfahren: der Legisaktionenprozeß.
Über das eigentümliche Wesen desselben will ich mich hier
nicht auslassen, da ich zu dem Zwecke mich selber ausschreiben
müßte[1]). Es wird Ihnen bekannt sein, daß dasselbe in der
strengen Durchführung des Grundsatzes: nulla actio sine lege
bestand, oder, wie ich es dort genannt habe, in der eigen=
tümlichen gesetzlichen Citiermethode, vermöge deren jeder
Anspruch vor Gericht in denselben Worten auftreten mußte,
mittelst welcher das Gesetz seiner gedacht hatte.

Dies alte Prozeßverfahren kannte nach Gajus (IV, 12)
fünf verschiedene Arten, von denen für unseren Zweck zunächst
nur zwei: die legis actio sacramento und per manus injectionem in Betracht kommen. Da ich nicht weiß, ob dieselben
Ihnen und Ihren Lesern noch von den Universitätsstudien

---

1) Ich verweise auf meinen Geist des römischen Rechts, Teil 2,
Abt. 2, S. 631—663 (Aufl. 4, Leipzig 1880).

her in Erinnerung find, so halte ich es für nötig, das für meine Zwecke Erforderliche darüber mitzuteilen.

Wir wenden uns zunächst der legis actio sacramento zu. Dieselbe enthielt die normale Form des altrömischen Prozeß= verfahrens (generalis erat, wie Gajus IV, 13 sagt), welche überall zur Anwendung gelangte, wo nicht eine andere spe= ciell vorgeschrieben war. Das Eigentümliche dieser Prozeß= form bestand in dem sacramentum, dem Succumbenzgelde, das die sachfällige Partei einbüßte, und das bei Streit= objekten im Wert von 1000 As und darüber 500 As, bei Streitobjekten geringeren Wertes 50 As betrug. Formell drehte sich der Prozeß nicht um die Streitsache selber, son= dern um die Frage, welche von den beiden Parteien ihr sacramentum verwirkt habe, das Urteil lautete auf: sacra= mentum (Auli Agerii, Numerii Negidii) justum esse, ähnlich wie im Formularprozeß bei der Klage aus einer sponsio praejudicialis, wo die Streitsache in die Form einer von den Parteien abzuschließenden Wette gebracht ward, und der Richter ebenfalls nur mittelbar über sie erkannte, indem er entschied, welche von den beiden Parteien die Wette gewon= nen habe. Während aber bei dieser modernen Gestalt der Prozeßwette die Wettsumme der Partei selber zu= oder ab= gesprochen wurde und so minimal angesetzt war, daß schon ihr Betrag ihre wahre, d. h. rein formelle, processualische Bedeutung kundgab, verhielt sich dies beim Sakramentum anders. Dasselbe fiel nicht an die Partei, sondern an das Ärar (Gajus IV, 13: in publicum cedebat). Die ursprüng= liche Form, von der das sacramentum auch seinen Namen hatte, bestand meiner Ansicht nach darin, daß es an den geistlichen Fonds fiel, um für Kultuszwecke verwandt zu werden. Diese Verwendung wird uns von Festus [1]) ausdrücklich

---

1) Festus sub sacramentum: — — — consumebatur id in rebus divinis.

bezeugt. Zu dieser Notiz von ihm fügt Varro (de lingua latina V, 180) eine andere hinzu, welche uns meines Erachtens instand setzt, die ursprüngliche Gestalt der Sache vollständig zu rekonstruieren, nämlich die, daß die Parteien ihr Sakramentum „in sacro" oder „ad pontem" deponiert hätten, d. i. beim pons sublicius, wo die Pontifices ihren Sitz hatten. Die Deposition erfolgte also bei den Pontifices. Der Sieger erhielt das seinige zurück, das der sachfälligen Partei war verwirkt. Bei der späteren Gestaltung der Sache, die Gajus vor Augen hat, ward das Sakramentum nicht mehr bei Beginn des Prozesses deponiert, sondern die Parteien bestellten dem Prätor Sicherheit (praedes) dafür; das des unterliegenden Teils ward dann nach Beendigung des Prozesses, wie Festus in der obigen Stelle berichtet, zufolge der lex Papiria von den mit der Exekutivjustiz betrauten triumviri capitales beigetrieben und an das Ärar abgeführt.

Daß diese zwei verschiedenen Formen der Beschaffung des sacramentum: durch sofortige Deposition und durch spätere Beitreibung gegen vorherige Bürgschaftsstellung, zwei verschiedene Entwickelungsstufen des Institutes repräsentieren, und zwar jene die ältere, diese die jüngere, darüber herrscht unter den Rechtshistorikern nahezu Einstimmigkeit[1]), und ich halte es nicht für nötig, die naheliegenden Gründe für diese Annahme des weiteren zu entwickeln. Wer etwas von der Entwickelung des römischen Rechtes kennt, wird nicht im Zweifel darüber sein, in einem Fall, wo zwei Formen eines und desselben Instituts bezeugt sind: eine sakrale oder religiöse und eine profane oder weltliche, die erstere der älteren, die andere der neueren Zeit zuzuweisen. Sprachlich dokumentiert sacramentum schon durch den Namen seine ursprünglich

---

1) Die neuerdings aufgestellte abweichende Ansicht von Huschke wird unten berührt werden.

religiöse Bedeutung. Dazu gesellt sich noch die sachliche Notiz, daß dasselbe für Kultuszwecke verwandt
und von der geistlichen Behörde: den Pontifices erhoben
wurde, und wie man immer auch über die von mir aufgestellte Hypothese[1]) denken mag, der zufolge die legis actio
sacramento in ihrer ursprünglichen Gestalt das Verfahren vor
dem geistlichen Gericht bedeutet habe, so viel ist jedenfalls
quellenmäßig bezeugt[2]), daß den Pontifices in alter Zeit ein
maßgebender Anteil an der Rechtspflege zustand, und daß
der profanen Periode der Jurisprudenz, welche mit Coruncanius beginnt, eine geistliche vorausgegangen ist. Dieser
Periode entstammt die legis actio sacramento in ihrer ursprünglichen Gestalt, wir können letztere als die geistliche,
und diejenige, von der die Gajus uns berichtet, als die profane bezeichnen. Der Fortschritt von der einen zur anderen
charakterisierte sich nicht bloß dadurch, daß die Kasse, in die
das sacramentum floß, eine andere ward (kirchlicher Fonds —
Ärar) und dem entsprechend auch die Behörde, welche das
sacramentum beizutreiben hatte (Pontifices — Prätor), sondern daß auch die Art der Beitreibung sich änderte (Anfang
— Ende des Prozesses). Meiner Meinung nach schlägt die
herrschende Ansicht die letztere Veränderung zu gering an,
wenn sie in ihr bloß ein Änderung des Erhebungs-, nicht auch
des Verwendungsmodus erblickt. Die Intraden aus dem
Sakramentprozeß gehörten, nach meiner Ansicht, seit jener
Änderung dem Staat, ,,in publicum cedebat'', wie Gajus
sagt, womit auch Varro an angeführter Stelle: ad aera-

---

1) In meinem Geist des römischen Rechtes, Teil I, S. 302—307
(Auflage 4).

2) l. 2, § 6 de O. J. (I, 2) .... Omnium tamen harum et inter-
pretandi scientia et actiones apud collegium pontificum erant, ex quibus
constituebatur, quis quoquo anno praeesset privatis.

rium redibat übereinstimmt, nur daß er dies schon für die Zeit, wo das Sakramentum noch von den Pontifices erhoben ward, annimmt, was ich für falsch halte, da sich mit der auf religiöser Satzung beruhenden Bestimmung jener Gelder (Festus: consumebatur id in rebus divinis) die Abführung derselben in die Staatskasse, welche eine Verwendung derselben für profane Zwecke ermöglicht hätte, nicht vertrug. Wir können demnach die Veränderung, welche mit Übertragung des sacramentum von den Pontifices an den Prätor vor sich ging, mit einem modernen Ausdruck als Säkularisation der Sakramente bezeichnen.

Was konnte den Staat zu dieser Maßregel bestimmen? Sicherlich nicht das Verlangen, sich auf Kosten der Kirche zu bereichern, denn im Vergleich zu den enormen Einnahmequellen, welche dem römischen Staat in der Blütezeit der Republik zu Gebote standen, war die aus den Sakramenten fließende so unbedeutend klein, daß sie die Staatsgewalt nicht in Versuchung bringen konnte, ihretwegen einen Eingriff in das Recht der Kirche vorzunehmen. Es muß ein anderer Grund gewesen sein. Man könnte geneigt sein, ihn in dem Umschwunge zu erblicken, der, den Berichten unserer Quellen zufolge, ungefähr ein Jahrhundert nach den XII Tafeln auf dem Boden des Rechts vor sich ging: die Emancipation desselben von dem dominierenden Einfluß des Pontifikal-Kollegiums. Hörte letzterer auf, waren also die Pontifices es nicht mehr, welche das Depot der Prozeßformeln unter sich hatten, so fiel damit auch der Rechtstitel für die fernere Erhebung der Sakramente hinweg. Allein so wenig ich den Zusammenhang zwischen der Verweltlichung der Jurisprudenz, um es kurz auszudrücken, und der veränderten Erhebung des sacramentum verkenne, so reicht doch dieser allein nicht aus, die Änderung, die im übrigen mit der Gestaltung der legis actio sacramento vor sich ging, zu erklären.

Warum setzte man an Stelle der bisherigen Deposition des sacramentum das Kreditieren desselben gegen Sicherstellung? Diese Frage ist von jener Änderung gänzlich unabhängig. Die bisherige Rechtsgeschichtsschreibung hat dieselbe weder beantwortet noch einmal aufgeworfen, sie begnügt sich mit dem einfachen Faktum, ohne den Gründen desselben nach- zugehen. Und doch hätte dasselbe wohl verdient, zum Gegen- stande des Nachdenkens gemacht zu werden. Ich hoffe Ihnen demnächst zeigen zu können, daß diese Maßregel von einer eminenten socialen Bedeutung war.

Hiemit habe ich das mir für meine Zwecke erforderliche Material in Bezug auf die legis actio sacramento zusammen- getragen. Ich wende mich jetzt der legis actio per manus injectionem zu.

Wer eine dem Gegner rechtskräftig zuerkannte oder vor Gericht zugestandene oder in der bekannten Form des Nexum vor dem Libripens und fünf Zeugen eingegangene Geld- schuld (wozu auch das Damnationslegat gehörte), in heutiger Sprache ausgedrückt: eine Wechselschuld, bestreiten wollte, ward damit nicht selber in eigener Person gehört, sondern mußte einen Vindex stellen, der im Fall des Unterliegens zur Strafe für seinen Eingriff in das Recht des Gläubigers neben dem Schuldner den Schuldbetrag zu entrichten hatte. Es war dies die ursprüngliche Gestalt aller jener Ansprüche, bei denen im späteren Recht den Schuldner bei einer Bestreitung des An- spruches im Fall des Unterliegens für sein Leugnen die Strafe des Doppelten traf (ubi lis crescit inficiando in duplum).

Die legis actio per manus injectionem stimmte also mit der legis actio sacramento darin überein, daß sie dem unter- liegenden Teil eine Strafe androhte, und zwar völlig un- abhängig davon, ob er mala oder bona fide den gegnerischen Anspruch bestritten hatte. Wer Unrecht erhält, ist eben darum

in Schuld und muß bestraft werden[1]) — das fordert das ge-
reizte Rechtsgefühl des Gegners, der die Bestreitung seines
Rechts als einen Versuch der Entziehung desselben empfindet,
und das entspricht auch dem öffentlichen Interesse. Denn
das Gemeinwesen hat das lebhafteste Interesse daran, der
Streit- und Prozeßsucht, die gerade auf niederen Kulturstufen
in der Wildheit und Roheit des Volkes eine unversiegbare
Quelle besitzt und die größten Gefahren für das Gedeihen
des Gemeinwesens in sich birgt, möglichst zu steuern. Zank
und Streit, zu allen Zeiten und in allen Lagen ein Übel, da
sie nutzlos Kräfte verzehren, die eine bessere Verwendung gestatten, schließen für die Epochen, die ich hier im Auge habe,
eine gesteigerte Gefahr in sich, da das Feuer der Zwietracht,
einmal angefacht, hier nur zu leicht über den engen Herd,
auf dem es zuerst entzündet ward, hinausgreift und außer
den zunächst beteiligten Personen eine Reihe anderer: Freunde,
Verwandte, Parteigenossen in Mitleidenschaft zieht und damit
einen allgemeinen Brand zu entzünden droht. Bei uns spielen
sich die Prozesse regelmäßig nur zwischen den beiden Parteien
ab, andere Personen, auch wenn sie ihnen noch so nahe stehen,
werden dadurch nicht berührt. Unsere heutigen Prozesse gleichen
Krankheitsfällen, welche dritten Personen keine Ansteckung
drohen. Aber in den Zeiten der Roheit, wo der Streit als
solcher noch einen hohen psychologischen Reiz hat: den des
Auslasses der wilden überschüssigen Kraft, einer Kraftprobe,
an der das Individuum seinen Mut und Charakter erweist,
eines vor Gericht verlegten Zweikampfes, in diesen Zeiten,
wo die Hauptaufgabe des Rechtes zunächst noch darauf

---

1) Eine eingehende Begründung dieses Gedankens habe ich gegeben in meinem Schuldmoment im römischen Privatrecht, Gießen 1867,
abgedruckt in meinen vermischten Schriften, Leipzig 1879, S. 155 ff.,
insbesondere S. 163—176; Nachträge über das griechische und altnor-
dische Recht, daselbst S. 230—234.

gerichtet sein muß, den Trotz des Individuums zu bändigen
und das Volk an Zucht und Ordnung zu gewöhnen, in diesen
Zeiten birgt selbst der Streit in den Formen des Rechtes eine
Gefahr in sich, von der wir heutzutage ebensowenig eine
Ahnung haben, wie von dem „schwarzen Tod" des Mittelalters: die Gefahr einer verheerenden Seuche, welche über das
Haus, in dem sie ausgebrochen, sich weit hinauserstrecken und
große Kreise in Mitleidenschaft ziehen kann. Ein ursprünglich
bloß zwischen zwei Personen entbrannter Prozeß kann sich
hier zu einer allgemeinen Kalamität gestalten. Darum bedarf es in diesen Verhältnissen eines starken Gegengewichtes
gegen die Verlockung zum Prozeß. Die Maßregeln, welche
das Recht gegen die Prozeßsucht hier ergreift, stehen auf einer
Linie mit denen unserer heutigen Sanitätspolizei, welche dem
Umsichgreifen einer Seuche Einhalt tun sollen, sie lassen sich
geradezu als sanitätspolizeiliche Maßregeln des Civilprozesses
bezeichnen.

Aus diesem Gesichtspunkt erklären sich die Prozeßstrafen — denn so muß man sie nennen, wenn man ihr
wirkliches Wesen bezeichnen will, nicht Prozeßkosten[1]) —
denen wir in so manchen unentwickelten Rechten begegnen;
sie haben die Bestimmung eines ökonomischen Ab-
schreckungsmittels vom Prozessieren, einer Strafe
für die über das Gemeinwesen durch den Prozeß herauf-
beschworene Gefahr. Um über diesen Gesichtspunkt keinen
Zweifel übrig zu lassen, mögen folgende Straffätze der
XII Tafeln dienen. Das Gesetz setzte auf das Abhauen fremder Bäume 25 As, auf gewöhnliche Injurien ebensoviel,
auf Knochenbrüche (os fractum) bei einem Freien 300, bei
einem Sklaven 150 As. Bei einem Sakramentsprozeß da-

---

1) So für das Sakrament Gaj. IV, 13 poenae nomine, 14:
poena.

gegen über einen Gegenstand von 1000 As oder darüber
betrug das Succumbenzgeld 500 As, und bei der legis actio
per manus injectionem steigerte sich die Strafe sogar auf den
ganzen Schuldbetrag, möglicherweise also auf viele Tausende
von As — also Summen, welche alle gesetzlich fixierten
Strafsummen weit hinter sich ließen. Ich füge als weiteren Anhaltspunkt für die richtige Würdigung der Höhe
dieser Prozeßstrafen noch zwei Sätze aus jener Zeit hinzu.
Ein Schaf ward bei der gesetzlichen Fixierung der Brüche
(multa) durch die lex Aternia Tarpeja (300 U. C.) in Geld zu
10, ein Rind zu 100 As angesetzt — wahrscheinlich ein recht
mäßiger Ansatz, der aber jedenfalls nicht im grellen Mißverhältnis zu dem dermaligen Geldwert beider gestanden
haben kann.

Außer diesem ökonomischen Abschreckungsmittel kannte
das römische Recht noch ein moralisches: den Eid (juramentum calumniae).

Sie werden mir zugestehen, daß die alten Römer die Gefahren, welche durch das Prozessieren dem Gemeinwesen drohten,
richtig zu würdigen und ihnen in energischer Weise zu begegnen verstanden. Ein Prozeß im alten Rom war ein Entschluß, den jeder sich reiflich überlegen mußte. Lieber mochte
er seinem Gegner Arm oder Bein entzweischlagen, ihm Ohr-
feigen und Schläge versetzen, er zahlte dann nur die Taxe
von 300 oder 25 As, damit war die Sache abgetan. Bei
einem Prozeß aber stand mehr auf dem Spiel. Bei einem
Prozeß über den allergeringsten Wertgegenstand von wenigen As betrug das sacramentum bereits 50 As, bei einem
Betrag von 1000 As 500. Und diese Summen mußten sofort bar erlegt werden. Es ist das ein Punkt von emi-
nenter Wichtigkeit, den man bisher viel zu wenig beachtet
hat, und dem wir im folgenden unsere ganze Aufmerksamkeit zuwenden wollen.

In Bezug auf den Entschluß zu einer Ausgabe macht es zweifellos einen großen Unterschied, ob man dieselbe sogleich bar zu bestreiten hat, oder ob man die Zahlung auf die Zukunft verschieben kann, und als Praktiker werden Sie mir zugestehen, daß, wenn die Klienten bei Anhängigmachung eines Prozesses statt relativ geringer Vorlagen, die sie dem Rechtsbeistande zu machen haben, den gesamten schließlichen Kostenbetrag sofort bar auf den Tisch zahlen müßten, gar mancher von ihnen sich die Sache reiflich überlegen und wahrscheinlich vom Prozeß zurückschrecken würde. Viele Parteien haben über die Höhe, zu der die Prozeßkosten anwachsen können, gar keine Vorstellung, es fehlt ihnen das Bewußtsein des hohen Einsatzes, um den sie spielen. Der alte Römer kannte ihn!

Und selbst zwischen Wissen und Barzahlung besteht immer noch ein großer Unterschied. Bei dem bloßen Wissen hilft man sich nicht selten mit dem bekannten Trostgrunde: das findet sich später — der bekannte Wechsel, den der Mensch so gern auf die Zukunft zieht. Bei der Barzahlung fällt diese Vertröstung auf die Zukunft hinweg, die Gegenwart streckt ihre begehrliche Hand aus und gibt sich mit dem Wechsel nicht zufrieden. Im altrömischen Prozeß ward wie bei der Spielbank nur um bar gespielt, der Einsatz mußte sofort beim Beginn des Prozesses entrichtet werden, die Prozeßstrafen standen, wenn ich mich so ausdrücken darf: am Eingang, nicht am Ausgang der Gerichtsstätte. Ein Prediger rühmte es als Beweis der Güte und Weisheit Gottes, daß er den Tod an das Ende und nicht an den Anfang des menschlichen Lebens gestellt habe. Beim Prozeß könnte man in Versuchung geraten, es als Beweis der Weisheit einer Gesetzgebung zu rühmen, wenn sie die Zahlung der Prozeßkosten, statt an das Ende, an den Anfang des Prozesses bringen würde.

Ob es mir damit Ernst ist, fragen Sie mich? Aufrichtig gesagt: Nein! Ich habe die Gewohnheit, wo es gilt, den verschiedenen Seiten eines und desselben Instituts gerecht zu werden, mich in diejenige, welche ich augenblicklich behandle, mit voller absichtlicher und bewußter Einseitigkeit hineinzudenken, ich möchte sagen: mich in sie zu verlieben, gleich als sei sie die einzige, die in Betracht kommt. Bei der folgenden, die an die Reihe kommt, mache ich es ebenso, die vorhergehende ist dann völlig vergessen — beim Verlieben kommt das ja ebenfalls häufig vor! — ich bin dann sicher, daß keine von ihnen zu kurz kommt. So habe ich es auch hier gemacht. Ich habe die Vorteile jener römischen Einrichtung in einer Weise hervorgehoben, daß jeder, der mir bisher gefolgt ist, glauben müßte, ich kennte nichts Vollkommeneres auf der Welt. Sie werden im folgenden erfahren, daß ich auch für die Schattenseite derselben ein offenes Auge habe, und ich werde mich bemühen, dieselbe in ein ebenso helles Licht zu setzen, wie die soeben behandelte Lichtseite.

Statt meiner lasse ich einen alten Römer aus dem vierten Jahrhundert der Stadt, einen armen Mann aus der Plebs, das Wort nehmen. Es kostet mich nur einige wenige Züge aus meiner Cigarre, und er ist da.

Die Scene spielt auf dem Forum vor dem Prätor. Vor ihm erscheint unser Mann als Kläger in Begleitung eines reichen Patriciers, den er in jus vociert hat. Während der Kläger als Soldat im Felde stand, ist dessen Vater gestorben, und diese Gelegenheit hat sein Nachbar, der gegenwärtige Beklagte, benutzt, um sich in den Besitz von dessen Anwesen zu setzen. Da er die Herausgabe verweigert, so kommt es zum Prozeß. Der Kläger hat dem Prätor den Fall vorgetragen, und es entspinnt sich zwischen ihnen folgendes Gespräch, bei dem der Prätor als Standesperson die Ehre der Gänsefüßchen genießen soll.

„Wie hoch beläuft sich der Wert Deiner Ländereien, über oder unter 1000 As?"

Wenigstens auf 1500 As.

„Dann hast Du, bevor die Sache anhängig gemacht werden kann, zunächst bei den Pontifices 500 As zu deponieren. Gehe hin zu ihnen, zahle die Summe ein und bringe den Depositionsschein mit, dann will ich die Klage annehmen."

Es ist mir unmöglich, das Geld aufzutreiben. Woher soll ich armer Mann, dem seine ganze Habe vom Beklagten vorenthalten wird, bare 500 As nehmen?

„Das ist Deine Sache; ohne vorherige Deposition des Sakraments kann ich die Klage nicht annehmen."

Aber meine Sache ist ja die klarste von der Welt; die Zeugen, die ich mitgebracht habe, sind bereit, jedes Wort, das ich gesagt habe, zu beschwören; nicht ich, sondern der Beklagte wird den Prozeß verlieren und schließlich das sacramentum zu entrichten haben.

„Das sagt ein jeder. Ich meinerseits kann Dir nicht helfen, mir sind die Hände gebunden; wende Dich an die geistlichen Väter, vielleicht erlassen sie Dir die Deposition."

Damit ist die erste Scene zu Ende. Die zweite spielt am Pons sublicius vor dem in diesem Jahre mit den Rechtshändeln betrauten Mitglied des Pontifikalkollegiums; sie dreht sich um die Deposition des sacramentum.

Der Kläger bittet, ihm die Deposition zu erlassen, da er nicht imstande sei, das bare Geld aufzutreiben.

„Ob Du reich oder arm bist, macht keinen Unterschied; bei uns gilt kein Ansehen der Person, vor dem Gesetz ist jeder gleich."

Eine schöne Gleichheit! Was für den Reichen eine Kleinigkeit, bildet für den Armen ein unübersteigliches Hindernis, es ist die Gleichheit, welche dem schwachen Kinde dieselbe Last zu tragen auferlegt wie dem starken Manne —

den Sakramentssatz von 500 As haben die reichen Leute erfunden, um uns armen Teufeln das Prozessieren nahezu unmöglich zu machen.

„Hüte Dich, die Gesetze Roms zu lästern, sonst könnte es Dir schlecht ergehen. Ich kann nur die Gesetze anwenden, nicht sie machen."

Kreditiere die 500 As, Du kannst es ohne Gefahr tun, mein Prozeß kann gar nicht verloren gehen.

„Die Götter kreditieren nicht, sie halten es mit der Barzahlung, und ich darf ihren Rechten nichts vergeben, die heiligen Bücher verbieten es mir. Aber leih Dir doch das Geld von anderen."

Wer leiht es mir? Hätte ich mein Erbgut in Händen, so würde es mir ein Leichtes sein, aber gerade dies wird mir ja vorenthalten.

„Dann ist Dir allerdings nicht zu helfen — Du kannst gehen."

Damit zieht der Mann ab; der menschenfreundliche Pontifex aber begibt sich den Nachmittag zu dem Beklagten, seinem Vetter, und erstattet ihm Bericht über den Vorgang.

„Dein Gegner bringt das sacramentum nicht zusammen, ich gratuliere Dir, sein Acker ist schon so gut wie der Deinige. Das verdankst Du bloß uns und unserer weisen Einrichtung des sacramentum. Dafür kannst Du der Kirche eines von Deinen fetten Rindern widmen."

Darauf soll es mir nicht ankommen; ich werde mich Euch dankbar beweisen — ein Rind fällt für mich bei der Sache schon ab.

Damit endet das Stück. Der Arme kann das Geld nicht aufbringen, und der Reiche behält den Acker. Es ist die Fabel des Nathan von dem reichen Mann und dem Schäflein des Armen, und sie wird in Rom nicht ein-, sondern tausend Mal gespielt haben.

Unseren Rechtshistorikern macht dieser Punkt der Auf-
bringung des sacramentum nicht die geringste Schwierigkeit;
ich habe noch keinen gefunden, der daran Anstoß genommen
hätte. Der Theoretiker wird mit den Voraussetzungen, an
welche das Recht das Dasein oder die Geltendmachung von
Ansprüchen geknüpft hat, leicht fertig — er denkt sie sich,
und sie sind da — man wird an den Ausspruch des
Psalmisten erinnert: „Wenn er spricht, so geschieht's, und
wenn er gebeut, so steht es da." Denken und Sein ist
eins. Es gibt kein menschliches Gehirn, in dem der Gedanke
der Jdentitätsphilosophie sich so leicht vollzieht als in dem
des theoretischen Juristen. Was kümmert ihn die Frage, wie
die Voraussetzungen, die er in abstracto aufstellt, in concreto
bewiesen, und woran die haarscharfen Unterschiede, welche
er in den Begriffen aufzudecken versteht, erkannt werden
sollen? Das ist Sache des Praktikers; mag er zusehen, wie
er damit fertig wird, für den Theoretiker handelt es sich nur
darum, sich die Dinge richtig zu denken. Sein kühner Ge-
dankenflug würde gänzlich gehemmt sein, es würde ihm ein
Bleigewicht an seine Ferse geheftet werden, wenn er Rede
und Antwort stehen sollte, wie seine Gedanken bei der Rechtsanwendung in Wirklichkeit umgesetzt werden sollen.[1]

Aber in der Wirklichkeit geht es mit der Sache leider nicht
so leicht, das schönste Recht kann an einer armseligen Voraussetzung, die der Theoretiker kaum der Beachtung wert hält,
scheitern. Fünfhundert As sind für jemanden, der sie sich
bloß zu denken braucht, eine Kleinigkeit; aber für denjenigen, der sie erlegen soll, unter Umständen eine unaufbring-
liche Summe. Ein bewundernswertes Probestück dieser Fertigkeit des Theoretikers, sich mittels bloßen Denkens mit den
realen Dingen abzufinden, hat einer unserer gelehrtesten Rechtshistoriker — man darf ihn wohl, ohne jemandem zu nahe

---

1) Jch komme darauf im letzten Abschnitt der Schrift zurück.

zu treten, den gelehrtesten von allen lebenden nennen — geliefert, ich meine Huschke.[1]) Er ist harmlos genug zu meinen: die Deposition des sacramentum sei in Rom gesetzlich gar nicht einmal vorgeschrieben gewesen, sondern die Parteien hätten die Summe freiwillig deponiert, „um damit ihre Zuversicht auf die Gerechtigkeit ihres sacramentum auszudrücken". In dem Rom, wie er sich es denkt, hatte jeder, auch der arme Teufel, stets 500 As vorrätig, um sie, selbst wo das Gesetz dies nicht von ihm verlangte, deponieren zu können. Daß er durch die Deposition sich der Zinsen beraubte, die er sonst hätte gewinnen können, kam bei der bekannten Gleichgültigkeit der alten Römer gegen Gelderwerb nicht in Betracht. Was lag einem solchen alten Römer, dem es nur darauf ankam, „die Gerechtigkeit seiner Sache zu dokumentieren", an den Zinsen? Eine reine Bagatelle, ganz so wie das Kapital. Dasselbe zu h a b e n war für den alten Römer à la Huschke eben so leicht, wie für seinen Schöpfer es sich in dessen Händen zu denken!

Für diejenigen meiner Leser, welche den Namen dieses Gelehrten nicht kennen sollten, füge ich die Notiz hinzu, daß er es ist, der die Zoologie durch sein bloßes Denken mit dem Bovigus bereichert hat. Es war dies ein Tier, das später verloren gegangen ist, und von dem sich auch keine fossilen Überreste mehr erhalten haben, das aber nichtsdestoweniger aus Vernunftgründen existiert haben muß. In seiner ‚Verfassung des Servius Tullius" (Heidelberg 1838) gelangt Huschke zu der Überzeugung, daß den fünf Censusklassen fünf zu den res mancipi gehörige Tiere entsprochen haben müssen, so daß jede das ihrige hatte, wie jeder der vier Evangelisten das seinige. Allerdings kennen die Römer nur vier, was aber Huschke nicht geniert, indem er dem Mangel durch Er-

---

[1]) **Die** multa **und** das sacramentum. Leipzig, 1874, S. 441.

findung des fehlenden fünften abhilft, das er, nachdem er dessen logische Notwendigkeit begründet hat, auf S. 252 in den Kreis der realen Geschöpfe einführt, und von dem er eine anschauliche Schilderung entwirft. Dasselbe stützt den logisch zwingenden Grund seines Daseins darauf, daß „beim Ackern der Mensch neben dem Stiere hergehen, ihn antreiben und den Pflug regieren muß, daß aber diese Bewegung eines Körperlichen dem Menschen seiner universellen Natur nach völlig abgenommen werden muß", weil sonst „die Schöpfung, wie sie aus Gottes Hand hervorging, unvollkommen geblieben sein würde" — wobei er sich leider auf die Frage nicht einläßt, ob nicht auch die Mühe des Holzhackens, Brodbackens, Stiefelwichsens u. s. w. dem Menschen wegen seiner universellen Natur, und weil sonst die Schöpfung unvollkommen geblieben sein würde, ursprünglich durch besondere Tiere abgenommen worden ist. Der Städter durfte dieselbe Erleichterung durch ein besonderes Tier beanspruchen, welche dem Landmann zuteil ward, und wenn der Plan der Schöpfung vollständig verwirklicht worden ist, so muß es eine schöne Kollektion interessanter Haustiere gegeben haben, welche „dem Menschen die Bewegung eines Körperlichen völlig abnahmen". Mit demselben Recht, mit dem der Bauer ein besonderes Tier verlangen konnte, durfte es auch der Holzhacker, Bäcker, Schuster. Wie es aber darum auch sei, jedenfalls war der Bauer so glücklich, ein solches Tier zu erhalten, „welches dem Menschen jene drei körperlichen Bewegungen (das Gehen neben dem Stier — das Antreiben desselben — das Regieren des Pfluges) abnahm und ihm bloß die geistige Lenkung des Aktes überließ". Dasselbe trieb den Stier, „was vermutlich durch Rüssel und Stoßzähne geschah" .... „das Halten des Pfluges wurde ohne Zweifel durch einen starken Schwanz bewirkt", während der Mensch auf dem dazu „geschmeidig" eingerichteten Rücken saß. Im

Nachtrage (S. 716) berichtigt er seine Idee, daß „nach der voll-
kommenen Schöpfung der Bovigus mit dem Schwanz den
Pflug gehalten habe", dahin, daß er „nach nochmaliger Prüfung dies für irrig halte, vielmehr glaube, daß ein Rüssel
zu diesem Zweck gedient habe", was er mit ganz einleuch-
tenden spekulativen Gründen beweist.

Sie kennen jetzt genug von Huschke, um es nicht ver-
wunderlich zu finden, daß ihm zufolge die Römer, ohne durch
das Gesetz dazu genötigt gewesen zu sein, freiwillig das
sacramentum deponiert haben. Wer an den Bovigus glaubt,
dem wird dies zu glauben wahres Kinderspiel sein! Aber
wer nicht über dieses Maß der Glaubenskraft gebietet, wird
nicht umhin können, seine gewichtigen Zweifel zu äußern.
Ein alter Römer sollte, wo er es nicht not hatte, Geld aus
den Händen gegeben haben? Das hätte selbst der Reichste
nicht getan, schon der Zinsen wegen, die er auf diese Weise
eingebüßt hätte, denn beim Tempel lag das Geld zinslos.
Aber was sind Huschke die Zinsen, welche die Parteien zweck-
loserweise einbüßen würden? — — — „was ist ihm Hekuba"?
Und dasjenige, was selbst der Reichste in Rom nicht getan
haben würde, sollen wir sogar beim Armen für möglich
halten! Aber freilich von der Wolkenregion aus, von der
Huschke die römische Welt betrachtet, ist der Unterschied
zwischen reich und arm gar nicht mehr wahrzunehmen, er
ist vollständig überwunden, alles Irdische, was den Dingen
anklebt, ist in diesen Regionen abgetan, es existieren hier nur
noch die Rechtsbegriffe, die verklärten Wesen, welche das
juristische Jenseits bewohnen und sich hier im reinen Äther
baden. Begnadet der Geist, der im seligen Anschauen von
ihnen sich der Sorgen des Diesseits entschlägt und im juristischen Himmel [1]) mit ihnen wohnt — wenn er nur nicht aus

---

1) Ich werde den theoretisch-juristischen Himmel in der dritten Abteilung des Werkes schildern.

der Rolle fallen und sich auf die Erde verlieren und über
praktische Dinge reden wollte!

Um Huschke gerecht zu werden, muß ich übrigens hinzufügen, daß er noch einen zweiten Grund namhaft macht, der
nicht minder originell ist, als die Ansicht, für die er aufgeboten wird. Er hat die Entdeckung gemacht, daß die Parteien
durch Anhängigmachung des Sakramentsprozesses sich den
Göttern weihten und sich dadurch in den Zustand eines homo
sacer versetzten (a. a. O. S. 367). Von diesem Zustand
hätten sie sich für den Fall des Unterliegens durch vorherige
Deposition des sacramentum sofort befreien wollen. Das war
ihnen allerdings allen Ernstes auch zu raten! Denn der
homo sacer, das heißt der ruchlose Bösewicht, dessen Misse-
tat zum Himmel schrie und durch keine Strafe zu tilgen war,
konnte von jedem totgeschlagen werden[1]).

Ein Seitenstück zu diesem homo sacer des Civilprozesses ist die altrömische Schwiegertochter, welche es sich
hat beikommen lassen, mit ihrer Schwiegermutter zu hadern.
Dafür wird sie nach der Entdeckung eines anderen neueren
Gelehrten[2]) ebenfalls vogelfrei (sacra) — jeder kann sie
totschlagen, die Schwiegermutter selber brauchte sich also

---

1) Ausdrücklich von Dionysius II, 10 bezeugt. Das Nähere in
meinem Geist des römischen Rechtes, I. S. 279—287 (Aufl. 4).

2) Moritz Voigt: Über die leges regiae (aus dem VII. Bande
der Abh. der philol.-histor. Klasse der königl. sächs. Gesellschaft der
Wissenschaften, Nr. VI), Leipz. 1876, Nr. I, S. 41—45. Festus hat
unter plorare folgende lückenhafte Stelle aufbewahrt: si nurus . . . .
sacra divis parentum estod. Diese Lücke füllt nun Voigt in überraschen-
der Weise dadurch aus, daß er das von Festus (Paulus Diaconus) uns
aufbewahrte und erklärte Wort: Obambulare aufgreift und demnach
restituiert: si nurus Socrui obambulassit. Da Festus dies Wort erklärt
als: adversum alios ambulare et quasi ambulanti se opponere, das heißt
jemanden begegnen, so würde, wenn Voigt mit seiner Restitution
das Richtige getroffen hätte, jede Schwiegertochter in Rom der Acht

am wenigſten zu genieren. Es erfaßt einen ein Grauſen, wenn man ſich das Los der armen Frauen in Rom vergegen= wärtigt — ein Zank mit der Schwiegermutter, und ſie waren des Todes. Ich möchte den Engel von Frau ſehen, bei der die richtige Schwiegermutter dies nicht fertig brächte. Im alten Rom aber werden die Schwiegermütter gänzlich anderer Art geweſen ſein als bei uns. — Glückliche Stadt! Darum allein hätte man dort leben mögen, der reichen Barvorräte, die dort auch dem Ärmſten zur Verfügung ſtanden, ganz zu geſchweigen.

Kommen wir von der Schwiegertochter zu unſerem Armen im Prozeß zurück. Ich glaube Ihnen im Bisherigen gezeigt zu haben, wie ſehr demſelben die Beſchreitung des Rechts= weges bei der legis actio sacramento erſchwert worden war, und ich werde Ihnen jetzt in Bezug auf die legis actio per manus injectionem dasſelbe nachweiſen.

Der Strafſatz für den unterliegenden Beklagten war bei ihr ein ſo enormer, daß ein Armer es nur bei völlig zwei= felloſer Sache auf den Prozeß ankommen laſſen konnte. Im Sakramentsprozeß riskierte er bei Beträgen bis 1000 As nur den Satz von 50 As, bei jener Prozeßform dagegen war der letztere Satz ſchon bei einem Schuldbetrage von 50 As er= reicht, bei einer Schuld von 500 As erreichte er den höchſten Satz des Sakramentsprozeſſes, von dort an überſtieg er ihn. Dazu geſellte ſich noch ein anderer Umſtand, der die pro= ceſſualiſche Lage des Beklagten gegenüber der des Klägers

---

verfallen ſein, welche ihrer Schwiegermutter begegnet wäre, der An= blick derſelben wäre für ſie gleichbedeutend geweſen mit dem der Gorge oder Meduſa, und einer Schwiegertochter in Rom, die ihr Leben geliebt hätte, wäre nichts mehr zu raten geweſen, als der Schwiegermutter um jeden Preis auszuweichen, was allerdings in weiſer Vorſicht, wenn ſchon aus minder zwingenden Gründen, auch bei uns manche Schwie= gertöchter zu tun pflegen.

in diesem Prozeß noch außerordentlich viel ungünstiger ge-
staltete als im Sakramentsprozeß. In letzterem Prozeß riskierte der Kläger ebensoviel wie der Beklagte, in diesem nichts.
Unterlag der Gläubiger, so ward er einfach abgewiesen,
während der Grundsatz der Gleichheit erfordert hätte, daß
er zur Strafe dem Beklagten den unrechtmäßigerweise in Anspruch genommenen Schuldbetrag ganz ebenso hätte entrichten
müssen, wie dieser oder sein Vindex ihm, wenn sie unterlagen.
Daß der Gläubiger bei der legis actio per manus injectionem
nichts riskierte, wird uns zwar nicht ausdrücklich berichtet,
allein es ergibt sich, ganz abgesehen von dem Schluß, den man
an das Schweigen unserer Quellen über diesen Punkt knüpfen
darf, zur Evidenz daraus, daß der Gläubiger, da er in dem
Verfahren gegen den Vindex als Kläger dessen Verurteilung beantragte, nach Grundsätzen des römischen Prozesses nicht selber verurteilt werden konnte, wie denn auch
in den Fällen des späteren Prozesses, in denen der Beklagte
zur Strafe des Leugnens auf das Doppelte verurteilt wurde
(ubi lis inficiando crescit in duplum), und die nur die mo-
dernisierte Form der alten manus injectio enthalten, eine solche
Verurteilung nicht eintrat. Die Lage der beiden Parteien
war also damit in schnöder Mißachtung aller Grundsätze der
processualischen Gerechtigkeit höchst ungleich gestaltet, dem
Angriff ein enormes Übergewicht über die Verteidigung ver-
liehen. Praktisch war dasselbe gleichbedeutend mit dem
Übergewicht des Kapitalisten über den Bedürftigen; dem
Kapitalisten waren die Wege des Rechtes geebnet, dem armen
Mann in äußerster Weise erschwert. Eine zweifelhafte oder
gänzlich unbegründete Forderung in Form der manus injectio
geltend zu machen, schloß für den reichen Gläubiger nicht
die geringsten Gefahren in sich; sie zu bestreiten, für den
armen Mann die größten. Bei der legis actio per manus
injectionem erreichte die Ungunst, mit der das Recht den

Armen behandelte, ihren höchsten Grad. Im Sakramentsprozeß handelte es sich in erster Linie um Eigentum, Erbrecht, Familie, Freiheit, für diese Verhältnisse beobachtete
man noch ein gewisses Maß; ließ man doch für den Frei-
heitsprozeß sogar stets den niederen Satz von 50 As eintreten, selbst wenn der angebliche Sklave oder Freie einen
noch so hohen Wert hatte (Gaj. IV, 14). Bei der manus
injectio hingegen, welche die Interessen des römischen Kapitalisten zum Gegenstande hatte, hörte jede Schonung auf.
Hier tritt uns der römische Wucherer entgegen, jener Vampyr
der römischen Gesellschaft, über dessen Schonungslosigkeit und
Unersättlichkeit uns die Berichte aus jener Zeit so viel zu
erzählen wissen; er war es, der sich die manus injectio mit
der Strafe des Doppelten auf seinen Leib zugeschnitten und
aus ihr eine jener Schlingen gedreht hatte, die er seinem unglücklichen Opfer über den Nacken warf.

Nur in einem Punkt scheint die Lage des Armen bei
dieser legis actio vorteilhafter gestaltet gewesen zu sein als
bei dem Sakramentsprozeß, — er bedurfte keiner baren Geld-
mittel, um zu prozessieren. Allein das ist nur Schein. Ein
Subalternbeamter hatte unter seinen dienstlichen Auslagen
auch einen Hut mit in Rechnung gestellt, den er bei Einführung des neuen Chefs sich angeschafft hatte. Letzterer strich
ihm denselben von der Rechnung, das nächste Jahr erschien
der Hut wieder, der Chef strich ihn abermals und bedeutete
ihm allen Ernstes, daß der Hut fortan nicht mehr in Rechnung gestellt werden dürfe. Auf der nächsten Rechnung fehlte
er. „Jetzt ist die Sache in Ordnung, der Hut ist endlich
weggelassen," bemerkte der Chef. Antwort: „O, der Hut
steckt schon darin, aber Excellenz sehen ihn nur nicht." So
steckte auch das bare Geld in der legis actio per manus
injectionem, es ward nur nicht äußerlich sichtbar. Folgen
wir dem Schuldner bei seinen Bemühungen, einen Vindex

aufzutreiben — — — der Hut wird schon zum Vorschein kommen!

Da der Vindex im Fall des Unterliegens selber zu haften hatte, so ließ er sich natürlich von seinem Klienten Sicherheit bestellen. Bei einem Reichen genügte das bloße Versprechen, bei dem armen Patricier beschafften die Verwandten oder die Gens in derselben Weise den Vindex. Aber was machte der arme Plebejer? Er klopft an diese, er klopft an jene Tür, mutmaßlich an die von Leuten, welche im Ruf der Rechtskenntnis stehen, aber überall wird ihm dieselbe Antwort: „Ohne Vorlage kann ich Deinen Prozeß nicht übernehmen, denn wenn ich unterliege, so habe ich selber den Schuldbetrag zu zahlen; weil ich die Forderung des Gläubigers bestritten habe, — beschaffe die Vorlage."

Aber meine Sache ist völlig zweifellos, Du läufst nicht die geringste Gefahr.

„Das sagt ein jeder. Es ist möglich, daß Du eine gute Sache hast, aber wer kann den Ausgang voraussehen? Vor Gericht ist kein Ding unmöglich — wir haben Beispiele davon."

So will ich Dir Bürgen stellen.

„Darauf kann ich mich nicht einlassen. Soll ich für den Dienst, den ich Dir erweise, hinterher noch zusehen, wie ich mein ausgelegtes Geld wieder bekomme? Du begreifst, daß das nicht angeht. Aber wenn Du Freunde hast, welche sich für Dich verbürgen wollen, warum schießen sie Dir das Geld nicht vor?"

Sie haben selber keins.

„Eben darum nehme ich sie nicht als Bürgen an."

Das Resultat ist also ganz dasselbe wie oben beim Sakramentsprozeß, bei dem der Arme die 500 As nicht auftreiben konnte: **ohne bar Geld kein Prozeß.** Der oberste Grundsatz des Legisaktionenprozesses: nulla actio sine lege fand bei den Klagen sein Gegenstück an dem: nulla actio sine aere.

Sie werden sich überzeugt haben, daß die obige Antwort des Subalternbeamten: „Der Hut steckt schon darin, Excellenz sehen ihn nur nicht" — auch hier zutrifft.

So wiederholte sich also auch bei dieser Prozeßform für den Armen das Erfordernis der vorherigen Deposition des Streitbetrages, nur mit dem für die Partei völlig gleichgültigen Unterschied, daß die Deposition im Sakramentsprozeß bei den Pontifices, hier dagegen beim Vindex erfolgte.

Von welchem Einfluß dieses Erfordernis praktisch gewesen sein wird, brauche ich Ihnen nicht auseinanderzusetzen. Wo bar Geld nötig ist, um einen Zweck zu erreichen, ist derjenige, der es nicht hat oder nicht auftreiben kann, ausgeschlossen, und dafür macht auch der Umstand, daß er es nur vorüber-gehend entrichten, nur deponieren soll und es demnächst zurückerhält, keinen Unterschied. Denken wir uns, daß beim Besuche einer der Privat-Gemäldegalerien oder -Gärten in Ihrem Wien, welche die Liberalität ihrer vornehmen Besitzer dem Publikum öffnet, ein Entree von 100 Gulden oder mehr erlegt werden müßte, das beim Verlassen derselben zurück-gezahlt würde, so würde die unausbleibliche Folge dieser Einrichtung darin bestehen, daß eine Menge von Leuten, welche man jetzt an diesen Orten zu erblicken gewohnt ist, auf den Besuch derselben würden verzichten müssen, die armen Leute und die meisten Kinderwärterinnen würden fortan ver-schwinden, und niemand würde wohl darüber im Zweifel sein, daß, wenn eine derartige Einrichtung getroffen würde, etwa unter dem Vorwande der Sicherstellung im Fall einer Beschädigung, der wahre Sinn nur darin gefunden werden könnte: den Armen soll der Zutritt verschlossen sein. Anstatt dies unverhüllt auszusprechen, setzt man ein Entree fest, das die Armen nicht erlegen können, das genügt, um sie fernzu-

halten, ebenso wie der hohe Satz für die erste Klasse der
Eisenbahn oder die hohen Preise eines vornehmen Gasthofes.
So haben auch die Römer wohl gewußt, was es bedeutete,
den Besitz von barem Gelde zur Bedingung der Prozeß-
führung zu machen, — für den Reichen war dies kein Hindernis, für den Armen lag darin eine große Erschwerung. Und darauf, behaupte ich, war es abgesehen, der
Zweck der ganzen Einrichtung ging dahin, im Rechtsstreit dem Reichen ein Übergewicht über den Armen zu
geben.

Ob ich nicht zu schwarz sehe, fragen Sie mich? Lehren
Sie mich die alten Römer kennen! Ich verkehre jetzt vierzig
Jahre geistig in ihrer Gesellschaft, ich glaube ihre Sinnesart
zu kennen. Die ganze alte Zeit hallt wider von den Klagen
der Plebejer über die Bedrückungen durch die Patricier und
über die Willkür der patricischen Magistrate. Die Unerträg-
lichkeit des Druckes steigerte sich im Anfang der Republik,
nachdem mit den Königen die natürlichen Schutzherren der
Plebs hinweggefallen waren, bis zu einem Grade, daß die
Plebs den verzweifelten Entschluß faßte, Rom zu verlassen
(secessio in montem sacrum), in moderner Sprache ausgedrückt zu streiken — beiläufig gesagt: einer der ältesten historisch beglaubigten Streikfälle. Den Ruhm, das Streiken erfunden zu haben, muß der Mensch den Eseln überlassen,
welche, nach dem Bericht von Herodot, es beim Bau von
Babylon in Scene setzten, indem sie bei einer das gewohnte
Maß übersteigenden Belastung ihre Dienste verweigerten
— ein Präcedenzfall, an den man bei den entsprechenden
Vorgängen in der Menschenwelt nicht selten erinnert wird.
Das Mittel wirkte in Rom wie in Babylon, und die Patricier
gaben nach. Aber noch zweimal wiederholte sich derselbe Vorfall; die Klagen über die ökonomische Auspressung der Armen
durch die Reichen und über die Härte des Schuldrechts und

die Parteilichkeit der patricischen Magiſtrate nahmen kein
Ende. Den bequemen Schlupfwinkel, den die Unſicherheit
des ungeſchriebenen Rechtes den patricischen Magiſtraten gewährt hatte, ſollte die Kodifikation der XII Tafeln ihnen
verſchließen, [1]) aber es verblieb ihnen noch Raum genug, um
ihr altes Spiel fortzuſetzen. Die dominierende Stellung, welche
das Pontifikalkollegium in Bezug auf den Beſitz der Rechts-
kunde behauptet hatte: ihr Monopol der officiellen Rechtskenntnis, der drückende juriſtiſche Zunftzwang, den ſie dadurch
über das Volk ausübten, erhielt ſich dann noch über ein
Jahrhundert hinaus. Nicht minder verblieb auch die Rechtspflege noch geraume Zeit im ausſchließlichen Beſitz der Patricier, und welch willkürlichen Gebrauch ſie trotz des Zwölf-
tafelgeſetzes von derſelben machten, davon liefert der flagrante
Willkürakt des Decemvirn Appius Claudius in dem bekannten
Prozeß der Virginia ein abſchreckendes Beiſpiel.

Wenn ich alle dieſe und noch manche andere Züge, die
ich hier übergehe, um mich nicht zu weit von meinem Thema
zu verlieren, zu e i n e r Vorſtellung zuſammenfaſſe, ſo ergibt
ſich mir daraus ein Bild der alten Zeit, welches mir über
die wahre Beſtimmung und die Abſichtlichkeit der proceſſualiſchen Einrichtungen, die ich oben geſchildert habe, keinen
Zweifel übrig läßt. Wer bei einem notoriſchen Wilderer
eine Flinte findet, wird nicht erſt fragen, wozu ſie ihm dient,
— für Sperlinge und zum Scheibenſchießen hat er ſie nicht!
Den ökonomiſchen Wilderer im alten Rom habe ich zur Genüge kennen lernen, — die Beſtimmung der Flinte, die ich bei
ihm antreffe, kenne ich damit auch.

Mit dieſem Gleichnis habe ich den Stand der Frage,

---

1) l. 2 § 3, de O. J. (l. 2) .... incerto jure § 4. Postea n e
diutius id fieret, placuit publica autoritate decemviros constitui. S.
darüber meinen Geiſt des römiſchen Rechts II, 1 § 25.

die mich hier beschäftigt, wiedergegeben. Kein Zeugnis der Quellen gewährt mir einen direkten Anhaltspunkt für meine Behauptung, daß der altrömische Prozeß darauf berechnet gewesen ist, dem Reichen ein ungebührliches Übergewicht über den Armen zu geben. Aber wie im Prozeß der Indicienbeweis den direkten Beweis ersetzt, so auch in der Geschichte, — ein solcher Fall des historischen Indicienbeweises liegt hier vor.

Bisher habe ich nur zwei der fünf Legisaktionen behandelt, welche Gajus uns nennt. Wie verhielt es sich mit den drei anderen? Vielleicht machen sie alles zunichte, was ich bisher entwickelt habe.

Ich scheide von der Betrachtung zunächst die legis actio per condictionem aus, um sie an späterer Stelle zu behandeln, es verbleiben mir demnach nur die legis actio per pignoris capionem und per judicis postulationem.

Über die letztere wissen wir aus Gajus nichts, die Handschrift hat hier eine Lücke. So erübrigt uns also nichts als die Vermutung, — ein reizendes Feld für den Scharfsinn und das Divinationsvermögen des Rechtshistorikers! Liegt Ihnen daran, meine Ansicht zu vernehmen, so teile ich Ihnen mit, daß diese Prozeßform für solche Fälle bestimmt war, wo es sich nicht um Sein oder Nichtsein eines Anspruchs handelte, über den der Richter mit bloßem Ja und Nein erkennen konnte, sondern um solche Fälle, wo der Richter, das Dasein des Anspruchs vorausgesetzt, den Betrag desselben oder die specielle Gestalt, in welcher derselbe zur Verwirklichung gelangen sollte, selber festzustellen hatte. Zwei Miterben wünschen richterliche Teilung (judicium familiae erciscundae), zwei Miteigentümer Teilung des Eigentums (judicium communi dividundo), zwei Nachbarn Feststellung der Grenzen (judicium finium regundorum). Sollen sie den Prozeß in die Form des Sakramentsprozesses bringen? Das hieße: den

Unterliegenden trifft die Strafe von 50 oder 500 As. Allein keine von den Parteien unterliegt, keine von beiden stellt eine Behauptung auf, der die andere einen Widerspruch entgegensetzt, beide richten nur ein Begehren an den Richter und zwar ganz dasselbe: Teile. Wie also ließe es sich rechtfertigen, daß die eine von ihnen oder richtiger beide durch den Verlust des Sakraments bestraft werden sollten? Daß die prozessualischen Nachteile, welche wir bisher haben kennen lernen, in Wirklichkeit Strafen waren und als solche beabsichtigt waren, haben wir gezeigt. Hier bedurfte es mithin einer anderen Prozeßform als des Sakramentsprozesses, und diese Prozeßform kann nur die legis actio per judicis arbitrive postulationem[1]) gewesen sein. Noch in späterer Zeit tragen diese Teilungsklagen vorzugsweise den Namen judicia und arbitria an sich, sie haben darin die Remini- scenz des alten Namens der Klage bewahrt. Den judex oder arbiter im Sinne dieser legis actio würden wir demnach als einen Richter bezeichnen dürfen, an dessen Spruch sich für die Partei keine Strafe knüpfte — er kostete kein Geld!

Ein anderer Fall des ältesten Rechts, in dem zweifellos nur diese Klagform zur Anwendung gelangt sein kann, bietet uns das membrum ruptum der XII Tafeln. Das Gesetz ver- fügte: „ni cum eo pacit, talio esto". Die Form, in welcher der Kläger seinen Anspruch vor Gericht brachte, kann un- möglich die legis actio sacramento gewesen sein, da es hier bei der nicht vermögensrechtlichen Natur desselben an jedem Anhaltspunkt für die Bemessung des sacramentum gefehlt

---

1) Bei Gaj. IV, 12: trägt sie bloß den Namen: per judicis postu- lationem, mit Rücksicht auf die Formel bei Valerius Probus § 4: ju- dicem arbitrumve postulo uti des gibt man ihr den Namen per judicis arbitrive postulationem. Daß sie auch für die obigen und die sonstigen dem alten Recht bekannten arbitria bestimmt war, ist kaum zu bezweifeln.

haben würde. Auch als die Praxis an Stelle der Talion eine vom Richter zuzuerkennende Geldstrafe setzte[1], konnte man die für den Anspruch bis dahin üblich gewesene Klagform unmöglich mit der legis actio sacramento vertauschen, da die Parteien auf erstere ein gesetzliches Recht hatten. Ich vermute, daß dieselbe Klagform auch in Bezug auf die Diebstahlsstrafe, welche im alten Recht beim furtum manifestum in Verlust der Freiheit, beim furtum nec manifestum im Doppelten des Sachwertes bestand, zur Anwendung gekommen ist, und ich erblicke einen Beleg dafür in der eigentümlichen Fassung der intentio der actio furti im Formularprozeß, welche nicht auf dare oportere ging, wobei der Betrag hätte angegeben werden müssen, sondern unbestimmt auf: damnum pro fure decidere oportere lautete, womit die Namhaftmachung des Betrages, wie sie zum Zwecke der Feststellung der Sakramentssumme nötig gewesen wäre, principiell umgangen war.

Daß das Anwendungsgebiet dieser legis actio hiermit nicht erschöpft war, betrachte ich als unzweifelhaft. Die XII Tafeln erwähnen eine Reihe von Ansprüchen, bei denen der Gedanke an die legis actio sacramento sich von vornherein ausschließt, z. B. die actio pluviae arcendae, de glande legenda, de arboribus caedendis, damni infecti, act. noxalis, de pauperie, und bei denen, da auch die legis actio per pignoris capionem und per manus injectionem für sie undenkbar war, nur die per judicis postulationem erübrigte. In den Restitutionsversuchen der XII Tafeln finden sich alle diese Fälle in Tafel VII, woran sich in Tafel VIII die Delikte schließen. Möglich, daß beide Tafeln das Anwendungsgebiet der legis

1) Gellius XX, I, § 38: Nam si reus, qui depecisci noluerat, judici talionem imperanti non parebat, aestimata lite judex hominem pecuniae damnabat atque ita . . . severitas legis ad pecuniae multam redibat.

actio per judicis postulationem zum Gegenstand hatten, und
daß auch die „tres arbitri" im Sinne der XII Tafeln (welcher
von dem der arbitria des späteren Rechts wesentlich verschieden ist) unter den Begriff des judex oder arbiter der judicis
postulatio fielen, wofür die obige Formel des Valerius Probus einen längst benutzten Anhaltspunkt gewährt. In den
Pandekten finden sich die Teilungsklagen (Buch X) mit gewissen Deliktsklagen (Buch IX, XI) zusammengestellt, und
daran hat schon vor Jahren Heffter[1]) den scharfsinnigen
Schluß ihrer ursprünglichen processualischen Zusammengehörig-
keit geknüpft. Unterstützt wird dieser Schluß dadurch, daß,
wie bereits von anderen bemerkt ist[2]), in den Pandekten die
Hauptanwendungsfälle der alten legis actio sacramento (Erb-
schaftsklagen Buch V, Eigentumsklagen Buch VI, Servitut-
klagen Buch VII, VIII) diesen vermutlichen Fällen der judicis
postulatio (Buch IX—XI) vorangehen, und daß ihnen in
Buch XII und XIII die Kondiktionen, das heißt die Fälle der
jüngsten legis actio: der per condictionem folgen.

Ich gelange zu dem Resultat: Die legis actio per judicis postulationem hatte ihr eigentümliches, bestimmt ab-
gegrenztes Anwendungsgebiet, und es hing nicht etwa von
den Parteien ab, in Fällen, in denen die legis actio sacramento am Platz war, statt dieser jene Klagform zu wählen.
Damit hätten sie, ganz abgesehen von dem oben (S. 183)
geltend gemachten legislativ-politischen Gesichtspunkt der
Prozeßstrafen, den geistlichen Fonds um seine Einnahmen aus
den Sakramenten bringen können, und es braucht wohl nicht
erst bemerkt zu werden, daß die Pontifices das nicht gelitten
haben würden.

---

1) Rhein. Museum I, S. 54 und 55.
2) Leist: Versuch einer Geschichte der römischen Rechtssysteme.
Rostock und Schwerin 1850, S. 36 und 37.

Den bisher entwickelten Vorzug der processualischen Straflosigkeit teilte die legis actio per judicis postulationem mit der per pignoris capionem. Für gewisse Ansprüche stand dem Berechtigten das Recht der eigenmächtigen Pfändung zu. Bestritt der Gegner das Dasein des Anspruchs, so kam es zu einem eigentümlichen Verfahren, das den Namen der legis actio per pignoris capionem an sich trug, bei dem der Pfandnehmer als Kläger auftreten und seinen Anspruch zu begründen und um Verurteilung des Beklagten zu bitten hatte[1]). Auch hier traf keine der beiden Parteien im Fall des Unterliegens eine Prozeßstrafe. Aber diese Begünstigung — und das ist höchst charakteristisch — war beschränkt auf Ansprüche nicht privatrechtlichen, sondern militärischen, religiösen, publicistischen Charakters[2]). Nur in Fällen, wo mittelbar das Interesse der Religion oder des Staates auf dem Spiel steht, läßt man von der Strenge ab; die gewöhnlichen Privatforderungen genießen diese Bevorzugung nicht. Diese Verschiedenheit der Behandlung beider Arten von Forderungen zeigt uns das Tendenziöse der ganzen Prozeßstrafen. Der Privatperson wird die Beschreitung des Rechtsweges

---

1) Über diese Ansicht von mir siehe meinen Geist des römischen Rechts I, S. 158—162 (Aufl. 4). Der Akt der Pfändung war keine legis actio d. i. kein Prozeßakt; löste der Gepfändete die Sache ein, so kam es zu gar keiner legis actio.

2) Die Fälle bei Gaj. IV, 27—28. Beispielsweise hebe ich hervor den Anspruch des Soldaten auf den Sold (aes militare), die Fourage (aes hordearium), die Geldsumme zur Anschaffung des Pferdes (aes equestre), wofür ihm eine Anweisung auf dienstunfähige Personen: Witwen und Pupillen, gegeben ward, welche auf diese Weise den Vorzug, selber vom Kriegsdienst befreit zu sein, auszugleichen hatten; sodann den Anspruch des Publikanen auf den Zoll. Jene Heranziehung der dienstunfähigen Personen zu den Kriegslasten war ein ganz gesunder social-politischer Gedanke der Römer, dessen Nachahmung bei uns bereits versucht ist, aber leider keinen Erfolg gehabt hat.

erſchwert, für einen Anſpruch, an deſſen Verwirklichung
Religion und Staat ein Intereſſe haben, werden die Wege
geebnet.

Ich bin mit der Schilderung des alten Prozeſſes fertig,
und Sie mögen jetzt entſcheiden, ob man ſich des Verdachts
erwehren kann, daß derſelbe abſichtlich darauf berechnet war,
den ärmeren Ständen die Rechtsverfolgung zu erſchweren.
Ich meinerſeits kann mich von dieſer Überzeugung nicht los-
machen. Mir iſt es zur zweiten Natur geworden, überall im
altrömiſchen Recht Abſicht, Berechnung, Verſchlagenheit, Tücke,
Hinterhalte, Schlingen zu wittern. Der fromme Glaube, mit
dem ich einſt an das römiſche Recht herantrat und die Dinge
einfach ſo entgegen nahm, wie ſie mir entgegen traten, iſt mir
im Lauf der Zeit gänzlich abhanden gekommen, ich frage
bei allen Sätzen ſtets: was ſteckt dahinter? und regelmäßig
habe ich gefunden, daß etwas ganz anderes dahinter ſteckt,
als man auf den erſten Blick erwarten ſollte. Ich trage mich
mit dem Gedanken, Ihnen einmal einen Artikel zu ſchreiben
über die Tücke des altrömiſchen Rechts, Sie werden
dann Gelegenheit haben, ſich ſchlüſſig darüber zu werden, ob
ich mit meiner argwöhniſchen Auffaſſungsweiſe ſo ſehr im
Unrecht bin. Für die gegenwärtige Frage kann ich leider auf
dieſen Artikel noch nicht Bezug nehmen, und ich muß es mir
gefallen laſſen, einem Unglauben zu begegnen, den ich zur
Zeit nicht entwaffnen kann. Aber zwei Einwürfe, auf die ich
gefaßt ſein muß, möchte ich doch nicht gern beſtehen laſſen.

Der erſte Einwand lautet: Auch anderwärts wiederholt
ſich die Koſtſpieligkeit der Prozeſſe, wo doch das Motiv, auf
das ich ſie im alten Rom zurückführe, ſchlechterdings nicht
anzunehmen iſt, ſo z. B. in England. Die Höhe der engliſchen Prozeßkoſten überſteigt alles Gedenkbare. Verwickelte
Rechtsſachen können ein ganzes Vermögen verſchlingen, und
weſſen Börſe nicht mit Pfunden Sterling bis zum Überlaufen

gespickt ist, mag sich eher jeden andern Luxus erlauben, als
einen Prozeß, — der Prozeß ist in England nur ein Luxus-
artikel für Reiche! In welch drückender Weise dadurch die
Rechtshilfe in England erschwert ist, zeigt eine Einrichtung,
für die es uns auf dem Kontinent an jedem Seitenstück fehlt,
und die auf die englischen Rechtszustände ein grelles Schlag-
licht wirft: die Vereine zur processualischen Unterstützung
mitteloser Fremden. Nun wird aber niemand behaupten,
daß die Kostspieligkeit des englischen Prozesses darauf berechnet ist, den ärmeren Ständen die Rechtshilfe zu erschwe-
ren. Wie rechtfertigt sich denn diese Behauptung für den
altrömischen Prozeß? Der Einwand wäre ein schlagender,
wenn ich an die bloße Tatsächlichkeit der Kostspieligkeit
des altrömischen Prozesses den obigen Schluß geknüpft hätte.
Allein es ist nicht die Kostspieligkeit allein, die ich ins Treffen
führe, sondern der eigentümliche Boden des alten Rom, auf
dem ich sie vorfinde, der geschichtliche Hintergrund, die Um-
gebung, die mich bestimmt, ihr diesen Sinn unterzulegen;
meine Ansicht hat zu ihrem historischen Fundament die von
den Römern selber bezeugte planmäßige ökonomische Aus-
beutung der ärmeren Klasse durch die reichere.

Der zweite Einwand, den man mir entgegensetzen
kann, lautet: Die legis actio sacramento war uralt und ist
ursprünglich gewiß nicht eingeführt worden in böslicher Absicht. Sicherlich nicht! Aber damit ist keineswegs ausgeschlossen,
daß nicht die Fixierung des Satzes des sacramentum in den
XII Tafeln oder in früheren Gesetzen auf böslicher Absicht
beruht habe. So gut wie man 50 und 500 As, konnte man
auch 10 und 50 nehmen. Wenn auch, wie ich selber an
anderer Stelle[1]) auszuführen versucht habe, die Grundlage
jener Klage religiöser Art war, was hatte die Religion mit

---

1) Geist des römischen Rechts I, S. 302 ff.

der Summe zu schaffen? Und warum die vorherige Deposition? Warum ferner der Vindex bei der legis actio per
manus injectionem, warum dabei die enorme Strafe des
Doppelten?

Doch die Frage: ob die Kostspieligkeit des altrömischen
Prozesses auf den von mir angenommenen Zweck der Erschwerung der Rechtshilfe für die ärmeren Klassen berechnet
war, mag eine offene bleiben, — um so entschiedener aber
halte ich daran fest, daß sie dieselbe zur Folge hatte.

Machen wir uns klar, was das bedeutet. Fassen wir
die Wirkungen ins Auge, welche die geschilderten Prozeßeinrichtungen für die römische Gesellschaft nach sich ziehen
mußten. Wir wenden dabei unseren Blick nicht dem einzelnen Individuum zu, sondern wir fassen die Massenwirkung
ins Auge, den Erfolg des altrömischen Prozesses in Bezug
auf die tatsächliche Gestaltung des Eigentumssystems im
Leben, seinen Einfluß auf die Güterverteilung, kurz wir beurteilen den altrömischen Prozeß unter dem socialökono-
mischen Gesichtspunkt.

Am Roulette muß, wenn das Spiel lange genug fortgesetzt wird, der Bankhalter mit Notwendigkeit den Spieler
(ich meine nicht den einzelnen, sondern den Spieler in abstracto, die Summe der sämtlichen, die sich mit ihm einlassen) ausplündern, da die Einrichtung des Spiels einmal so
getroffen ist, daß der Bankhalter eine Chance (das Zero)
vor dem Spieler voraus hat, eine Chance, die nach dem
Gesetz der großen Zahlen bei längerem Spiele unabwendlich
den Gewinn auf seine Seite schafft. Der Volkswitz vergleicht
den Prozeß mit einem Glücksspiel, er spricht von einem „Gewinnen und Verlieren" desselben und einem „Verspielen"
der Sache; wir Juristen wissen, daß dieser Vergleich eine
gewisse Berechtigung hat. In einem Lande, wo die Rechtspflege richtig organisiert und der Richterstand moralisch intakt

ist, begründen heutigentags die persönlichen Verhältnisse der Parteien nicht den geringsten Einfluß — keine von ihnen hat eine Chance des Gewinnes voraus — reich und arm, vornehm und gering macht keinen Unterschied, ja der Arme ist vermöge des Armenrechts eher noch im Vorteil. Für zwei Parteien von wesentlich gleichen Vermögensverhält= nissen galt dies auch im alten Rom, der Arme im Prozeß mit dem Armen, der Reiche im Prozeß mit dem Reichen standen sich völlig gleich, keine Partei hatte hier ein Übergewicht über die andere; die Waffen, die leichten in dem einen, die schweren in dem andern Fall, waren gleich gemessen. Aber bei dem Rechtsstreit des Armen mit dem Reichen verhielt es sich anders, hier waren die Chancen ungleich, der Reiche (als Stand aufgefaßt) hatte vor dem Armen (als Stand auf= gefaßt) das Zero des Bankhalters beim Roulette voraus, dasselbe war ihm durch die Prozeßordnung nicht minder ge= sichert, wie letzterem das seinige durch die Spielordnung. Worin es bestand, habe ich Ihnen oben gezeigt. Bei zweifel= haften Fällen konnte der Reiche den Einsatz getrost wagen, der Arme mußte sich vorsehen, für ihn bedeutete der Verlust des sacramentum etwas gänzlich anderes als für jenen. Wir werden also nicht fehlgreifen, wenn wir sagen: von den zweifelhaften Fällen bildete ein ganz erheblicher Prozentsatz das Zero des Reichen.

Zu diesem ersten Hindernis des Spielens vor Gericht gesellte sich als zweites noch das Erfordernis des baren Einsatzes hinzu. An der römischen Spielbank, haben wir gesehen, wird nur um bar gespielt — der Reiche hat den Einsatz in der Tasche, der Arme muß ihn erst mühsam zu= sammenbringen; wenn ihm dies nicht gelingt, so muß er sich den Gedanken zu spielen vergehen lassen —, ein abermaliges Zero des Reichen!

Um das angegebene Resultat herbeizuführen, dazu

bedurfte es nicht der Parteilichkeit der mit der Handhabung der Rechtspflege betrauten patricischen Magistrate oder des Übelwollens der um ihren rechtlichen Rat oder Beistand angegangenen patrizischen Pontifices und Juristen, sowenig es bei dem Roulettespiel zu gleichem Zweck der Unehrlichkeit des Bankhalters bedarf. Die Prozeßmaschinerie war so ein• gerichtet, daß sie auch bei vollkommenster Rechtlichkeit der bei ihr angestellten oder mitwirkenden Personen den angegebenen Erfolg mit Notwendigkeit hervorbringen mußte, — die Un• gerechtigkeit, Unehrlichkeit der Einrichtung ersetzte die der Person. Wo bei sonst gleichen Kräften die Waffen ungleich verteilt sind, muß derjenige Teil, der die schlechteren Waffen führt, notwendigerweise unterliegen, der Gegner geht als Sieger hervor.

Man wird es befremdend finden, daß die Berichte der Römer uns über diese verhängnisvolle Wirksamkeit des alt• römischen Prozesses, die wir mit einer in den Händen der reicheren Klasse befindlichen und gegen die ärmere Klasse gerichteten Pumpe vergleichen können, nichts melden. Wäh• rend sie des Notstandes und Elendes der ärmeren Klassen und ihrer Bedrückung und Ausplünderung durch die reicheren so oft gedenken und es auch nicht an Namhaftmachung der Mittel fehlen lassen, die diesem Zwecke dienten, insbesondere der Höhe des Zinsfußes und der Strenge der alten Personal• Exekution[1]), erwähnen sie den Anteil, den die von mir ge• schilderte Einrichtung des alten Prozesses daran hatte, mit keinem Wort. Ob daraus der Schluß gezogen werden darf, daß er nicht existierte, oder auch nur der mindere, daß er dem Volk nicht zum Bewußtsein gekommen ist, mag jeder

---

1) Über die mancherlei Einrichtungen, welche die ärmere Klasse bedrückten, und zu denen auch sie gehörten, siehe meinen Geist des römischen Rechts II, § 34.

nach dem bisher Ausgeführten sich selber sagen, ich meinerseits bin der festen Überzeugung, daß das Übel in Rom
nicht bloß von denen, die es empfanden, vollkommen richtig
erkannt worden ist, sondern daß dasselbe geraume Zeit hindurch einen der Beschwerdepunkte der Plebs gebildet hat,
und daß es von den Tribunen zum Gegenstand ihrer Agi-
tation und ihrer Reformanträge gemacht worden ist. Ich bin
zu dem Resultate gelangt, daß es in Rom eine, nicht etwa
durch technische Gründe, wie bei uns, sondern durch sociale
Gründe hervorgerufene Civilprozeßreformfrage gegeben hat, die mit der Reform des Civilprozesses geendet
hat. Damit komme ich zu einem zweiten Teil meines Vor-
trages. Das Thema lautet: die Reform des ältesten
Civilprozesses im Sinn der Erleichterung der Rechtshilfe für die ärmere Klasse.

Bisher habe ich den Gegensatz der Stände, um den das
Interesse der obigen Prozeßeinrichtungen sich dreht, bezeichnet
als den der ärmeren und der reicheren Klasse. Es wird
Ihnen bekannt sein, daß derselbe in Rom mit dem der Plebejer und Patricier nicht zusammenfiel; es gab schon in
früherer Zeit in Rom reiche Plebejer und arme Patricier.
Allein ich glaube nicht fehlzugreifen, wenn ich annehme, daß
es tatsächlich nur die ärmeren Plebejer waren, welche unter
dem Druck jener Prozeßeinrichtungen zu leiden hatten. Der
arme Patricier fand an der Gens einen Rückhalt, die ihn
gegen die Gefahr, sein gutes Recht wegen Mittellosigkeit im
Stich zu lassen, sicherte. So glaube ich denn die obige Civilprozeßreformfrage als eine specifisch plebejische bezeichnen
zu dürfen; und eine Bestätigung dafür erblicke ich darin,
daß die Volkstribunen es waren, welche sie in die Hand
nahmen.

Die Reformbestrebungen derselben in dieser Richtung
schlossen zwei Zielpunkte in sich: die Ersetzung der Bar-

zahlung der Succumbenzstrafen durch vorläufiges Kreditieren derselben, und die Herabsetzung ihres Betrages.

Festus (unter sacramentum) hat uns den Namen eines
Gesetzes aufbewahrt, welches eine eigene Behörde zum Zweck
der Beitreibung der Sakramente: die triumviri capitales, einführte. Es war die lex Papiria vom Volkstribunen Papirius.
Die wahre Bewandtnis, welche es mit diesem Gesetz hatte,
ist außerordentlich bestritten[1]. Das einzige, was feststeht,
ist, daß dasselbe in die Zeit nach Einführung des praetor
peregrinus (507) fällt, indem es die Sorge für die alljähr-
liche Bestellung jener Behörde durch Volkswahl nicht in die
Hände des Prätors schlechthin, sondern des praetor, qui
inter cives jus dicet, daß heißt des praetor urbanus legt[2],
womit der Gegensatz zum praetor peregrinus impliziert ist
Ich erspare Ihnen die Aufzählung der verschiedenen Ansichten
und beschränke mich einfach auf Mitteilung der meinigen.

Ob die lex Papiria selber das Kreditieren des Sakraments einführte oder nur hinterher die durch die vorher geschehene Einführung desselben notwendig gewordene supple-
torische Maßregel der Einsetzung einer Erhebungsbehörde
anordnete, darüber kann man zweifeln. Ich meinerseits
nehme ersteres an, weil ich mir nicht denken kann, daß die
römische Legislation eine so außerordentlich wichtige Neue=
rung, wie sie die Ersetzung des Deponierens der Sakramente
durch das Kreditieren derselben enthielt, hätte treffen können,
ohne zugleich die genauere Gestaltung derselben festzusetzen.
Die entgegengesetzte Ansicht würde den Römern zumuten,
sie hätten die Ersetzung des Depositionssystems durch das

---

1) Die Literatur bis 1867 siehe bei **Danz** in der „Zeitschrift für
Rechtsgeschichte" VI, S. 33; aus späterer Zeit vergleiche **Huschke**,
die Multa und das Sakramentum, Leipzig 1874, S. 473—479.
2) Eins der Argumente für die Unanwendbarkeit der legis actio
sacramento auf Peregrinen.

Kreditsystem bloß im Princip beschlossen, alle Fragen aber, welche sich auf die praktische Realisierung dieser Maßregeln bezogen, vertagt. In meinen Augen wäre das eine eben so unvollkommene Maßregel gewesen, als wenn eine Gesetzgebung die Verjährung einführen wollte ohne Angabe der Fristen.

Auf diesem Wege gelange ich zu folgendem Resultat, das ich der Übersichtlichkeit wegen in einzelne Sätze auflösen werde.

1. Die lex Papiria hatte zum Zweck, das Kreditieren der Sakramente an Stelle der sofortigen Deposition zu setzen.

Meine obigen Ausführungen über das Drückende der alten Einrichtung für die ärmeren Klassen werden über den Sinn und die Tendenz dieser Neuerung keinen Zweifel übrig lassen. Sie war gedacht und beabsichtigt als eine Erleichterung der Rechtsverfolgung für die ärmeren Klassen, — als eine sociale Maßregel, und Sie werden es daher begreifen, wenn ich auf den Umstand, daß es ein Volkstribun war, der die Maßregel beantragte, ein entscheidendes Gewicht lege. Man muß sich die damalige Zeitlage vergegenwärtigen, um zu begreifen, daß der alte Zustand fernerhin nicht mehr haltbar war. In das Verfahren vor dem Prätor Peregrinus war nach richtiger Ansicht das Sakrament und die manus injectio und damit zugleich der Grundsatz der Prozeßstrafen nicht hinübergenommen worden. Hier hatte mithin der Römer das seltsame Mißverhältnis vor Augen, daß ein Peregrine in Bezug auf seine Rechtsverfolgung vorteilhafter gestellt war als er, der Römer, daß der Fremde besser behandelt ward als der Einheimische. Man konnte zur Beschönigung desselben auf folgende Umstände verweisen. Nicht der Peregrine, sondern der Römer hat den nationalen Göttern das sacramentum zu entrichten, das zu ihrem Dienst erforderlich ist. Und die Abgabe, die er damit entrichtet, rechtfertigt

fich durch die Gegenleiftung, welche die Pontifices ihm gewähren. Sie find die Depofitare des juriftifchen Wiffens,
deffen er für feine Rechtshändel bedarf, und dafür gebührt
ihnen ein Tribut, den fie ja nicht für fich felber begehren,
fondern für die Götter. Sie waren einft es, antwortet
Papirius als Wortführer der Plebejer. Der Zunftbann Eures
Wiffens, ruft er den Pontifices zu, ift gebrochen, Euer For-
melwefen fchon vor geraumer Zeit durch Flavius veröffentlicht
worden, in unferen Tagen hat Coruncanius (500) die Rechtskenntnis zum Gemeingut gemacht. Die Zeit ift über Euch
hinweggegangen, und mit Eurem ehemaligen Rechtsmonopol
ift auch das sacramentum, das Ihr erhebt, ein unberechtigtes
geworden, es gebührt fortan dem Staat, der Manns genug
ift, die Rechtspflege ohne Euch zu verfehen. Wird dasfelbe
an den Staat übertragen, fo ift damit auch das Hindernis,
das Ihr dem Kreditieren entgegenfetzt (S. 189), befeitigt. Die
Götter, fagt Ihr, kreditieren nicht, — der Staat tut es. Ich
werde bei dem Volk einen Gefetzantrag einbringen, der die
Sakramente auf das Ärar überträgt und dadurch das Kreditieren derfelben ermöglicht.

2. Der Betrag der Sakramentsfumme wird nicht mehr,
wie bisher, bei Beginn, fondern erft nach Beendigung
des Prozeffes feftgeftellt, der Prätor läßt fich für den zukünftigen Betrag von beiden Teilen Bürgen (praedes)
beftellen. Die demnächftige Ermittlung des Betrages und die
daran fich reihende Beitreibung erfolgt durch eine Kommiffion
von drei Männern (triumviri capitales), welche der Prätor
am Anfang des Jahres dem Volke vorzufchlagen hat.[1]

---

1) Der für diefe Funktion höchft befremdende Name: triumviri
capitales, ftammt von ihrer urfprünglichen kriminalen Funktion, zu
der die obige fich erft fpäter hinzugefellte. Th. Mommfen: Staatsrecht II, S. 559, bringt beide unter den Gefichtspunkt einer Hilfs-
leiftung der Oberbeamten bei ihren gerichtlichen Funktionen.

Die Höhe des Sakraments hing von der Schätzung des Streitobjekts ab, und es ist klar, daß letzteres, wenn der Wert desselben sich um die Grenze von 1000 As bewegte, Gegenstand lebhaften Streites gewesen sein wird, da eine kleine Differenz in der Taxe, zum Beispiel 1000 statt 980 As, den Sprung von dem Sakramentssatz von 50 auf 500, also eine Differenz von 20 im Streitobjekt die ganz enorme Differenz von 450 As im Sakrament bewirkte — teuere 20 As! Solange das Sakrament den Pontifices entrichtet ward, fiel ihnen selbstverständlich die Erledigung dieses Präjudicialpunktes anheim, und mochten sie ihn in eigener Person oder durch besondere von ihnen ernannte Taxatoren regeln, jedenfalls werden sie dafür gesorgt haben, daß ihre Interessen dabei nicht zu kurz kamen. So glaube ich mich nicht zu irren mit der Annahme, daß die Taxation des Streitobjektes nicht selten Gegenstand lebhafter Beschwerden der Parteien gewesen ist, und daraus erkläre ich es mir, daß Papirius seinen Reformvorschlag auch auf diesen Punkt ausdehnte. Er übertrug den triumviri capitales nicht bloß die Beitreibung (,,exigunto sacramenta"), sondern auch die Entscheidung über die Höhe der Sakramente (,,sacramenta judicantoque"). Mit dem letzteren Wort hat man bisher nichts Rechtes anzufangen gewußt und hat in der Not, indem man das Nächstliegende übersah, zu den künstlichsten, unhaltbarsten Erklärungen gegriffen.[1]

---

1) Nach P u c h t a, Cursus der Institutionen II, § 161 g, soll darunter Zuweisung an den Fonds verstanden werden, — als ob es nach Beitreibung noch eines besonderen (ad-) judicare bedurft hätte! — nach D a n z a. a. O. S. 373 eine Entscheidung darüber, ob das sacramentum „nach Summe, Geldsorte u. dergl. als richtig und vollständig eingezahlt zu befinden sei", — wonach man jedem Kassenbeamten Judicatsfunktion zugestehen müßte. Nach H u s c h k e a. a. O. S. 478 sollen sie sogar über eingelegte Nichtigkeitsbeschwerde erkannt haben! M o m m - sen a. a. O. S. 561, Anm. 5, führt das „judicare" an, ohne sich über den Sinn desselben zu äußern und L a n g e: Röm. Alterthümer I,

Hätte man sich die Sache praktisch gedacht, so würde man
gefunden haben, daß die Frage, ob das Streitobjekt im einzelnen Fall über oder unter 1000 As betrug, sich nicht von
selbst entschied, sondern Gegenstand heftiger Kontestationen
zwischen den Parteien einer- und der Behörde andererseits
sein konnte, man hätte nur an die heutigen Streitigkeiten bei
der Schätzung zum Zweck der Einkommensteuer zu denken
brauchen, und man würde dann gefunden haben, daß ein
Gesetz, welches eine Bestimmung über die **Erhebung** einer
Gebühr aufstellt, es auch an einer Verfügung darüber nicht
fehlen lassen darf, wer im Streitfall über den **Betrag** die
Entscheidung fällen soll. Das einzige, was bei meiner Auffassung der Sache Bedenken erregen kann, ist der Umstand,
daß in dem mitgeteilten Passus von Festus: sacramenta exi-
gunto judicantoque, das judicare dem exigere nachsteht, während doch scheinbar die umgekehrte Ordnung die natürlichere
gewesen wäre. Das Bedenken erledigt sich dadurch, daß
das exigere s t e t s nötig war, zu dem judicare aber nur bei
Streitobjekten, deren Wert sich um die Grenze von 1000 As
bewegte, Veranlassung geboten war. In den meisten Fällen
war der zur Anwendung zu bringende Sakramentsatz so
völlig zweifellos, daß es zu einem Streit gar nicht kommen
konnte, hier genügte das bloße exigere, und nur in den höchst
seltenen Ausnahmsfällen, wo der Wert des Streitobjekts
sich um die angegebene Grenze von 1000 As bewegte, und

Aufl. 2, S. 759 (Aufl. 1, S. 652), gesteht ihnen ebenfalls die „Ausübung einer Art von richterlicher Tätigkeit" zu, ohne dieselbe
näher anzugeben. Keller: Röm. Civilprozeß (selbst in der Aufl. 5
von Wach), § 13, ist die lex Papiria gänzlich unbekannt. Rudorff
Röm. Rechtsgeschichte II, § 21, 4, „hält einen Streit mit dem Ärar
nach dem Verfall" für möglich, ohne zu sagen, wie, — eine bequeme
Ausflucht! Bethmann-Hollweg: Röm. Civilprozeß I, S. 122,
übergeht das judicare gänzlich mit Stillschweigen.

die unterlegene Partei statt des von den Triumvirn einge-
forderten sacramentum von 500 den geringeren Satz von 50
glaubte beanspruchen zu können, kam es zu einer Entscheidung
ihrerseits, die dann selbstverständlich von der ganzen Kommission, also nach Majorität zu treffen war, während zur
Eintreibung oder Entgegennahme des Sakraments ein einzelnes Mitglied derselben genügt haben wird. Das war das
,,judicium triumvirûm'' (Varro de L. L. IX, 85).

Auch in dieser Hinsicht enthielt das Gesetz des Papirius
einen zweifellosen Fortschritt. An die Stelle des dem Kolle-
gium für unnachsichtige Wahrung der Interessen des Kirchen-
fonds verantwortlichen einen Pontifex[1]) setzte es eine gegen
derartige Beeinflussung völlig gesicherte Behörde.

Warum erfolgte die Fixierung des Sakraments nicht wie
früher bei Beginn, sondern erst nach Beendigung des Prozesses? Man möchte sagen, daß darin eine Verschlechterung
des alten Rechtes enthalten war, denn früher wußten die
Parteien bei Beginn des Prozesses, welche Gefahr sie liefen,
jetzt hingegen blieb die wichtige Frage vom Betrage des
sacramentum bis zum Ende ausgesetzt, und sie schwebten
darüber in Ungewißheit. Ich kann den Grund nur darin
erblicken, daß nicht selten der Prozeß erst den wahren Betrag des Streitobjektes ins richtige Licht setzt. Man denke
sich die hereditatis petitio gegen einen Beklagten, der angeblich Sachen der Masse, die im Gesamtwert den Betrag
von 1000 As weit überstiegen, sich angeeignet haben sollte,
während es sich im Laufe der Verhandlungen zeigte, daß es

---

1) 1. 2, § 6 de O. J. (1, 2) . . . quis quoquo anno praeesset privatis. Zu letzterem Wort ist, wie Punschart in seiner Rektoratsrede:
Der entscheidende Einfluß der Gesetzgebung der staatlichen Einrichtungen der römischen Republik auf die universale Bedeutung des
römischen Privatrechts. Innsbruck 1880, S. 14 richtig bemerkt hat,
hinzuzudenken: judiciis.

nur eine Sache im Wert von unter 1000 As gewesen war,
oder einen gutgläubigen Erbschaftsprätendenten, bei dem
Sachen ohne Schuld durch casus untergegangen waren, so
daß sein Gesamtbesitz den Betrag von 1000 As nicht mehr
erreichte, oder die Vindikation einer Schafherde, bei der der
Beklagte eine contravindicatio gewisser Stücke entgegensetzte,[1]
wobei mithin die Zahl der herauszugebenden Stücke sich erst
nach dem Urteil bestimmen ließ. Es läßt sich nicht verkennen, daß die Festsetzung des Sakraments nach beendigtem
Prozeß den wahren Interessen der Parteien ungleich mehr
entsprach, als die bei Beginn desselben, sie riskierten nicht,
ein sacramentum einzubüßen, das nach dem Wert des ursprünglichen Streitobjekts bemessen war, während der Wert
des wirklich geschuldeten sich hinterher als ungleich geringer
herausstellte.

Ich wende mich jetzt der legis actio per manus injectionem zu, um den Nachweis zu erbringen, daß derselbe
Übergang vom Depositions- zum Kreditsystem, den
die lex Papiria für den Sakramentsprozeß bewerkstelligte, sich
auch bei ihr wiederholt hat.

Es geschah durch Beseitigung des Vindex. Nur für
zwei von Gajus (IV, 25) angegebene Fälle ward das Erfordernis beibehalten, im übrigen aber ward dem Schuldner
verstattet, selber die Rolle des Vindex zu übernehmen, das
heißt selber den Prozeß zu führen (manum sibi depellere),
wobei er freilich, wenn er unterlag, vermöge seiner doppelten
Eigenschaft als ursprünglicher Schuldner und als Vindex den
doppelten Betrag der bestrittenen Schuld zu entrichten hatte
(lis inficiando crescit in duplum), aber des wichtigen Vorteils
teilhaftig ward, ohne vorhandene Barmittel den Streit
aufnehmen zu können. Sowie mittelst der lex Papiria auch

---

1) l. 2 de R. V. (6, 1).

dem Ärmſten, gegen den in Form des Sakramentsprozeſſes
ein völlig ungerechtfertigter Anſpruch erhoben ward, die Aufnahme des Prozeſſes und damit der Sieg ohne vorhandene
Barmittel ermöglicht worden war, ebenſo fortan der Wider-
ſtand und der Sieg bei einem in Geſtalt der manus injectio
geltend gemachten Anſpruch, — der Arme war auch ohne
bares Geld prozeßfähig gemacht. Dieſe wichtige Neuerung ward nach Gajus (IV, 25) durch eine lex Vallia [1]) eingeführt. Da die Vallier nirgends in hervorragenden Stel-
lungen genannt werden, ſo ſind wir berechtigt, den Urheber
unter der Plebs zu ſuchen und in dem Geſetz ein von einem
Tribunen erwirktes Plebiscit von gleicher Tendenz wie die
lex Papiria zu erblicken. Jener generellen Maßregel waren
bereits ſpecielle Geſetze vorausgegangen, welche dieſe Erleichterung des Verfahrens zuerſt für einzelne Fälle einführten,
und Gajus (IV, 23) nennt uns zwei ſolche Geſetze: eine lex
Furia und Marcia, welche beide darin übereinſtimmten, daß
ſie die Anfechtung einer geſetzwidrig erfolgten Zahlung zum
Gegenſtand hatten, die erſte: Entrichtung eines Legats über
den durch jenes Geſetz normierten Betrag von 1000 As, die
zweite: Entrichtung geſetzwidriger Zinſen. Die Furier waren
ein altpatriciſches Geſchlecht. Was konnte einen Patricier zu
einer ſolchen Abſchwächung der ſtrengen legis actio per manus
injectionem veranlaſſen? Haben wir darin vielleicht die erſte
Regung einer menſchenfreundlichen Geſinnung gegen die
ärmeren Stände, das Erwachen des Gerechtigkeitsgefühls in
den höheren Ständen zu begrüßen? Sicherlich nicht! Bei der
lex Furia handelte es ſich nicht um das Intereſſe der ärmeren
Klaſſen, ſondern der reichern Stände, — dem Armen brauchte

---

1) Dieſe früher angezweifelte Leſung iſt durch die neueſte Vergleichung der Handſchrift des Gajus durch Studemund verifiziert; der
Name kommt für Leute niederer Lebensſtellung auch auf Inſchrif-
ten vor.

man kein Maßhalten im Legieren vorzuschreiben! Für jene ward der Vindex, an dem man für die Armen noch bis zur lex Vallia festhielt, als überflüssig zur Seite geschoben, dem reichen Mann, der ein Legat über 1000 As angenommen hatte und auf den dadurch verwirkten vierfachen Betrag des Überschusses belangt ward, ward es verstattet, in eigener Person seine Sache zu führen. Ebenso dem Wucherer durch die lex Marcia. Der Arme, gegen den er die Schuld einklagt, hat einen Vindex nötig, er selber, wenn er von letzterem auf Rückgabe der gesetzwidrigen Zinsen belangt wird, nicht! Auch dies Gesetz verrät wiederum den parteiischen Griffel des Reichen, — die Marcier gehörten schon früh zu den reich-sten und vornehmsten Geschlechtern der Plebs, welche gemein-same Sache mit den Patriciern machten.[1] So waren es die Reichen, welche die manus injectio pura in ihrem Interesse in die Welt setzten, für sie ward der Vindex, der den Armen vom Prozessieren abhalten sollte, als bedeutungslos abgetan. Aber die Neuerung trug ihnen bittere Früchte: die lex Vallia dehnte, was sie für sich erfunden hatten, auch auf die ärme-ren Klassen aus, das prozessualische Übergewicht des reichen Gläubigers über den armen Schuldner, welches auf den Schwierigkeiten der Beschaffung des Vindex beruhte (S. 198), war damit gebrochen. Nur in zwei Fällen (Gajus IV, 25) behauptete sich die alte Strenge des Verfahrens mit Vindex bis zum Untergang des Legisaktionenprozesses. Mit Einführung des Formularverfahrens hörte auch dieser letzte Rest auf.

Damit war die Rechtsverfolgung auch von dieser Last befreit. Sehen wir jetzt zu, was schließlich aus der Prozeß-strafe wird.

Ihr Bestand war durch die Veränderung der Modalität

---

1) Über ihre Anlehnung an die Patricier siehe **Th. Mommsen:** Röm. Forschungen II, S. 149 und 150.

ihrer Erhebung nicht im mindesten berührt. Es hatte mit
beiden eine gänzlich verschiedene Bewandtnis. Das Erfordernis der Deposition erschwerte den Rechtsstreit gleichmäßig
dem Unschuldigen wie dem Schuldigen, die Prozeßstrafe dagegen traf lediglich den Schuldigen, das heißt den Schuldigen
im Sinne des Prozesses, denjenigen, der den Prozeß verloren
hatte. Man konnte dem Unschuldigen die Rechtsverfolgung
erleichtern und dennoch den Schuldigen nach wie vor zur
Strafe ziehen. Und davon haben die Römer nicht lassen
wollen. Die Prozeßstrafe fristete, wenn auch in abgeschwächter
Gestalt, noch lange ihr Leben, in vereinzelten Ausläufern
erhielt sie sich sogar bis ins Justinianische Recht hinein.

Im Legisaktionenverfahren dauerte sie bei der leg. act.
sacramento und per manus injectionem in unveränderter Gestalt fort. Aber bei ersterer war sie tatsächlich durch die
stets fortschreitende Devalvation der alten Kupferwährung
und das Sinken der Geldwerte nach und nach in dem Maße
abgeschwächt, daß der Satz von 500 As in der Mitte des
sechsten Jahrhunderts der Republik nicht viel mehr betrug
als der von 50 As in alter Zeit. Der effektive Geldwert
des letzteren war um jene Zeit nach heutiger Währung etwa
5 fl. ö. W. oder 6 Mark, der des ersteren also 30 fl. oder
60 Mark.

Plinius[1]) erwähnt eine lex Papiria, durch welche
der As auf eine halbe Unze, das heißt $1/24$ seines ursprünglichen Pfundgewichts herabgesetzt ward, und die Art, wie er
sich ausdrückt, berechtigt uns, das Gesetz in die zweite Hälfte
des sechsten Jahrhunderts der Stadt zu setzen. Dies war

---

1) H. N. 33, 46 (ed. Bipont. 33, 13): mox lege Papiria semun-
ciarii asses facti. Vorher (33, 45) hatte er das Gesetz genannt, welches zur Zeit des zweiten punischen Krieges (537) den As auf eine
Unze herabgesetzt hatte, nach Plinius muß also das Gesetz in das
sechste Jahrhundert gefallen sein.

früher auch die allgemeine Ansicht,[1]) während dasselbe jetzt auf Grund neuerer Untersuchungen von Borghesi[2]) in das Jahr 665 gesetzt wird. Es ist mir der Gedanke gekommen, ob nicht das oben schon besprochene Gesetz des Papirius bei Festus über die Beitreibung der Sakramente nach Beendigung des Prozesses und dieses Gesetz bei Plinius über die Herabsetzung des Münzfußes ein und dasselbe gewesen sei. Dadurch würden beide Maßregeln in einen meines Wissens bisher noch nicht beachteten Zusammenhang kommen, beide sich gegenseitig erklären und ergänzen. Der Gedanke des Papirius wäre gewesen: **Erleichterung des Sakraments-prozesses im Interesse der ärmeren Klasse.** Zu dem Zweck **erstens:** Hinausschiebung der Beitreibung des Sakraments bis nach beendetem Prozeß, **zweitens:** Herabsetzung des As auf einen so minimalen Betrag, daß die alte Einrichtung äußerlich beibehalten werden konnte, während sie innerlich, das heißt der beengende Druck, den sie auf die Rechts-verfolgung ausübte, so gut wie beseitigt ward. Die Herabsetzung des As auf $1/24$ seines ursprünglichen Gewichts bedeutete zu einer Zeit, wo auch der innere Wert des Geldes infolge der enormen Steigerung des nationalen Reichtums und der Einführung der Silberwährung (Ende des fünften Jahrhunderts) ganz außerordentlich zurückgegangen war, für das sacramentum weit mehr, als eine Reduktion auf $1/24$ seines ehemaligen Betrages.

So erklärt sich nicht bloß, daß man den alten Sakra-mentsprozeß trotz der für nötig erkannten Reform desselben beibehielt und ihn auch nach Einführung des Formularpro-zesses für den Centumviralgerichtshof fortbestehen ließ, sondern auch, wie man dazu kam, in Bezug auf das — praktisch

---

1) Marquardt: Röm. Staatsverwaltung, Bd. 2, Leipzig 1876, S. 17, Note 4.

2) Nach Marquardt a. a. O.: „mit Sicherheit".

durch Auffommen der Silberwährung in den Hintergrund
geschobene — Kupfergeld der alten Zeit eine Änderung zu
treffen, welche selbst diejenige, zu der man sich zur Zeit der
äußersten Not: in der Bedrängnis des punischen Krieges
gezwungen gesehen hatte, noch weit hinter sich ließ. Meine
Vermutung bietet ebensosehr einen plausiblen praktischen
Grund für diese Münzmaßregel, wie sie die durch Festus
konstatierte Prozeßreform des Papirius mittelst ihrer zum
Abschluß bringt und in ein helles Licht setzt. Auch daß es
ein Papirius war, der sie traf, ist nicht bedeutungslos.
Ein Papirius war es gewesen, der (324) für die dem sacramentum verwandte multa (Ordnungsstrafe wegen Widersetz-
lichkeit gegen Anordnungen der Obrigkeit) eine Geldtaxe an
Stelle der Schafe und Rinder setzte (10 As für das Schaf,
100 für das Rind), und wie es ja in der römischen Geschichte
nicht selten gewesen ist, daß die späteren Angehörigen eines
Geschlechts einen glücklichen legislativen Gedanken eines ihrer
Ahnen von neuem aufgriffen (z. B. die Valerier, Liv. 10, 9
tertio . . lata est semper a familia eadem), so mag auch hier
dem Papirius des sechsten Jahrhunderts der Vorfahr des
vierten Jahrhunderts als Vorbild für seine gleichartige pro-
cessualisch-fiskalische Maßregel gedient haben.

So blieb denn der alte Sakramentsprozeß zwar äußerlich unverändert fortbestehen, aber innerlich völlig umgestaltet, — ein Seitenstück zu den vielen römischen Einrichtungen,
die man äußerlich fortvegetieren ließ, nachdem sie praktisch so
gut wie abgetan waren.

Aber ein wichtiges Anwendungsgebiet hatte man schon
vorher von ihm ausgeschieden, wir können es bezeichnen als
das der gewöhnlichen Obligation (im Gegensatz zu der
privilegierten durch manus injectio). Ein gewöhnliches, das heißt
ein nicht in Nexumform eingekleidetes Darlehen hatte früher
in Form des Sakramentsprozesses verfolgt werden müssen,

ebenſo die damals allein klagbaren Forderungen auf das dare
einer res certa. In dieſer Richtung trat nun bereits während
der Dauer des Legisaktionenprozeſſes eine erhebliche, meiner
Anſicht nach aus dem internationalen Rechtsverkehr, dem die
Prozeßſtrafe unbekannt war, hinübergenommene Erleichterung
ein, nämlich in Geſtalt der jüngſten unter den fünf Legisaktionen: der legis actio per condictionem. Sie ward
zuerſt eingeführt durch eine lex Silia für Geldforderungen
(Gaj. IV, 19): nicht bloß für das Gelddarlehen, ſondern
für Geldforderungen jeglicher Art, bei denen der Kläger
eine ganz genau beſtimmte Summe (certa pecunia) in Anſpruch nahm, was er urſprünglich ſelbſt bei ſolchen Kon-
trakten durfte und mußte, aus denen in ſpäterer Zeit, ſeit der
Klagbarkeit der contractus bonae fidei, eine Klage auf un-
beſtimmten Geldbetrag (incertum: ,,quidquid dare facere
oportet‘‘) gegeben ward[1]).

Durch eine lex Calpurnia (Gaj. IV, 19) ward dieſe
Neuerung auch auf alle anderen auf ein ,,certum‘‘ gerichteten

---

[1]) So erklärt ſich die bekannte l. 9. pr. de R. Cr. (12. 1). Certi
condictio competit ex omni causa, ex omni obligatione, ex qua certum
petitur, sive ex certo contractu (z. B. mutuum), sive ex incerto (z. B.
Kauf, Societät, Mandat); licet enim nobis ex omni contractu certum
condicere, dummodo praesens sit obligatio. Beiſpiele davon geben die
Quellen mehrfach, ſiehe z. B. § 1 ibid. und § 8 J. quod cum eo (4,
7) . . quod jussu patris dominive contractum fuerit. Durch die Wahl
der condictio in einem ſolchen Fall brachte er den Gegner um die Möglichkeit, ſeine etwaigen Gegenanſprüche in demſelben Verfahren geltend zu machen, er verzichtete aber damit ſeinerſeits auf die Liquidation
ſeines Intereſſes (insbeſondere die Verzugszinſen) und ſetzte ſich der
Gefahr der plus petitio aus, das heißt der Verwirkung ſeines ganzen
Anſpruches, wenn er denſelben auch nur um ein Minimum zu hoch
gegriffen hatte, mit anderen Worten, das Verhältnis ward dann für
beide Teile nach jus strictum beurteilt, bei Anſtellung der Kontrakts-
klage nach Grundſätzen der bona fides.

Forderungen ausgedehnt, insbesondere also auf Stipulationen, durch die man sich das „dare" (nicht das bloße
„habere licere" wie beim Kauf) einer res certa, das heißt
eines individuell bestimmten Gegenstandes oder einer Quan-
tität fungibler Sachen hatte versprechen lassen. Obschon auch
bei ihnen wie bei allen Klagen des Formularprozesses mit
Ausnahme der Präjudicialklagen das Urteil vom Richter
auf Geld zu stellen war, so hatte doch der Kläger selber
nicht nötig, den Betrag in der Klage anzugeben, er stellte
denselben vielmehr mit den Worten „quanti ea res est" der
richterlichen Schätzung anheim.

Die Urheber beider Gesetze waren Plebejer, d. h. als
sie ihre Anträge einbrachten, Volkstribunen, und Sie
werden begreifen, was ich meine, wenn ich diesen Umstand
besonders betone. Ich benutze ihn als Anhaltspunkt für die
Behauptung, daß ihre Maßregeln denselben Zweck verfolgten,
wie die oben besprochenen ihrer Standesgenossen: des Papirius und des Vallius, nämlich den einer den ärmeren Klassen
zugedachten Erleichterung der Rechtsverfolgung.

Für die lex Calpurnia ist die Tatsächlichkeit einer solchen
Erleichterung völlig zweifellos, für die lex Silia läßt sie sich
bestreiten. In Bezug auf die der legis actio per condictionem
nachgebildete condictio certae creditae pecuniae des Formularprozesses berichtet uns nämlich Gajus an drei Stellen (IV,
13, 171, 180) von einer den unterliegenden Teil treffenden
Strafe von einem Drittel des Klagbetrages, welche bei
Beginn des Prozesses beide Teile durch stipulatio und resti-
pulatio auf sich zu nehmen hatten. Daß diese Einrichtung
bereits durch die lex Silia getroffen sei, sagt er nicht, ist aber
allerdings höchst wahrscheinlich [1]. Aber — und dies ist höchst
wichtig — dieselbe war nicht, wie man gewöhnlich annimmt,

---

1) Bethmann-Hollweg, Röm. Civilpr. I, S. 153, Anm. 18.

obligater Art. Gajus (IV, 171) bedient sich einer Wendung, aus der hervorgeht, daß der Strafzusatz eintreten konnte, nicht mußte: sponsionem facere permittitur, wonach es den Parteien freigestanden hat, die Sponsion zu begehren oder darauf zu verzichten[1]). Gegenüber der legis actio sacramento und per manus injectionem, bei denen der Strafzusatz obligat war, enthielt diese Klage also jedenfalls einen Fortschritt[2]). Im Vergleich zu der letzteren Klage galt dies selbst von dem Betrag der Strafe, da sie denselben von dem Gesamtbetrag der Schuld auf ein Drittel ermäßigte. Ein anderer Vorzug derselben lag darin, daß dem Kläger für den Fall des Unterliegens dieselbe Gefahr angedroht war, wie dem Beklagten; das Risiko war bei ihr zweiseitig, bei jener Klage bloß einseitig, — die Unbilligkeit des älteren Rechts, welche die Strafe nur über den Schuldner verhängte, den abgewiesenen Gläubiger aber frei ausgehen ließ, war damit beseitigt, das Gleichgewicht hergestellt.

In der condictio ex lege Calpurnia geht der Legisaktionenprozeß bereits über sich selber, das heißt über seine principiell auf die Prozeßstrafe gebaute Grundanlage hinaus, sie vermittelt den Übergang zu dem principiell auf den Grundsatz der Straflosigkeit gebauten Formularprozeß. Ich bin überzeugt, daß diese Fassung des Gegensatzes beider Prozeßsysteme entschiedenem Widerspruch be-

---

1) Ähnlich wie bei dem von Gajus IV, 162—165 geschilderten Interdiktverfahren „cum periculo" (= Strafzusatz), bei dem es dem Beklagten freigestellt war, zwischen der strengeren Form (cum periculo) und der milderen (sine periculo) zu wählen: „modestiore via litigare", wie Gajus IV, 163 sich ausdrückt.

2) Puntschart in der oben angeführten Schrift S. 71 führt die Klage umgekehrt auf das Motiv einer durch die Devalvation des Geldes nötig gewordenen Erhöhung der Prozeßstrafe, also einer Erschwerung der Rechtsverfolgung zurück, was zu der oben nachgewiesenen Entwicklung nicht stimmt.

gegnen wird. Vielleicht dienen folgende Bemerkungen dazu, meiner Auffassung Eingang zu verschaffen.

Auch der Formularprozeß kennt mancherlei Prozeßstrafen. Einige von ihnen sind aus dem alten Verfahren hinüber-genommen, nur mit entsprechender Umgestaltung der Form. So die Strafe des Doppelten für das Leugnen gewisser, früher mit manus injectio versehener Ansprüche, die spon-sio tertiae partis bei der condictio certae pecuniae, die an die Stelle der alten Strafe des Ersatzes der fructus dupli für den im Vindikationsprozeß unterliegenden Besitzer getre-tene fructus licitatio des Besitzprozesses (Gaj. IV, 166—170). Andere sind neu entstanden, uns wenigstens aus älterer Zeit nicht bezeugt: die Strafsponsion im Interdiktverfahren (Gaj. IV, 162—165), die Strafe des Fünftels oder Zehntels beim contrarium judicium (Gaj. IV, 177, 178), das judicium ca-lumniae (Gaj. IV, 175, 178), die sponsio dimidiae partis bei der prätorischen actio de pecunia constituta (Gaj. IV, 171). Aber ungeachtet dieser zahlreichen Fälle, welche allerdings beweisen, daß der Gedanke der Urzeit, daß dem unterlie-genden Teil eine Strafe gebühre, auch von der späteren Zeit nicht aufgegeben ist, glaube ich dennoch meine Behaup-tung aufrechterhalten zu können. Sie geht wohlbemerkt nicht dahin, daß die Prozeßstrafe dem Formularprozeß fremd ist, sondern daß sie nicht, wie für den Legisaktionenprozeß, ein wesentliches Glied, eine organische Einrichtung desselben bildete. Der formula — und das ist in meinen Augen das Entscheidende — war die Strafe fremd, letz-tere mußte, von den der manus injectio nachgebildeten Klagen aufs Doppelte abgesehen, erst durch einen besonderen Akt äußerlich hinzugetan oder durch eine besondere Klage neben der Hauptklage verfolgt werden, — der legis actio sacra-mento und per manus injectionem war dieselbe inhärent, beide umfaßten zugleich Hauptanspruch und Strafe.

Und selbst die Strenge der Strafe — immer wieder von der soeben erwähnten Reliquie des alten Rechts abgesehen — ist im Formularverfahren erheblich ermäßigt. Die Strafsätze sind geringere geworden ($\frac{1}{10}$, $\frac{1}{6}$, $\frac{1}{3}$, $\frac{1}{2}$), keiner erreicht mehr das duplum der alten Zeit, oder die Limitierung der Strafe wird ganz in das Belieben der Parteien gestellt, wie bei der fructus licitatio, wo jede so hoch bieten mag, wie sie Lust hat, und selbst eine gänzliche Umgehung der Strafe ist ermöglicht worden: die der sponsio tertiae partis bei der condictio certae pecuniae, der sponsio dimidiae partis bei der actio de pecunia constituta (Gajus IV, 171: sponsionem facere permittitur) und die Ausschließung des Verfahrens cum periculo im Interdiktionsverfahren durch das sine periculo (Gaj. IV, 162 — 164). Und sodann findet auch das Moment der subjektiven Verschuldung, dem das alte Recht nicht die geringste Beachtung geschenkt hatte, wenigstens in gewissen Verhältnissen Berücksichtigung. Das judicium calumniae, das der freigesprochene Beklagte gegen den abgewiesenen Kläger anstellen kann, ist bedingt durch den Nachweis bewußten Unrechts (Gaj. IV, 178), und Erben, Frauen, Pupillen kommen als Beklagte in Fällen, wo andere Personen eine Strafsponsion schließen müssen, mit dem bloßen juramentum calumniae davon (Gajus IV, 172).

Ist die Ansicht richtig, wie ich es glaube, daß der ganze Formularprozeß seinen letzten Ursprung im Verfahren vor dem praetor peregrinus hatte[1]), und daß die Einführung desselben in nichts anderem bestand, als in einer Hinübernahme des bei letzterem für den internationalen Rechtsverkehr ausgebildeten Verfahrens, unter den eigentümlichen Modifikationen, welche der Anschluß an den altrömischen Prozeß

---

1) Die Begründung derselben gedenke ich an anderer Stelle zu geben.

nötig machte, — ist also diese Ansicht richtig, so erklärt sich
damit zugleich das principiell gänzlich verschiedene Verhalten
der modernen römischen Prozeßform zu der Frage von der
Prozeßstrafe. Dem internationalen Verkehr war die S t r a f e
principiell gänzlich fremd. Sah sich doch der praetor peregrinus genötigt, die unentbehrlichen Strafen für die Privat-
delikte aus dem römischen Civilrecht mittelst F i k t i o n hin-
überzunehmen (Gaj. IV, 37). Nirgends findet sich die geringste Spur einer Prozeßstrafe bei allen denjenigen Klagen,
welche der Peregrine in Rom erheben konnte, z. B. den
bonae fidei actiones des Obligationenrechts oder der in rem
actio per petitoriam formulam des Eigentumsrechts. Und
so glaube ich die Behauptung rechtfertigen zu können: wie
der Legisaktionenprozeß seiner ursprünglichen Anlage nach auf
dem Grundsatz der P r o z e ß s t r a f e beruhte, so der Formularprozeß seiner principiellen Anlage nach auf A b w e s e n h e i t
derselben. Sowenig man der ersteren Behauptung die obigen Fälle des Mangels der Prozeßstrafe bei der legis actio
per judicis postulationem und per pignoris capionem entgegenstellen kann, sowenig der letzteren die obigen vereinzelten Fälle von Prozeßstrafen, es waren eben A u s n a h m s -
f ä l l e , durch welche die Möglichkeit jener principiellen Formulierung des Gegensatzes nicht ausgeschlossen wird. Ich
ende mit der Bemerkung, daß das Justinianische Recht
sämtliche in klassischer Zeit im Formularprozeß noch vorhandenen processualischen Strafen, zu denen wir auch die
der pluspetitio rechnen müssen, bis auf einige ganz unbe-
deutende Reste, die Sie in jedem Kompendium finden können
(beispielsweise A r n d t s , Lehrbuch der Pandekten § 252), beseitigt hat.

Jetzt können wir uns trennen. Unsere heutige Zusammenkunft hat ihren Zweck erreicht, wenn sie Ihnen Gelegenheit
geboten hat, den altrömischen Prozeß einmal unter einem

andern, und ich glaube hinzufügen zu dürfen: fruchtbareren
Gesichtspunkt zu betrachten, als der bisherige Stand unserer
Literatur es ermöglicht. Habe ich erreicht, was ich wollte,
so muß Sie das Bild des armen Mannes, der im alten Rom
gegen den reichen Mann: Patricier oder Plebejer, mit un-
gleicher Waffe um sein Recht kämpft, auf dem Nachhause-
wege begleiten. Ich meinerseits bin nicht sicher, daß ich
nicht davon träume. Rauche ich vor dem Zubettgehen noch
eine meiner rechtshistorischen Cigarren, so erscheinen mir zwei
Bilder im Traum, das erste: der Arme durch den Reichen
verfolgt, gehetzt, ausgebeutet, wobei das Recht letzterem hilf-
reiche Hand leistet, — das zweite: die vier Volkstribunen,
Papirius, Vallius, Silius und Calpurnius mit ihren Gesetzes-
vorschlägen, welche dem Zustande ein Ende machen.

Zum Schluß als Ergänzung meiner bisherigen retro-
spektiven Betrachtungen noch ein Blick in die Zukunft, eine
Prophezeiung, die mich selber angeht. Sie betrifft eine
Doctordissertation. Ihr Titel lautet: Refutata Jheringii opinio
asserentis aliam fuisse in legis actionibus conditionem pau-
perum quam divitum. Sollte der Verfasser sich der deutschen
Sprache dabei bedienen wollen, so schlage ich ihm, da er
meinen Titel: Reich und arm im altrömischen Civilprozeß,
nicht wird gebrauchen können, den Titel vor: Die angebliche
plutokratische Tendenz des Legisaktionenprozesses in ihrem
Ungrunde nachgewiesen von Dr. Weißesbesser. Damit ist
das Thema als akademisches passend bezeichnet, und sogar
Fakultäten könnten sich dieser Bezeichnung desselben für eine
Preisfrage bedienen. Sie werden zugestehen, daß es ein
schönes Thema ist, — es hat den Vorzug neu zu sein, den
man den meisten Doctordissertationen bekanntlich nicht nach-
rühmen kann. Schade, daß ich die meinige schon geschrieben
habe! Wie wollte ich eine Ansicht widerlegen, die nicht
den geringsten Anhalt in den Quellen findet! — damit ist ja

alles gesagt, denn was nicht positiv in den Quellen bezeugt ist, beruht auf bloßer Phantasie, im vorliegenden Fall auf der Narkose durch die rechtshistorische Cigarre. Ich tröste mich damit, daß, wenn ich selber auch nicht mehr in der Lage bin, Doctordissertationen zu schreiben, ich anderen wenigstens noch einen brauchbaren Stoff dazu bieten kann. Wenn eine neue Ansicht von mir auch sonst keinen Erfolg gehabt hat, so ist ihr stets wenigstens e i n e r sicher gewesen: der der Widerlegung — — wovon sollten auch sonst Leute leben, die es selber nicht zu einer eigenen Ansicht bringen können?

———

IV.

Eine civilproceſſualiſche Attrappe.[1)]

Eine Attrappe im römischen Civilprozeß? Ein seltsames Feld, auf dem sie zur Erscheinung gelangt!

Die Definition von Attrappe lautet in den Fremdwörter-büchern: ein zur Täuschung eingerichtetes, auf Neckerei berechnetes Ding. Sehen wir zu, ob sich im römischen Civil-prozeß eine Einrichtung findet, auf welche der Name paßt.

Das Bild, das ich dem Leser vorführe, ist nichts weniger als danach angetan, einen neckischen Eindruck hervorzu-rufen. Es ist das Bild der altrömischen Wucherer, welche sich anschicken, an dem Schuldner, der Bankerott gemacht hat, ihren Rachedurst zu kühlen und an seinem Leibe das bekannte „in partes secare" des Zwölftafelgesetzes in Scene zu setzen.

———

1) Neu hinzugefügt. Das Thema ist S. 175 in Aussicht ge-nommen.

Ich zünde mir meine rechtshistorische Cigarre an. Ich sehe die Gläubiger mit dem Schuldner auf dem Forum. Aber zu dem in partes secare scheint es nicht kommen zu sollen, die Leute führen nicht einmal wie Shylock ein Messer bei sich.

„Was ist das? — frage ich, — Ihr schneidet nicht? Das Gesetz verstattet es Euch ja, und Ihr seht mir gar nicht danach aus, als ob Ihr menschliche Regungen empfinden könntet."

Möchtest Du es an unserer Stelle tun? Das Volk würde Dich in Stücke reißen. In der Urzeit mag es vorgekommen sein, aber jetzt geht es nicht mehr an. Die albernen modernen Ideen von Menschlichkeit, von denen unsere braven Vorfahren nichts wußten, haben die Sache unmöglich gemacht.

„Da seid Ihr aber übel daran! Euer Recht gleicht einer Vogelscheuche, von der die Vögel bald inne werden, daß sie ihnen nichts zu Leide tut. Euere Schuldner werden doch sicherlich ebenso klug sein wie die Vögel, sie werden über ein Schreckmittel, das bloß im Gesetz steht und nie zur Anwendung gelangt, lachen."

Ganz so schlimm ist es doch nicht. Wir würden allerdings nicht wagen, dem Manne ein Stück Fleisch aus seinem Leibe zu schneiden, was seinen sofortigen Tod zur Folge haben würde, aber wenn wir ihn im Verdacht haben, daß er Vermögen beiseite geschafft hat, oder annehmen können, daß seine Verwandten oder Freunde für ihn etwas tun würden, so steht nichts im Wege, daß wir einen Versuch machen, ob nicht das Abschneiden der Ohren, der Nase oder anderer Körperteile auf ihn und sie Eindruck machen wird. Die bloße Drohung damit reicht schon aus, um ihn und sie zu nötigen, ihr Äußerstes zu tun.

„Aber wenn das Mittel seinen Erfolg versagt, weil

weder der Mann selber etwas hat, noch seine Verwandten oder
Freunde ihm zu Hilfe kommen, wie dann? Dann müßt
Ihr, da das Gesetz Euch nicht das Recht einräumt, den
Mann zu verkaufen, und da die Rücksicht auf das Volk Euch
abhält, ihn zu zerfleischen, ihn frei laufen lassen. Das
Gesetz sagt ausdrücklich: tertiis nundinis partes secanto.
Sind die tertiae nundinae ohne das in partes secare ver-
strichen, so ist es mit Euerm Recht vorbei, Ihr habt das
Nachsehen."

Wir sorgen schon vorher dafür, daß sie nicht ablaufen,
ohne daß wir die Sache geregelt haben.

„Was könnt Ihr denn dabei regeln? Ihr könnt den
Schuldner ja nur zerschneiden, nicht verkaufen, letzteres ist
meines Wissens nur in dem Fall verstattet, wenn bloß ein
einziger Gläubiger vorhanden ist."

Eben damit ist uns der Weg vorgezeichnet, den wir einzuschlagen haben. Was würdest Du tun, wenn Du Dir an
Stelle des hier anwesenden Schuldners als Exekutionsobjekt
ein Pferd, ein Gemälde, eine Statue dächtest, und die gesetzliche Bestimmung, daß ein Gläubiger die Befugnis habe,
dasselbe zu verkaufen, mehrere Gläubiger aber nur die, es
zu zerschneiden oder zu zerschlagen? In welcher Weise würdest Du die Möglichkeit, die Sache zu verkaufen, ganz auf
dem Wege Rechtens herbeiführen?

„Ich würde die gesetzliche Voraussetzung des einen
Gläubigers dadurch beschaffen, daß die sämtlichen Gläubiger
ihre Forderungen auf einen von ihnen übertrügen."

Eine Übertragung von Forderungen kennen wir nicht,
aber die Sache kommt auf dasselbe hinaus. Einer von uns
findet die andern ab, und der Schuldner, der bisher uns
allen gehörte, gehört jetzt ihm, ist sein adjudicatus.

„Aber wenn das in partes secare sich schließlich darauf
reduziert, warum hat nicht der Gesetzgeber für diesen Fall

den Verkauf ebenso gestattet, wie für den eines einzigen Gläubigers?"

Du meinst also, das Gesetz hätte verfügen sollen, daß die Gläubiger den Mann verkaufen sollen?

„So ist es."

Dies wäre ein recht schlechtes Gesetz. Wie soll denn der Verkauf vor sich gehen? Hier in Rom darf er nicht erfolgen.

„Warum nicht? Etwa, weil der Mann hier nicht Sklave werden kann?[1])."

Das ist nicht der Grund. Der ertappte Dieb wird Sklave des Bestohlenen und bleibt in Rom. Der Grund ist ein anderer. Wenn alle wegen Zahlungsunfähigkeit als Sklaven verkauften Schuldner hier in Rom blieben, so könnten sie uns sehr gefährlich werden. Sie würden unausgesetzt gegen uns agitieren und machinieren, mit ihren Freunden und Verwandten das Volk gegen uns aufhetzen und letzterem stets die große Zahl unserer Opfer vor Augen führen, es wäre sozusagen die lebendige und wandelnde Statistik der Personalexekution. Wie würden die Tribunen, die uns jetzt schon so viel zu schaffen machen, diesen Stoff benutzen, um das Volk gegen uns zu erbittern! Da würde ja einem ordentlichen Geschäftsmann das Geschäft und das Leben schier verleidet. Nein! Der Mann muß aus Rom heraus — aus den Augen, aus dem Sinn! — dann ist er bald vergessen, und wir sind gegen alle Ränke, die er gegen uns spinnen würde, gesichert. Die Anordnung des Verkaufs in die Fremde ist eine der weisesten Bestimmungen unseres vorzüglichen Schuldrechts; ohne sie wäre letzteres keine taube Nuß wert.

„Ich habe mich überzeugt: Eueretwegen ist der Verkauf

---

1) So Puchta, Cursus der Institutionen I, § 179, Aufl. 9 von P. Krüger S. 552.

in die Fremde unerläßlich. Ertappte Diebe können in Rom bleiben, ihnen gönnt jeder ihr Schicksal, aber die verkauften Schuldner nicht, mit ihnen sympathisiert die ganze niedere Bevölkerung."

Freue mich, daß Du zustimmst. Aber die Fremde, das Ausland, ist weit, und hier sollen erst die Käufer aufgesucht werden, an der Heerstraße stehen sie nicht. Ich will annehmen, einer von uns übernähme es, einen Käufer zu suchen. Er zieht mit dem Schuldner ab, letzterer natürlich gefesselt, damit er nicht entfliehe. Zuerst geht er nach dem benachbarten Fidenä, was augenblicklich, wo wir Römer dort nichts weniger als gut gelitten sind, — wir schreiben zur Zeit das Jahr 320 der Stadt — nicht gerade verlockend ist. Dort bietet man ihm für den Mann, der hier mindestens seine 1000 As wert ist, nur 600. Dann geht es nach Veji. Angebot 650 — ebenfalls zu wenig. Der Mann läßt sich die Mühe nicht verdrießen, er reist nach Falerii, wo er es bis auf 670 bringt. Ebenfalls zu wenig! Also immer weiter — nach Clusium, Arretium, Fäsulä! — in Nordetrurien sollen die Sklaven höher im Preise stehen als in Südetrurien. So würden die anderen Gläubiger sagen, und sie haben es leicht, aber der Mann, der ihnen die Mühe der Reise abgenommen hat, ist nunmehr des Umherirrens müde und kehrt nach Rom zurück. Da kommt er und stattet Bericht ab. Hören wir, welche Aufnahme er findet.

(Chor der Gläubiger) „Für einen so rüstigen Mann als Maximum nur 670 As? Dies ist ja gar kein Preis. Du mußt sehr ungeschickt gewesen oder Dir gar keine Mühe gegeben haben, daß Du kein höheres Gebot erzielt hast."

Das also ist der Dank für meine Bemühungen? Niemals werde ich wieder einen solchen Auftrag übernehmen. Schickt einen andern ab und seht zu, ob der mehr erreicht.

„Das wollen wir auch. Da es sich um unser aller

Intereſſe handelt, ſo wird ſich ſchon jemand finden, der geneigt dazu iſt. Wer meldet ſich?"

(Stimmen) Ich bin zu alt. —

Ich kann meiner Geſchäfte wegen nicht fort.

Ich habe in den nächſten Tagen einen Gerichtstermin.

Ich habe mein Land zu beſtellen.

Eine einzelne Stimme: Ich bin bereit, aber umſonſt opfere ich meine gute Zeit nicht, Ihr müßt mir meine Reiſe vergüten.

„Wir wiſſen ſchon, was das bedeutet! Du mußt Deiner eigenen Geſchäfte wegen nach Cluſium, und wir ſollen Dir die Reiſe bezahlen. Und wenn auch Du nichts ausrichteſt, wie dann? Dann ſind wir eben ſo weit, wie vorher, und haben unſer Geld ganz nutzlos daran geſetzt. Daraus wird nichts."

Nun, Fremdling, Du glaubſt unſer Recht verbeſſern zu können, was ſoll jetzt geſchehen?

„Ich überzeuge mich, daß es mit dem Verkauf in die Fremde durch das Gläubigerkonſortium ſeine Schwierigkeiten hat."

Und einen Umſtand haſt Du noch gar nicht berückſichtigt. Der Schuldner muß dem Geſetz zufolge an dem für den Ver- kauf beſtimmten Termin Rom für immer verlaſſen. Wie die Sache von Dir eingeleitet iſt, kehrt er, bis ein angemeſſenes Gebot erzielt und dasſelbe von den Gläubigern angenommen iſt, ſtets wieder nach Rom zurück.

„Allerdings, ſo geht es nicht. Aber die Schwierig- keit läßt ſich ja dadurch leicht umgehen, daß die Gläubiger die gewählte Vertrauensperſon mit dem Verkauf ſelber be- trauen."

Was meint Ihr zu dieſem neuen Vorſchlag, ehrenwerte Mitgläubiger?

(Chor der Gläubiger) „Der Mann ſcheint von Geſchäften

nicht viel zu verstehen. Er soll selber mit uns die Probe machen. Was also sollen wir tun?

„Ihr sollt einen aus Eurer Mitte mit dem Verkauf beauftragen."

Mit oder ohne Limitierung des Preises?

„Ersteres würde sicherlich das Geeignetere sein."

Nun gut! Der Preis soll limitiert werden. Limitiert ihn. (Stimmen) Ich setze 1000 As an.

Dafür werden wir ihn nicht los, ich limitiere 800.

Viel zu niedrig. Unter 950 schlage ich ihn nicht los.

Leicht gesagt! Was soll geschehen, wenn sich, wie voraussichtlich, ein so hohes Limitum nicht erreichen läßt? Das Limitum muß möglichst niedrig gesetzt werden; ich setze das meinige auf 700 an.

Ich meinerseits auf 750.

Ich auf 850.

So, Fremdling, jetzt entscheide. Wie hoch soll die Summe limitiert werden?

„Wenn die Gläubiger sich über die Summe nicht vereinigen können, so gibt es eben kein Limitum. Es bleibt dann nichts übrig, als die gewählte Vertrauensperson zu ermächtigen, den Umständen gemäß nach bestem Wissen und Gewissen den Handel abzuschließen."

(Stimme) Dann bitte ich mich zu wählen, ich beanspruche nicht einmal eine Vergütung für die Reise und Mühe.

(Chor der Gläubiger) Das glauben wir wohl. Unter dieser Voraussetzung melden wir uns alle. Es gäbe ja kein besseres Geschäft als ein solches. Wir wissen, was das bedeutet! Welche Garantie haben wir, daß unser Vertrauensmann nicht die Hälfte von der erhaltenen Summe in die eigene Tasche steckt?

„Ihr müßt allerdings einen zuverlässigen, ehrlichen Mann auswählen."

Zuverlässig, ehrlich? Das sind wir alle. Wenn es bloß darauf ankommen soll, so steht jeder von uns seinen Mann.

„Nun dann wählt einmal!"

Ich wähle mich selber.

Ich auch — ich auch — ich auch u. s. w.

„Auf diese Weise kommt ja aber keine Wahl zustande."

Davon überzeugst Du Dich erst jetzt? Das hättest Du im voraus wissen können. Unter uns traut jeder nur sich selber, keiner dem andern.

„Wenn Ihr in dem Maße mißtrauisch seid, so bleibt nichts übrig, als daß Ihr Euch alle zusammen auf die Wanderschaft begebt, um Euch gegenseitig zu bewachen."

Nun ist es des Spiels genug, Fremdling. Du wirst Dich überzeugt haben, daß Du zum Gesetzgeber keinen Beruf hast, daß wir Römer besser wissen, wie wir unser Recht einzurichten haben. Ein Verkauf von seiten eines Gläubigerkonsortiums ist ein Unding. Die Gläubiger können sich nicht sämtlich auf die Reise begeben, und über einen einzelnen werden sie sich nie vertragen, weil sie wissen, welche Gefahr sie dabei laufen. Der Verkauf des Schuldners in die Fremde läßt sich nur durch einen einzelnen beschaffen, der durch sein eigenes Interesse geleitet wird. Das ist die Gestalt, in der wir die Sache bisher erledigt haben, und ich denke: sie ist die einzig richtige. Du bist gerade zu dem Moment gekommen, wo die Sache in dieser Weise vor sich geht. Ich selber werde sie einleiten.

Versammelte Ehrenmänner und Mitgläubiger, wie hoch ist der Betrag sämtlicher Forderungen?

Im ganzen 2000 As.

Will jemand von Euch den Schuldner für diese Summe?

Nicht einmal für 1000; ich biete 900.

Ich 950.

„Ich gebe 1000."

Niemand mehr?

„Das Gebot ist zu niedrig, der Mann ist mindestens 1100 As wert."

Willst Du sie bieten?

„Nein!"

Nun dann bleibt es bei dem· Gebot von 1000, dafür schlagen wir den Mann los.

„Ich protestiere! Gesetzlich könnt Ihr mich nicht zwingen, meine Einwilligung zu erteilen. Ich ziehe es unter diesen Umständen vor, mein gesetzliches Recht des in partes secare zur Ausübung zu bringen."

(Chor der Gläubiger) Wir wissen sehr wohl, was Du damit bezweckst: Wir sollen, um Deinen Widerspruch zu entkräften, Dir Deine ganze Forderung auszahlen. Aber daraus wird nichts. Da könnte ein jeder kommen und sich demjenigen, was das allgemeine Interesse erheischt, widersetzen, um auf Kosten der andern sein Schäfchen ins Trockene zu bringen. Hier zieht jeder gleichen Strang. Dein Verlangen des Schneidens ist ein bloßer Schreckschuß, berechnet darauf, uns einzuschüchtern. Aber schrecken lassen wir uns nicht! Wir wissen sehr wohl, daß Dir ebenso wie uns das Geld lieber ist, als ein Stück Menschenfleisch. Versuche einmal, Deine Drohung wahr zu machen; es soll Dir teuer zu stehen kommen, wir werden es Dir lebenslänglich eintränken, daß Du uns um das Unsrige gebracht hast.

„Darauf hin wage ich es schon."

Nun gut, so schneide. Hier ist ein Messer. Kommt herbei, Quiriten, hier gibt es etwas zu sehen. Spurius Postumius will schneiden.

Nun, Du zögerst? Dies wußten wir ja, daß es bei Dir nur auf eine leere Drohung abgesehen war. Auf ein anderes Mal unterlasse solche Quertreibereien, mit denen Du bei uns doch nichts ausrichteſt, und welche die Sache nur nutzlos aufhalten.

Wer hat das höchſte Gebot getan?

„Ich, Titus Aufidius. Ich werde jedem von Euch ſofort die auf ſeine Forderung entfallenden 50 Procent aus- zahlen, — hier iſt das Geld."

— — — — — — — — — — —

— — — — — — — — — — —

Nun, Fremdling, was denkſt Du dazu? Iſt es richtig gemacht oder nicht?

„Vollkommen richtig! Die Sache nimmt ganz denſelben Ausgang wie bei der venditio bonorum, die Ihr allerdings noch nicht kennen könnt, da ſie erſt dem prätoriſchen Edikt angehört. Die Konkursmaſſe wird dabei öffentlich aus- geboten und demjenigen zugeſchlagen, der den Gläubigern die meiſten Procente bietet. Ich habe früher gemeint, daß dies eine Erfindung des Prätors ſei, und zwar, wie ich glaubte, urſprünglich des praetor peregrinus, aber ich habe mich jetzt überzeugt, daß er ſie nur von Euch entlehnt hat."

Ich habe aber jetzt noch einige Fragen. Zuerſt die: warum verſteigert Ihr bloß die Perſon des Schuldners, nicht auch ſein Vermögen?"

Dem Schuldner war das ſeinige von einigen von uns ſchon vorher abgejagt. Hätte er noch irgendwelches Vermögen gehabt, ſo wäre daſſelbe an denjenigen gefallen, der ihn erſtanden hat, und wäre dann bei dem Gebot mit in Anſchlag gebracht worden. Der addizierte Schuldner fällt mit allem, was er iſt und hat, dem Gläubiger zu.

„Ich ſehe da neben ihm ſeine Frau und Kinder, die von ihm Abſchied nehmen. Die hättet Ihr, da alles, was ihm gehört, Euch zufällt, ja ebenfalls mit verkaufen können."

Der Mann hatte ſich vorgeſehen. Als er merkte, daß er nicht mehr zu retten ſei, hat er ſie emanzipiert, und wir

haben jetzt das Nachsehen. In den ärmeren Klassen sichern
sich die Frauen bereits bei Eingehung der Ehe in der Weise,
daß sie aus Furcht vor dem Schicksal, das sie treffen
könnte, dem Manne in die Knechtschaft zu folgen, keine
Manusehe eingehen, und wir müssen es sogar dulden, daß sie
oder ihre Väter vor uns auf Grund ihrer Dotalforderungen
ebenfalls ihren Anteil aus der Masse begehren. Sie bringen
dieselben zu dem Zweck in die Form der Stipulation, der
cautiones rei uxoriae. In der guten alten Zeit bekam die
Frau nichts von ihrer Dos aus dem Konkurse heraus; aber die
Zeiten sind nicht mehr, die Leute sind viel zu schlau geworden.

„Ich habe noch eine Frage. Wenn es den Decemvirn
mit der Verhängung der Leibesstrafe an dem Schuldner nicht
Ernst war, wenn sie vielmehr den Weg voraussahen, den
Ihr einzuschlagen pflegt, warum haben sie denselben nicht
ausdrücklich vorgezeichnet?"

Man sieht, daß Du nicht aus Rom bist. Sieh Dir
einmal den Satz der XII Tafeln an, auf den ich mit dem
Finger zeige; wie lautet er?

„Si membrum rupit, ni cum eo pacit talio esto. Was
hat denn der mit meiner Frage zu schaffen?"

Du sollst es erfahren. Das Gesetz droht die Talion an,
tatsächlich aber kommt es kaum je dazu. Die Parteien vereinigen sich über eine Abfindungssumme, die nach ihren Ver-
mögensverhältnissen und nach ihrer Entschlossenheit, Stand-
haftigkeit und Zähigkeit sehr verschieden ausfällt. Es ist
allerdings schon vorgekommen, daß sie sich nicht vereinigen
konnten und daß zur Talion geschritten werden sollte, aber
im letzten, entscheidenden Moment gab dann bald der eine,
bald der andere Teil nach. Der eine ließ etwas von seinen
übertriebenen Forderungen schwinden, der andere legte zu
der offerierten Summe noch etwas zu. Gerade das hat das

Gesetz beabsichtigt, die angedrohte Talion soll nur ein Pressionsmittel abgeben, um die Parteien zur gütlichen Vereinbarung zu nötigen, wie dies aus dem Zusatz: ni cum eo pacit deutlich hervorgeht, aber die Decemvirn haben sich wohlweislich gehütet, dies pacere direkt vorzuschreiben, es wäre gänzlich erfolglos gewesen, wenn nicht die Talion dahinter gestanden hätte, letztere allein hält beide Parteien in Schach. Ganz ebenso verhält es sich mit der Androhung des in partes secare. Dasselbe hat nur den Zweck eines Pressionsmittels; zu den Worten des Gesetzes: in partes secanto hast Du Dir im Sinne desselben hinzuzudenken: ni pacunt. Auf dieses pacere ist es dem Gesetz abgesehen, und dasselbe hat sein Mittel so richtig gewählt, daß es den beabsichtigten Dienst nie versagt, Du hast das ja vorher erfahren.

„Das Mittel ist in der Tat geschickt gewählt, es erinnert mich an eine Einrichtung unserer heutigen Zeit: an die englische Jury. Ihr Spruch erfordert Einstimmigkeit, und das Gesetz erzwingt dieselbe dadurch, daß die Geschwornen das Beratungszimmer nicht eher verlassen dürfen, bis sie einstimmig geworden sind."

Meine Cigarre ist zu Ende, — das Bild verschwindet. Ich zünde mir fortan keine neue wieder an, ich habe sie nicht mehr nötig, ich habe die Gabe in mir entdeckt, im Traum juristische Bilder in mir heraufzubeschwören, und dies ist bequemer, ich mache es im Schlaf ab und spare mir die Arbeitsstunden des Tages. Im folgenden teile ich den Traum mit, an dem ich diese Gabe zuerst bei mir entdeckt habe.

Im juristischen Begriffshimmel.

Ein Phantasiebild.

Ich war gestorben. Eine Lichtgestalt empfing meine Seele bei dem Austritt aus dem Körper.

„Du bist jetzt von den Banden der Sinnlichkeit befreit, die Fesseln, mit denen Deine Seele an den Körper gekettet war, sind gesprengt, Du bist fortan nur Geist. Als solcher hast Du nicht mehr nötig, den „Geist" einer Sache erst mühsam zu suchen, denn alles, was Dich umgibt, die ganze Welt ist Geist d. i. Ge—ist[1]). Die Welt, welche Du bisher wahrzunehmen glaubtest, existierte nur in Deiner Vorstellung, ebenso wie Zeit und Raum, es waren Formen Deiner subjektiven Anschauung, wie Du, wenn Du Kant und Schopenhauer studiert und verstanden hast, bereits wissen mußt, — alles war Blendwerk und Sinnestäuschung. Das wahre Sein ist immaterieller Art, die ganze Welt ist Geist, und Du selber bist ein Stück davon. Was Du denkst, das ist, — Denken und Sein sind eins. Darauf beruht die Macht des zur Höhe seiner selbst erhobenen Willens, den Du auf Deiner irdischen Vorstufe nur in seiner unvollkommenen Form, in seinen ersten Ansätzen in der Welt der Erscheinung hast kennen lernen.

---

1) C. F. Christiansen, Institutionen des röm. Rechts. Altona 1848, S. 7. „Der Geist ist: rechtes Ist, Sein, esse, denn er ist nicht: „das sein", sondern ist: „Sein sein", „Ist sein"; der Geist ist Ge- — ist."

Die Qual des Willens, wie euere Philosophen es nennen, die dabei nur den irdischen Willen vor Augen haben, hat nunmehr für Dich aufgehört, fortan ist Dein bloßes Denken Wollen, — was Du gedacht hast, hast Du gewollt, und was Du gewollt hast, ist Wirklichkeit, — Gedanke und Wirklichkeit sind eins."

Habe Dank für die Unterweisung. Ich habe mir die Sache ungefähr so gedacht, aber es ist mir lieb, daß ich aus Deinem Munde die Bestätigung erhalte. Wie habe ich Dich zu nennen?

„Wir Geister tragen keinen Namen, wir sind keine Individuen mehr, wie der Mensch es ist. Die Individualität ist ebenfalls eine der Formen des beschränkten irdischen Daseins, sie beruht gleich allen andern auf der Verkettung des Geistes mit dem Körper; hat der Geist sich von letzterem abgelöst, so geht er in die Geistessubstanz, welche die wahre Welt ist, auf, gleich dem Tropfen, der ins Meer fällt. Ich bin Du, Du bist ich, wir alle sind unterschiedslos eins, eine und dieselbe Geistessubstanz; die Vorstellung des individuellen Fürsichseins, der Du Dich bisher hingegeben hast, und die noch eine Zeitlang in Dir nachwirken wird, wird demnächst von Dir als Täuschung erkannt werden, Du wirst inne werden, daß nicht Du bist, daß nicht Du denkst, sondern daß Es ist, daß Es denkt, daß Dein Sein und Denken dem allgemeinen Sein und Denken gegenüber ebensowenig selbständig ist, als der Tropfen im Strom, die Welle auf der See. Hast Du's verstanden?"

Könnte es nicht sagen.

„Du hättest Dich auf Erden mehr mit Philosophie beschäftigen sollen. Euern Philosophen macht es nicht die mindeste Schwierigkeit, das unpersönliche Sein und Denken zu begreifen. Aber auch mit Dir wird es sich mit der Zeit schon machen. Der Übergang von der Subjektivität zum unperſönlichen Sein iſt für den Ungeübten nicht ſo leicht, auch ich habe mich erſt daran gewöhnen müſſen.

„Zur Zeit befindeſt Du Dich noch in einem Übergangs- ſtadium, es iſt das der Puppe, die aufgehört hat Raupe zu ſein und noch nicht Schmetterling geworden iſt. Du wirſt in dieſem Zuſtande nicht wiſſen, ob Du wachſt oder träumſt, ob das, was Du ſiehſt und erlebſt, Vorſtellung oder Wirklich- keit iſt; es iſt das erſte Symptom des ſchwindenden Subjektivi- tätsbewußtſeins; Du wirſt wiſſen, daß alle ſchwierigen Über- gänge durch Mittelſtufen bewirkt werden.“

„Ich werde übrigens, um mich Dir verſtändlich zu machen, zu Deinem bisherigen Standpunkt herabſteigen und mich Deinen Vorſtellungen von Zeit, Raum und Individualität accommodieren. Darum magſt Du mich als ein Individuum anſehen und mich, um uns beide, die wir in Wirklichkeit nur eins ſind, auseinanderzuhalten, bei Namen nennen.“

Wie darf ich Dich denn nennen?

„Nenne mich Pſychophoros, den Seelenführer. Ich bin der- jenige, welcher Dich an den Ort Deiner Beſtimmung zu führen hat. Ich ſage „Ort“ und „führen“, um das, was jetzt mit Dir geſchieht, Deiner Vorſtellungsweiſe anzupaſſen. Wäreſt Du ſchon weiter vorgerückt, ſo würdeſt Du wiſſen, daß die An- nahme eines beſtimmten Orts im Raum auf der Unvollkommen- heit des menſchlichen Denkens beruht, und daß es auch des Führens meinerſeits nicht bedarf, da Du ſelber den Ort Deiner Beſtimmung nur zu denken brauchſt, um dort zu ſein.“

Ich will es einmal verſuchen. Wohin ſoll ich mich durch mein Denken verſetzen?

„Da Du Romaniſt biſt, ſo kommſt Du in den juriſtiſchen Begriffshimmel. In ihm findeſt Du alle die juriſtiſchen Be- griffe, mit denen Du Dich auf Erden ſo viel beſchäftigt haſt, wieder. Aber nicht in ihrer unvollkommenen Geſtalt, in ihrer Verunſtaltung, die ſie auf Erden durch die Geſetzgeber und

Praktiker erfahren haben, sondern in ihrer vollendeten, fleckenlosen Reinheit und idealen Schönheit. Hier werden die juristischen Theoretiker belohnt für die Dienste, die sie denselben auf Erden geleistet haben, hier erblicken sie dieselben, welche sie dort nur in verschleierter Gestalt sahen, in voller Klarheit, sie erschauen sie von Angesicht zu Angesicht und verkehren mit ihnen wie mit ihresgleichen. Die Fragen, für die sie sich im Diesseits vergebens nach einer Lösung umgesehen haben, hier werden sie ihnen von den Begriffen selber beantwortet. Hier gibt es keine civilistischen Rätsel mehr, die Konstruktion der hereditas jacens, der Korrealobligation, der Rechte an Rechten, die Natur des Besitzes, der Unterschied des Prekarium vom Kommodat, das Pfandrecht an eigener Sache und wie alle die Probleme heißen mögen, die dem Jünger der Wissenschaft in seinem Erdenwallen so viel zu schaffen machen, hier sind sie alle gelöst."

„Das ist der Himmel, dessen Du als Theoretiker jetzt teilhaftig werden wirst."

Also bloß für Theoretiker? Wohin kommen denn die Praktiker?

„Sie haben ihr eigenes Jenseits. Dasselbe gehört noch zum Sonnensystem. Die Sonne wirft ihre Strahlen hinein, und es gibt dort eine atmosphärische Luft, wie sie für die derbe Konstitution des Praktikers paßt, der einmal in dem luftleeren Raum, wie er für die Begriffe nötig ist, nicht zu existieren vermag, und es herrscht dort ein Leben ganz wie auf der Erde, kurz der Praktiker findet alle Bedingungen des irdischen Daseins auch dort wieder. Im theoretischen Himmel würde er nicht zu atmen vermögen, und er würde auch, da seine Augen auf die dort herrschende tiefe Finsternis nicht eingerichtet sind, keinen Schritt von der Stelle tun können."

Ist es denn dort dunkel?

„Völlig! Es herrscht die finsterste Nacht. Der Weltkörper, auf dem das theoretische Jenseits sich befindet, gehört nicht mehr zum Sonnensystem, es scheint kein Sonnen-strahl hinein. Die Sonne ist die Quelle alles Lebens, aber die Begriffe vertragen sich nicht mit dem Leben, sie haben eine Welt für sich nötig, in der sie ganz für sich allein existieren, fern von jeglicher Berührung mit dem Leben."

Aber wie können denn die Theoretiker, die dorthin kom-men, in dieser Dunkelheit sehen?

„Die Augen des Theoretikers sind schon auf Erden daran gewöhnt ins Dunkle zu sehen. Je dunkler der Gegenstand, den er behandelt, einen desto höheren Reiz hat er für ihn, desto mehr kann er seinen Scharfblick an ihm zeigen, er gleicht der Eule, dem Vogel der Minerva, der im Dunkeln sieht. Welchen Reiz würde die römische Rechtsgeschichte für ihn haben, wenn die Quellen es ihm ermöglichten, auf alle Fragen eine klare und bestimmte Antwort zu erteilen! Ge-rade die Lückenhaftigkeit und das oft gänzliche Schweigen derselben geben der Sache den größten Reiz, gerade die dunkelsten Partien sind die interessantesten, denn sie verstatten jenes freie ungebundene Umherschweifen der Phantasie, in welchem der wahre Hochgenuß ihres Besitzes besteht. Das Licht an die Stelle der Dunkelheit gesetzt — und alles wäre dahin! Und selbst die Pandekten! Was würde aus den Vorlesungen über sie, wenn es keine Dunkelheiten z. B. keine dunklen Stellen in den Quellen gäbe! Gerade sie sind ja die Würze des Vortrags, auf welche der Lehrer sich schon lange freut. Welche Einbuße würde die Wissenschaft erleiden, wenn die Stellen, die jetzt seit Jahrhunderten vielen Tausenden von Romanisten Gelegenheit gegeben haben, ihren Scharf-sinn zu zeigen, in einer Weise erklärt würden, welche keinem Zweifel mehr Raum ließe, — es gäbe an ihnen dann nichts weiter zu tun, der Reiz derselben wäre dahin.

„Doch es ist des Redens genug! Mache Dich bereit.

Wir treten unseren Weg an, und Du hast zu dem Zweck
nichts zu tun, als Dir das Jenseits, wie ich es Dir soeben
geschildert habe, mit aller Energie zu denken, dann ist es da."

Ich tue es.

— — — — — — — — — — — —

— — — — — — — — — — — —

"Wir sind bereits da! Meine Mission ist nunmehr be-
endet. Vielleicht komme ich noch einmal wieder, um Dich
abzuholen, wenn Du die Prüfung nicht bestehst."

Eine Prüfung im Himmel? Ich sollte meinen, auf Erden
würde man genug geprüft, und nach dem Tode müsse das
Examinieren endlich einmal aufhören.

"Glaubst Du denn, daß in den Begriffshimmel jeder
Jurist ohne Unterschied zugelassen wird? Da könnten ja auch
Praktiker kommen und Aufnahme begehren. Er ist nur für die
Theoretiker bestimmt und auch nur für die Auserwählten unter
ihnen. Es wird sich bei Deinem Examen zeigen, ob Du zu letzteren gehörst, sonst mußt Du in den allgemeinen Juristenhimmel
wandern. Melde Dich bei dem Wächter, den Du dort siehst."

— — — — — — — — — — — —

— — — — — — — — — — — —

Ich soll mich bei Dir melden. Ich wollte in den
Himmel.

"Es wird sich finden, ob Du aufgenommen wirst. Vorläufig hast Du die Quarantäne zu bestehen, dann die Prüfung."

Eine Quarantäne? Zu welchem Zweck?

"Um uns sicherzustellen, daß Du uns keine atmosphärische Luft mitbringst."

Vertragt ihr die denn nicht?

"Sie ist Gift für uns. Eben darum ist unser Himmel
im äußersten Winkel der Welt angebracht, damit keine Luft-
welle und kein Lichtstrahl hineindringe. Die Begriffe vertragen

die Berührung mit der realen Welt nicht. Wo sie leben und herrschen sollen, muß letztere mit allem, was ihr angehört, gänzlich fern bleiben. In der Begriffswelt, die Du hier vor Dir hast, gibt es kein Leben in eurem Sinne, es ist das Reich der abstrakten Gedanken und Begriffe, die unabhängig von der realen Welt, auf dem Wege der logischen generatio aequivoca, sich aus sich selber heraus gebildet haben, und die darum jede Berührung mit der irdischen Welt scheuen. Selbst die Erinnerung an letztere muß derjenige, welcher hier Aufnahme finden will, gänzlich abgetan haben, sonst ist er des Anschauens der reinen Begriffe, in dem die höchsten Freuden unseres Himmels bestehen, nicht würdig und nicht fähig. Für diejenigen, welche dies noch nicht fertig gebracht haben, ist hier, wie in der Unterwelt der Griechen der Lethestrom, ein eigener Brunnen angebracht, aus dem ein Trunk genügt, um alles, was ihnen noch an Anschauungen vom wirklichen Leben anhaftet, in Vergessenheit zu tauchen. Aber die wenigsten, die sich bei uns zur Aufnahme melden, finden es nötig, ihn zu benutzen."

Bekommt Ihr viele?

„Nur wenige und diese fast nur aus Deutschland, und von dorther auch erst seit einiger Zeit. Jahrhundertelang kam niemand von dort, die damaligen Theoretiker zogen mit den Praktikern in den allgemeinen Juristenhimmel, erst seit fünf bis sechs Decennien sind die ersten eingetroffen. Der erste, der sich meldete, nannte sich Puchta, aber nach ihm steigerte sich der Zugang in ganz erfreulicher Weise. Einige, die sich meldeten, mußten allerdings abgewiesen werden."

Das interessiert mich. Erinnerst Du Dich noch ihrer Namen?

„Zwei kann ich Dir noch nennen, sie hießen Arndts und Wächter."

Wächter? Das begreife ich, der Mann hatte für das Höhere in der Jurisprudenz keinen Sinn, sein Geist bewegte sich stets in der niederen Region des Praktischen. Aber von Arndts hätte ich es nicht geglaubt, sein Pandektenkompendium war ja nur eine Überarbeitung von dem von Puchta.

„Er muß sich doch wohl etwas von ihm emanzipiert haben, man machte seinen Ansichten den Vorwurf, daß sie nicht theoretisch genug seien, daß er den Bedürfnissen des praktischen Lebens auf Kosten der reinen Theorie zuviel koncediert habe, kurz er bestand die Prüfung nicht."

Da wird es mir bange um mich; in nicht wenigen Punkten habe ich es auf Erden mehr mit Arndts als mit Puchta gehalten.

Savigny ist doch da?

„Mit dem hat es seinerzeit große Schwierigkeiten gemacht. Er verstand das Konstruieren noch nicht recht und wäre beinahe durchgefallen, aber schließlich hat doch seine Schrift über den Besitz den Ausschlag gegeben, man war der Ansicht, daß er damit die Befähigung, welche jeder dartun muß, der hier Aufnahme finden will, ein Rechtsinstitut ohne Anschauung der realen praktischen Bedeutung desselben rein aus den Quellen oder dem Begriff heraus aufzubauen, genügend dargetan habe,[1]) und im Hinblick darauf drückte man ein Auge zu. Auch seine Schrift vom Beruf unserer Zeit zur Gesetzgebung und Rechtswissenschaft ward wegen der guten Intentionen und der vorteilhaften Wirkungen, welche sie auf die Zeitgenossen ausgeübt hat, zu seinen Gunsten mit in Anschlag gebracht. Man meinte, daß ohne sie die Anträge auf Beseitigung des römischen Rechts in Deutschland und auf Abfassung eines einheimischen Gesetzbuches schon viel früher Erfolg gehabt haben würden, als es der Fall gewesen ist."

---

1) S. Anm. 1 am Ende des Aufsatzes.

Habt Ihr hier denn ein Interesse an der Beibehaltung des römischen Rechts?

„Wie kannst Du nur eine solche Frage tun! Was soll aus uns werden, wenn dasselbe einmal aufgehört hat, — ich mag mir die Zeit gar nicht denken, dann wird es hier recht einsam werden."

Rechnet Ihr denn bloß auf die Romanisten?

„Nicht schlechthin, aber vorzugsweise. Das römische Recht liefert uns die besten. Aber wir sind nicht exklusiv, wir nehmen auch Germanisten, Kriminalisten u. a., wenn sie sonst nur den Glauben an die Herrschaft der Begriffe mit den Romanisten teilen. Die meisten von ihnen sind Professoren, aber Du findest auch Mitglieder aus Eurem Reichstage und Euren Abgeordnetenhäusern hier, die sich gottlob durch Euren Bismarck in dem Glauben, daß die Welt durch abstrakte Principien regiert werden müsse, nicht haben irre machen lassen. Der unerschütterliche Glaube an die Herrschaft der Begriffe und abstrakter Principien ist allen, die Du hier antreffen wirst, gemeinsam. Dadurch sind sie gegen die Versuchung, sich um die praktischen Folgen derselben zu kümmern, vollständig gesichert; regelmäßig treffen dieselben auch nicht sie selber, sondern andere."

„Melde Dich jetzt zur Aufnahme in die Quarantäne. Was noch von atmosphärischer Luft an Dir ist, wird dort verdunsten. Du erhältst dann den Einlaßzettel, womit Du Dich dort beim Tor zu melden hast."

— — — — — — — — —

— — — — — — — — —

Ich möchte um Einlaß bitten.

„Dein Zettel ist in Ordnung, Ordnungsnummer 119, Professor des römischen Rechts. Du kannst eintreten. Willst Du sofort Dein Examen bestehen oder willst Du Dir unseren Himmel erst einmal ansehen? Letzteres steht Dir frei."

Dann möchte ich darum bitten.

"Ich gebe Dir einen Geist mit, der Dich herumführen und Dir alles erklären soll; er war bei Lebzeiten ebenfalls Professor des römischen Rechts wie Du."

Wie nennen Sie sich, wertester Herr Kollege?

"Ich habe, seitdem ich aus dem Vergessenheitsbrunnen trank, wie meine ganze Vergangenheit so auch meinen Namen vergessen. Wahrscheinlich bin ich auf Erden Professor gewesen und werde, wie es sich für einen solchen gehört, dicke Bücher geschrieben haben; sonst wäre ich wohl nicht hier. Ich vermute, daß letztere die Korrealobligation betroffen haben, denn beim Anblick derselben in der Begriffshalle überfällt mich jedesmal ein ganz eigentümliches Gefühl, ein sympathisches Rieseln, als ob zwischen uns früher einmal eine nähere Beziehung bestanden habe."

Da könnten sehr viele dasselbe Gefühl empfinden, denn es gibt kaum einen Romanisten, der sich nicht über sie hat vernehmen lassen; es geht kein Jahr hin, daß nicht Bücher und Abhandlungen darüber erscheinen.

"Das verdient sie auch! Sie gehört zu den tiefsinnigsten juristischen Gebilden, die es in unserem Himmel gibt, für den Juristen enthält sie ein ebenso interessantes und unerschöpfliches Problem, wie für die Theologen die Dreieinigkeit, man kann sich in sie so gänzlich hineinversenken, daß man für nichts anderes mehr Sinn behält. Wer sie in unserem Himmel einmal von Angesicht zu Angesicht geschaut hat, der ist ihrem Zauber für immer erlegen und für alles andere verloren."

Dann habe die Güte, mich nicht zu ihr zu führen, ich möchte mir meine Empfänglichkeit für andere Dinge nicht nehmen lassen.

Wohin geht unser Weg?

"Zunächst zur Palästra. Es ist der Turnplatz für die

gymnaſtiſchen Übungen, in denen die ſeligen Geiſter, wenn ſie vom Anſchauen der Begriffe ermüdet ſind, ihre Erholung ſuchen. Auf dieſen Platz wirſt Du ſpäter zurückgeführt werden, um hier Deine Prüfung zu beſtehen."

Seltſame Dinge, die ich hier wahrnehme! Was iſt denn dies für eine wunderliche Maſchine?

„Das iſt die Haarſpaltemaſchine. Wenn Du Dein Examen zu machen haſt, mußt Du auf ihr ein Haar in 999999 ganz akkurat gleiche Teilchen zerlegen; wenn auch nur ein einziges auf der daneben befindlichen Wagſchale, die durch einen Sonnenſtrahl zum Sinken gebracht werden kann, ſich als zu leicht erweiſt, ſo biſt Du durchgefallen. Zuerſt bekommſt Du ein Haar, das Du noch mit bloßem Auge wahrzunehmen vermagſt, dann immer feinere, die Du bei der noch nicht ausgebildeten Sehkraft Deines Auges nur mittelſt einer Lupe wahrnehmen kannſt. Späterhin haſt Du letztere gar nicht mehr nötig; es iſt unglaublich, wie das Auge ſich ausbildet, und wie die Virtuoſität im Haarſpalten durch die Übung wächſt, wir haben hier einige, welche den angegebenen Normalteil wiederum in 999999 Teile zerlegen. Wer es am beſten kann, erhält als Meiſterpreis nach Art eines Lorbeerkranzes einen aus den ſelbſtgeſpaltenen Haaren gewundenen Kranz, und er behält ihn ſo lange, bis ein anderer ihn überbietet. Das Haarſpalten hat bei uns noch nie ein Ende gefunden."

Was iſt denn das da für eine lange Stange?

„Das iſt die Kletterſtange der ſchwierigen juriſtiſchen Probleme. Sie iſt ſo glatt, daß ein Sonnenſtrahl, wenn der hier möglich wäre, daran abgleiten würde. Dreimal darfſt Du es verſuchen, mißlingt es Dir, ſo biſt Du durchgefallen. Du ſiehſt, daß die Stange drei Maſtkörbe hat. Auf den erſten mußt Du bei Deinem Examen hinauf, um irgend eins der dort befindlichen Probleme herunterzuholen und es dann wieder hinaufbringen. Die beiden übrigen Mastkörbe sind nur von denen zu erreichen, die im Klettern bereits eine große Fertigkeit erlangt haben. Ich brauche Dir nicht zu sagen, daß die Schwierigkeiten mit jeder Abteilung sich steigern. Auf den obersten Mastkorb ist nur ein einziger ein einziges Mal hinaufgekommen, und er hatte nachher die äußerste Mühe, das Problem wieder hinaufzubringen."

Warum muß das denn geschehen?

"Welche unverständige Frage von Dir! Das ganze Vergnügen würde aufhören, wenn keine Probleme mehr da wären, die man herunterholen könnte. Unsere Probleme sind bloß dazu da, um zum Klettern anzufeuern, nicht um gelöst zu werden. Was sollten denn alle, die den Trieb zum Klettern in sich verspüren, beginnen, wenn keine Probleme mehr oben wären? Darum müssen dieselben immer wieder hinaufgebracht werden."

Da verhält es sich ja mit Euren Problemen ebenso wie mit den drei Hasen, von denen mir an einem Ort, an dem ich früher Professor war, berichtet ward. Sie waren die einzigen auf dem ganzen Jagdgebiet der Gemarkung und waren den Jagdliebhabern individuell bekannt. Es war eine stillschweigende Übereinkunft unter den Jagdfreunden, zwar Jagd auf sie zu machen und auf sie zu schießen, aber sie nicht zu treffen, man wollte sich das Vergnügen der Jagd bewahren. Einer von ihnen traf einst den einen Hasen, — wie er fest versicherte: aus Versehen, und erregte dadurch die allgemeine Entrüstung; die Hasen, hieß es, seien hier nur dazu da, um gejagt, nicht aber um geschossen zu werden. Ganz dasselbe scheint mit Eueren Problemen der Fall zu sein.

"Du hast den Nagel auf den Kopf getroffen, das Verständnis für unsern juristischen Himmel scheint Dir allmählich zu tagen."

Erlaube mir noch eine Frage: sind die schwierigen

juriſtiſchen Probleme, welche Ihr da oben aufgeſtellt habt,
praktiſcher Art, haben ſie Bedeutung für das Leben?

„Jetzt zeigſt Du wieder einmal, daß Dir das Verſtändnis
für unſern Himmel noch gänzlich abgeht. Praktiſcher Art?
Den Namen praktiſch darfſt Du hier gar nicht nennen; wenn
ein anderer als ich das Wort gehört hätte, ſo hätte dies
Deine ſofortige Ausſchließung zur Folge gehabt. Bedeutung
der Probleme für das Leben? Gibt es denn hier ein Leben?
Hier herrſcht nur die reine Wiſſenſchaft, die Rechtslogik, und
die Bedingung ihrer Herrſchaft und all der Herrlichkeit, die
ſie aus ſich entläßt, beſteht gerade darin, daß ſie mit dem
Leben nicht das mindeſte zu ſchaffen hat. Du wirſt ſpäter,
wenn wir die Begriffe in Augenſchein nehmen, ſehen, was
aus ihnen wird, wenn ſie ſich dem Leben zu fügen haben.
Es befindet ſich dort neben der Begriffshalle, in der Du die
reinen, d. h. lediglich ſich ſelber lebenden und aller Beziehung zum Leben enthobenen Begriffe erſchauen wirſt, ein
eigenes anatomiſch-pathologiſches Begriffskabinett, welches die
Mißbildungen und Verrenkungen enthält, denen die Begriffe
in der wirklichen Welt ausgeſetzt geweſen ſind. Es ſind lauter
Präparate. Solche Mißgeburten können, wenn ſie auch auf
Erden eine kümmerliche Exiſtenz führen, doch in unſerem
Himmel nicht leben, denn hier lebt nur, was wiſſenſchaftlich geſund d. i. begrifflich rein, logiſch korrekt iſt. Das
Leben, an welches Du denkſt, iſt gleichbedeutend mit dem Tod
der wahren Wiſſenſchaft. Es iſt die Knechtſchaft der Wiſſenſchaft, der Frondienſt der Begriffe, die anſtatt, wie ſie es
beanſpruchen können, ſich ſelber zu leben, in das erniedri-
gende Joch der Bedürfniſſe des irdiſchen Lebens geſpannt
werden. Hier leben die Begriffe ſich ſelber, und wenn Du
Dir die Ausſicht auf Aufnahme nicht gänzlich abſchneiden
willſt, ſo richte an niemanden die Frage: wozu denn alles,
was Du hier ſiehſt, dienen ſolle. Dienen! Das fehlte noch,

daß die Begriffe auch in unserm Himmel dienen sollten, — hier herrschen sie und entschädigen sich für die Dienstknechtschaft, welche sie auf Erden erdulden mußten."

„Gehen wir weiter. Ich werde Dir einige unserer juristischen Maschinen zeigen. Ich kann sie Dir nicht alle erklären, sie sind auch nicht alle gleich interessant, und einige, wie z. B. hier den Fiktionsapparat, dessen hohen Wert für juristische Zwecke Du aus Erfahrung kennst, wirst Du auch ohne meine Beihilfe erkennen. Ich nehme nur die interessantesten heraus."

„Dieses hier ist der Konstruktionsapparat. Es trifft sich gut, daß er sich gerade in Tätigkeit befindet. Wir wollen einmal sehen, was der Geist, der sich seiner bedient, vor hat."

„Hehrer Geist, verstatte die Frage: womit beschäftigst Du Dich augenblicklich?"

„Ich konstruiere den Vertrag."

Den Vertrag? Der ist ja ein ganz einfaches Ding; was läßt sich denn daran noch konstruieren?

„Eben weil er so einfach ist, recht viel! Du scheinst hier noch Neuling zu sein, sonst würdest Du dies wissen. Gerade an den einfachsten Dingen besitzt die Kunst des Konstruierens ihre interessantesten und dankbarsten Objekte. Das Einfache kann ein jeder begreifen, aber das Begreifen ist auch danach. Der Kenner weiß, daß die einfachsten juristischen Phänomene die größte Schwierigkeit in sich schließen, und in Bezug auf den Dir so einfach erscheinenden Vertrag weiß ich noch gar nicht einmal, ob es mir überhaupt gelingen wird ihn zu konstruieren; ich bin nahe daran, den Vertrag für eine logische Unmöglichkeit zu erklären."[1]

Aber was soll . . . . .

„Schweig, ich errate was Du sagen willst. Du meinst,

---

1) Anm. 2.

wie man im Leben ohne den Vertrag auskommen soll. Das
Wort Leben darfst Du, wie ich schon gesagt habe, hier nicht
nennen, sonst bist Du verloren. Verbessere Deine Frage."

Ich — ich — ich meinte: was soll erst aus solchen Aufgaben werden, wie die Konstruktion der Rechte an Rechten,
der hereditas jacens, des Pfandrechtes an eigener Sache?

„Reine Bagatellen! Damit bin ich lange fertig. Je
komplizierter das Verhältnis, desto leichter die Konstruktion;
je einfacher, desto schwieriger. Das einzige, was außer dem
Vertrage noch einen Reiz für mich hat, ist die Obligation
und die direkte Stellvertretung."

Darf ich fragen, zu welchem Resultate Du bei ihnen
gekommen bist?

„Bei der Obligation zu dem, daß sie ein Recht **an der
Handlung** des Schuldners ist."

Aber das kann ich mir ja gar nicht denken. Solange
die Handlung nicht vorgenommen ist, existiert sie noch gar
nicht, folglich ist auch kein Recht an ihr möglich.

„Existieren? Da merkt man, daß Du nicht zu uns gehörst. Was wir uns **denken,** existiert. Die Handlung des
Schuldners, die für Dein beschränktes Denken, das die Kategorie der Zeit noch nicht überwunden zu haben scheint, erst
in der Zukunft existiert, existiert für mich, der diese Schranke
des Denkens nicht kennt, bereits jetzt; ich denke sie mir, und
sie ist da. Denken und Sein ist für uns eins."

Auf diesem Wege allerdings. Und wie ist Deine Konstruktion der direkten Stellvertretung ausgefallen?

„Sie ist einfach unmöglich. Man kann sich nicht denken,
daß die Handlung des A die des B sei, was doch nötig
sein würde, damit die Wirkungen derselben letzterem zugute
kämen. Sowenig der eine für den andern eine Medicin einnehmen kann, sowenig für ihn eine Handlung vornehmen, das
eine ist eine physische, das andere eine logische Unmöglichkeit,

— die Wirkung kann nur in der Person deſſen eintreten, in dem die Urſache ihr vorausgegangen iſt. Wenn das poſitive Recht beſtimmt, daß aus einem im fremden Auftrage und auf fremden Namen abgeſchloſſenen Vertrage nur der Mandant, nicht der Mandatar berechtigt und verpflichtet werden ſoll, ſo iſt das die reinſte Willkür, ein Verſtoß gegen alle Geſetze des juriſtiſchen Denkens, und die Römer haben daher das allein Richtige getroffen, indem ſie die Wirkungen des Vertrages zunächſt in der Perſon des Stellvertreters eintreten laſſen und ſie von ihr auf die des Vertretenen hinüberleiten."

Aber beim Beſitz- und Eigentumserwerb laſſen ſie dieſelbe direkt eintreten.

„Schlimm genug! Das gehört der Periode des Verfalls des römiſch-juriſtiſchen Denkens an."

„Laſſe Dich hier mit niemandem in Streit ein, Du ſtehſt noch nicht auf der Höhe des begrifflichen Denkens."

„Wir gehen weiter."

„Was Du hier erblickſt, iſt die dialektiſch-hydrauliſche Interpretationspreſſe. Mittelſt ihrer bringt man aus jeder Stelle das heraus, was man nötig hat. Von den zwei Pumpen, die ſich neben dem Hauptcylinder befinden, enthält die eine den dialektiſchen Infiltrationsapparat, den Injektor, wodurch Gedanken, Vorausſetzungen, Beſchränkungen, die dem Schreiber der Stelle gänzlich fremd waren, in ſie hineingetrieben werden. Es iſt eine Erfindung der Theologen, die Juriſten haben ſie bloß nachgemacht, und ihr Apparat iſt mit dem der Theologen nicht von weitem zu vergleichen, er leiſtet kaum ein Zehntel von dem der letzteren, die dadurch ganze Syſteme in ein einziges Wort hineintreiben; aber für die juriſtiſchen Zwecke reicht ſie vollkommen aus. Die andere Pumpe iſt der Eliminationsapparat, der Eliminator, wodurch unbequeme poſitive

Äußerungen der Stellen beseitigt werden. Bei richtiger Handhabung der Maschine lassen sich die widersprechendsten Stellen
vereinigen."

Und jene Maschine ihr zur Seite?

„Sie ist die dialektische Bohrmaschine. Sie dient dazu, um schwierigen Fragen auf den Grund zu kommen. Sie
enthält die mechanische Verwirklichung des Problems der
wissenschaftlichen Gründlichkeit. Sie will übrigens mit großer
Geschicklichkeit gehandhabt werden. Bei minder geschicktem
Gebrauch bohrt sie so tief, daß der Bohrer auf der andern
Seite wieder herauskommt, was uns seligen Geistern stets
eine große Erheiterung gewährt. Zur Demütigung des Un-
geschickten und zur Warnung der andern werden die miß-
lungenen Probestücke aufbewahrt und ausgestellt, — Du siehst
sie hier vor Dir."

Sie überraschen mich nicht, ich war schon gefaßt darauf,
daß es in euerem Himmel an Verbohrtem nicht fehlen würde.

„Enthalte Dich gefälligst aller boshaften Anspielungen.
Um Dir übrigens fortan keine Gelegenheit mehr dazu zu
geben, werde ich Dir die übrigen Maschinen und Apparate
gar nicht zeigen. Wir gehen sofort zum letzten, das Du auf
der Palästra in Augenschein zu nehmen hast, es ist die
Schwindelwand, sie schließt den Platz ab."

Sie steigt ja zu immenser Höhe hinauf; mein Auge erreicht
ihr Ende kaum.

„Strenge Deine Augen einmal recht an. Siehst Du nicht
dort oben auf der Mauer sich etwas bewegen?"

In der Tat! Es scheint einer von Eueren Geistern zu
sein. Was macht er dort?

„Er übt sich gegen die Anfechtungen des Schwindels.
Die Wand erhebt sich in Absätzen. Auf dem niedrigsten ist
der Pfad, der sich an ihr hinzieht, noch so breit, wie der
Fuß von uns Geistern, bei den folgenden wird er immer

schmaler und spitzt sich schließlich bis zur Schärfe eines Rasier-
messers zu. Es ist der Pfad der dialektischen Deduktion, auf
dem die Vernunft bei dem geringsten Fehltritt Gefahr
läuft in den Abgrund des Unsinns zu fallen. Von den
höheren Stufen fallen viele hinunter. Blicke hinauf, Du hast
gerade das Beispiel vor Dir: der Mann fällt."

Schrecklich! Von dieser Höhe! Und noch dazu ist er auf
den Kopf gefallen. Wie schwer muß er sich beschädigt haben.

„Das macht ihm nicht viel, Du siehst, er steht sofort
wieder auf, um das Experiment von neuem zu versuchen.
Unsere Köpfe sind danach eingerichtet, daß sie einen Stoß
vertragen können. Auch Du mußt bei Deinem Examen auf
die Schwindelwand hinauf, aber nur auf den niedersten
Absatz."

Mir wird nach alledem, was Du mir bisher über die
Probestücke, die ich bei meinem Examen zu bestehen habe,
berichtet hast, so bange, daß ich daran verzweifle, es bestehen zu können; ich werde mich am Ende gar nicht dazu
melden.

„Das ist Deine Sache. Ich führe Dich jetzt zu der
rechtshistorischen Akademie."

Eine eigene Akademie für Rechtsgeschichte?

„Nicht für die Rechtsgeschichte überhaupt, sondern nur
für die römische, und auch für sie nicht schlechthin, sondern
nur für einen Zweig derselben, der aber an wissenschaftlichem
Wert und Interesse alle andern weit überragt."

Die Urgeschichte?

„Nein! Ihr erkennen wir hier nur die zweite Stelle
zu, die erste nimmt die Restitution römischer Formeln und
Texte ein. Sie gilt für den schwierigsten und wertvollsten
Teil der Beschäftigung mit der römischen Rechtsgeschichte;
wer sich auf sie nicht versteht, wird nicht in die Akademie
aufgenommen."

Da habt ihr wohl nicht viele Akademiker?

„O, doch! An die Texte wagen sich allerdings nicht
so viele, den meisten fehlt der Mut oder die philologische
Kenntnis dazu, aber an solchen, die sich an der Restitution römischer Formeln versuchen, haben wir gottlob keinen Mangel.
Danach zerfällt die Akademie in zwei Klassen: in die für
Text- und in die für Formeln-Restitution, jene ist die höhere,
diese die niedere. Nur die Mitglieder der ersten Klasse rechnen sich für voll und nennen sich, wenn sie unter sich
sind, die „Ganzen", während sie die der zweiten bloß als
die „Halben" bezeichnen, was diesen nicht unbekannt und
höchst empfindlich ist. Sie halten sich ihrerseits wieder dadurch schadlos, daß sie auf diejenigen Rechtshistoriker herab-
sehen, die es nicht einmal bis zur Restitution römischer Formeln bringen."

Darf ich das Innere der Akademie betreten?

„Gewiß! Nur darfst Du dort, da Du selber nicht Akademiker bist, niemanden der Anwesenden anreden; wenn Du
etwas wissen willst, richte die Frage an mich."

„Ich führe Dich nur in die erste Abteilung; die zweite
ist ohne erhebliches Interesse."

Was ist denn dies für eine Tafel, die hier ausge-
hängt ist?

„Es ist die Versuchstafel für Restitutionen. An dieselbe werden lückenhafte Texte römischer Gesetzestafeln geschrieben, welche zu restituieren sind. Jeden Monat kommt der
Abwechslung wegen ein neuer daran. Zu Versuchen der Restitution römischer Schrifttexte liegen dort verschiedene ver-
stümmelte Codices; auf manchen Blättern sind nur einige
Buchstaben zu erkennen, auf einigen selbst die nicht einmal.
Sehen wir zu, was augenblicklich an der Tafel steht."

```
UN. . . . . . . . .
. . . . . . . FRUC
. . . . . . . HTB
ARE . . . . . . .
SP . . . . . . . . I
ELE . . . . . . .
RE . . . . . . . .
I . . . . . . . EN. .
```

„Würdeſt Du Dir getrauen, dieſes Bruchſtück zu ergänzen?"

Ich habe mich an Reſtitutionen nie verſucht und ſchrecke
auch hier zurück. Höchſtens würde ich die Buchſtaben S P,
bei denen Q R ausgefallen ſein werden, als Senatus Populus
(que Romanus) deuten.

„Das haben auch ſämtliche Akademiker angenommen,
es iſt der einzige Punkt, in dem ſie übereinſtimmen, im übrigen gehen ihre Textreſtitutionen gänzlich auseinander. Bis
jetzt hat noch keiner von ihnen das Richtige getroffen, weder
bei dieſer noch bei einer früheren Aufgabe. Wer es trifft,
wird Präſident der Akademie und bleibt es ſo lange, bis ein
anderer ihn auf demſelben Wege aus dem Sattel hebt, —
bis jetzt iſt der Poſten noch nie beſetzt geweſen."

Das muß ja aber ſehr entmutigend ſein, ich würde
von ferneren Verſuchen gänzlich abſtehen.

„Das verſtehſt Du nicht. Jeder von ihnen iſt der feſten
Überzeugung, daß er das Richtige getroffen hat, und in
dieſem Glauben findet er ſeine Befriedigung. Für denjenigen,
der den Reiz dieſer wiſſenſchaftlichen Beſchäftigung einmal
gekoſtet hat, gibt es keinen höheren Genuß als ſie, denn ſie
verſchafft ihm das Gefühl, ein verlorenes Stück des Altertums wieder ans Tageslicht gebracht zu haben, ein Schlie-
mann auf dem Gebiet der römiſchen Rechtsquellen zu ſein.

Quellen lesen kann ein jeder, aber Quellen machen — das ist die Kunst. Da liegen allerhand Worte der alten Zeit wie Schutt und Moder bei Festus und Varro durcheinander — wertloses Gerümpel für denjenigen, der sie nicht zu würdigen versteht. Aber da kommt der richtige Mann, und mit Hilfe dieser Worte liefert er uns einen neuen Satz der 12 Tafeln. Auch Gajus — doch da treffe ich den Akademiker, der ihn seit längerer Zeit in Behandlung genommen hat, gerade in Arbeit. Hören wir, was er augenblicklich macht."

„Hehrer Geist, womit beschäftigst Du Dich augenblicklich am Gajus?"

„Ich bin mit der Ergänzung der Lücken bei Gajus soeben fertig geworden und verbessere jetzt den Text. Ich bin zu der Überzeugung gelangt, daß Gajus mehrfach grobe Flüchtigkeitsfehler begangen hat, so z. B. bei der Wiedergabe der römischen Testamentsformel (II, 104), wo er das ex jure Quiritium meam esse ajo weggelassen hat; das habe ich soeben in den Text gesetzt."[1]

Mir scheint . . . . .

„Enthalte Dich jeder Bemerkungen ihm gegenüber, Du müßtest sonst den Saal wegen ungehörigen Betragens sofort verlassen. Sprich mir leise ins Ohr. Was also scheint Dir?"

Mir scheint das zu passen, wie die Faust auf das Auge. Der familiae emtor, der die Formel spricht, will ja gerade betonen, daß er nicht Eigentümer, sondern, um mich eines Ausdrucks des germanischen Rechts zu bedienen, nur Treuhänder, Salmann werden, die Erbschaft nur in seine Obhut und Verwaltung nehmen will (familia pecuniaque tua endo mandatela(m) custodela(m) que mea(m) . . . . . est emta). Das ex jure Quiritium meam esse ajo, würde gerade das Gegenteil involvieren. Wäre der familiae emtor dominus

---

1) Huschke, Jur. Ant. a. a. O.

ex jure Quiritium geworden, so hätte er alle Erbschaftssachen verkaufen können, und die Erben und Legatare hätten das Nachsehen gehabt, eben darum bekommt er an der Erbschaft lediglich die mandatela custodelaque.

„Ist auch meine Ansicht. Aber an solchen Bedenken stößt er sich nicht. Das „ex jure Quiritium meum esse" klingt ihm voller in die Ohren, als das bloße „meum esse", und wo der Zusatz fehlt, fügt er ihn hinzu."[1]

Jetzt legt er ja den Gajus zur Seite; was nimmt er denn jetzt vor?

„Den Paulus. Er verbessert die von letzterem (S. R. III 4a, 7) überlieferte Formel der interdictio bonorum, indem er aus dem ea re des Schlußpassus: ob eam rem tibi ea re commercioque interdico. — lare macht."[2]

Was denkt er sich dabei?

„Wahrscheinlich soll lar den Hausgottesdienst bedeuten, was die Römer wohl nicht weniger überrascht haben würde, als es Dich zu überraschen scheint. Demzufolge würde dem Verschwender nicht bloß die Vermögensverwaltung entzogen, sondern auch die Teilnahme am Hausgottesdienst untersagt."

Durch den Prätor? Der hatte ja in Rom mit den Religionsangelegenheiten nichts zu schaffen, diese gehörten bekanntlich zur Kompetenz der Pontifices, und ich habe nie vernommen, daß der Prätor in ihren Kompetenzkreis übergegriffen hat. Man lernt doch in Eurem Himmel Dinge, von denen man auf Erden gar keine Ahnung hatte, — der Prätor als Inhaber der oberkirchlichen Gewalt! Aber warum nicht? Kommt es doch bei uns vor, daß der Präsident eines Oberlandesgerichts oder der Regierung zum Präsidenten des Oberkonsistoriums ernannt wird.

---

1) Anm. 3.
2) Huschke, Jur. Ant. a. a. O.

„An solche Kleinigkeiten stoßen wir uns hier nicht; im Himmel hören die Kompetenzfragen, die den Behörden auf Erden so viel zu schaffen machen, auf."

Mag sein! Aber die römischen Juristen sprechen bloß von bonis interdicere. So gut, wie sie aqua et igni interdicere sagen, hätten sie auch lare bonisque sagen können und müssen.

„Du weißt schon aus der obigen Stelle von Gajus her, daß im Sprachlichen wenig Verlaß auf sie ist."

In der Tat! Aber diese Ungenauigkeit setzt ihren religiösen Sinn in ein recht schlechtes Licht. Es ist ihnen nur ums Geld zu tun, der lar ist ihnen gar nicht der Rede wert. Erst wenn der Verschwender vor den Prätor kommt, merkt er, daß es sich nicht bloß um die interdictio bonorum handelt, von der er die Juristen allein hat reden hören, sondern daß auch der lar ein Wörtchen mit zu sprechen hat.

„Er hätte sich vorher genauer erkundigen sollen."

Alles gut! Aber wenn ich auch die Bedenken preisgebe, welche ich dem Prätor und den römischen Juristen entnommen habe, so will mir doch der Zusammenhang der religiösen Exkommunikation mit der Verschwendung und der Entmündigung nicht in den Sinn; man könnte ebensogut heutzutage einem Verschwender oder Bankerotteur das Betreten der Kirche verbieten. Welches Interesse hatten denn die Kinder, welche die Formel als diejenigen nennt, in deren Interesse die Maßregel angeordnet ward,[1] daran, daß der Vater nicht mehr am häuslichen Gottesdienst teilnahm? Man sollte meinen: eher das gerade Entgegengesetzte, denn die Teilnahme am häuslichen Gottesdienst bewirkte vielleicht,

---

[1] Quando tibi (?) bona paterna avitaque nequitia tua disperdis libcrosque tuas ad egestatem perducis.

daß er in sich ging und sich besserte. Und wenn der Verschwender unwürdig war beim Hausgottesdienst zu erscheinen,
wie erst wird dies von Dieben, Räubern, Mördern, Ehe-
brechern, Meineidigen gegolten haben! Ich habe nirgends
gelesen, daß auch ihnen der „lar" interdiziert worden ist.

Auch das ist mir unklar, wer an Stelle des von seinem
häuslichen Priesteramt entsetzten Verschwenders fortan den
Gottesdienst besorgte. Der Kurator? der hatte damit nichts
zu schaffen. Die Haussöhne? Sie waren als solche unfähig,
das Priesteramt des Hausvaters zu bekleiden. Die Hausfrau?
Sie konnte es nur neben dem Manne. So hätte der Hausgottesdienst im Hause des Verschwenders sistiert werden müssen,
— eine Folge, mit der die manche in der Zeit des religiösen
Verfalls, in der man die sacra als Last empfand und sich
von ihnen loszumachen suchte, allerdings schon zufrieden gewesen wären, welche aber die Pontifices nicht geduldet haben
werden.

Ich bin mit meinen Bedenken noch nicht am Ende. Mittelst
des „ea re" der Formel, wie es übereinstimmend in allen Hand-
schriften zu lesen ist, untersagt der Prätor lediglich die Veräuße-
rung der in dem Vordersatz der Stelle genannten „bona paterna avitaque", dem Verschwender wird die Verfügung
über das selbsterworbene Vermögen belassen. Der Sinn der
interdictio bonorum war ursprünglich lediglich der, das Erbgut in der Familie zu erhalten, und zwar Erbgut im engsten
Sinn, nämlich dasjenige, welches dem Verschwender durch
Intestaterbfolge von seinen Ascendenten zugefallen
war [1], — was er nicht dem Gesetz, sondern einem Erwerbs-
akt seinerseits verdankte, wozu auch die Antretung einer

---

[1] Ulp. XII, 5 . . . lege curator dari non poterat, cum ingenuus
quidem non ab intestato, sed ex testamento factus sit. Betonung
des **Erbguts** bei **Valer. Max.** III, 5, 2: pecuniam, quae Fabiae gen-
tis splendori servire debebat, und in der obigen Stelle von **Paulus**.

Erbschaft gehörte, darüber konnte er ungehindert schalten und walten. Aber der Car macht ihm einen Strich durch die Rechnung! Mittelst des „lare" wird das „ea re", wodurch der Prätor die Entziehung des commercium auf die bona paterna avitaque beschränkt, beseitigt und der Maßregel eine Ausdehnung auf alles und jedes gegeben, was der Verschwender hat und erwirbt. Der Mann muß die Veränderung des e mit l durch jenen Gelehrten teuer bezahlen!

Aber der Fall bleibt immer höchst interessant, man entnimmt daraus, was man mit der Veränderung eines einzigen Buchstabens ausrichten oder anrichten kann, er erinnert mich an den Setzer, der durch Verwechslung von i und t in einem Gedicht den „berauschenden Duft von Mairosen" in den von „Matrosen" verwandelte. Eine andere Moral, die ich mir daraus entnehme, ist, daß es leichter ist, einen Buchstaben in den andern zu verwandeln, als sich die Tragweite der Veränderung klar zu machen.

Ich habe übrigens nunmehr vollkommen genug von Eurer Akademie, und ich verstehe jetzt auch, warum sie in der Nähe der Schwindelwand errichtet ist. Was gibt es jetzt noch zu sehen?

„Das Höchste und Beste, das ich bis zuletzt aufgespart habe. Du siehst es dort in jenem Prachtbau vor Dir. Die hohe Kuppel in der Mitte desselben wölbt sich über unserm höchsten Heiligtum, es ist die Halle der Begriffe. Neben derselben befinden sich in dem einen Flügel das Cerebrarium, in dem andern das anatomisch-pathologische Begriffskabinett. Wir verfügen uns zunächst in jenes."

Wo ist denn der Eingang? Ich finde nirgends eine Tür.

„Türen kennen wir hier nicht, wir sind gewohnt mit dem Kopf gegen die Wand zu rennen, dann gibt sie nach und läßt uns durch. Hättest Du auf Erden den Mut der

vollen principiellen Konsequenz gehabt, die in dem Bewußtsein der Richtigkeit des einmal eingeschlagenen Weges un-
verrückt oder, wie Ihr Euch jetzt auszudrücken pflegt, un-
entwegt geradeaus geht, ohne links und rechts zu schauen,
ohne sich darum zu kümmern, ob der Weg in Sümpfe und
zu Abgründen führt, oder minder bildlich gesprochen, ohne
sich an die praktischen Folgen zu kehren, — hättest Du auf
Erden diesen Mut gehabt, so würde es Dir auch hier ein
Leichtes sein, mit dem Kopf gegen diese Mauer zu rennen
und Dir den Eingang zu erzwingen. An Deiner Statt will
ich es tun; folge mir."

„Wir sind im Cerebrarium."

Was ist denn das?

„Es ist unser spiritisches Laboratorium. Hier wird die
Gehirnsubstanz für die Theoretiker hergestellt."

Bedarf es denn für sie eines besonderen Gehirns?

„Das solltest Du, der das seinige sein Leben lang mit
sich herumgetragen hat, doch wissen; hast Du denn nie gemerkt, daß dasselbe anders organisiert ist, als das eines gewöhnlichen Praktikers?"

Ich habe so etwas gefühlt, aber klar geworden ist es
mir nicht.

„Du findest hier Gelegenheit Dich nachträglich darüber
zu belehren. Hier sind zum Zweck der Vergleichung zwei
künstlich in Wachs genau nachgebildete Gehirne aufgestellt,
das eine von einem Theoretiker, das andere von einem
Praktiker. Nimmst Du nicht einen Unterschied wahr?"

Gewiß! In dem ersteren befindet sich in der substantia
medullaris eine eigentümliche Erhöhung.

„Das ist der mons idealis. Er bildet das unterschei-
dende Merkmal des juristischen Theoretikers vom Praktiker.

Die Substanz, aus der er sich in dem zum Theoretiker berufenen Juristen nach und nach entwickelt, wird hier angefertigt. In der atmosphärischen Luft verflüchtigt sie sich, und darauf beruht die Möglichkeit, sie der Frau, welche begnadet ist, einen Theoretiker in die Welt zu setzen, beizubringen; sie atmet dieselbe bei der Konzeption ein, ohne es in dem Moment zu merken; hinterher empfindet sie an der Unruhe des Fötus schon, daß es etwas Besonderes ist, — der künftige Theoretiker kündigt sich schon im Mutterleibe dadurch an, daß er es nicht abwarten kann, bis er von sich reden macht."

Worin besteht die Funktion des mons idealis?

„Er verschafft dem Theoretiker die Gabe des idealen Denkens, welches Du nicht mit dem abstrakten Denken verwechseln darfst. Letzteres ist jedem nötig, dem praktischen Juristen in erster Linie, und sein Beruf sorgt dafür, daß es in ihm, auch wenn die Natur ihn in dieser Beziehung nicht sonderlich ausgestattet hat, so weit ausgebildet wird, als für seine Berufsarbeit erforderlich ist. Aber das ideale Denken bildet den eigentümlichen Vorzug des juristischen Theoretikers, es beruht auf der Fähigkeit sich bei dem Denken juristischer Dinge von den Voraussetzungen ihrer praktischen Verwirklichung frei zu machen. Die Frage der Anwendung und des Beweises kommt für ihn gar nicht in Betracht, — was er sich denkt, existiert. Damit ist er aller Schwierigkeiten überhoben, welche dem Praktiker so viele Mühe machen, der Frage, woran die von ihm aufgestellten feinen Unterschiede in concreto zu erkennen sind, wie die in abstracto mögliche Differenzierung des Willens im einzelnen Fall sich nachweisen lasse, — sein Reich bildet ausschließlich das Abstrakte, das Konkrete überläßt er dem Praktiker, mag er sehen, wie er damit fertig wird. Dadurch ist für ihn der Gegensatz zwischen dem Denken und der Wirklichkeit, welcher allen andern Sterblichen so viel zu schaffen macht, beseitigt, er befindet sich

auf der Höhe des philosophischen Idealismus, für den die
reale Welt bloßer Schein, bloße Vorstellung des Subjekts ist.
Dem Satz des Cartesius: cogito ergo sum, setzt er den unendlich viel inhaltreicheren entgegen: cogito ergo est. Ausgerüstet mit dieser schöpferischen, das Sein setzenden und damit
ersetzenden Macht des Denkens kennt er auf dem Gebiete des
Rechts kein Hindernis, das seinen Gedankenkombinationen
Halt zuruft. Dem Adler gleich, der sich in die Wolken erhebt, schwingt er sich in die Regionen des idealen Denkens
und badet sich hier in dem reinen Gedankenäter, unbekümmert um die reale Welt, die tief unter ihm liegt und seinen
Blicken entrückt ist."

Ich danke Dir für die Belehrung. Nahezu habe ich mir
die Sache so vorgestellt, ich habe mir stets die Jurisprudenz
als die Mathematik des Rechts gedacht. Der Jurist rechnet
mit seinen Begriffen, wie der Mathematiker mit seinen
Größen; wenn nur das Facit logisch korrekt ist, so hat er
sich um nichts weiter zu bekümmern.

„Das sollte er, wenn er sich dieses Namens würdig erweisen will; aber der Praktiker ist schwach genug, sich
durch den Blick auf die praktischen Folgen in dem konsequenten logischen Denken irre machen zu lassen. Freilich ist
es ihm nicht zur Schuld anzurechnen, seinem Gehirn fehlt
der mons idealis."

Wie wird denn die Substanz für letzteren hergestellt?

„Das kannst Du zur Zeit noch nicht begreifen, die Procedur ist eine sehr komplizierte. Übrigens ist die Substanz,
die für ihn erforderlich ist, nicht die einzige, die hier bereitet
wird; außerdem wird noch die für die rechtshistorische In-
tuition hier hergestellt; sie beruht auf dem richtigen Zusatz
der Phantasie zu der allgemeinen theoretischen Gehirnsubstanz."

Bedarf denn bloß der Rechtshistoriker der Phantasie?
Ich erinnere mich in einer Schrift von Thomasius gelesen

zu haben, daß kein Jurist, auch der praktische nicht, ohne eine gehörige Dosis von Phantasie auskommen könne; sie sei, sagt er, nötig, „um sich die sonderbaren casus juris fürzustellen".

„Das ist die ganz gewöhnliche, die phantasia communis seu vulgaris. Aber sie reicht für den Rechtshistoriker nicht aus. Er hat seine ganz besondere nötig, und die wird hier bereitet. Ihre Herstellung beruht auf dem richtigen Zusatz der dichterischen Phantasie, der phantasia poetica seu eximia zur juristisch-theoretischen Gehirnsubstanz. Wenn das richtige Verhältnis um etwas überschritten ist, so hat der künftige Träger des Gehirns nicht wenig darunter zu leiden. Die dichterische Phantasie, die an den rein rechtshistorischen Problemen kein Genüge findet, nicht durch sie absorbiert, gebunden wird, gärt und tobt und rumort in ihm, und Dichter und Jurist geraten sich in die Haare. Dabei kommt denn alles darauf an, wer von beiden den andern unterkriegt. Erweist sich der Dichter als der Stärkere, so findet die dichterische Substanz in einer Weise Auslaß, die der Jurisprudenz nicht weiter gefährlich wird; der Mann macht Gedichte, Dramen, Novellen, Romane, wie dies auch bei Gelehrten anderer Fächer, welche in derselben Weise ausgestattet sind, vorkommt. Schlimm aber ist es, wenn der Jurist die Oberhand behält; dann kommt der ganze Überschuß der dichterischen Phantasie, da er sich doch irgendwo Auslaß verschaffen und sich ablagern muß, auf dem Gebiet der juristischen Literatur zum Vorschein. Es ist das schwache Rinnsal, das nicht mächtig genug, wie der volle Strom sich ein eigenes Bett zu bahnen, in der flachen Ebene, in kein festes Ufer eingeschlossen, sich hierhin und dorthin ergießt, Lachen, Tümpel, Sümpfe bildend, — die Innundation der Jurisprudenz durch halbe Poesie. Die ganze ist ihr nicht gefährlich, denn die gerät nicht in Versuchung sich an juristischen Stoffen zu vergreifen. Aber die halbe — mit der hat es etwas auf sich! Unvermögend sich zur reinen dichterischen Gestaltung zu erheben, benutzt sie die Jurisprudenz dazu, sich Erleichterung zu verschaffen. Und sie ist in der Wahl des Platzes, wo sie ihre Ergüsse abladet, nicht wählerisch. Nichts, auch die trockensten juristischen Dinge nicht, sind sicher davor, daß sie bei ihrem Anblick nicht in Verzückung gerate und Himmel und Erde in Bewegung versetze, um sie mit dichterischem Glanze zu verklären. Was kann nüchterner sein als die Fiktion? Und doch hat ein neuerer Schriftsteller es fertig gebracht, den Olymp und den olympischen Zeus, Orkane und Vulkane, Blitz und Wetter, den Lenz und die schwirrenden Bienen herauf zu beschwören, um ihr Wesen ins richtige Licht zu setzen, — die Fiktion in bengalischer Beleuchtung. [1]

Als die ersten von diesen Leuten zu uns kamen, verwies man sie in den Himmel der Dichter, aber dort wurden sie mit Protest zurückgeschickt. Sie hätten, hieß es, von den Dichtern nur den äußeren Aufputz, die Phrasen entlehnt; der wahre Dichter empfinde gegen alles Phrasentum und alles Gespreizte in der Sprache ein inneres Widerstreben, er wisse, daß die Form dem Inhalt entsprechen müsse, und würde nie in Gefahr kommen, juristische Begriffe mit dichterischen Fetzen zu behängen. So kamen sie denn zu uns zurück, und wir dulden sie, aber die meisten gehen ihnen aus dem Wege. Gewöhnlich sitzen sie in sich gekehrt und dumpf brütend im Winkel, bis irgend etwas ihre Aufmerksamkeit auf sich zieht. Dann springen sie auf, schlagen um sich und geraten in einen Zustand der Ekstase, der alle, welche von ihnen nichts weiter wissen, in große Angst versetzen könnte. Aber es sind ganz harmlose Leute, die niemandem etwas zuleide tun, und die, wenn der Anfall vorüber ist, ganz vernünftige

---

1) Anm. 4.

Reden führen und nicht selten weiter blicken als andere, die über sie lachen. Sie haben vor letzteren, welche nur mit dem Verstande operieren, die Phantasie und die Beweglichkeit des Geistes voraus; hätten sie nur die Kraft, ihren Geist im Zaum zu halten, sie würden es mit den anderen reichlich aufnehmen können. Aber daran fehlt es ihnen eben.

Wir verfügen uns jetzt in die Rotunde: die Begriffs-halle. Da Du noch nicht aufgenommen bist und darum noch nicht das Recht hast, die Halle zu betreten, so führe ich Dich auf die Galerie, von dort magst Du Dir die Sache ansehen."

— — — — — — — — — — —

— — — — — — — — — — —

— — — — — — — — — — —

Welches Getümmel, das ich da vor mir sehe! Es er-innert mich an die Hamburger Börse. Nur die Gestalten, die sich hier bewegen, sind gänzlich anderer Art, als man sie dort zu sehen pflegt. Welche majestätische, imposante Er-scheinungen! Und welche Verschiedenheit des Gesichtsausdrucks, — lauter scharf umrissene Typen! Wie sehr tritt doch der menschliche Gesichtsausdruck gegen den der Begriffe zurück.

„Das sollte Dich doch nicht verwundern! Das Gesicht ist der Ausdruck des Innern. Wie viel aber bewegt sich ein ganzes langes Leben im Innern des Menschen, wie verschieden-artig sind die Gefühle und Empfindungen, von denen er heimgesucht wird, und an wie unendlich vielen Gegenständen versucht sich das menschliche Denken. Aber das Denken der Begriffe beschränkt sich einzig und allein auf sie selber, sie haben vom Beginn der Welt an bis auf den heutigen Tag nichts weiter zu tun gehabt als sich selber zu denken. Die einzige Versuchung in Affekt und Leidenschaft zu ge-raten, der sie ausgesetzt sind, besteht darin, wenn sie über die Grenzen ihrer Herrschaftsgebiete untereinander uneins werden, dann können sie allerdings recht lebhaft und selbst

unangenehm werden. Bei dieser abgesehen von solchen vorübergehenden Affektsanfällen stets ungetrübten und gänzlich
auf sich selber gerichteten Intensität ihres Denkens ist es
kein Wunder, daß ihr Wesen in ihrem Gesichtsausdruck und
selbst in ihrer äußeren Haltung in unverkennbarer Weise zum
Ausdruck gelangt. Es wird Dir sicherlich nicht schwer fallen,
die meisten von ihnen sofort zu erkennen. Wofür hältst Du
z. B. diese drei Begriffe, die dort zusammenstehen?"

Das verschlagene Gesicht des einen charakterisiert ihn
unverkennbar als den dolus, man sieht ihm die Tücke an,
die er im Herzen birgt. Der andere mit dem äußerst einfäl-
tigen Gesicht kann nur die culpa lata sein; es ist die vollendete Gedankenlosigkeit. Den dritten kann ich nach der
Sorglosigkeit seines Gesichtsausdrucks und seinem schlenkern-
den Gang nur für die culpa levis halten.

„Richtig! Du könntest es auch daraus entnehmen, daß
er in diesem Moment den Begriff, der dort in der Ecke liegt
und seine Beine ausgestreckt hält, auf die Füße tritt."

Was ist denn das für einer? Er scheint ja zu schlafen.

„Es ist die mora. Sie liegt gewöhnlich träg hingestreckt
in der Ecke. Wenn nicht die Interpellation sie mitunter
einmal aufschreckte, so würde sie sich gar nicht rühren."

„Den Begriff, der jetzt zum dolus herantritt, wirst Du
sicherlich erkennen."

Das muß die bona fides sein. Der unverkennbare Ausdruck der Offenheit, Ehrlichkeit, Wahrheit in ihren Mienen
verkündet sie als solche.

„Sie war allerdings leicht zu erkennen. Auch der Begriff, der gerade in der Mitte des Saals steht, wird Dir
keine Schwierigkeit machen."

Es kann nur das Eigentum sein. Es entspricht dem
Bilde, das ich mir von ihm gemacht habe: vierschrötig, derb, mit
robusten Gliedern, wohlgenährt und den Ausdruck des Satten

und Behaglichen im Gesicht. Man sieht es ihm an, daß es sich durch nichts anfechten läßt, sich vollkommen sicher fühlt, ganz im grellen Gegensatz zu dem andern Begriff, der da neben ihm steht, und der im äußersten Maße den Ausdruck des Ängstlichen, Sorgenvollen in seinen Zügen trägt.

„Es ist die obligatio, die sich stets Sorgen macht, ob sie auch zu ihrem Recht kommt. Die einzigen, die es verstehen, sie auf andere Gedanken zu bringen, sind die Bürgschaft und das Pfandrecht; in ihrer Gesellschaft fühlt sie sich stets gut aufgelegt."

Da finde ich ja auch einige ganz griesgrämige Gesellen, die schmollend im Winkel stehn.

„Die ärgern sich darüber, daß sie so wenig Beachtung finden. Die beiden, die dort zusammenstehen, sind die capitis deminutio und die Infamie. Einst hatten sie es besser, aber ihre Zeit ist vorüber. An dem Zittern ihrer Hände und ihrem ganzen Habitus merkst Du, daß sie völlig gebrechlich und altersschwach sind, und sie haben selber wohl schon die Aussicht aufgegeben, je wieder zu Ehren zu kommen. Vorübergehend schöpften sie neue Hoffnung. Einer der neueren Juristen[1]) hatte ihnen in seinem Lehrbuch und in seinen Vorlesungen über das heutige römische Recht einen Platz eingeräumt und ihnen die liebevollste Behandlung zuteil werden lassen. Du hättest sehen sollen, wie zuversichtlich sie da wieder wurden, und welchen Empfang sie dem Manne bereiteten, als er hier eintraf. Aber hier gab man darauf nichts, man betrachtet sie als abgetane Größen. Eigentlich gehörten sie auf unseren rechtshistorischen Kirchhof, aber aus Pietät duldet man sie noch."

Also einen Kirchhof habt Ihr auch?

---

1) von Dangerow, Lehrbuch des Pandektenrechts I, § 34, § 46—51.

„Gewiß! Ich habe ihn Dir nicht gezeigt, weil er zur Zeit noch völlig leer ist. Wir scheuen uns die Begriffe zu begraben, auch wenn alles Leben und alle Kraft aus ihnen gewichen ist, man verstattet ihnen hier wie quieszierten Beamten mit Rücksicht auf ihre Vergangenheit ein otium cum dignitate. Die habitatio und die operae animalium, die dort ebenfalls im Schmollwinkel stehen, sollten eines Tages bestattet werden, und es war schon alles zu ihrem Leichenbegängnis vorbereitet, allein es war auch bei ihnen nicht durchzusetzen, sie befinden sich bis auf den heutigen Tag noch hier unter den Begriffen des heutigen Rechts."

Da finde ich noch drei Begriffe, die sich ebenfalls von der Menge zurückgezogen haben und verdrossen und gelangweilt im Winkel stehen; sie scheinen aber noch ganz lebenskräftig und rüstig zu sein.

„Gewiß! es sind die superficies, die emphyteusis und der usus, sie ärgern sich darüber, daß sie so wenig Ansprache finden, und neiden den übrigen jura in re ihren lebhaften Verkehr, insbesondere den Prädialservituten und dem Pfandrecht, — es sind die reinen Neidhammel und noch dazu höchst einsilbige Gesellen, mit denen man am besten die Unterhaltung vermeidet. Ich selber weiß davon zu erzählen. Neulich hatte ich einen Streit mit dem usus über die höchst wichtige Frage, welche Wirkung die ademtio fructus auf das legatum ususfructus ausübe. Er behauptete, daß sie ihm nichts anhaben könne, und erwies sich allen meinen Gegengründen und Vorstellungen so unzugänglich, daß ich die Unterhaltung mit dem festen Entschluß abbrach, mich nie wieder mit ihm einzulassen."

Ich bemerke unter den Begriffen einen erheblichen Unterschied in Bezug auf die Größe; ist das Zufall oder hat es einen Grund?

„Bei uns ist nichts Zufall! Du hättest Dir die Frage

felber beantworten können: die Größe der Begriffe richtet sich nach ihrer Bedeutung. Durch dies Kennzeichen heben sich z. B. die generellen Begriffe von den speciellen ab. Du hast hier unmittelbar unter Dir das Beispiel vor Augen: da unterhält sich augenblicklich der Vertrag mit dem Darlehn und dem Commodat. Häufig ist diese Unterhaltung der generellen mit den speciellen nicht, ihre Beziehungen sind geregelt und geben kaum zu Streitigkeiten Anlaß. Auch die der speciellen unter sich bieten nur selten den Stoff zu einer Differenz; nur das precarium und commodatum sind bis auf den heutigen Tag über ihre Erkennungsmerkmale nicht einig geworden. Um so mehr aber haben die generellen Begriffe miteinander zu schaffen. Manche ihrer Zwistigkeiten datieren erst aus jüngster Zeit; sie sind durch einige neu eingetroffene Theoretiker angezettelt worden. Da siehst Du z. B. die Nichtigkeit und Anfechtbarkeit im heftigsten Gespräch miteinander; früher vertrugen sie sich aufs beste miteinander, seit kurzer Zeit aber sind sie sich in die Haare geraten. Womöglich noch schlimmer steht es mit der Korreal- und Solidarobligation; des Zankens unter ihnen ist gar kein Ende, jeden Tag beginnt es von neuem! Früher lebten sie im friedlichsten Verhältnis miteinander, aber ein vor einiger Zeit angelangter Jurist hat sie gegeneinander aufgehetzt; seit der Zeit ist es mit dem Frieden vorbei, sie leben auf höchst gespanntem Fuß miteinander, sagen sich die bittersten Dinge, und alle Versöhnungsversuche erweisen sich als fruchtlos. Ich meinerseits bin dieses Haders längst müde und beteilige mich gar nicht mehr dabei."

Aber ein Zanken sollte doch eigentlich in Euerem Himmel gar nicht stattfinden.

„Tor, der Du bist! Der Streit ist die wahre Würze der Wissenschaft, ohne ihn wäre es in unserm Himmel vor Langeweile gar nicht auszuhalten, das ewige Anschauen der

Begriffe bekommt selbst unsereiner auf die Dauer satt; nur der Streit und das Eintreffen neuer Ankömmlinge bringen etwas Leben und Abwechselung hinein."

Streiten sich die Begriffe bloß untereinander oder auch mit den Geistern?

"O nein! Das halten sie unter ihrer Würde, und es ist auch noch niemand so vermessen gewesen, es zu versuchen. Aber sie verschmähen es nicht sich mit ihnen ganz vertraulich zu unterhalten und sie über ihr wahres Wesen zu belehren. Noch gestern unterhielt sich der Besitz lange und eingehend mit Savigny."

Weißt Du, was sie verhandelten?

"Gewiß! sie behandelten die Frage, ob der Besitz ein Recht oder Faktum sei."

Schade, daß ich das Gespräch nicht mit angehört habe; da hätte man etwas lernen können! Der Besitz interessiert mich aufs äußerste. Bisher bin ich seiner noch nicht ansichtig geworden; habe die Güte mir ihn zu zeigen.

"Augenblicklich finde ich ihn nicht. Die meisten Begriffe haben bei uns, ähnlich wie auf Erden die Geschäftsleute in Eueren Börsen, ihren bestimmten Standort, wo man stets sicher sein kann sie zu finden. Nur einige wenige haben sich dazu nicht verstehen wollen, sie sind unstäter Natur und halten es nicht lange an derselben Stelle aus, bald sind sie hier, bald dort. Da siehst Du z. B. das Pfandrecht, das augenblicklich bei den Sachenrechten steht. Aber ich bin nicht sicher, daß es sich nicht im nächsten Moment ins Obligationenrecht hinüber verfügt. Auch das Erbrecht, das sonst ruhig an seinem Platz verblieb, hat einmal Miene gemacht sich ins Familienrecht zu verfügen, aber es hat sich hinterher wieder beruhigt. Der schlimmste von allen Begriffen aber ist der Besitz, er ist ein höchst unruhiger Geselle, der es an einer Stelle nie lange aushält, bald hat er seinen Standplatz im allgemeinen Teil[1]), bald im Recht der Persönlichkeit[2]), bald im Sachenrecht[3]), gewöhnlich neben dem Eigentum, sei es vor, sei es hinter ihm, aber er ist selbst letzterem einmal ins Gehege gekommen[4]), selbst in das Obligationenrecht hat er sich eingedrängt[5]).

Jetzt sehe ich ihn, er steht augenblicklich in der Abteilung Sachenrecht, dort neben dem Eigentum."

Das also ist der Besitz? Seltsam! den hätte ich mir anders vorgestellt, ich habe ihn für ein Recht gehalten, hier stellt er sich dar als Faktum.[6])

„Warte nur ab; Du wirst ihn auch noch als Recht erblicken; er verwandelt sich unausgesetzt, es ist der Proteus unter unsern Begriffen.

„Sieh Dir ihn jetzt einmal an: was ist er jetzt?"

In der Tat jetzt ist er ein Recht.[7])

„Nun warte noch einen Moment."

„Was ist er jetzt?"

Beides zugleich: „seinem Wesen nach ein Faktum, aber seinen Folgen nach einem Rechte gleich".[8]) Wunderlich! Soeben hätte ich noch darauf geschworen, daß er seinem Wesen nach ein Recht sei, da er alles, was zum Wesen des

---

1) Thibaut, System des Pandektenrechts. Aufl. 8, I, § 2 und 3 u. ff. Kiernlff, Theorie des gemeinen Civilrechts Kap. V.
2) Puchta, Pandekten § 122 u. ff.
3) Die zur Zeit herrschende Stellung des Besitzes.
4) Arndt's Pandekten Buch II, Kap. 2.
5) Savigny, das Recht des Besitzes (Aufl. 7 von Rudorff S. 48).
6) Anm. 5.
7) Anm. 6.
8) Savigny a. a. O. Übersicht von § 5: „Der Besitz ist Recht und Faktum zugleich." S. 44 „Der Besitz ist Faktum und Recht zugleich, nämlich seinem Wesen nach Faktum, in seinen Folgen einem Rechte gleich."

Rechts gehört, an sich trägt.[1] Aber es hilft nicht: sein Wesen scheint gerade darin zu bestehen, daß er das nicht ist, was er ist, oder daß er in jedem Moment dasjenige ist, was ihm gerade einfällt, — bald „in Wahrheit kein Recht", „kein Rechtsverhältnis", sondern ein Faktum, dann ein Recht „wie alle andern", dann „beides zugleich". Er ist wie ein Aal, der aller Versuche, ihn zu fassen, spottet; man glaubt ihn in den Händen zu haben, und er ist wieder entschlüpft.

„Damit hast Du das Richtige getroffen. So bewährt er sich auch in Bezug auf Erwerb und Verlust, Du wirst nie mit Sicherheit zu bestimmen vermögen, ob er vorhanden oder nicht vorhanden ist.[2] Und ganz dasselbe gilt auch für den Besitzesschutz, — in diesem Moment hältst Du denselben für ein geniales Werk des römischen Prätors, im nächsten für einen groben Fehler desselben, Du überzeugst Dich durch blendenden Schein getäuscht zu sein."[3]

Ja der verwünschte Besitzesschutz, — der hat auch mir auf Erden viel zu schaffen gemacht. Ich habe geglaubt, als Jurist die Frage nach seinem Grunde aufwerfen zu müssen, aber da bin ich schön angekommen, man hat mir eingewandt, das sei eine philosophische Frage,[4] und ich habe daraus entnommen, daß auch die römischen Juristen die Grenzlinien

---

1) Siehe die Citate aus Savigny in Anm. 6. 1) „In seinen Folgen dem Rechte gleich — 2) als Recht anerkannt — 3) erworben wie alle Rechte überhaupt."

2) Anm. 7.

3) E. J. Bekker, das Recht des Besitzes bei den Römern, Leipzig 1880 S. 99: „Die Erfindung der interdicta retinendae possessionis ... eine geradezu geniale." S. 234 „Grober Fehler. .. Zwittergestalt der interd. ret. poss." S. 235 Note: Noch habe ich das Gefühl ... als sei die Schöpfung der int. ret. poss. eigentlich ein geniales Werk gewesen, glaube aber jetzt infolge nüchterner Überlegung doch nur durch blendenden Schein getäuscht zu sein."

4) Anm. 8.

zwiſchen Jurisprudenz und Philoſophie nicht gekannt haben,
denn auch ſie laſſen ſich verleiten, die Frage nach dem „phi-
loſophiſchen Grund" der Uſukapion aufzuwerfen.[1] Das Beiſpiel, das ſie mir in Bezug auf dieſe Wirkung des Beſitzes
gegeben haben, hat mich verleitet, dieſelbe Frage auch in Bezug auf den Beſitzesſchutz zu erheben, und ich ſtehe in dieſer
Hinſicht auch nicht ganz allein. Hat doch einer von unſeren
Juriſten ſogar die Hunde entboten, um mit ihrer Hilfe den
Grund des Beſitzſchutzes klar zu machen.[2] Die Allianz iſt
ihm ſelber aber bei ruhigem Blut etwas bedenklich erſchie-
nen, denn ſpäter hat er die Hunde ihres Dienſtes wieder
entlaſſen. Sein vorübergehender Verſuch, die Hunde als Vor-
ſpann für die Beſitztheorie zu benutzen, hat es verſchuldet,
wenn böſe Zungen der Jurisprudenz den Vorwurf gemacht
haben, ſie ſei mit ihrer Beſitztheorie **auf den Hund gekommen.**

„Das geſchah ihr recht. Warum frägt ſie nach dem
Grunde der Rechtsinſtitute? Um die Gründe des Beſitzes-
rechtes hat ſie ſich gerade ſo viel und ſo wenig zu bekümmern, wie um die aller übrigen Rechte.[3] Savigny ſelber
hat dies zwar auch getan, aber vom Standpunkt der
Savigny'ſchen Schule, will ſagen der Jurisprudenz
des neunzehnten Jahrhunderts muß die bisher be-
liebte Methode, den Grund des Beſitzſchutzes zu
ergründen, verworfen werden."[4]

Da ſehe ich allerdings, daß ich der letzteren nicht ange-
höre, ich habe nie die Frage nach dem legislativen Grunde
der Inſtitute unterdrücken können, es iſt mir geradezu zur

---

1) l. l de usurp. (41. 3) l. 5 pr. pro suo (41. 10).
2) Anm. 9.
3) Anm. 10.
4) Worte von Bekker a. a. O. S. 16.

zweiten Natur geworden bei allen Rechtssätzen nach dem Zweck zu fragen.

Daraus, daß Du Zweck und legislativen Grund identifizierst, geht hervor, daß Du Dich über einen wichtigen Unterschied: den zwischen dem legislativen Grunde der lex lata und der lex ferenda, gänzlich im unklaren befindest."

Er ist mir in der Tat völlig unbekannt.

„Ich werde Dich belehren. Der legislative Grund de lege lata fällt stets und überall zusammen mit dem historischen Grunde des Rechtsschutzes; wir haben keinen Grund, die Erwägungen, ohne welche das Gesetz niemals zustande gekommen wäre, von dem historischen Grunde auszuschließen."[1]

Damit kann ich mich einverstanden erklären. Ich kann mir denken, daß das Bedürfnis des Gesetzes erst an einem recht eklatanten Fall zu Tage trete, was wir als occasio legis zu bezeichnen pflegen, aber wie würde dieser einzelne Fall den Erlaß des Gesetzes haben bewirken können, wenn nicht gerade an ihm die Gründe de lege ferenda recht augenfällig zu Tage getreten wären? Diese letzteren haben ihre Natur doch dadurch nicht verändert, daß das Gesetz erlassen ist; die angeblichen Gründe de lege lata nach Erlaß des Gesetzes, sind nichts als die Gründe de lege ferenda vor Erlaß desselben. Man könnte ebensogut die Motive, welche jemanden zu einer Handlung bestimmten, vor der Handlung als Motive, nach derselben als den historischen Grund derselben bezeichnen; das scheint meinem allerdings noch nicht auf die Höhe Eures Denkens erhobenen Verstande ein Spiel mit Worten zu sein.

„Eben weil er sich dazu noch nicht erhoben hat, enthalte Dich jeden Urteils. Ich muß übrigens bei dieser Gelegenheit

---

[1] Worte von Bekker a. a. O. S. 17.

allen Ernstes die Dir bereits früher erteilte Warnung wiederholen, hier in unserem Himmel nie nach dem Warum
zu fragen. Hier fragt niemand nach dem Warum, „die
Savigny'sche Schule, will sagen die Rechtsschule des neunzehnten Jahrhunderts" ist längst darüber hinaus. Das fehlte
noch, daß unsere erhabenen Begriffe einem Erdenwurm wie
Dir über ihr Woher und Warum Rede und Antwort stehen
müßten. Da müßten sie am Ende noch gewärtigen, daß Dir
die Antwort nicht behagte. Die Begriffe, die Du hier siehst,
sind, und damit ist alles gesagt. Sie sind absolute Wahrheiten, — sie sind von jeher gewesen — sie werden ewig
sein. Nach ihrem Wesen und Warum zu fragen ist um
nichts besser, als zu fragen: warum zweimal zwei vier sei.
Es ist vier. Mit diesem Ist ist alles gesagt, einen Grund
dafür gibt es nicht. Ebenso verhält es sich mit den Begriffen, sie ruhen als absolute Wahrheiten in sich selber, einen
Grund für sie gibt es nicht. Das einzige, was dem denkenden Geist ihnen gegenüber obliegt, ist sich mit voller, rück-
haltloser Hingebung in sie zu vertiefen und die Fülle des
Inhalts, der in ihnen beschlossen liegt, für die Erkenntnis
zu Tage zu fördern. Was er auf diesem Wege zu Tage
schafft, ist Wahrheit und hat wie jede Wahrheit Anspruch auf
absolute Geltung."

In Euerem Himmel — mag sein! Aber auf Erden . . . .

„Geh mir mit Deiner Erde! Auf ihr teilt die Wahrheit das Los des Pegasus im Joche, sie wird dort geknech-
tet von eueren Gesetzgebern und Praktikern, denen der Sinn
für die Wahrheit, welche den alleinigen Leitstern im Recht
abzugeben hat, abgeht. An die Stelle des Wahren, welches
ewig ist, setzen sie in ihrer Verblendung das Praktisch-Nütz-
liche, welches vorübergehend und vergänglich ist. Was vermag der Gesetzgeber über die Wahrheit? Kann er etwa
bestimmen, daß zweimal zwei fünf sei? Ebensowenig, daß

etwas, was der Vernunft des Rechts widerspricht, gelten solle. Mag der Praktiker schwach genug sein sich dem zu fügen, der Theoretiker, der sich dieses Namens nicht unwürdig erweisen will, versagt einem so widersinnigen Gesetz den Gehorsam[1]), ihm steht die Wahrheit höher als Menschenfurcht. Glücklicherweise kommt er gegenwärtig nicht mehr in die Lage, das Recht praktisch anwenden zu müssen, und diese Trennung der Theorie und Praxis ist eine der größten Errungenschaften der Gegenwart, erst durch sie hat die Wissenschaft die völlige Freiheit der Bewegung gewonnen, wie sie im Interesse der Erforschung der Wahrheit unerläßlich ist. Gestellt auf den felsenfesten Grund der Theorie, entbunden von jeder Rücksicht auf das praktische Leben, dem Naturforscher gleich, der die Geheimnisse der Natur zu ergründen sucht, kennt der Forscher auf dem Gebiete des Rechts kein anderes Ziel, als die wunderbaren Geheimnisse der Rechtswelt zu erschließen, das feine Geäder in dem logischen Organismus des Rechts bloßzulegen. Und staunenswert ist es, was er lediglich mit Hilfe des logischen Denkens zustande bringt, — die feinste dialektische Filigranarbeit, wahre Wunderwerke des menschlichen Scharfsinns, Denkmäler der Denkkraft des neunzehnten Jahrhunderts, die gleich denen der Scholastiker noch der fernsten Nachwelt Bewunderung abnötigen und sie zur Nachahmung anfeuern werden. Alles dies ist aber erst ermöglicht, seitdem die Theorie von der Praxis vollständig emanzipiert und ausschließlich auf sich selbst gestellt worden ist, denn die Bedingung dieser freien dialektisch-schöpferischen Tätigkeit ist die Fernhaltung jeder Berührung mit dem praktischen Leben, welche letztere auf den Theoretiker denselben verderblichen Einfluß ausübt wie nach dem Urteil einer Fachautorität der Krieg auf den Soldaten[2]).

---

1) Anm. II.

2) Es war der Großfürst Constantin, der Bruder von Kaiser Nikolaus I. Er verstand sich auf die Soldaten. Er hatte es in der

Ein abschreckendes Beispiel in dieser Beziehung gewähren
die so viel gepriesenen römischen Juristen, welche sich dem
Leben zuliebe nicht selten durch schale Utilitätsgründe leiten
lassen, und von denen Du daher auch keinen in unserem
Himmel antriffst. Die Aufhebung der Spruchfakultäten hat
die Gefahr der Berührung mit dem Leben für unsere heutige Rechtswissenschaft beseitigt."

Ich glaube, daß Du die Gefahr, welche sie in sich schloß,
zu hoch anschlägst, ich habe Urteile von Spruchfakultäten
erlebt, die in echt wissenschaftlicher Beziehung nichts zu wünschen übrig ließen. [1]

„Mag sein. Ich denke nicht an die Zeit des Wieder-
erwachens der echten Rechtswissenschaft, sondern an die frühere. Damals hat sich die Einrichtung jedenfalls als entschieden schädlich erwiesen. Die Mittelstellung, welche die
Mitglieder der Spruchfakultäten zwischen Theorie und Praxis
einnahmen, mochte ihren Urteilen zugute kommen, aber auf
ihre schriftstellerische Tätigkeit hat sie den nachteiligsten Einfluß ausgeübt. Eine Menge ihrer Ansichten haben sich als
Irrtümer neuerer Juristen erwiesen[2]."

Ich kenne jetzt die Anforderungen, die Ihr hier an den
Theoretiker stellt, und ich möchte einmal den Versuch machen,
ob ich imstande bin ihnen zu entsprechen und die korrekte

Dressur derselben so weit gebracht, daß sie auf dem Exerzierplatz in
Warschau mit einem bis an den Rand gefüllten Glase Wasser auf dem
Tschako marschieren konnten, ohne einen Tropfen zu verschütten. Aber
der Krieg, sagte er, verderbe den Soldaten; alles, was ihn ausmache:
die stramme Haltung, der Paradeschritt, die tadellose Sauberkeit der
Uniform, der fleckenlose Glanz der blanken Knöpfe, alles ginge durch
den Krieg verloren, es sei nichts mit dem Kriege, — er haßte ihn!
1) Ich habe mich darüber schon bei einer andern Gelegenheit ausgesprochen, siehe meine vermischten Schriften, Leipzig 1879, S. 242.
2) Anm. 12.

theoretische Methode zur Anwendung zu bringen. Gib mir
doch eine Aufgabe.

„Verſuche Dich einmal an dem Quaſibeſitz."

Wenn ich mich durch meine bisherige Auffaſſung leiten
laſſen wollte, ſo würde ich ſagen: wo das Recht keinen Schutz
des Quaſibeſitzes anerkennt, iſt ein Quaſibeſitz nicht anzunehmen. Das römiſche Recht aber knüpft jenen Schutz an
ein von Zeit zu Zeit wiederholtes uti[1]), ohne daſſelbe iſt
mithin ein Quaſibeſitz vom praktiſchen Standpunkt nicht vorhanden. Aber wenn ich mich auf den theoretiſchen Standpunkt erhebe, gewinnt die Sache allerdings eine gänzlich
andere Geſtalt. **Erworben wird dieſe Art des Beſitzes durch daſſelbe Handeln, wie der Beſitz der
Sache ſelbſt. Fortgeſetzt wird dieſer Beſitz, wie
jeder andere Beſitz, durch die ununterbrochene Möglichkeit, die urſprüngliche Herrſchaft zu reproduzieren; verloren alſo durch die Aufhebung dieſer
Möglichkeit[2]).** Die einmalige Ausübung der Servitut
genügt alſo, um den Quaſibeſitz zu begründen, und da er
wie der Sachenbeſitz fortdauert, bis die Möglichkeit der Reproduktion des urſprünglichen Verhältniſſes ſich in Unmöglichkeit verwandelt, ſo beſteht er, auch wenn jahrelang keine
Ausübungshandlungen mehr vorkommen, unangefochten fort.

„Recht gut für den Anfang. Des Moments des wieder-
holten uti, das mit ſeiner ſinnlichen Realität nur für die
Erde paßt, haben wir uns entledigt, indem wir dem uti den
an keine Sinnlichkeit geknüpften, lediglich der juriſtiſchen
Vorſtellung angehörigen Begriff des Quaſibeſitzes ſubſtituiert

---

1) l. 1 pr. de itin. (43. 19) Quo itinere actuque privato .. hoc
anno usus es. l. 1 pr. de aq. quot. (43. 20) Uti hoc anno aquam ...
duxisti. l. 1 § 29 ibid. Uti priore aestate. l. 1 pr. de rivis (43. 21)..
non aliter, quam uti priore aestate ... duxit. l. 22 pr. de fonte
(43. 22) Uti .. hoc anno usus es.

2) Anm. 13.

haben. Es ist die Erhebung von der Realität des Seins zur
Idealität des Denkens. Die einzige Konzession, die wir der
Wirklichkeit machen, besteht in dem Erfordernis, daß das Recht
ein einziges Mal ausgeübt sein muß. Diese einmalige Ausübung hat für den Quasibesitz nicht mehr zu bedeuten als die
Nabelschnur beim Kinde — wir zerschneiden die Nabelschnur,
und der Begriff ist für immer von der Wirklichkeit abgelöst,
er führt wie das Kind fortan sein Leben für sich, die Wirklichkeit ist abgetan, der Begriff existiert für sich."

„Ich stelle Dich jetzt auf eine neue Probe. Wie verhält
es sich mit dem Anspruch des Quasibesitzers auf die quasi-
possessorischen Interdikte?"

Letztere kümmern mich nicht. Es genügt mir, daß der
Quasibesitz existiert; sein Schutz ist Sache der positiven Bestimmung, durch welche die Theorie sich in ihrer Begriffsentwicklung des Quasibesitzes nicht beirren läßt. Spricht das
positive Recht demjenigen, dem wir den Quasibesitz zuerkennen, den Schutz ab, wie dies das römische Recht unverant-
wortlicherweise getan hat, so muß er dies wie so manche
Willkür, welche der Schwache auf Erden vom Mächtigen
erdulden muß, mit Fassung ertragen, — es wird ihm nicht
schwer fallen, da er das beruhigende Bewußtsein hat, daß
die Theorie ihn als Quasibesitzer anerkennt.

„Wiederum recht gut! Jetzt haben wir den Begriff des
Quasibesitzes auch von dem unbequemen Moment des Schutzes
abgelöst, — fortan kann ihm keine praktische Voraussetzung
mehr etwas anhaben."

„Aber meine Fragen sind noch nicht am Ende. Du mußt
Dich noch über das Verhältnis des Quasibesitzes zum Untergang der Servitut durch non-usus aussprechen. Denke
Dir: der Inhaber einer Prädialservitut hat am 31. Dezember 1799 die letzte Ausübungshandlung vorgenommen, dann
aber 10 Jahre hindurch sich nicht mehr gerührt; wie verhält

es sich am 1. Januar 1810 mit dem Quasibesitz und der Servitut?"

Ganz einfach! Den Besitz, den er am 1. Januar 1800 hatte, behält er, solange die Möglichkeit, den ursprünglichen Zustand zu reproduzieren, ununterbrochen fortbesteht. Was verschlägt es für den Quasibesitz, daß die Servitut durch non-usus untergeht? Er ist seinem Begriff nach völlig unabhängig von ihr, es kann einen Quasibesitz geben ohne bestehende Servitut und eine Servitut ohne Quasibesitz, folglich kann er auch fortdauern ohne die Servitut[1]), ja ich behaupte sogar: er kann die untergegangene Servitut wieder ins Leben rufen, denn letztere entsteht bekanntlich durch Ersitzung, wo aber Besitz vorhanden ist, knüpft sich an ihn, wenn es an den sonstigen Voraussetzungen nicht fehlt, die Ersitzung.[2]) Der Hergang ist also folgender. Im Decennium 1800—1810 geht die Servitut durch non-usus unter, im folgenden entsteht sie, da der Quasibesitz fortdauert, durch Ersitzung von neuem, im folgenden geht sie wieder unter, und so geht es, da der Quasibesitz eo ipso auf den Nachfolger im Grundstück übergeht[3]), oder wenn wir uns eine juristische Person als Inhaberin der Servitut denken, die Möglichkeit der Reproduktion des ursprünglichen Zustandes stets vorausgesetzt, bis ans Ende aller Tage. Der Quasibesitz ist ewig, er rangiert auf einer Linie mit der Klage aus dem Darlehn, die nicht verjähren kann, weil der Gläubiger dasselbe nicht zurückgefordert hat, und folglich keine Rechtsverletzung eingetreten ist[4]), und mit der Kompensationseinrede aus einer

---

1) Anm. 14.

2) Anm. 15.

3) l. 3 § 6—10 de itin. (43. 19), l. 1 § 37 de aq. (43. 20), l. 2 § 3. l. 3 Si serv. (8. 5). Früher half man durch ein interdictum adipiscendae possessionis. l. 2 § 3 de int. (43. 1).

4) Die bekannte Theorie von Savigny, System des heutigen römischen Rechts V, § 239. Die Anwendung auf die Darlehnsklage

obligatio naturalis, für die es ebenfalls keine Verjährung gibt. Ein erhebendes Gefühl für den Juristen! Throne stürzen, Völker vergehen, die ganze Welt unterliegt dem Wechsel der Dinge, aber auf dem Gebiete der begrifflichen Jurisprudenz gibt es Rechtsverhältnisse, die allem Wechsel der irdischen Dinge spotten, denen keine Zeit etwas anhaben kann.

„Ohne es zu wissen, hast Du eines der Prachtstücke unserer Begriffswelt beschrieben, es ist das juristische **Mobile perpetuum**. Das Problem, das die Mechanik bisher vergebens zu lösen versucht hat, — die Jurisprudenz hat es auf ihrem Gebiet verwirklicht. Ist der Quasibesitz einmal begründet, so geht bei der Prädialservitut die Bewegung in gleichmäßigem Rhythmus unausgesetzt bis in alle Ewigkeit fort. In dem einen Decennium entsteht sie durch Ersitzung, in dem andern geht sie durch non-usus unter, in dem einen Decennium kehrt sie den Quasibesitz, in dem andern den non-usus heraus."

Beide Seiten muß sie aber allerdings genau auseinander halten; versieht sie sich einmal darin, so kommt sie gar nicht aus der Stelle.

„Du meinst: weil Entstehung und Untergang dann in

S. 292: „Der Anfang einer Klagenverjährung ist **unmöglich**. Diese setzt Nachlässigkeit voraus, und wo wäre hier eine solche zu finden?" S. 293 „es ist hier keine Veranlassung zur Klage, keine Verletzung vorhanden". Was verschlagen der erklärte Zweck des Institutes und die ausdrückliche Bestimmung Justinian's, die gerade einer solchen durch konstruktive Gesichtspunkte vermittelten Verewigung der Klagen den Weg versperren soll: (l. 1 § 1 Cod. de ann. exc. 7. 40: jubemus **omnes personales actiones**, quas verbosa quorundam **interpretatio** **extendere** extra metas triginta annorum **conabatur**, triginta annorum spatiis concludi), gegen das Interesse der juristischen Theorie, den Gesichtspunkt der Verletzung durchzuführen? Gegen ihren **Begriff** der actio nata hat das **Gesetz** keine Macht!

demselben Decennium zusammentreffen, und zwei entgegengesetzte Kräfte oder Bewegungen sich aufheben?"

Das meinte ich.

„Gerade darauf beruht die höchste Vollkommenheit unseres
Mobile perpetuum, es vereinigt mit der Möglichkeit der ewigen
Bewegung zugleich die des ewigen Stillstandes und verwirklicht damit für die Prädialservitut den Gedanken der absoluten Freiheit, für sie gibt es kein Muß, sie kann nicht
bloß entstehen und untergehen, sondern auch völlig stillstehen,
ganz wie es ihr beliebt. Niemand kann daher im voraus
wissen, was sie tun wird, neulich z. B. stand sie ein ganzes
Jahr still, sie fühlte offenbar das Bedürfnis sich einmal aus-
zuruhen und die Annehmlichkeit der praescriptio dormiens zu
genießen. Dann aber fing sie von neuem wieder an zu
laufen und vollendete das Decennium der Ersitzung."

In der Tat ein juristisches Phänomen, wie es kein
zweites gibt! Es geht doch nichts über den Quasibesitz.
Ihm würde ich von allen Begriffen den Preis zuerkennen.

„Vergiß nicht, daß er alles, was er leistet, nur dem
Sachbesitz verdankt, er enthält nichts als einen Abklatsch
des letzteren. Hat man den Begriff des Besitzes bei der
Sache einmal richtig erkannt, so versteht sich die Anwendung
auf die Rechte von selbst. Alle unsere Geister sind längst
darüber einig, daß der Sachbesitz in Bezug auf seine wunderbare begriffliche Textur alle anderen hinter sich läßt, und
auch die Begriffe selber gestehen ihm einstimmig die erste
Stelle zu, während sie im übrigen über ihr Rangverhältnis
im heftigsten Streit liegen. Was er fertig bringt, macht ihm
keiner von ihnen nach. Seinem Ursprung nach Faktum,
ist er seinem Wesen nach bald Faktum, bald Recht, bald
beides zusammen, bald endlich „als wirkliches Nichtrecht, ein selbständiger dritter Begriff neben jenen beiden".[1]

---

[1] Kierulff, Theorie des gemeinen Civilrechts S. 349.

Ausgehend von der sinnlichen Wirklichkeit reißt er sich sofort von ihr los, die bloße Möglichkeit genügt ihm. Kein
sichtbares Verhältnis zur Sache, kein Akt ist fernerhin mehr
nötig, um ihm das Leben zu fristen, die bloße Vorstellung
des denkenden Juristen reicht dazu aus. Dadurch überflügelt
er sogar die Rechte. Die Servituten und die Klagen erlöschen
durch Nichtausübung, aber ihm kann der Mangel des ihm
entsprechenden tatsächlichen Verhältnisses nichts anhaben,
das Rangverhältnis zwischen ihm und den Rechten ist also
gerade das entgegengesetzte von demjenigen, welches man
vom Standpunkt der natürlichen Auffassung aus erwarten
würde: der Besitz erweist sich als stärker, als das Recht, —
das Faktum läßt das Recht weit hinter sich. Das römische
Recht hat sich in dieser Beziehung noch nicht auf die Höhe
der idealen Auffassung erhoben, es erkennt dem Rechte eine
höhere Lebens- oder Resistenzkraft zu, als dem Besitz, es setzt
die Zeit des Unterganges bei jenem doppelt so hoch an, als
bei diesem und dabei begeht es noch den zweiten Fehler, daß
es sich durch den begrifflich völlig gleichgültigen Unterschied
der beweglichen und unbeweglichen Sachen beeinflussen läßt
und dem Rechtsschutz bei letzteren die doppelte Frist von dem
bei ersteren gewährt.[1] Zur Entschuldigung darf man hinzu-

---

1) Untergang des Eigentums durch usucapio im älteren Recht
bei unbeweglichen in zwei, bei beweglichen in einem Jahre. Untergang der Prädialservitut durch non-usus in zwei Jahren (dasselbe
wird nach der lex Scribonia auch für die Ersitzung gegolten haben),
des ususfructus nach Verschiedenheit der unbeweglichen und beweglichen
in zwei und in einem Jahre (l. 13 Cod. de serv. 3. 34). Zeitfrist des
Besitzesschutzes bei unbeweglichen Sachen (interd. uti possidetis) ein
Jahr, bei beweglichen Sachen ein halbes Jahr (interd. utrubi), des
Quasibesitzes der Servituten ein Jahr (hoc anno s. S. 290 Note).
Der Gedanke, welcher dieser Bemessung der Zeitfristen zu Grunde liegt,
ist ein unverkennbarer, meines Wissens aber bisher noch nicht erkann-
ter: das Recht doppelt so stark als der Besitz, die unbewegliche Sache

fügen, daß diese Bestimmungen aus einer Zeit stammen, wo den Römern das Verständnis für das rein begriffliche Denken noch nicht aufgegangen war. Wie sehr hebt sich dagegen unser Besitz ab! In ihm hat der Begriff die Wirklichkeit vollständig überwunden, — der Besitz an einer Sache, die ein servus publicus der Stadt Rom zu Cäsar's Zeit im Walde hatte liegen lassen oder vergraben hatte, dauert noch bis auf den heutigen Tag fort.[1]) Es ist der Triumph des juristischen Denkens, welches mittelst der Kategorie der Möglichkeit die der Wirklichkeit überwunden hat. Beginnend mit der „Idee des Besitzes" endet es mit „dem Besitz in der Idee",[2]) dem Besitz, der, aller seiner realen Wirkungen entkleidet, doch noch die Kraft bewährt, als „Besitz in abstracto"[3]) fortzudauern."

„Doch wir haben uns in der Begriffshalle schon über Gebühr aufgehalten, es wird Zeit, daß wir in das anatomisch-pathologische Begriffskabinett gehen."

_____

„Du hast bisher die Begriffe in ihrer reinen Gestalt vor Dir gehabt, hier wirst Du die Verunstaltungen kennen lernen, die sie auf Erden haben erdulden müssen."

Auch von den Römern?

„Leider! Ich würde nichts dazu sagen, wenn bloß die Gesetzgebung sich bei ihnen in dieser Weise vergangen hätte,

doppelt so stark als die bewegliche. Danach kommt auf den Besitzes-schutz bei beweglichen Sachen ein Viertel der Zeit von dem Schutz des Eigentums an unbeweglichen Sachen.

1) Savigny a. a. O., S. 541 „Wer z. B. eine Sache im Walde liegen läßt und sich nachher bestimmt derselben erinnert, hat ihren Besitz nicht verloren".

2) Worte von mir in meiner Schrift über den Grund des Besitzes-schutzes S. 177.

3) Die Formulierung von Puchta, s. Anm. 14.

aber auch die römischen Juristen waren schwach genug, die
streng logische Durchführung der juristischen Begriffe zu Gunsten rein praktischer Rücksichten — utilitas, wie sie das Ding
nennen — hintenanzusetzen. So sind denn die Mißbildungen
zu Tage gekommen, die Du hier vor Dir siehst."

Recht garstige — in Wahrheit! Nachdem man eben die
Begriffe in ihrer vollendeten Reinheit und idealen Schönheit
vor Augen gehabt hat, erschrickt man förmlich, wenn man
dieser Mißbildungen ansichtig wird. Was bedeuten denn die
Farben, welche die Präparate an sich tragen?

„Die schwarze Farbe bezeichnet diejenigen Rechtssätze,
welche zwar rein positiver Art sind, aber keinen Widerspruch gegen den Begriff enthalten, so z. B. hier bei der
Klagverjährung die verschiedenen Bestimmungen über die
Verjährungsfrist; sie vertragen sich vollkommen mit dem Begriff der Klagverjährung. Ebenso dort beim Intestaterbrecht
die Bestimmungen über die Intestaterbfolge. Du siehst; die
Zahl dieser positiven Bestimmungen ist nicht unbedeutend, und
es wäre zu wünschen, daß sie kleiner wäre, und manche von
ihnen würde besser fehlen. Aber auf Erden, wo man das
Recht nur der Anwendung wegen, nicht seiner selbst wegen
will, ist einmal eine gewisse Summe positiver Bestimmungen
nicht zu entbehren, und die Wissenschaft kann sie dulden, solange sie sich nicht herausnehmen, etwas Begriffswidriges
festzusetzen. Wie oft und wie vielfältig letzteres geschehen
ist, siehst Du aus den beiden andern Farben: roth und blau.
Jene bezeichnet die Verunstaltungen, denen die Begriffe schon
bei den Römern ausgesetzt gewesen sind, diese diejenigen,
welche sie erst in der modernen Welt erfahren haben, und
zwar die hellere Schattierung beider Farben diejenigen, welche
auf Rechnung des Gesetzgebers, die dunklere die, welche auf
Rechnung der Juristen kommen. Letztere sind die graustenⁿ
und bedauerlichsten, sie dokumentieren einen Abfall der Juris-

prudenz von sich selber, ein Liebäugeln mit den Bedürfnissen des praktischen Lebens, die sie nichts angehen, die sie vielmehr ausschließlich dem Gesetzgeber zu überlassen hat. Denn gerade darin besteht ja ihre eigentümliche Aufgabe und ihr Beruf, die Reinheit der Begriffe zu wahren und alles Begriffswidrige fern zu halten. Dem Gesetzgeber kann man die Attentate, welche er gegen die Begriffe begeht, allenfalls zugute halten, er weiß es nicht besser, er begeht sie in aller Naivität. Aber für die Jurisprudenz, die Wächterin der Begriffe, enthalten diese Eingriffe das schwerste Vergehen, dessen sie sich schuldig machen kann, eine wahre Sünde wider den heiligen Geist. Du wirst jetzt die Symbolik der Farbenschattierung verstehen. Letztere entspricht der Schuld: die matte Schattierung ist bestimmt für den Gesetzgeber, die dunkle für die Jurisprudenz, beide graduell abgestuft nach der Schwere des Vergehens. Ich werde Dir einige Beispiele zeigen."

"Hier zunächst das Eigentum. Der Begriff desselben hat weder von dem Gesetzgeber, noch von der Jurisprudenz etwas zu leiden gehabt. Um so mehr aber die Erwerbsarten des Eigentums und die reivindicatio. Hier siehst Du zunächst den thesaurus."

Im Begriffssaal habe ich ihn gar nicht angetroffen.

"Da konnte er auch nicht stehen, denn er enthält eine Abnormität, die mit den sonstigen Grundsätzen über den Erwerb des Eigentums im offenen Widerspruch steht. Das Eigentum am Schatz geht bekanntlich von demjenigen, der ihn zuerst verbarg, auf dessen Erben über, auch ohne daß dieselben Kunde davon haben, von ihnen wieder auf ihre Erben — und so fort in alle Ewigkeit. Durch bloßen nonusus kann es nicht untergehen. Wird der Schatz endlich aufgefunden, und sei es auch nach tausend Jahren, so kann es theoretisch nicht dem mindesten Zweifel unterliegen, daß er auch jetzt noch im Eigentum steht, möglicherweise wenn bei

jedem Erbgang recht viele Erben beteiligt waren, in dem
von Millionen von Eigentümern, — bei einem Erbgang
von jedesmal fünf Erben würden es im zehnten Erbgang
über 10 Millionen sein. Der Anteil eines jeden einzelnen
ist also ein höchst minimaler, homöopathisch verdünnter, und
der Nachweis der Erbberechtigung des einzelnen Kompetenten
würde mit Schwierigkeiten verbunden sein. Regelmäßig meldet sich niemand. Aber ob Kompetenten sich melden oder
nicht, für die juristische Beurteilung des Verhältnisses kann
dies nichts verschlagen; wir wissen: der Schatz hat seine
Eigentümer, wir kennen sie nur nicht."

„Da hast Du nun einen eklatanten Fall der begrifflichen
Verirrung der römischen Jurisprudenz vor Augen. Sie sagt:
die Sache hat keinen Eigentümer mehr.[1]) Dies einmal angenommen, hätte die Konsequenz erfordert, den Schatz nach
Grundsätzen über die Occupation herrenloser Sachen dem
Finder zuzusprechen. Aber jetzt mischt sich auch das positive
Recht hinein und spricht den Schatz halb dem Finder und
halb dem Eigentümer zu. So erzeugt eine Verirrung die
andere; ist der feste Boden der Konsequenz einmal verlassen,
so gibt es auf der abschüssigen Bahn der Willkür kein Halten mehr.

Zu Ehren unserer heutigen Jurisprudenz glaube ich annehmen zu dürfen, daß wenn die Frage vom Schatz für sie
eine offene gewesen wäre, sie bei ihr ebenso wie bei der
von der Verjährung der Darlehnsklage (S. 292) den theoretisch allein korrekten Gesichtspunkt durchgeführt haben
würde, daß ein Recht, für dessen Untergang ein Grund nicht
erfindlich ist, fortdauert, und daß daher von einem Untergang
des Eigentums beim Schatz ebensowenig die Rede sein

---

1) Die bekannte Definition des Thesaurus: cujus non exstat me-
moria, ut jam dominum non habeat.

kann, wie von dem der Klage durch Verjährung, wenn es
an dem Erfordernis der Nativität der Klage: der Rechtsverletzung fehlt. Damit würde das Eigentum auf eine Linie
mit der persönlichen Klage gerückt sein, und der thesaurus
würde es mit der unverjährbaren Klage vollkommen aufzunehmen vermögen."

Ich sehe da noch eine andere Erwerbungsart des Eigentums, die einen überaus starken dunkelroten Strich an sich
trägt.

„Es ist die Ersitzung. Ihr habt die römischen Juristen übel mitgespielt. Ihrem Begriff nach setzt sie den
Besitz voraus, — eine Ersitzung ohne Besitz ist ein logisches
Unding, ein begriffliches Ungeheuer. Aber selbst vor dieser
Abnormität sind die römischen Juristen nicht zurückgeschreckt.
Obschon sie lehren, daß der Besitz mit dem Tode untergehe,
lassen sie doch die Ersitzung fortlaufen, — ein Mann, welcher läuft ohne Beine! Und als ob es damit noch nicht genug
wäre, lassen sie die Usukapion auch in der Person des Pfand-
schuldners fortdauern, der den Besitz auf den Gläubiger übertragen hat. Ein reizendes quid pro quo ist auch die Fortdauer der Usukapion am flüchtigen Sklaven. Hier scheint sich
aber doch das juristische Gewissen in ihnen geregt zu haben,
denn sie beschönigen die Abnormität dadurch, daß sie den
Besitz am Sklaven als fortdauernd annehmen. Aber sie treiben den Teufel mit Beelzebub aus. Besitz an einem flüchtigen Sklaven! Was mag so ein Sklave, der fern von Rom
in irgend einem Winkel der Erde behaglich im Sichern saß,
sich über diesen Besitz seines Herrn an ihm amüsiert haben!"

„Und alles das der leidigen utilitas wegen! Das ideale
Interesse der Korrektheit der Begriffe preisgegeben, bloß
damit dieser und jener römische Dunkelmann usukapieren
könne."

Was stellt denn dieses Stück der Eigentumstheorie vor?

„Es ist die reivindicatio. An ihr haben die Römer sich ebenfalls schwer versündigt. Ihrer Bestimmung und ursprünglichen Anlage nach müßte sie unaufhaltsam ihren Weg geradeaus gehen, vor keinem Hindernis zurückschrecken. Aber was tut sie? Vor dem elenden tignum junctum macht sie scheu Halt, — der Eigentümer muß mit dem Doppelten des Werts der Sache vorliebnehmen. Es ist der offene Rechtsbruch, eine Strangulierung des Eigentums; zu Gunsten des schwankenden Utilitätsprincips wird das idealste aller Güter: das Rechtsprincip geopfert. Und das alles bloß darum, damit der Beklagte sein Haus nicht abzubrechen braucht. Als ob so ein elendes Haus, das mit einigen Tausenden reichlich bezahlt ist, gegenüber der Idee des Eigentums in Betracht kommen könnte! Zur Entschuldigung kann man anführen, daß diese Preisgabe der Idee des Eigentums einer Zeit zur Last fällt, die für den juristischen Idealismus noch keinen Sinn hatte.

Das böse Beispiel des Gesetzgebers hat bei den römischen Juristen reiche Früchte getragen. Die alte reivindicatio ist durch sie in einer Weise verunstaltet worden, daß man sie kaum wieder erkennt, es ist ein klägliches Zwitterding zwischen der in rem und der in personam actio. Gerichtet auf Herausgabe der Sache, hatte sie den Besitz derselben in der Person des Beklagten zur begrifflich notwendigen Voraussetzung. Was tun die Juristen? Sie entbinden sie von dieser Voraussetzung und geben sie auch gegen den Nichtbesitzer, qui liti se obtulit aut dolo desiit possidere, d. h. sie machen einen Anspruch wegen Dolus daraus. Eine actio de dolo im Gewande einer in rem actio — eine wahre Ungeheuerlichkeit! Jeder Institutionist weiß, daß der Gegensatz beider Klagen zu den elementarsten Dingen des römischen Rechts gehört."

„Einmal vom richtigen Wege abgekommen, verirren sich

die römischen Juristen dann immer weiter. Der Grund-
gedanke der in rem actio wird preisgegeben, beiden Parteien
wird verstattet, Ansprüche rein obligatorischer Art geltend zu
machen, dem Beklagten auf Ersatz der Impensen, dem Kläger
auf Herausgabe der Früchte. Ersterer mag zur Not noch
passieren, er steht und fällt mit der exc. doli, und mit der läßt
sich bekanntlich alles ausrichten — ich mache mich anheischig,
damit das ganze Recht aus den Angeln zu heben; mit ihr
schlage ich jeden Rechtssatz zurück, der mir nicht zusagt.
Aber der Anspruch auf die Früchte — er bedeutet nicht mehr
und nicht weniger als einen Faustschlag ins Angesicht der
Rechtslogik! Die Klage lautet auf rem meam esse: fallen
die Früchte unter den Begriff der res? Nein! sie sind
selbständige Sachen. Paßt auf sie das meum esse? Lediglich
auf die vom malae fidei possessor gezogenen, noch existierenden
Früchte, nicht auf die vom bonae fidei possessor gezogenen,
denn er wird Eigentümer, nicht auf die konsumierten, denn
an einer nicht mehr existierenden Sache ist kein Eigentum
möglich."

Ich stimme Dir vollkommen bei. Ich hätte keinem unserer heutigen Juristen raten mögen, einen solchen Einfall
zu Markt zu bringen, er wäre gesteinigt worden, und selbst
dem Gesetzgeber wäre der Vorwurf der Willkür nicht erspart
geblieben[1]), aber den römischen Juristen geht alles durch.

„Sie haben bei der reivindicatio noch viel mehr auf
dem Gewissen. Sieh Dir hier einmal das jus tollendi an."

---

1) Man vergleiche z. B. die Äußerung von Puchta, Pandekten
§ 135 Note c über die höchst verständige Neuerung Justinian's in l.
11 Cod. unde vi (8. 4): „eine ganz willkürliche Bestimmung" und über die
nicht minder billigenswerte Ausdehnung derselben durch das kanonische
Recht: „auf dieser Bahn der Willkür ist das kanonische Recht fortge-
schritten". Der Verstoß, den beide hier begangen haben sollen, war
eine reine Bagatelle gegen den im Text.

Es hat einen sehr starken roten Strich.

„Mit Recht! Es schließt einen schweren logischen Verstoß in sich. Hat der Besitzer Verwendungen auf die Sache gemacht, so fallen dieselben nach Grundsätzen über die Accession bekanntlich dem Eigentümer zu, ein jus tollendi des Beklagten ist mithin logisch unmöglich. Gleichwohl wird es gewährt. Aber wie! Wenn der Kläger sich erbietet, dem Beklagten so viel zu zahlen, als die Sache nach der Trennung wert ist, so muß die Ausübung desselben unterbleiben, ebenso wenn sie gar nichts wert ist, — malitiis non indulgendum est, sagen die römischen Juristen und tragen damit ein reines Moralprincip in das Recht hinüber. Ein sauberer Grundsatz! — auch damit getraue ich mir wiederum das ganze Recht aus den Angeln zu heben. Ein Gläubiger macht zu einem Zeitpunkt seine Forderung geltend, wo die sofortige Leistung dem Schuldner die größten Ungelegenheiten verursacht, während es ersterem nicht das mindeste verschlagen würde, noch einige Zeit zu warten. Was tue ich? Ich weise ihn ab — malitiis non indulgendum est! Sind es malitiae, wenn ich mein gutes Recht ausübe? Sprecht dem Besitzer immerhin das jus tollendi ab, aber wenn Ihr es ihm einmal zugesteht, so nehmt nicht mit der einen Hand wieder, was Ihr mit der andern gegeben habt."

Auch ich bin stets der Ansicht gewesen, daß die römischen Juristen sich in diesem Punkt schwer vergangen haben. Dahin führt es, wenn man sich durch den Gesichtspunkt leiten läßt, den sie sich nicht scheuen offen auszusprechen: ne urbs ruinis deformetur[1]). Dem alten Recht mag man die Anwendung desselben auf das tignum junctum zugute halten, aber die römischen Juristen mußten wissen, daß das Rechtsprincip höher steht als alle Utilitätsrücksichten. Ich kann

---

1) l. 2 § 17, l. 7 Ne quid in loco publ. (43. 8).

ihnen, so hoch ich sie verehre, den Vorwurf nicht ersparen, daß sie bei der obigen Bestimmung über das jus tollendi das Rechtsprincip in unverantwortlicher Weise preisgegeben haben. Selbst gegen den Staat scheuen sie sich nicht, dies Utilitäts= princip auf Kosten des Rechtsprincips zur Geltung zu brin= gen. Es hat jemand ohne Einspruch auf öffentlichem Grund= stück unberechtigterweise gebaut. Was geschieht? Wenn der Verkehr dadurch nicht gehemmt wird, bleibt das Gebäude bestehen, und dem Erbauer wird ein entsprechender Boden= zins (solarium) auferlegt. Warum? Ne urbs ruinis defor= metur[1]! Da haben wir Neuern es doch weiter gebracht. Wenn bei uns ein Bau errichtet ist, den der Nachbar nicht zu dulden braucht, so muß er, auch wenn letzterer es unterlassen hat, zeitig Einsprache dagegen zu erheben (operis novi nunciatio), ohne Erbarmen wieder abgebrochen werden. So bringt es das Rechtsprincip mit sich, und dabei bleibt es[2]). Was liegt daran, ob es vielleicht ein Palast oder ein prachtvoller Bahnhof ist, der in dieser Weise zerstört wird? Die actio confessoria und negatoria lauten einmal auf jus esse und jus non esse, und diesem jus oder non jus kann sich kein Hindernis in den Weg stellen, es realisiert sich mit der Macht logischer Notwendigkeit, die ebenso unabwendbar ist, wie die Naturnotwendigkeit. Fiat justitia, pereat mundus!

---

1) Siehe die Stellen der vorigen Note.

2) Bis auf den heutigen Tag die herrschende Ansicht der roma= nistischen Theoretiker, gegen die ich in meinen Jahrbüchern VI, S. 97 ff. vergebens Einspruch erhoben habe. Schon das bloße Dasein der Operis novi nunciatio hätte m. E. auf den richtigen Weg führen sollen; was sollte sie denn, wenn die act. confessoria und negatoria zu demselben Zweck ausreichten? Ich meinerseits werde nie müde werden, eine so durch und durch ungesunde Ansicht zu bekämpfen, und ich hoffe, daß der gegenwärtige Aufsatz mit dazu beiträgt, auch diese Verirrung der modernen Begriffsjurisprudenz ins richtige Licht zu setzen.

Der Begriff des Eigentums oder der Servitut hat sich behauptet, alles andere ist gleichgültig. Die Römer hatten auch
hier wiederum nicht den Mut der vollen Konsequenz, sie
verstatten dem Richter, den Beklagten, der dem arbitrium,
das ihm das restituere d. h. den Abbruch des Gebäudes auferlegt, nicht Folge leistet, auf Geld zu verurteilen. Das
Gebäude blieb bestehen, ebenso wie das auf öffentlichem
Grund und Boden errichtete, — ne urbs ruinis deformetur!
Bei uns aber, die wir diese völlig unjuristische Scheu der
Römer vor der Zerstörung von Gebäuden nicht kennen, nimmt
das Recht seinen freien Lauf. Es ist ein erhebendes Bild,
das sich uns da darbietet. Auf den Ruinen des nieder-
gerissenen Gebäudes sitzt triumphierend die Logik des Rechts,
einen dankbaren Blick auf die „Rechtsschule des neunzehnten
Jahrhunderts" werfend, welche sie von dem unwürdigen
Lose, das ihr bei den Römern bereitet war, sich dem Uti-
litätsprincip unterordnen zu müssen, befreit hat. Wären ihr
die Hände durch positive Bestimmungen nicht gebunden,
alle die Inkonsequenzen, welche die Römer begangen haben,
würden unserm heutigen Recht fremd sein.

Die actio finium regundorum, die Du hier neben der
reivindicatio erblickst, würdest Du dann auch nicht mehr antreffen. Die tief dunkle Schattierung derselben deutet auf zwei
große Abnormitäten hin, die eine: daß der Grundsatz der
Befreiung des Besitzes von der Beweislast bei ihr hintenan-
gesetzt worden ist, die andere: daß der Richter bei ihr die
neuen Grenzen nach reinen Zweckmäßigkeitsrücksichten
setzen darf. Zweckmäßigkeitsrücksichten, wo es sich um Feststellung des Eigentums handelt, — der reine Hohn auf die
Eigentumsidee! Der Fluß hat sich seinen Lauf durch die
Grundstücke zweier Eigentümer gebahnt, ein Fetzen von dem
einen liegt auf dieser, ein Fetzen von jenem auf der andern

Seite des neuen Flußufers. Aus bloßen Zweckmäßigkeits-
rückfichten fpricht hier der Richter jeden der beiden Fetzen
einem andern zu, als dem er gehört."

Ich habe das Eigentum fatt. Ich habe nicht geglaubt,
daß es fo viele Widerfprüche und Begriffswidrigkeiten in fich
vereinige, wie fie mir hier durch Eure Farben deutlich gemacht find. Zeige mir andere Begriffe.

"Intereffieren Dich vielleicht die jura in re? Sie find
begrifflich nicht ganz fo fchlimm verunftaltet worden, wie das
Eigentum, aber einiges ift doch auch bei ihnen zu fehen.
Hier z. B. der usus an Sachen, die gar kein uti zulaffen,
dort der quasiususfructus, diefe Mißbildung des ususfructus, der, feiner Anlage nach ein jus in re, fich fo weit vergißt, die Geftalt des Eigentums anzunehmen. Dort das
Pfandrecht, das fich die Verirrung zu Schulden kommen
läßt, von den Sachen auf die Rechte überzufpringen und
damit das ungeheuerliche Gebilde des Rechts am Rechte
zu Tage fördert, das den heutigen Juriften fo viel fchlaflofe
Nächte verurfacht hat. Beim Pfandrecht findeft Du manche
blaue Partien; fie verkünden Dir die begrifflichen Mißhand-
lungen, welche fich die neuere Zeit gegen das Pfandrecht hat
zu Schulden kommen laffen. Da fiehft Du z. B. die Grund-
fchuld, bei der fich das Pfandrecht von der perfönlichen Forderung gänzlich frei gemacht, — eine Ungeheuerlichkeit, für
die einem romaniftifch richtig organifierten Kopf jedes Verftändnis abgeht. Sodann das Offenhalten einer vorftehenden
Hypothek für eine künftige Forderung bei Beftellung nach-
ftehender Hypotheken."

Das ift das Ärgfte! Es enthält eine einfache logifche
Unmöglichkeit. Wie ift es denkbar, daß eine untere Hypothek exiftiert ohne eine obere? Erftere drängt mit Notwendigkeit in die Höhe, mit derfelben Notwendigkeit, mit der
die atmofphärifche Luft in den luftleeren Raum dringt; es

ist der horror vacui, der für die Rechtswelt dieselbe Geltung hat, wie für die natürliche.

Ich habe jetzt vom Sachenrecht genug, und bin überhaupt bereits so disgustiert, daß ich mich von hier wegsehne. Zeige mir nur die Obligation, dann wollen wir gehen.

„Sie ist hier. Rote Partien findest Du wenig an ihr, um so mehr aber blaue."

Aber eine tief dunkelrote Partie finde ich doch an ihr; was bedeutet die?

„Den Satz der römischen Juristen, daß der Schuldner, der aus einem dem Gläubiger zur Last fallenden Grunde aus Versehen an den Unrechten Zahlung geleistet hat, frei wird: daß darin eine logische Unmöglichkeit enthalten ist, brauche ich Dir nicht zu sagen."

Gewiß nicht! Die Obligation kann nur in der Person des Gläubigers oder dessen, den er zur Empfangnahme der Zahlung ermächtigt hat, getilgt werden, Zahlung an den Unrechten ist keine Zahlung, es ist mithin eine logische Unmöglichkeit, daß dadurch der Schuldner frei werde. Mag er sehen, wie er von dem Empfänger die Zahlung zurückbekommt, den Gläubiger geht dies nichts an, selbst dann nicht, wenn er letzteren zur Entgegennahme der Zahlung beauftragt, seinen Auftrag aber später wieder zurückgenommen hat; der Auftrag existiert nicht mehr, und es ist gleichgültig, ob dies dem Schuldner angezeigt worden ist oder nicht, — ein Nichtberechtigter kann von ihm nicht gültig Zahlung entgegennehmen. Das sind Dinge, die zum ABC der Jurisprudenz gehören.

„Du triffst hier noch manche andere Verstöße gegen das Wesen der Obligation, die aber der neueren Zeit angehören."

„Da ist z. B. der Cessionsbegriff. Die römischen Juristen erblickten in der Cession bekanntlich nur eine Übertragung der Ausübung, und unter uns hier herrscht gar kein Zweifel darüber, daß sie damit das Richtige getroffen haben. Aber die neueren Gesetzgeber und die Praktiker haben aus ihr das Ding gemacht, das Du hier vor Dir siehst: die Übertragung der Forderung selber. Eine Succession in eine Forderung, — kann man sich etwas Widersinnigeres denken? Die Forderung ist kein Objekt, das man hat, sondern eine Eigenschaft, die man ist; sie verhält sich zu ihrem Subjekt ebenso wie die Prädialservitut zum herrschenden Grundstück, beide sind juristische Qualitäten. Wie in aller Welt soll man sich nun vorstellen, daß diese Qualität, Gläubiger zu sein, auf einen Andern übertragen wird? Dann müßte ja auch Schönheit, Gesundheit, Kraft, Verstand sich übertragen lassen, was allerdings sehr wünschenswert wäre, aber leider unausführbar ist. Ebensowenig läßt sich, wenn man nicht allen Gesetzen des juristischen Denkens Hohn sprechen will, die Möglichkeit einer Übertragung der Forderung behaupten. Sie ist in der Person dieses bestimmten Gläubigers zur Existenz gelangt und ihrem Begriff nach mit ihr unlöslich verbunden, — ,,inhaeret personae ut scabies ossibus", wie ein mittelalterlicher Jurist nicht gerade ästhetisch sich ausdrückte. Ist B eine andere Person als A, so auch die Forderung in der Person des B ein anderes Ding als in der des A, durch Ablösung von der Person des A wird sie vernichtet und kann daher nur auf dem Wege der Novation in der des B als neue entstehen."

,,Aber selbst dieser moderne Cessionsbegriff, so sehr er allen Grundsätzen der Logik Hohn spricht, ist noch überboten worden durch das Inhaberpapier, das Du hier vor Dir siehst. Die Obligation, dieses bloß in der juristischen Vorstellung bestehende rein ideale Ding, wird mittelst desselben tradiert, sie ist eingefangen und eingesperrt worden in ein Stück Papier, — es ist das Ärgste, was ihr widerfahren ist. Ein Dieb stiehlt Dir Deine Obligationen! Ein römischer Jurist würde geglaubt haben, in Dir einen Irrsinnigen vor sich zu haben,

wenn Du ihm dies gesagt hätteſt. Der Begriff der Auslobung, der dort ſteht, würde ihm ebenfalls kein geringes
Erſtaunen entlockt haben. Ein einſeitiges Verſprechen, das
vom andern Teil noch nicht angenommen iſt, alſo noch in
der Luft ſchwebt, ohne ſich auf eine beſtimmte Perſon nieder-
gelaſſen zu haben, und das gleichwohl die Kraft beſitzen ſoll,
den Promittenten zu binden — kann man ſich ſo etwas vorſtellen? Ebenſowenig, als daß ein Pferd durch den Zaum,
der frei auf ſeinem Halſe ſchlottert, gehalten wird, der
Reiter muß ihn erſt in die Hand nehmen. Die Auslobung
iſt der Zaum, den niemand in der Hand hat, — — und
dadurch ſoll der Auslobende gebunden werden!"

„Doch ich ſehe Dir an, daß Du genug haſt. Du ſcheinſt
mir nicht recht aufmerkſam mehr zu ſein."

Die Sache fängt in der Tat an, mich zu ermüden, führe
mich anderswohin.

„Jetzt gibt es nichts mehr zu ſehen, Du biſt fertig.
Ich werde Dich jetzt zum Examen anmelden."

Zum Examen? Nein, hehrer Geiſt, der Gefahr unter-
ziehe ich mich nicht, ich ſehe doch voraus, daß ich durchfallen
werde. Und ſodann muß ich Dir aufrichtig geſtehen: Euer
Himmel lockt mich nicht ſonderlich, er ſcheint mir trotz aller
Herrlichkeiten, die hier zu ſehen ſind, und trotz aller der Spiele,
mit denen die ſeligen Geiſter ſich die Zeit vertreiben, doch
etwas langweilig zu ſein; ich ziehe es vor in einen anderen
Himmel zu gehen.

„Das iſt Deine Sache, wir begehren Dich hier nicht, Du
haſt ſattſam gezeigt, wie wenig Du für uns paßt. In welchen Himmel willſt Du? Ich muß es wiſſen, damit ich den
Führer beſtelle."

In welchen kann ich kommen?

„Für Dich als Juriſten gibt es noch zwei: den der
Rechtsphiloſophen und den der Praktiker."

Ersterer würde mich schon locken.

„Aber so leicht kommst Du in ihn nicht hinein; auch dort hast Du ein Examen zu bestehen."

Kennst Du die Einrichtung desselben?

„Gewiß! Die Rechtsphilosophie ist zwar in unserm Himmel streng verpönt, sie verträgt sich nicht mit der Herrschaft der Begriffe, weil sie der Strenggläubigkeit Abbruch tut, aber von einem unserer Geister, der in dem rechtsphilosophischen Examen durchfiel und dann zu uns kam, habe ich die Einrichtung desselben erfahren. Im Himmel der Rechtsphilosophen herrscht die Vernunft, wie bei uns die Begriffe, bei uns hast Du das Recht aus dem Begriff, dort aus der Vernunft abzuleiten."

Das scheint mir nicht gerade so schwer zu sein. Mit dem Satz von Hegel: „Alles, was ist, ist vernünftig", getraue ich mir alles fertig zu bringen. Wer mit mir nicht übereinstimmt, dem spreche ich einfach das Erkenntnisvermögen für das Vernünftige ab. Wie sollte man auch sonst bei dem gänzlichen Auseinandergehen der Ansichten der verschiedenen Völker und Zeiten über dasjenige, was vernünftig ist, sich helfen? Was wir haben, ist vernünftig, was sie haben, wenn es dem widerspricht, unvernünftig. Auch sie rufen für dasjenige, was sie haben, die Vernunft an, und unsere mit den ihrigen in Widerspruch stehenden Einrichtungen und Ansichten erscheinen ihnen ebenso unvernünftig, wie uns die ihrigen. Aber was sie Vernunft nennen, ist nicht die richtige. Da ich mich meinerseits sicher fühle, die richtige zu besitzen, so soll es mir nicht schwer fallen, das ganze Recht, das selbstverständlich nur das unserer Zeit sein kann, aus der Vernunft abzuleiten. Bei Einrichtungen oder Sätzen, mit denen ich mich nicht einverstanden erklären kann, berufe ich mich einfach auf meine Vernunft; die Berufung der Gegner auf ein von dem unsrigen abweichendes „Ist" fertige ich damit ab, daß

es nicht das wahre „Iſt" iſt. Das wahre „Iſt" iſt nur das‧
jenige, was ſich mit der Vernunft deckt.

Vor dem Examen in der Rechtsphiloſophie iſt mir nicht
bange.

„Denke Dir die Sache nicht ſo leicht. Das Examen be‧
wegt ſich nicht in rechtsphiloſophiſchen Allgemeinheiten, ſon‧
dern es ſteigt tief in das Detail hinab. Es gibt dort ganz
verzwickte Examensfragen, auf die ſchon mancher durchgefallen
iſt, z. B. die: ob „neugieriges Ausfragen, Eintreten zur Tür
ohne Aufforderung" nach Naturrecht zuläſſig ſei.[1]) Auch die
Konſequenzen des Rechts der Freizügigkeit nach Naturrecht
ſind nicht jedem ſofort geläufig, wie leicht kann man z. B.
überſehen, daß „jede Erſchwerung des Reiſens — wohin das
Paß‧ und Mautunweſen gehört" — mit dem Naturrecht in
Widerſpruch ſteht.[2])"

„Ich werde Dir einmal einige Fragen vorlegen, die Du,
„da es einem jeden zuſteht, den andern anzureden und
eine Antwort von ihm zu verlangen, gleichviel ob die
Anſprache mündlich oder ſchriftlich (!) geſchieht", naturrechtlich
verpflichtet biſt zu beantworten.[3]) Freue Dich, daß Du hier
mit einer mündlichen Antwort davonkommſt."

„Gegen welches Recht verſtößt „das Legen von Fuß‧
angeln und Selbſtſchüſſen, das Anbringen von Glasſtücken
auf Mauern, von Stacheln hinter den Kutſchen?" (Röder
a. a. O. S. 81.)

Die Frage vermag ich in der Tat nicht zu beantworten.

„Gegen das Recht hinſichtlich des Körpers." (S. 76.)

„Haben die Juden das Recht ſich zu beſchneiden?"

Nachdem Du mir den einſchlagenden Geſichtspunkt

---

1) Anm. 16.
2) Anm. 17.
3) R ö d e r, Grundzüge des Naturrechts oder der Rechtsphiloſophie
Abt. II, Aufl. 2, S. 202.

genannt haſt, wird es mir nicht ſchwer, die richtige Antwort zu geben: Nein! (S. 80.)

„Iſt die magere Koſt der Gefangenen und die Dunkel-haft und hartes Lager naturrechtlich erlaubt?"

Ebenfalls nein! (S. 81.)

„Du findeſt Dich ſchon hinein. Wie denkſt Du über „den noch immer vielfach eben ſo ſchädlichen als zweckwidrigen vor-ſchriftsmäßigen Anzug der Soldaten (beſonders die Kopf-bedeckung, ſteife Halsbinde, Tragriemen quer über die Bruſt und Einzwängung des Leibes)?" (S. 82.)

Entſchieden gegen das Naturrecht. Wäre ich Militär-Hutmacher, Schneider, Sattler u. ſ. w., mein Gewiſſen würde mir verbieten, meine Mitwirkung dazu zu gewähren. Der Soldat darf ſogar auf dem Wachtpoſten einſchlafen, denn es iſt ein natürliches Recht des Menſchen des Nachts zu ſchlafen, und das darf auch dem Soldaten nicht verkümmert werden[1].

„Darf die Staatsgewalt den Staatsdienern das Tragen eines Bartes verbieten oder gebieten? Die Frage iſt mir ſeiner Zeit praktiſch entgegengetreten, ich durfte mir, als ich noch Profeſſor in X. war, wegen des dort erlaſſenen edictum de barbis keinen Bart ſtehen laſſen, da ich mir das Recht da-zu bei der Berufung nicht vorbehalten hatte."

Unmöglich! Das Recht auf den Bart gehört zu den Urrechten des Menſchen — was die Natur ihm zugedacht hat, darf ihm keine Menſchenſatzung verkümmern; ſelbſt dem

---

[1] Nicht aus Röder, ſondern Inhalt eines engliſchen Urteils, angeführt in f. Stoerk's Methodik des öffentlichen Rechts (Grünhut, Zeitſchrift für das Privat- und öffentliche Recht der Gegenwart XII, l, S. 142), Note: „Die bekannte Entſcheidung über die Beſchwerde eines Soldaten, der auf ſeinem Wachtpoſten eingeſchlafen und deshalb — vor Aufſtellung der in der Mutiny-Bill enthaltenen Specialnormen — mit Strafe belegt worden war. Letztere wurde aufgehoben, „da keinem Briten außer Conſtables und Watchmen bis dahin verboten war, zur Nachtzeit zu ſchlafen".

Ziegenbock läßt man seinen Bart. „Wer die Haare preis-
gibt[1]), darf auch nichts einwenden gegen das (zur Hälfte)
Kahlscheren der nach Sibirien verbrachten Männer." (S. 81).
Selbst die Frage könnte man aufwerfen, ob nicht auch das
freiwillige Abscheren des Bartes und der Haare naturrechtlich
unstatthaft sei, da man darin eine Selbstverstümmlung erblicken könnte, „welche nach Naturrecht unzulässig ist". (S. 80.)

„Ich halte es nach diesen Proben nicht für unmöglich,
daß Du das Examen in der Rechtsphilosophie bestehen wirst.
Bevor Du zu demselben zugelassen wirst, mußt Du jedoch das
rechtsphilosophische Glaubensbekenntnis ablegen."

Wie lautet dasselbe?

„Ich glaube daran, daß alle Rechtswahrheiten dem
Menschen von der Natur mitgegeben, ihm angeboren sind, und
daß es daher nur seines energischen Denkens bedarf, um den
ganzen Reichtum derselben, die embryonisch in seiner Vernunft enthalten sind, zu Tage zu fördern. Der Mensch trägt
in seinem Rechtsgefühl, das, da es von der Natur selber ihm
eingepflanzt ist, bei allen Völkern und zu allen Zeiten ewig
dasselbe ist, sämtliche allgemeinen Rechtswahrheiten in sich;
die geschichtliche Verschiedenheit der Rechte, die damit unverträglich scheint, kommt auf Rechnung teils des unvollkommenen Denkens, teils der positiven, durch Willkür oder bloße
Zweckmäßigkeitsrücksichten geleiteten Gesetzgebung."

Ein solches Glaubensbekenntnis vermag ich nicht abzu-

---

1) Dazu die Anmerkung: „folgewidrig nimmt Warnkönig zwar
die Zähne in Schutz, gibt aber die Haare preis, will wenigstens
durch Vertrag ein Recht erwerben lassen, uns zu scheren, auch wenn
wir ungeschoren bleiben wollen. Das Recht ungeschoren zu bleiben hat
sich noch niemand nehmen lassen, und die Sprache erkennt dasselbe
an in der Wendung: „Lassen Sie mich ungeschoren", deren historischer
Ursprung offenbar darauf zurückzuführen ist, daß hie und da jemand
den Versuch gemacht hat, einen andern wider seinen Willen zu scheren."
Seltsame Leute, die solche Versuche machten!

legen, ich habe auf Erden die gerade entgegengesetzte Ansicht verteidigt.

„Ich habe mir nach allem, was ich bisher von Dir gehört habe, schon gedacht, daß Du das rechtsphilosophische Glaubensbekenntnis nicht würdest ablegen können. Dein Blick ist in Deinem Erdenwallen viel zu sehr auf die Erde und irdische Dinge gerichtet gewesen. Anstatt die Begriffe und Ideen in ihrem absoluten, an keine historischen Bedingungen geknüpften Dasein, ihrer logischen oder rechtsphilosophischen Autarkie oder Aseität anzuerkennen, hast Du stets die törichte Frage nach ihrem historischen oder praktischen Warum getan, womit Du sie entwürdigt und den Beweis geliefert hast, daß Dir der Sinn und das Verständnis für den Idealismus des Rechts abgeht. Durch diese eine Frage nach dem Warum hast Du Dir den Zutritt sowohl zu unserm Himmel als zu dem der Rechtsphilosophen versperrt. Dir bleibt nur noch der Himmel der Praktiker übrig."

Werde ich als Theoretiker da Aufnahme finden?

„Da findet jeder Aufnahme, der sein juristisches Examen gemacht hat, und dazu gehört bekanntlich nicht viel. Vielleicht werden sie Dir als Theoretiker noch einen Rechtsfall zur Entscheidung vorlegen, aber Du kannst ganz unbesorgt sein, mit der Entscheidung nehmen sie es nicht so genau; sie machen auch an sich selber in dieser Beziehung keine sehr hohen Ansprüche, — wenn der Fall nur entschieden wird, auf das Wie kommt es ihnen nicht an."

„Ich lasse jetzt den Seelenführer kommen."

‒ ‒ ‒ ‒ ‒ ‒ ‒ ‒ ‒ ‒ ‒ ‒

‒ ‒ ‒ ‒ ‒ ‒ ‒ ‒ ‒ ‒ ‒ ‒

„Hier ist er. Gehab Dich wohl."

‒ ‒ ‒ ‒ ‒ ‒ ‒ ‒ ‒ ‒ ‒ ‒

‒ ‒ ‒ ‒ ‒ ‒ ‒ ‒ ‒ ‒ ‒ ‒

Ich war wieder in Bewegung und durchmaß unermeß-
liche Räume mit der Schnelligkeit des Gedankens, die Dunkelheit, die mich bisher umgeben hatte, minderte sich, der erste
schwache Lichtschimmer fiel in mein Auge, kurz darauf hatte
ich die Sonne im vollen Glanz vor mir. Wir näherten
uns einem Planeten.

„Das ist Dein Bestimmungsort", sagte mein Führer.

Kaum war das Wort gesprochen, so waren wir da. Ich
atmete wieder atmosphärische Luft, ein Gefühl der Freiheit,
des Lebens, des wonnigen Behagens durchdrang mich. Ich
sah Bäume, Wälder, grüne Auen, Häuser, selbst Kegelbahnen,
— hier wohnen Praktiker, sagte ich mir, hier herrscht Leben,
hier wird es Dir wohl sein.

„Ich verlasse Dich jetzt", sagte mein Führer, „gehe in
jenes Gebäude und klopfe an die erste Tür, dort ist das
Anmeldungsbureau für die Ankömmlinge, dort wirst Du ein-
registriert und erhältst Deine Nummer."

„Herein!" rief es mit lauter Stimme.

Ich selber hatte es gerufen. Es hatte an meiner Türe
geklopft, der Briefbote war es, der mir einen Brief von
einem Freunde brachte. Ich rieb mir schlaftrunken die Augen
und besann mich. Ich fand mich auf meinem Sopha hingestreckt, ein offen aufgeschlagenes Buch vor mir, eine hell-
brennende Lampe auf dem Tische. Die Erinnerung kehrte
zurück. Ich war an einem schönen Sommerabend bei einer der
neuesten romanistischen Schriften eingeschlafen. Bei Eintritt
der Dunkelheit war, ohne daß ich in meinem tiefen Schlaf es
gemerkt hatte, von der Dienerin die brennende Lampe ins
Zimmer getragen worden. Alles, was ich zu erleben geglaubt hatte, war bloß Traum gewesen, ein Traum, zu dem

die eigenartige Lektüre, die allmählich eintretende Dunkelheit, die geisterartig im Winde flatternden Gardinen des offenen Fensters und schließlich die von mir als wieder sichtbar werdende Sonne begrüßte Lampe die Elemente geliefert hatten.

Der Brief, den ich erhielt, besprach das Buch, dem ich meinen Schlaf und Traum verdankte, und mein Freund gab sein Urteil mit den Worten Goethe's im Erlkönig ab:

„Jn dürren Blättern säuselt der Wind."

Er bat zugleich mich um mein Urteil. Jch habe es ihm gegeben durch Mitteilung der Tatsache, daß ich bei dem Buch eingeschlafen sei. Ob der Verfasser beim Schreiben desselben nicht der gleichen Versuchung erlegen ist? Jch glaube, daß mir in seiner Lage schon auf der dritten Seite die Augen zugefallen, und die Feder den Händen entsunken wäre. Jch werde es nie wieder zur Hand nehmen. Jch weiß nicht, ob die Wiederholung seiner Wirkung auf mich eben so amüsant ausfallen würde, wie das erste Mal. Ein zweiter Traum könnte mich vielleicht statt in den Himmel in die Hölle versetzen und mich statt der Freuden des ersteren die Schrecknisse der letzteren kosten lassen. Zur Strafe dafür, daß ich die Geheimnisse des Himmels ausgeplaudert habe, würde man mir dort vielleicht zudiktieren, daß ich das obige Buch von neuem zur Hand nehmen und völlig durchstudieren oder sämtliche Anzeigen, Kritiken, Recensionen, welche an mir für die gegenwärtige Schrift ein verdientes Strafgericht vollziehen werden, lesen solle, — beides kann und werde ich mir auf Erden ersparen!

Anmerkungen

zur dritten Abteilung.

————

Anmerkung 1, S. 254.

Dies harte Urteil wird unten durch manche Proben gerechtfertigt werden; andere habe ich in meiner Schrift über den Grund des Besitzesschutzes, Aufl. 2, Jena 1869, gegeben. Eine der schlimmsten ist die gänzliche Verständnislosigkeit Savigny's für die praktische Bedeutung der interdicta adipiscendae possessionis, welche er (Recht des Besitzes, Aufl. 7, S. 382—388) mit den entsprechenden petitorischen Klagen auf eine Linie stellt. Es wäre, heißt es S. 384, „kein Grund da, die letzteren von dem unbestimmten Begriff der possessorischen Klagen auszuschließen," und nach S. 383 „sind die int. retinendae und recuperandae poss. die einzigen possessorischen Klagen überhaupt, und die int. adipiscendae poss. haben nichts mit ihnen gemein. Ja noch mehr: diese haben untereinander selbst nichts gemein." Deutlicher konnte die gänzliche Unkenntnis der praktischen Bedeutung des Possessorium gegenüber dem Petitorium nicht dokumentiert werden.

Anmerkung 2, S. 260.

Man vergleiche die Deduktionen von Siegmund Schloßmann, der Vertrag, Leipzig 1876, in § 7—10. Wir erfahren hier z. B. S. 59, daß „für die herrschende Lehre zwar der Consens das wesentliche Moment im Vertrage ist, daß sie aber mit ihm nicht auskommt, sich vielmehr genötigt sieht, dem Consense ein in diesem selbst nicht enthaltenes Moment (!): die Erklärung des Consenses, hinzuzufügen"; auf S. 61, daß die herrschende Lehre eine große Inkonsequenz

begeht, indem sie verlangt, daß die Willenserklärung dem andern Teil gegenüber geschehe; S. 75, daß das Wesen des
juristischen Konstruierens darin besteht, „daß man die Sachen
als etwas anderes bezeichnet, als was sie sind, und sie
nun juristisch so behandelt, wie jenes andere, was sie nicht
sind"; S. 72, daß die Jurisprudenz „eine Denkoperation, zu
der nur ein Schritt erforderlich, dadurch kompliziert, daß sie
beweist, daß Eins, Zwei, Drei dazu nötig sei". Sein Resultat faßt der Verfasser S. 79 dahin zusammen: „Der Vertrag
ist kein in der Jurisprudenz irgendwie verwertbarer
Begriff. Es gibt zahlreiche Tatbestände, welche Verträge
sind; daß sie aber Verträge sind und heißen, dies gibt uns
nicht den mindesten Aufschluß über das juristische Wesen derselben, d. h. über den Grund, warum sie verpflichten." Andere Proben aus dieser Schrift werden unten bei einer andern Gelegenheit mitgeteilt werden.

Anmerkung 3, S. 268.

Daß man nicht überall, wo in den Quellen ein suum
esse steht, das „ex jure Quiritium" hinzufügen darf, sollte
nicht erst gesagt werden. Die Römer unterscheiden sehr genau.
Die rei vindicatio mittelst legis actio sacramento und mittelst
der sponsio praejudicialis lautet auf m. e. ex. J. Q. (Gaj.
IV, 16, 93), die mittelst der formula petitoria auf bloßes
meum esse (Gaj. IV, 92), die erstere war auf Römer beschränkt, die letztere auch bei Peregrinen anwendbar und
wahrscheinlich für sie zuerst durch den praetor peregrinus eingeführt. Der Gegensatz beider Formeln wiederholt sich auch
bei den beiden Formen der Stellvertretung: dem procu-
rator und dem cognitor, von jenem heißt es bei Gaj. IV.
86: in rem quoque si agat, intendit P. Maevii esse ex jure
Quiritium, et condemnationem in suam personam convertit,
von diesem bei Gaj. IV, 83 einfach: quod fundum peto,
in eam rem etc. Die erste Form war die des jus civile, die
zweite die des jus gentium, daher bei der „vindicatio" fundi
jene, bei der „petitio" fundi diese. Auch die Doppelbezeich-
nung actor und petitor scheint ursprünglich damit zusammen-
gehangen zu haben. Die Aufnahme des Zusatzes ex J. Q.
in die intentio der hereditatis petitio bei Lenel, Das

Edictum perpetuum, Leipzig 1883, S. 138, und in die formula petitoria der reivindicatio, daselbst S. 146, halte ich für verkehrt. Wo die Quellen für eine Klage petere gebrauchen (si ususfructus, ager vectigalis, hereditas petitur — ebenso bei der Bon. Poss.), ist die Bezugnahme auf das jus Quiritium ausgeschlossen. Die Bedeutung desselben im ältesten Recht (Zusammenhang mit der legal verstatteten Selbsthilfe) hoffe ich an anderer Stelle dartun zu können. Daß darin nicht eine einfache Bezugnahme auf das geltende Recht gelegen war, ergibt sich daraus, daß sie sich sonst bei allen Klagen des jus strictum hätte wiederholen müssen, was bekanntlich nicht der Fall war und sinnlos gewesen wäre. Wo das alte Recht eine derartige Bezugnahme ausnahmsweise bei Rechtsgeschäften für nötig hält, gebraucht es dafür: secundum legem publicam, so z. B. Gaj. II, 104. Wenn man den Gegensatz bei Gaj. IV, 83, 86 und 92, 93 genauer beachtet hätte, würde man es mit dem ex. J. Q. nicht so leicht genommen haben.

Anmerkung 4, S. 276.

J. E. Kuntze, die Obligation und die Singularsuccession des römischen und heutigen Rechtes. Leipzig 1856, S. 89. Ich lasse die Stelle wörtlich abdrucken, schicke aber, um dem Eindruck, den sie machen wird, ein Gegengewicht gegenüber zu setzen, die Bemerkung voraus, daß niemand die hohe Begabung des Verfassers und die wertvollen Dienste, welche er der Wissenschaft geleistet hat, bereitwilliger anerkennt als ich. Dies kann mich aber nicht abhalten, hier, wo es mir darauf ankommt, die Verirrungen in der neueren Jurisprudenz zu charakterisieren, sein obiges Werk dazu zu verwenden. Es steht in dieser Beziehung allerdings nicht allein da, — ich könnte noch manche andere Proben von minder bedeutenden Schriftstellern mitteilen — aber unzweifelhaft steht es oben an, und dem literarhistorischen Kritiker muß es unbenommen bleiben, sich für seine Zwecke den geeignetsten Gegenstand auszusuchen. Die Stelle lautet folgendermaßen:

„Die prätorischen Fiktionen hatten zumeist nur die Aufgabe geschichtlicher Vermittelung, sie blitzten auf vom Tribunal des Magistrats, gleich den Wettern, in denen die Natur sich entladet, um den aufbrechenden Lenz auf die Gefilde zu locken und die ansetzende Blüte zur Frucht zu zeitigen; sie erinnern an die Donnerkeile des olympischen Zeus, der mit ihnen bewaffnet vom Thron der Allmacht herab die Welt in ihren Angeln bewegte und die schwere Atmosphäre reinigte, denn das Tribunal des Prätors ist der Olymp des römischen Rechtslebens, das unter der neuen Herrschaft von der Mühsal titanischer Urzeit erlöst wird; sie reihen sich nicht den frei organischen Gebilden der Natur an, sondern gleichen den Ausbrüchen der Vulkane oder dem Vorüberrauschen der Orkane und werden als entbehrliche Hülsen abgestreift, (— — eigentümliche Orkane, die sich in Hülsen verwandeln, um sich dann abstreifen zu lassen — —), wenn der in ihnen großgezogene Rechtsgedanke zur Reife gediehen ist, um durch eigene Energie seinen Platz im dogmatischen Bau zu behaupten; sie sind die beweglichen, schwirrenden Bienen, welche regsam und fleißig die Blütenfülle des gesunden Baumes umschweben und sich festsaugend von dem Safte trinken, als seien sie organisch mit der Blüte verwachsen. Es ist Täuschung!

Es webt ein dämonisches Walten in diesem wundersamen Reich der Fiktionen; es ist der Blick des aufrechten Menschenleibes nach den freien lichten Höhen des Äthers, wo er von irdischer Fessel sich entbunden träumt."

Ähnliche Stellen finden sich noch manche. So ersteigt auf S. 408 „der römische Geist die ersten Staffeln der civilistischen Lyrik" — das Obligationengebiet ist „die Lyrik der Vermögensrechte" — die gegenseitige Obligation „die Lyrik der Obligationen" — „ihr Reigen bildet die Ouvertüre der civilistischen Lyrik" (— — der Reigen eine Ouvertüre — —).

Von S. 408 lasse ich noch folgende Stelle abdrucken — daran wird es genug sein.

„Was die Tonkunst im Reich der Künste, dasselbe ist das Obligationenrecht im Bereich der Vermögensrechte: die Römer haben vornehmlich den epischen Unterbau gegründet, die strebende Welt der Säulen und Pfeiler ist vorzüglich dem an Motiven so überreichen Fruchtboden der germanischen Anschauung entsprossen, und in der gereiften Rechtsidee des modernen Verkehrslebens wird die dramatische Versöhnung gelingen. Es wird ja daran gearbeitet. Und die Strömung dieser modernen Geistesarbeit strahlt wiederum im kleinen das Bild jenes geschichtlichen Entwicklungsverlaufes zurück; denn wir erblicken in dem gebundenen (persönlichen Sola-) Wechsel den epischen Unterbau, in dem Inhaberpapier mit seiner — — ungezügelten Feuerseele die geheimnisvolle Lyrik und in dem Ordrepapier die beruhigende, versöhnende Wendung zum Drama. — — Tonkunst und Obligationenrecht sind die lyrischen Mysterien, die verschleierten Bilder der ästhetischen und der juristischen Welt, und die Skepsis ist der in der Mondnacht suchende Jüngling."

Hier wollen wir ihn dann ruhig suchen lassen, bis er am Ende des Werkes (S. 422) „dem gereiften Genius der Rechtswissenschaft" begegnet, „durch dessen Haupthaar sich dereinst ein Ölkranz schlingen, in dessen Rechten die Siegesgöttin winken, in dessen Linken das Adlerscepter ruhig herrschen wird", — dann dürfte er sich beruhigen.

Anmerkung 5, S. 283.

Savigny a. a. O. S. 30. „Da der Besitz kein Rechtsverhältnis ist, so ist auch die Störung desselben keine Rechtsverletzung." S. 43 .... „es ist klar, daß der Besitz an sich, seinem ursprünglichen Begriff nach ein Faktum ist." S. 44, „seinem Wesen nach Faktum." S. 31, „abstrahiert von dieser Verletzung gibt der Besitz gar kein Recht." S. 55, „der Besitz erscheint uns zunächst als die bloß faktische Herrschaft über die Sache und daher als ein Nichtrecht (verschieden von Unrecht), als ein rechtlich Indifferentes." S. 58, „in Wahrheit kein Recht." S. 59, „der Besitz hat im System als Recht keine Stellung, da er kein Recht ist."

Anmerkung 6, S. 283.

Der Übergang vom Faktum zum Recht wird dem Besitz natürlich nicht so leicht, er wird vermittelt durch Zwischenstadien. S. 58, „demnach wird er gegen gewisse Verletzungen geschützt, und um dieses Schutzes willen werden Regeln aufgestellt über Erwerb und Verlust des Besitzes, gerade als ob er ein Recht wäre." Hier wagt er noch nicht, sich offen für ein Recht auszugeben, er tut bloß so, „als ob er es wäre". Aber er ermannt sich auf S. 58, wo er „fähig wird, ähnliche Wirkungen wie ein Recht hervorzubringen", und noch mehr auf S. 44, wo er es von der bloßen Ähnlichkeit zur Gleichheit bringt: „in seinen Folgen einem Rechte gleich." Auf S. 206 hat er durchgesetzt, was er wollte: „Der Besitz wird als Recht anerkannt", und es ist daher „gar nichts Besonderes, daß er wie alle Rechte überhaupt durch Sklaven und durch Kinder in väterlicher Gewalt er- worben werden kann" (S. 308).

Anmerkung 7, S. 284.

Ich verweise auf meine Ausführungen in meiner Schrift über den Grund des Besitzschutzes, Aufl. 2, Jena 1869, S. 160 —179, wo ich die Savigny'sche Theorie über den Erwerb und Verlust des Besitzes einer Kritik unterworfen habe. Die beiden Gesichtspunkte, welche Savigny aufstellt: die physische Herrschaft und die beliebige Möglichkeit der Reproduktion des ursprünglichen Verhältnisses ergeben in nicht wenig Fällen das gerade Gegenteil von dem, was er ihnen entnimmt, man muß nicht bloß ein Auge, sondern beide Augen zu- drücken, um sie in diesen Fällen noch für zutreffend zu halten. Wohl noch nie hat ein Schriftsteller mit den von ihm selber aufgestellten Begriffen ein solches reines Spiel getrieben, wie Savigny mit diesen beiden, — es sind die reinen Kautschuk- begriffe, die sich jedem Fall willig anschmiegen.

Anmerkung 8, S. 284.

Bekker a. a. O. S. 12. „Die Frage nach dem sog. philosophischen Grunde des Besitzesschutzes ist einfach zurückzuweisen." Auf S. 357, 358 taucht aber gleichwohl die Frage vom philosophischen Grunde des Besitzrechts auf, und ich räume ein, daß der Vergleich, dessen dieser Schriftsteller sich zur Persiflierung des „Haschens nach den Grün- den des Besitzschutzes" bedient (Anm. 10), für das Problem, wie er es sich stellt, völlig zutrifft. Er hält es nämlich „nicht für unmöglich, einen Besitz von welthistorischer Bedeu- tung zu entdecken, der bei den verschiedenartigsten Völker- schaften, sobald diese nur einen gewissen Bildungsgrad erreicht

hätten, vorhanden sein müßte. Für diesen universellen Besitz
existiert jedenfalls auch ein ebenso universaler, darum bleiben-
der und philosophischer Grund." Wenn der Verfasser hinzu-
fügt, daß ihm „der universelle Besitz einstweilen unbekannt
sei, und daß er auch darum verzweifele, jemals eine genügende
Kenntnis desselben zu erlangen", so stimme ich dem vollkommen bei und bemerke, daß ich meinerseits, weit entfernt
von allem müßigen Hin- und Herreden über die Frage, was
der Besitz an sich sei, die in meinen Augen eine törichte
ist, bei meiner ganzen Untersuchung lediglich die römische
Gestalt des Besitzinstitutes ins Auge gefaßt und zu Grunde
gelegt und nur für sie die Frage nach dem Grunde des
Besitzschutzes zu beantworten versucht habe. Die Frage war
also keine philosophische, sondern eine praktische oder
legislative, und ich habe, um mir Klarheit über sie zu
verschaffen, denselben Weg eingeschlagen wie bei jedem
Institut, dessen praktische Bedeutung ich mir klar machen will:
ich denke es mir hinweg und sehe zu, was dann in praktischer
Beziehung aus dem Recht wird, — die Lücken, die sich ergeben,
zeigen mir, wozu das Institut da ist.

Anmerkung 9, S. 285.

Bruns in seiner sonst so vorzüglichen Darstellung des
heutigen römischen Rechts in Holtzendorff's Rechtsencyclopädie
Bd. 1, Aufl. 1, S. 387. „Dem Hunde nehme ich die Sache
mit Gewalt weg; nehme ich sie dem Menschen so, so behandle
ich ihn wie einen Hund und nicht als Person. Das ist der
Kern und der Ausgangspunkt des ganzen Besitzesschutzes."
Der Kern ist ein sehr wurmstichiger! Dem Detentor darf ich
die Sache mit Gewalt wegnehmen, die Besitzrechtsmittel werden ihm versagt, — ist er ein Hund? Dasselbe galt früher
vom injustus possessor in seinem Verhältnis zum justus, —
dritten Personen gegenüber geschützt, d. i. nach Bruns als
Person anerkannt, war er jenem gegenüber schutzlos, d. i.
Hund. An res extra commercium erkennt das römische Recht
einen Besitz nicht als möglich an, weil sie nicht im Eigentum
stehen können, während dasselbe im übrigen auch für sie einen
Rechtsschutz zuläßt. Nach Bruns würde die Versagung des
Besitzschutzes an ihnen abermals denselben Satz implizieren,

wie in jenen Fällen: die Person darf in diesem Verhältnis nach römischem Recht als Hund behandelt werden. Es ist kaum zu begreifen, daß ein Mann wie Bruns, der die Besitztheorie zum Gegenstand seines besondern Studiums und einer reichen literarischen Tätigkeit gemacht hat, und dem sie in historischer Beziehung so viel verdankt, die römische Auffassung des Besitzesschutzes so gänzlich verkennen konnte. Gerade sein Hundeargument hätte ihm die Augen öffnen und ihn belehren sollen, daß der Besitzesschutz nicht die Idee der Persönlichkeit zu seinem Grunde, nicht den Schutz derselben zu seinem Zweck hat. Der Schutz, der der Person um ihretwillen zuteil wird und darum auch im Detentionsverhältnis (l. 5, § 2, 4 de injur.; 47. 10), wird wie der der Person überhaupt durch die actio injuriarum vermittelt; ich pflege ihn in meinen Vorlesungen als unechten Besitzesschutz zu bezeichnen. Zu der act. injuriarum kommen für den bloßen Detentor bereits im römischen Recht noch einige besondere Rechtsmittel hinzu, deren Namhaftmachung hier kein Interesse hat. Daß auch die Spolienklage zum Gebiet dieses unechten Besitzesschutzes gehörte, bedarf nicht der Bemerkung.

Anmerkung 10, S. 285.

So wörtlich Bekker a. a. O. S. 14. In besonderer Anwendung auf den Grund des Besitzschutzes S. 12: „Ein guter Bekannter von uns, der aber hier nicht genannt zu werden wünscht (das begreife ich; ich möchte es auch nicht!) sagt, daß bei diesem Haschen der modernen Jurisprudenz nach dem Grunde des Besitzschutzes ihm immer das Bild vor Augen trete, wo ein eifriger Vierfüßler im heitern Zirkelsprunge den Ansatz zu erpacken sucht, mit dem Mutter Natur sein Hinterteil geziert hat." Man entnimmt daraus, daß der Hund für die Besitztheorie ein äußerst instruktives Tier ist. Bei Bruns freilich in gerade entgegengesetzter Richtung als bei Bekker. Ersterem dient er dazu, um den Grund des Besitzschutzes zu erschließen, letzterem dazu, um von dem „Haschen" nach demselben abzuschrecken.

Anmerkung 11, S. 288.

In einer deutschen Spruchfakultät vor wenig Jahren wirklich geschehen! Das romanistische Mitglied wies die

Autorität des allgemeinen deutschen Handelsgesetzbuchs, dessen
dem römischen Recht widerstreitende Bestimmungen in dem
Fall zur Anwendung zu bringen waren, einfach damit zurück,
daß das Handelsgesetzbuch gegen die Vernunft des Rechts
und das römische Recht nichts vermöge. Theoretisch formuliert ist die Ansicht von Siegmund Schloßmann, der Vertrag,
Leipzig 1876, S. 175—206. Ich hebe einige Proben hervor.
S. 175: „Auch darin täuscht man sich, daß man Gesetz und
Gewohnheit als Quellen des positiven Rechts ausgibt, und
wenn man behauptet, daß was aus jenen Quellen herkomme,
d. h. was vom Staat befohlen werde und was als Ent-
scheidungsnorm auch ohne Gesetz mit der Überzeugung, es
solle so sein, lange Zeit angewendet worden ist, — solle und
müsse vom Richter angewendet werden, so läßt sich mit
gleichem Rechte das gerade Gegenteil behaupten." S. 178.
„Jede Art von Zwang, wodurch der Richter zur Anwendung
einer bestimmten, sei es aus Gesetz oder Gewohnheit her-
rührenden Satzung angehalten werden könnte, ist unzulässig,
und die Bestrafung eines Richters, welcher in der
Überzeugung von der Unanwendbarkeit einer solchen Satzung die Anwendung versagt, ausgeschlossen." (!!)
Nach S. 180 „reicht schon ein einziger Fall der bewußten
und gebilligten Vernachlässigung des Gesetzes aus, um die
geltende Lehre von den Rechtsquellen zu stürzen, da ein
wissenschaftliches Dogma simul cum in aliquo vitiatum est,
perdit officium suum." Ein einziger hirnverbrannter oder
pflichtvergessener Richter, der dem Gesetz den Gehorsam auf-
kündigt, stürzt die ganze Lehre, daß der Richter dem Gesetz
Gehorsam schuldet, über den Haufen! Ein wissenschaftliches
Dogma, das damit fällt, daß irgend ein Querkopf es negiert,
ein Gesetz, das damit seine verbindende Kraft verliert, daß
irgendjemand es übertritt! Und dafür die bekannten Worte
des römischen Juristen in l. 1 de R. J. (50. 17), welche nichts
als den selbstverständlichen Satz enthalten, daß eine wissenschaftliche Formulierung des Rechts, die letzterem nicht vollständig entspreche (cum in aliquo vitiatum est), keine Geltung habe (perdit officium suum). Und aus dieser logischen
Diskrepanz zwischen dem Recht und seiner theoretischen

Formulierung macht der Verfasser die **praktische** zwischen dem Recht und seiner **tatsächlichen Befolgung:** **tatsächliche Übertretung der Regel hebt die Regel auf!** Wie werden die Diebe jubeln, wenn diese Lehre Anklang findet, — an der „bewußten und (— von ihren Spießgesellen —) gebilligten Vernachlässigung des Gesetzes" werden sie es nicht fehlen lassen. Befindet sich der Richter dem Gesetz gegenüber in einer andern Lage als sie?

Auf S. 182. heißt es: „Die Erforschung und Darstellung des s. g. positiven Rechts kann nur in einem untergeordneten Sinn als wissenschaftliche Tätigkeit bezeichnet werden." — — — „Die Wiederausgleichung der Störungen der durch die Idee der Gerechtigkeit vorgezeichneten Ordnung bildet den Inhalt des Richterberufs." S. 180. „**Gesetze, Gewohnheiten, wissenschaftliche Dogmen, Sätze der Billigkeit** sind die Gewichte in der Wage der Gerechtigkeit, die bald miteinander vereint, bald gegeneinander wirkend, das Zünglein bald nach dieser, bald nach jener Seite lenken."** Der Leser wird sich jetzt ausmalen können, wie die Urteile ausfallen werden, wenn das neue Evangelium von der Verwirklichung der Idee der Gerechtigkeit durch den Richter bei den Zuhörern dieses Gelehrten Proselyten machen sollte, — — — möchte der Verfasser der erste sein, der es in einem Rechtsstreit an sich selber zu erproben hätte!

Solchen wissenschaftlichen Umsturzversuchen gegenüber ist meines Erachtens kein Wort zu scharf. Die Reform, welche sie der Jurisprudenz in Aussicht stellen, steht auf einer Linie mit derjenigen, welche einst die Kinder eines Bekannten von mir in Abwesenheit der Eltern mit der Einrichtung des Wohnzimmers vorgenommen hatten. Es war alles zu unterst und zu oberst gekehrt, der Tisch stand mit der Platte auf der Erde, die Stühle waren zu einem Turm zusammengebaut, die Bücher zu einer Pyramide, Spiegel und Bilder sahen die Wand an, kurz die Umgestaltung ließ nichts zu wünschen übrig. Ich verdanke es der Lektüre der obigen Schrift, daß mir diese meinem Gedächtnis längst entschwundene Geschichte wieder in die Erinnerung zurückgerufen worden ist.

Anmerkung 12, S. 289.

Es war dies die Formel, mit der Savigny sie in seinen Vorlesungen abzutun pflegte. Die „neuern Juristen" sind mir damals immer als höchst dürftige Leute erschienen, jeder von uns Zuhörern fühlte sich erhaben über sie. Später bin ich freilich zu einem andern Urteil über sie gelangt und habe erkannt, daß ihre angeblichen Irrtümer nicht selten wertvolle Wahrheiten in sich schlossen, für die nur ihrem im starren romanistischen Purismus befangenen Kritiker der Blick und das Verständnis fehlte, s. meinen Geist des röm. Rechts II, 2. S. 466. Savigny klagt in der Vorrede zu seinem System des heutigen römischen Rechts (S. XXV) über die stets wachsende Scheidung zwischen Theorie und Praxis. Wer hat sie in höherem Grade verschuldet, als gerade er? Er, der Vertreter der historischen Richtung, hat zuerst das Beispiel gegeben, die historische Fortbildung des römischen Rechts auf unserem einheimischen Boden einfach zu ignorieren. Die Spolienklage und das Summariissimum dienen ihm nur dazu, die Verirrungen der praktischen Jurisprudenz in ein recht helles Licht zu setzen. Sein Glaube, durch quellenmäßige Korrektheit der Theorie dem Übel der Trennung zwischen Theorie und Praxis zu steuern, erinnert mich an die junge unerfahrene Hausfrau, welche ihrem Manne weiche Eier kochen sollte und nicht begreifen konnte, daß die Eier trotz allen Kochens nicht weich werden wollten.

Anmerkung 13, S. 290.

So Savigny a. a. O. S. 474: (von dem Besitz der persönlichen Servituten). S. 480 (in Bezug auf Prädial-servituten, welche in Handlungen des Berechtigten bestehen). Vom Erwerb des Quasibesitzes an ihnen wird hier gelehrt: Die Handlung, welche den Gegenstand des Rechts ausmacht, „muß irgend einmal ausgeübt und zwar als Recht ausgeübt sein." Also auch in Abwesenheit des Eigentümers? Nimmt jemand die leerstehende Sommerwohnung eines andern im Winter in Besitz und setzt sich den ganzen Winter darin fest, so hat er trotz der ein ganzes halbes Jahr bestehenden corporalis possessio keinen Sachenbesitz, geht er in Abwesenheit desselben einmal über sein Grundstück, so hat er den Quasibesitz! Dasselbe Recht, das ihn in dem einen Fall gegen die einseitige Besitzaneignung des Gegners im Interesse der Erhaltung seiner Rechtsstellung vorsorglich schützt, läßt ihn in dem andern gänzlich schutzlos. Aber was kommt es auf das Interesse des Eigentümers an, wenn der Begriff die Entstehung des Quasibesitzes erfordert? Vom Verlust des Quasibesitzes heißt es auf S. 481: „Vom Verlust gilt hier ganz dasselbe, was oben bei den persönlichen Servituten bemerkt worden ist". Nach S. 474 aber „wird dieser Besitz, wie jeder andere, fortgesetzt durch die ununterbrochene Möglichkeit, die ursprüngliche Herrschaft zu reproduzieren; verloren also durch die Aufhebung dieser Möglichkeit". In derselben Weise äußert sich A. Randa, der Besitz nach österreichischem Recht. Aufl. 3. Leipzig 1879, § 34. S. 650, Note 1: „Der Quasibesitz besteht so wenig in der Ausübung, als der Sachbesitz in der Apprehension. Durch die Ausübung wird nur der Quasibesitz erworben. Der Quasibesitz besteht in der durch wenigstens einmalige Ausübung betätigten und gewollten Möglichkeit der Wiederausübung eines Rechts für sich." S. 653 (für das österreichische Recht): „Besteht das Recht in gewissen sich wiederholenden Handlungen (Benutzungsakten), so geht der Besitz durch Ablauf der Verjährungsfrist nicht verloren, sobald innerhalb derselben die Handlung, wenn auch nur einmal vorgenommen wurde" S. 655, „selbst wenn dem Kläger eingewendet werden könnte, daß er außer dem vor (z. B. nahezu dreißig) Jahren keinen weitern Rechtsgebrauch gemacht habe." Ich habe diese Theorie nebst den Konsequenzen, zu denen sie führt (f. u.), bereits in meiner Schrift über den Grund des Besitzesschutzes, Aufl. 2. S. 174 fl., einer Kritik unterworfen, konnte mir hier aber dies Beispiel zur Illustration der Verirrungen der formalistischen Begriffsjurisprudenz nicht entgehen lassen.

Anmerkung 14, S. 292.

So Puchta a. a. O. S. 73. Seine Deduktion kehrt sich hier gegen Savigny, der S. 474 sich folgendermaßen vernehmen läßt: „Da nämlich durch bloßen non usus am Ende eines bestimmten Zeitraumes die Servitut selbst verloren wird,

so muß in der ganzen Zwischenzeit der Besitz **verloren
gewesen sein, obgleich** jene Reproduktion stets **möglich
gewesen sein kann**" . . . . Also inzwischen Besitz und hinterher
doch wieder keiner, und das trotz des zugestandenen Daseins
seiner Voraussetzungen während der ganzen Zeit und trotz
der faktischen Natur des Besitzes! „**Deswegen bleibt nichts
übrig** (— man sollte sagen: als zur Einsicht zu gelangen,
daß es mit der aufgestellten Formel nichts ist —) als anzunehmen, daß während des bloßen Nichtgebrauchs der Besitz
in suspenso ist, und daß es sich erst durch Erneuerung des
Gebrauchs oder durch Ablauf des ganzen Zeitraums zeigt,
ob er in der ganzen Zwischenzeit dagewesen oder nicht dagewesen ist." Bei allen Rechtsverhältnissen, die sich in suspenso befinden, muß die Entscheidung bekanntlich erst abgewartet werden, der Expektant hat inzwischen keine Klage.
Wie nun hier? Ich frage: wenn der in der Ausübung
der Servitut vom Gegner gehinderte Quasibesitzer Rechtsschutz nachsucht, — hat er ihn oder hat er ihn nicht? Nach
Savigny zweifellos ja! Folglich ist der Besitz zur Zeit nicht
in suspenso, sondern er ist da. Und diese für die ganzen
zehn Jahre zugestandene Gestalt des Verhältnisses wird dann
von Savigny hinterher nach Abfluß derselben wieder auf den
Kopf gestellt. Wir glaubten, während der ganzen Zeit, der
Besitz wäre da. Aber der Quasibesitz ist ein Schäker, er hat
uns die ganzen zehn Jahre hinters Licht geführt, — hinterher zeigt es sich, daß er gar nicht dagewesen ist.

Wir können dem Fall noch eine akutere Gestalt geben.
Der Quasibesitzer, der am 31. December 1799 die letzte Ausübungshandlung vorgenommen hatte, hat, da er bei dem
Versuch erneuerter Ausübung der Servitut im Jahre 1805
auf Widerstand des Gegners gestoßen ist, Klage erhoben und
bei dem Richter, der die Savigny'sche Theorie zur Anwendung brachte, den Sieg davongetragen. Fernere Ausübungshandlungen sind bis zum 1. Januar 1811 gar nicht vorgekommen. Hier ist die Servitut wegen des non usus vom
31. Dezember 1799 bis zum 1. Januar 1811 zweifellos untergegangen, während andererseits das Dasein des Besitzes im
Jahre 1805 durch das Urteil rechtskräftig festgestellt worden ist. Soll sich hier das rechtskräftige Urteil dem Verdikt

von Savigny fügen: es muß in der ganzen Zwischenzeit der
Besitz verloren gewesen sein?

So führt Savigny uns das Bild eines Mannes vor
Augen, der sich in eine Sackgasse verrannt hat. Hätte er den
Mut der vollen Konsequenz gehabt, die des argumentum
ab absurdo spottet, so würde er mit Puchta mutig bis zu
Ende gegangen sein. Hören wir den Schüler, an dem der
Lehrer diesmal seinen Meister in der Begriffsjurisprudenz
gefunden hat.

„Man nimmt", heißt es a. a. O. S. 72 „nun allerdings
an, der bloße non usus hebe den Besitz nicht auf, aber wenn
er so lange fortgedauert habe, daß dadurch das Recht zerstört werde, so müsse man dann auch den Besitz, und zwar
schon von der Zeit an, wo der non usus eingetreten sei, als
verloren betrachten. Dies scheint eine willkürliche Annahme
zu sein; sie würde nur dann als gerechtfertigt erscheinen,
wenn ein so wesentlicher Zusammenhang zwischen der Existenz des Rechts und dem Besitze desselben bestände, daß der
letztere nicht ohne das erstere fortdauern könnte. Dies ist
aber bei dem Quasibesitz so wenig der Fall als bei dem
körperlichen. So gut jemand den Besitz eines Rechts erwerben kann, ohne das Recht selbst erworben zu haben, so
gut kann er Besitzer bleiben, während das Recht untergegangen ist. Also steht an sich nichts entgegen, den noch als
Besitzer zu betrachten, der das Recht durch den non usus verloren hat[1]. Aber eine andere Frage ist, ob dieser Besitz für
ihn noch die rechtlichen Wirkungen hat, die mit dem Besitz
verknüpft sind, und ob also nicht sein Besitz wirkungslos geworden ist, somit dem Effekte nach aufgehört hat zu existieren."
Darauf lautet die Antwort für die Ersitzung: „wenn wir auch
dem, der einmal in den Besitz gekommen ist und diesen nicht
auf die eben angegebene Weise verloren hat, den Besitz
nicht absprechen können, so hilft ihm doch dieser Besitz
nicht zur Ersitzung, weil dieselbe wirkliche fortwährende
Ausübung voraussetzt." In Bezug auf die Interdikte:

---

1) Ebenso Randa a. a. O. S. 650 Note 1: „Die Möglichkeit der
Wiederausübung des Rechts kann offenbar auch dann noch fortbestehen,
wenn das Recht durch non usus erloschen ist."

„Das Erfordernis des gegenwärtigen Besitzes für den Kläger ist bei ihnen auf so eigentümliche Weise bestimmt, daß der bloße Erwerb und Nichtverlust des Besitzes auch zu dieser Wirkung nicht hinreicht" ..... Aber gleichwohl „bleibt der Satz stehen, daß der Quasibesitz dieser Rechte ohne wirkliche Ausübung zwar nicht entstehen, aber fortgesetzt werden kann; indessen ist dieser Satz ohne praktische Wirkung, weil die beiden Wirkungen des Besitzes hier nicht bloß seine Existenz in abstracto, sondern einen Zustand wirklicher Ausübung fordern".

Also ein Besitz ohne die Wirkungen des Besitzes — „ein Besitz in abstracto" — „Sätze ohne praktische Wirkungen, welche doch stehen bleiben"!

Ein Seitenstück zu diesem Quasibesitz ohne Wirkungen hat Puchta, (Pandekten § 11, g) bei dem Gewohnheitsrecht geliefert, dessen Ausschließung von Seiten des Gesetzgebers dasselbe „nur seiner Wirkungen auf den Richter beraubt"! — ein Feuer, das nicht brennt, ein Licht, das nicht leuchtet! S. darüber meinen Zweck im Recht I S. 321 (Aufl. 2, S. 322).

Ist die Kritik, die ich im Bisherigen über die Begriffs-jurisprudenz geübt habe, eine zu harte gewesen?

Anmerkung 15, S. 292.

Dies hatte Savigny in den ersten fünf Auflagen seines Buchs stillschweigend angenommen. Erst in der sechsten Auflage kommt folgender Zusatz hinzu (S. 475): „Eine etwas (sic!) verschiedene Bewandtnis hat es mit der Fortsetzung des Besitzes, insofern diese zu einem Erwerb durch Ersitzung führen soll. Hier nimmt Unterholzner (Verjährungslehre § 214) an, der Besitz dauere fort, wenngleich gewöhnliche Unterbrechungen der Ausübung stattfinden (—ungenau ausgedrückt! Unterholzner sagt: wenn die einzelnen Handlungen bloß durch gewöhnlich vorkommende Zwischenräume getrennt sind —), dagegen sei er unterbrochen, wenn man die Ausübung ganz ungewöhnlich lange Zeit hindurch unterlassen habe (Wiederum ungenau! Unterholzner sagt: „wenn der Weg längere Zeit unbenutzt bleibt, als es bei Weg-servituten vorzukommen pflegt"). Diese Annahme, bei

welcher freilich ein fehr freies Ermeſſen des Richters unver-
meidlich iſt, ſcheint richtig."

Damit haben wir alſo einen andern Beſitzbegriff für die
Erſitzung, einen andern für den Beſitzesſchutz, für jenen iſt
die angeblich ganz generelle Formel der bloßen Möglichkeit der Reproduktion des urſprünglichen Verhältniſſes aufgegeben, es bedarf der Wirklichkeit derſelben. Für dieſen
iſt ſie beibehalten. Was lag nun näher, als die damit preis-
gegebene Einheit der Vorausſetzungen der Erſitzung und des
Beſitzesſchutzes auf dem Wege wieder herzuſtellen, daß das
Moment des fortgeſetzten uti auch auf den Interdiktenbeſitz
übertragen wurde? Wird es doch in der Faſſung der Interdikte ſtets betont (S. 290 Anm.). Aber dann wäre es um die
obige Formel gänzlich geſchehen geweſen.

Unterholzner hatte früher auch für die Erſitzung die volle
Konſequenz der Formel gezogen: „Wenn ſich freilich während
der ganzen Erſitzungszeit keine Gelegenheit zur Ausübung
darböte, ſo könnte das einzige Faktum der Beſitzergrei-
fung zur Ausübung hinreichen!" — ein Servitut durch Erſitzung entſtanden, die man vor zehn Jahren zum erſten und
letzten Male ausgeübt hat!

Anmerkung 16, S. 311.

Röder, Grundzüge des Naturrechts oder Rechtsphiloſophie Abt. II, Aufl. 2, Heidelberg 1863, S. 91: „Meiſt wird
zwar Zudringlichkeit aller Art (z. B. neugieriges Ausfragen,
Eintreten zur Tür ohne Aufforderung u. dgl.) nur als Verſtoß gegen die feine Sitte und Lebensart betrachtet und das
Urteil darüber lediglich allen Gebildeten anheimgegeben;
allein ſie verletzt ohne Frage zugleich das Recht und darf
durch alle rechtlichen Mittel (— wie hat der Verfaſſer ſich
die wohl gedacht?) und nötigenfalls durch den Verletzten
ſelber abgewehrt werden." Das Recht, das dadurch verletzt
wird, figuriert in der Überſchrift des Paragraphen als „Recht
des Eigenlebens oder des Umganges mit ſich ſelbſt" —
ein Umgang, der ſeine Schwierigkeiten und unter Umſtänden
wenig Wert haben dürfte — der Gefangene hat ihn! Eine
Verletzung dieſes Rechts enthält auch „der Zeitdiebſtahl
durch überläſtige Beſuche, zudringliche Vergleichsſtifterei

(zumal von Gesetzes- und Gerichtswegen), selbst das Vor-
schreiten von Amtswegen wegen Ehebruchs, Notzucht, Un-
zucht, anstatt erst den Antrag der zunächst Beteiligten abzu-
warten" (S. 92). Man sieht: mit dem Naturrecht ist nicht
zu spaßen, niemand ist sicher, sich nicht gegen die Bestimmungen desselben zu vergehen. Selbst „das Aufnötigen
einer wenn auch richtigen, doch der Fassungskraft anderer
noch zu hohen Ansicht durch rücksichtslose Geltendmachung
unserer geistigen Überlegenheit gehört streng genommen
hierher."

Der Verfasser hat in Bezug auf die Vergehen gegen
das Naturrecht ein ungemein ausgebildetes Auge. Auf S. 94
gesellen sich zu den obigen Fällen, die der geistigen Zudringlichkeit angehören, als Beispiele der leiblichen u. a.
folgende hinzu: „die schamlos öffentliche Untersuchung Schwan-
gerer in manchen Gebärhäusern, alle unnötigen Körper-
besichtigungen bei Kriegsdienstpflichtigen und anderen, die
Durchsuchungen vermeintlicher Schmuggler von Seiten der
Mautbeamten oder Gefangener — zumal weiblicher — durch
rohe Gefangenwärter." Den letzteren Passus werden gewiß
alle Schmuggler und Gefangenen gern unterschreiben, ich bin
überhaupt der Ansicht, daß sie sich beim Naturrecht ungleich
besser stehen als beim positiven Recht.

Anmerkung 17, S. 311.

Röder a. a. O. S. 98, wo auch „die Verhinderung der
Auswanderung durch den Vorwand der Kriegsdienstpflicht"
genannt und durch das Argument abgetan wird, daß „niemand mehr durch das Staatsbürgerrecht bedingte Pflichten
haben kann, sobald er dieses selbst aufgibt." Eine ganze
Menge von Verstößen, welche sich die Staatsgewalt gegen
die privatrechtliche Gleichheit außerdem noch zu Schulden
kommen läßt, findet man S. 144, z. B. das Post-, Bergwerk-,
Salz-, Tabak-Monopol. Wie viel muß sich in der Welt noch
ändern, bis das Naturrecht zur vollen Verwirklichung gelangt!

Wieder auf Erden.

Wie soll es besser werden?

Es ist kein vorteilhaftes Bild, das der Leser, der mir bisher gefolgt ist, von unserer heutigen deutschen romanistischen Wissenschaft mit hinwegnimmt, und ich bin auf den Vorwurf gefaßt, daß dasselbe ein verzerrtes sei, daß es nicht von einem Porträtmaler, sondern von einem Karikaturenzeichner entworfen worden sei. Ich meinerseits halte dasselbe für ein zutreffendes; ich bekenne mich hier, wo der Ernst den Scherz ablösen soll, in voller Ernstlichkeit zu alledem, was nach der gewählten Art der Einkleidung manchem vielleicht nur als Spiel des Scherzes, Witzes, Humors erscheinen könnte. Es ist mir bitterer Ernst mit dem Angriff, den ich gegen die „Begriffsjurisprudenz" d. i. die Scholastik in der heutigen romanistischen Wissenschaft unternommen habe, und wenn ich mich bei demselben der Waffen des Scherzes, Humors, Spottes und der Satire bedient habe, so geschah es, weil ich sie für die wirksamsten hielt. Ich weiß, daß niemand sich ihrer bedient, ohne dafür büßen zu müssen, und ich meinerseits bin darauf gefaßt. Wenn ich mich darein ergebe, so geschieht es nicht, weil ich dagegen unempfindlich wäre, sondern weil ich es für meine Pflicht halte, die Rücksichten auf mich dem Interesse der Sache unterzuordnen. Schon seit einer Reihe von Jahren habe ich die Überzeugung gewonnen, daß der Weg, den unsere romanistische Wissenschaft eingeschlagen hat, und den ich als junger Mensch ebenfalls gewandelt bin, nicht der richtige ist;

ich bin dessen zuerst an mir selber innegeworden. Es gab eine Zeit, wo Puchta mir als Meister und Vorbild der richtigen juristischen Methode galt, und wo ich so tief in derselben befangen war, daß ich das Vorbild hätte überbieten können. Ich habe noch eine Reihe von angefangenen, zum Teil weit ausgeführten Arbeiten liegen, die im Geist dieser Methode entworfen waren, z. B. eine Lehre von den Sachen, bei der ich mit den rein formalen Kategorien von Form und Substanz, Einheit, Identität, Modalität u. s. w. das römische Sachenrecht in streng logischer Weise glaubte aufbauen zu können, sodann eine Lehre vom Schadenersatz, bei der ich die Entscheidungen unserer Quellen über die Ästimation vorhandener Wertobjekte für die der vernichteten oder nicht geleisteten d. h. nach meinem Dafürhalten für die Lehre vom Schadenersatz zu verwenden und letztere auf den logisch unanfechtbaren Satz zu bauen gedachte, daß X, ob mit dem Plus- oder Minuszeichen versehen, dieselbe Größe sei. Daß bei der legislativen Gestaltung beider Lehren andere Gesichtspunkte in Betracht kamen, als das Interesse einer apriorischen logischen Konstruktion, davon hatte ich damals gar keine Ahnung, und ich erinnere mich noch, wie gering ich von befreundeten Praktikern dachte, welche die zwingende Kraft meiner Ideen und Deduktionen nicht zu begreifen vermochten. Kurz, es kann kaum jemand ein solcher Fanatiker der logischen Methode gewesen sein, als ich zu jener Zeit, und meine damaligen literarischen Leistungen tragen vielfach Spuren davon, in erster Linie mein Programm zu den Jahrbüchern für die Dogmatik des heutigen römischen und deutschen Privatrechts (Bd. 1, 1857, Nr. 1. Unsere Aufgabe). Aber dann kam bei mir der Umschwung. Nicht von innen heraus, sondern durch äußere Anregungen: durch den regen Verkehr mit Praktikern, den ich stets gesucht, gepflegt und mir zunutze gemacht habe, — durch die Anlässe zur eigenen praktischen Tätigkeit,

welche die Spruchfakultät und die Aufforderung zur Ausstellung von Rechtsgutachten an mich herantrug, und die mich
nicht selten vor der Anwendung von Ansichten, die ich früher
verteidigt hatte,[1]) zurückschrecken ließen, — endlich nicht zum
geringsten Teil auch durch das Pandektenpraktikum, das ich
mein ganzes Leben hindurch gehalten habe, und das in
meinen Augen für den Lehrer selber eins der wertvollsten
Korrektive gegen ungesunde theoretische Ansichten enthält. Im
vierten Bande meines Geistes des römischen Rechts (1865) habe
ich dann zuerst gegen den „Kultus des Logischen", und die
„Schuldialektik" öffentlich die Lanze eingelegt (§ 59), nachdem ich dies bereits ohne Nennung meines Namens in den
oben abgedruckten Vertraulichen Briefen über die heutige
Jurisprudenz (1861 u. f.) getan hatte.

Die Erkenntnis der Notwendigkeit, dem bloß negativen
Widerspruch die positive Vorzeichnung des richtigen Weges
folgen zu lassen, hat mich bestimmt, das obige Werk vorläufig zur Seite zu legen und mein Werk über den „Zweck
im Recht" in Angriff zu nehmen, das eben dieser Aufgabe

---

1) Selbst öffentlich, so z. B. die in meinen Abhandlungen aus dem
römischen Recht (Leipzig 1844) S. 59, 71 verteidigte Frage von dem Anspruch des Verkäufers auf Zahlung des doppelten Kaufpreises bei
Untergang der doppelt verkauften Sache. Der in meiner Abhandlung
in den Jahrbüchern III, S. 451 berichtete Fall, den ich in der Spruchfakultät zu entscheiden hatte, öffnete mir die Augen, und ich kann mich
nicht enthalten, die Worte, mit denen ich die Zurücknahme der von mir
früher verteidigten Ansicht begleitete (S. 450), hier abdrucken zu lassen;
sie enthalten den ersten öffentlichen Schritt in die neue Bahn. „Es ist
in der Tat ein anderes Ding, unbekümmert um die Folgen und das
Unheil, das ein Rechtssatz, den man in den Quellen zu lesen oder aus
der Konsequenz zu entnehmen glaubt, im Leben anstiftet, sich rein
theoretisch mit ihm abzufinden oder aber ihn zur Anwendung zu bringen.
Eine ungesunde Ansicht, wenn sonst nur das Subjekt selbst noch gesund
ist, hält eine solche Probe nicht aus."

gewidmet ist. Es ist mir nicht leicht geworden, von einem Werk zu scheiden, in dem ich die Aufgabe meines Lebens erblickt hatte, und zu dessen Fortsetzung und Beendigung alle Vorarbeiten vor mir lagen, aber ich habe es für meine Pflicht gehalten, und ich würde mich in der Erfüllung derselben auch durch die Gewißheit nicht haben abhalten lassen, daß ich mir durch die Vollendung des ersteren Werks in ungleich höherem Grade den Dank und die Anerkennung meiner Fachgenossen erworben hätte, als durch die Inangriffnahme und Vollendung des zweiten. Das reale Interesse der Gegenwart steht mir höher, als das der historischen Erforschung der Vergangenheit, und wenn es mir gelingt, in der ersteren Richtung mich nützlich zu erweisen, so mögen immerhin die Früchte, die mir auf dem letzteren Gebiet beschieden gewesen wären, ungepflückt bleiben; in meinen Augen ist jener Erfolg durch den Preis nicht zu teuer bezahlt.

Dieselbe Gesinnung hat mich auch bei der Herausgabe der gegenwärtigen Schrift geleitet. Ich weiß, daß sie mir mehr Brennesseln als Lorbeeren eintragen wird, aber ich weiß auch, daß sie wirken wird, und dafür nehme ich erstere schon in den Kauf. Sie ist das Werk eines Mannes, der selber jahrelang unter dem Bann gestanden hat, von dem er andere befreien will. Wer selber Sklave gewesen ist, weiß, was die Knechtschaft bedeutet. Gerade als ehemaliger eifrigster Vertreter der Richtung, die ich jetzt bekämpfe, halte ich mich berufen gegen sie zu Felde zu ziehen. Wie immerhin man auch über das harte Strafgericht, das ich an ihr vollzogen habe, urteilen möge, meine Kompetenz zur Abgabe eines Urteils wird niemand bestreiten. Kämen die Vorwürfe und Ausstellungen, an denen ich es nicht habe fehlen lassen, aus dem Munde eines Praktikers, man würde ihr moralisches Gewicht dadurch zu entkräften suchen, daß es eben ein Praktiker sei, der von seinem Standpunkt aus der

Theorie nicht habe gerecht werden können. Aber ich selber bin Theoretiker, und bei mir verfängt diese Art der Abwehr nicht. Wer mir entgegentreten will, kann es nicht auf dem Wege der Bemängelung meiner Kompetenz, sondern nur durch den Nachweis, daß sachlich die Vorwürfe, die ich erhoben habe, unbegründet sind. Ich habe sie durch eine Reihe von Belegen an vielen Orten dieser Schrift begründet; man weise mir nach, daß sie nicht geeignet sind, mein Urteil zu rechtfertigen. Ich habe aus dem reichen Füllhorn, das ich seit zwanzig Jahren zusammengebracht habe, nur einige Proben herausgegriffen, und ich behalte mir vor, wenn man sie für nicht ausreichend erachten sollte, ihnen so viele andere folgen zu lassen, daß auch dem Blindesten die Augen geöffnet werden sollen. Alle andern Vorwürfe, die man gegen diese Schrift erheben wird, und welche ich ihren Kritikern nicht zu suppeditieren brauche, überwinde ich in dem Gedanken, daß die Schrift so und nicht anders geschrieben sein mußte, um ihre Wirkung zu tun.

Ihre Wirkung? Die Lacher auf meine Seite bringen? Gewiß! ich hoffe es! Aber diese Wirkung soll mir nur als Mittel dienen, um eine andere zu erzielen, um die es mir in erster Linie zu tun ist. Es ist nicht schwer, ernste Dinge ins Lächerliche zu ziehen, das Erhabenste und Heiligste ist davor nicht sicher gewesen. Es ist die unsittliche Frivolität, die nur das Licht des eigenen Geistes leuchten, ein Feuerwerk des Witzes spielen lassen will, unbekümmert darum, ob die Schwärmer und Raketen, die sie entsendet, das wertvolle Besitztum anderer in Brand setzen. Aber ein anderes ist es, das Licht leuchten lassen, um die Schäden und Mängel eines Dinges in hellste Beleuchtung zu setzen, damit sie erkannt und verbessert werden. Und darauf allein habe ich es abgesehen. Es soll und muß anders werden mit unserer romanistischen Theorie, in der bisherigen Weise kann es nicht so weiter gehen, — sie muß ablassen von dem Wahn, als ob sie eine Mathematik des Rechts sei, die kein höheres Ziel kenne, als ein korrektes Rechnen mit Begriffen.

Er hat etwas Verführerisches, dieser Wahn, und niemand hat den Reiz desselben in höherem Maße an sich erfahren, als ich selber. Ich suchte darin einst ausschließlich den wissenschaftlichen Charakter der Jurisprudenz, die Befreiung von dem geistigen Druck, mit dem das rein Positive auf mir lastete. Aus der niederen Welt des Positiven, die, heute so, morgen so, meinem wissenschaftlichen Bedürfnis, das etwas Dauerndes, Festes, an sich Wahres begehrte, keine Befriedigung gewährte, rettete ich mich in die höhere Welt der in sich ruhenden Begriffe, an welche die Macht des Gesetzgebers nicht hinanreichte. Ich habe den Irrtum, dem ich dabei verfallen war, erkannt.

Was waren denn alle die Begriffe, bei denen ich mich vom Bann des Positiven befreit glaubte, anders als Ablagerungen positiver Rechtssätze, von den Römern in eine logisch konzentrierte, d. h. begriffliche Form gebracht? Ist der Begriff des römischen Eigentums, der wesentlich auf der reivindicatio beruht, etwa nicht positiver Art? Wird die reivindicatio durch den Begriff des Eigentums logisch postuliert? Dann müßte man sich das Eigentum ohne sie ebensowenig zu denken vermögen, wie ein Messer ohne Klinge. Wer dies glaubt, mag sich bei unsern modernen Rechten eines Bessern belehren. Die Frage von der reivindicatio ist eine reine Zweckmäßigkeitsfrage, und für bewegliche Sachen halte ich die unbedingte Zulassung derselben für so wenig geboten, daß ich sie im Gegenteil vom Standpunkt unseres heutigen Verkehrsrechts aus für verfehlt erachte. Hat der Quasibesitz der Servituten, weil er von der römischen Theorie begrifflich formuliert ist, Anspruch auf Geltung? Wiederum eine reine Zweckmäßigkeitsfrage, die man, um das mindeste zu sagen, in dem einen und andern Sinn beantworten kann. Liegt es im Wesen der Obligation, wie man so häufig hören muß, daß die Klage aus derselben nur gegen den Schuldner selber gehen kann, nicht gegen Dritte? Wie denn, wenn das Gesetz die Bestimmung trifft, daß der Gläubiger auch gegen den Dritten eine Klage haben soll, der wissentlich vom Schuldner die geschuldete (z. B. die ihm vermietete, ge-liehene, bei ihm deponierte, von ihm gekaufte) Sache erwarb? Die Theorie mag diese Klage unter den Gesichtspunkt einer actio de dolo bringen, aber die Tatsache bleibt bestehen, daß hier der Gläubiger lediglich auf Grund seines obligatorischen Anspruches eine Klage gegen den Dritten erhält.[1] Und geben nicht die Römer selber uns zahlreiche Beispiele einer solchen Um-gestaltung der Begriffe? Den Nießbrauch dehnen sie auf verbrauchbare Sachen, das Pfandrecht auf Rechte aus. Ein Begriffsjurist der heutigen Zeit würde gesagt haben: das geht nicht, der Nießbrauch, das Pfandrecht sind jura in re, sie haben die res zu ihrer begrifflich notwendigen Voraussetzung. Aber es ging doch, und die Römer haben gewußt, warum sie es taten, und haben sich gut dabei gestanden. Einem praktisch vom Gesetzgeber für notwendig erachteten Rechts-satz den Einwand des begrifflich Unmöglichen, Widersinnigen, Verfehlten entgegensetzen, enthält die schlimmste Anklage, welche der Jurist gegen sich selber erheben kann. Der Vor-wurf des mangelhaften juristischen Denkens fällt auf ihn

---

1) So schon bei den Römern die act. Pauliana, die im Fall der Schenkung nicht einmal die mala fides in der Person des Beklagten voraussetzt; die in rem missio des fideikommissars (meine Jahrb. X S. 514); der Schutz des imitierten Gläubigers gegen den Dritten, l. 14 pr. quib. ex caus. (42. 4). S. über diese Rechtsvereitelung, wie ich sie genannt habe, meine Jahrb. X, S. 318—331, wo ich schließ-lich die Überzeugung ausgesprochen habe, daß „die Ausdehnung der act. in personam auf den bösgläubigen Erwerber des Obligationsob-jekts in nicht zu langer Zeit geltendes Recht sein dürfte".

selber zurück, er enthält das Eingeständnis, daß sein Begriffs-
vermögen nicht imstande ist, die reale Welt zu begreifen
— eine einfache geistige Bankerotterklärung —, zugleich aber
auch den unwidersprechlichen Beweis, daß er sich über die
wahre Natur der Begriffe, denen er diese Unantastbarkeit
vindiziert, nicht klar geworden ist, denn sonst müßte er wissen,
daß sie des Positiven und Historischen ebensoviel enthalten,
wie das Neue, dem er den Zutritt verwehrt, und daß bloß
die Gewohnheit ihm das überkommene Alte in einem andern
Licht erscheinen läßt als das Neue. Bis zu welchem Maße die
römischen Juristen in der Zulassung des „Begriffswidrigen"
vorgegangen sind, habe ich oben (S. 300) an einem schlagenden
Beispiel dargetan: sie lassen nach dem Tode des Besitzers
die Ersitzung fortdauern ohne Besitz — —, wie wäre ein
moderner Gesetzgeber verketzert worden, wenn er sich dies
hätte herausnehmen wollen!

Also eine Täuschung ist es, als ob die Begriffe bloß,
weil sie einmal da sind, die Geltung unumstößlicher logischer
Wahrheiten beanspruchen könnten. Sie stehen und fallen mit
den Rechtssätzen, denen sie entnommen sind. Werden letztere
beseitigt, weil sie nicht mehr passen, so müssen auch sie weichen
oder eine veränderte Gestalt annehmen, so gut wie das Futteral
weggeworfen, erweitert oder verändert werden muß, wenn
der Gegenstand, für den es bestimmt war, gegen einen andern vertauscht oder größer oder kleiner gemacht worden ist,
und die Jurisprudenz sollte, anstatt sich der Neuerung zu
widersetzen, dieselbe umgekehrt mit Freuden begrüßen, da sie
dadurch Gelegenheit zu neuer begriffsgestaltender Tätigkeit
erhält.

Eine ebensolche Täuschung ist es, als ob die Begriffe,
wie sie einmal angenommen sind, einen Anspruch auf schlecht-
hinnige Annahme aller in ihnen gelegenen Konsequenzen erheben dürften. Es ist ein schönes Ding um das konsequente

Denken, und kaum in irgend einer Wissenschaft außer der Mathematik findet dasselbe einen so weiten Spielraum vor als in der Jurisprudenz, und gerade darauf beruht die außerordentliche Anziehungskraft, die sie von jeher auf alle entsprechend beanlagten Naturen ausgeübt hat und stets ausüben wird. Ich erinnere mich noch der Zeit, als ich nach beendetem Studium, um mich auf die akademische Laufbahn vorzubereiten, mich in die Lektüre der römischen Quellen, vertiefte. Welch unvergleichlicher Hochgenuß, den mir dieselbe gewährte! Es war mir, als ob sich mir eine geistige Welt erschlösse, mit der nichts von alledem, was ich bis dahin hatte kennen lernen, sich messen könne. Es war mir zu Mute wie dem Seemann, der in die offene See hinaussteuert, das majestätische Meer vor sich, den Himmel über sich, mit Lust die frische, belebende Seeluft atmend, frei von allen beengenden Fesseln und Banden des Landes, ganz auf sich selber und seinen Kompaß gestellt. Gerade aber diese Freiheit, dieser weite Spielraum, den das eigene Denken vorfindet, das durch alles, was andere vorher gedacht haben, mehr angeregt als gehemmt wird, — gerade dies schließt neben dem bestrickenden Reiz zugleich eine große Gefahr in sich: die Gefahr, auf Sandbänke und Klippen zu stoßen und das endliche Ziel zu verfehlen. Der Vergleich mit dem Seemann trifft für den Theoretiker in der doppelten Beziehung zu, daß er den Bestimmungshafen erreichen und die Abirrungen vom vorgeschriebenen Kurse und die Klippen und Sandbänke vermeiden soll. Er soll nicht bloß zu eigener Lust umhertreiben auf offener See, sondern landen, und die Fahrt muß sich bezahlt machen durch die Güter, die er ausladet. Gerade das aber ist es, was ich der Begriffsjurisprudenz zum Vorwurf mache, daß sie fährt, ohne sich darum zu kümmern, ob sie, wenn sie nach langer Fahrt endlich anlangt, wirkliche Güter, d. h. solche, welche für das Leben einen

Wert haben, auszuladen vermag. In strengster Verfolgung der Begriffe gelangt sie zu so überaus fein zugespitzten Unterschieden, daß dieselben in der Hand des Praktikers, der mit ihnen operieren soll, zerbrechen, — sie ladet sie einfach ab und überläßt ihm die Sorge, wie er sie anwenden will. Aber er läßt sie liegen, es ist theoretischer Ballast, den er nicht gebrauchen kann, — die ganze Fahrt ist umsonst gewesen, ein Spiel des Verstandes, das demjenigen, der es angestellt, und denjenigen, die sich in ähnlicher Weise zu ergötzen pflegen, ein Vergnügen bereitet haben mag, für das Leben aber keine Früchte abgeworfen hat. Oder steht in Wirklichkeit die Sache anders, wenn die Theorie auf dem Wege der logischen Deduktion Rechtssätze gewonnen hat, die wegen der völligen Widersinnigkeit des Resultates aller Anwendung spotten, wie z. B. die oben (S. 58 ff.) persiflierte Ansicht, daß bei einer Verpfändung des ganzen Vermögens die Priorität der Pfandrechte sich nach dem Datum des Eintritts der einzelnen Gegenstände in das Vermögen bestimme, oder die sich mit dem gesetzlich erklärten Zweck des Instituts in Widerspruch setzen, wie z. B. die oben (S. 292) erwähnte Ansicht Savigny's von der Unverjährbarkeit gewisser Klagen wegen Mangels der Rechtsverletzung. Es sind die Sandbänke und Klippen, bei denen die Theorie, wenn sie sich einmal nicht darauf gesteift hätte immer geradeaus zu gehen, umkehren und innewerden müßte, daß der Kurs, den sie eingeschlagen hat, ein verfehlter war. Doktrinäre Formulierungen und Abstraktionen, welche zu praktisch widersinnigen Resultaten oder zu einem Widerspruch mit dem erklärten Willen des Gesetzes führen, sprechen sich damit selber ihr Urteil, es muß bei Aufstellung derselben ein Fehler begangen worden sein. Eine Formel, wie die Savigny'sche, über die Fortdauer des Besitzes, welche den Besitz von der Tatsächlichkeit gänzlich ablöst und ihn auf Grund der bloßen Möglichkeit der Repro-

duktion ohne alle Realität bei der physischen Person ein ganzes
Menschenleben und bei juristischen Personen (S. 296) ewig
fortbestehen läßt, bekundet eben damit ihre vollendete Ver-
kehrtheit, und wenn nicht bloß ihr Urheber lebenslänglich
daran festhielt, sondern wenn sie auch in der Doktrin allgemeine Zustimmung zu finden vermochte, so enthält dies den
Beweis, daß man das praktische Ziel des Rechts gänzlich
aus den Augen verloren hatte. In praktischen Dingen enthält das Facit die Probe auf den Ansatz des Rechenexem-
pels; ist ersteres verfehlt, so muß bei letzterem ein Irrtum
begangen sein, der Ansatz muß einer erneuerten Prüfung
unterworfen werden — das praktische Resultat hat das Korrektiv des theoretischen Denkens abzugeben.

Damit habe ich den Punkt berührt, der die Signatur
der heutigen Begriffsjurisprudenz, wie ich sie nenne, in sich
schließt. Jede Jurisprudenz operiert mit Begriffen, juristisches
und begriffliches Denken ist gleichbedeutend, in diesem Sinne
ist also jede Jurisprudenz Begriffsjurisprudenz, die römische in erster Linie; eben darum braucht der Zusatz nicht
erst hinzugefügt zu werden. Wenn dies hier meinerseits
gleichwohl geschieht, so ist damit jene Verirrung unserer heutigen Jurisprudenz gemeint, welche, den praktischen Endzweck
und die Bedingungen der Anwendbarkeit des Rechts außer
Acht lassend, in demselben nur einen Gegenstand erblickt, an
dem das sich selber überlassene, seinen Reiz und Zweck in sich
selber tragende logische Denken sich erproben kann, — eine
Arena für logische Evolutionen, für die Gymnastik des Geistes,
in der dem größten Denkvirtuosen die Palme zufällt.

Woher nun eine solche Verirrung in einer so praktischen
Wissenschaft, wie die Jurisprudenz es ist? Niemand wird
um die Antwort verlegen sein: sie hängt zusammen mit dem
Gegensatz von Theorie und Praxis oder, genauer gesprochen, mit der äußeren Gestalt desselben in Form zweier

verschiedener Berufsstände, von denen dem einen vorzugsweise die Pflege der Theorie, dem andern die der Praxis zufällt. Jede praktische Wissenschaft schließt den inneren Gegensatz der Theorie und Praxis in sich, und zwar nicht bloß in dem Sinn, daß man objektiv in der Vorstellung den Inbegriff der anzuwendenden Regeln, Grundsätze, Kunstgriffe von der Anwendung derselben unterscheiden kann, sondern selbst subjektiv im Sinn einer verschiedenen Beanlagung oder Ausbildung der Individuen in Bezug auf die eine oder die andere. Es gibt Praktiker von großem theoretischen Wissen, aber von geringem praktischen Geschick und Blick — die von jedem tüchtigen Praktiker so sehr gefürchteten „Gelehrten" unter ihnen, — und umgekehrt andere mit geringem theoretischen Wissen, aber von einem eminenten praktischen Treffer.[1]

Die naturgemäße Gestaltung des Verhältnisses ist nun sicherlich die Verbindung beider Seiten zur Einheit des Berufes, hier stehen beide im lebhaftesten Wechselverkehr, in dem sie sich gegenseitig fördern, befruchten und im Gleichgewicht erhalten. Woher nun die Trennung beider zu besondern Berufsarten? Das Motiv dazu hat gegeben das Interesse des Unterrichts, — der Theoretiker auf dem Gebiete der Jurisprudenz hat sich entwickelt aus dem Lehrer. Nicht aus dem Manne, dem seine Muße und Lebensstellung es verstattete, das Recht aus wissenschaftlichem Interesse zum Gegenstand eines eindringenderen Studiums zu machen, als es in dem Drang und der Geschäftigkeit der praktischen Tätigkeit möglich ist — dem wissenschaftlichen Anachoreten. Solche Erscheinungen sind vereinzelter Art und finden in den Verhältnissen des Lebens keine äußere Nötigung. Aber die Tätigkeit des Lehrers findet sie. Sie findet sie dann, wenn

---

1) Dieser Gegensatz wiederholt sich selbst in Bezug auf ganze Völker, — nach meinem Urteil sind z. B. die Franzosen und Italiener an praktisch-juristischer Begabung uns Deutschen entschieden überlegen.

der Umfang des Rechts und die Entwicklung der Theorie zu einem Grade vorgeschritten sind, daß die Aneignung beider von Seiten des Neulings auf dem Wege des bloßen Privatstudiums und des praktischen Kursus bei dem Manne des Lebens sich fernerhin nicht mehr als ausreichend erweist. So war es in Rom zu Ende der Republik. Von dem praktischen Kursus, den bis dahin ein jeder bei einem angesehenen Juristen durchmachte (dem instruere), scheidet sich jetzt der theoretische Einleitungsunterricht (das instituere) ab, zuerst rein als Privatsache, als ein vorübergehendes Verhältnis dieses Schülers zu diesem Lehrer, dann dauernd und fest organisiert in Gestalt öffentlicher Lehranstalten, der bekannten Rechtsschulen von Labeo und Capito und ihren Nachfolgern.

Für die Entwicklung der römischen Rechtstheorie hat diese Ausscheidung der Lehrtätigkeit zu einem selbständigen Lebensberuf so wenig nachteilige Folgen gehabt, daß umgekehrt erst von ihr an der bekannte Aufschwung derselben datiert, der in der klassischen Jurisprudenz gipfelt. Meines Erachtens ist die hohe Bedeutung dieser Tatsache viel zu wenig betont worden, in meinen Augen enthält sie den Wendepunkt in der Geschichte der römischen Jurisprudenz, den Übergang von der praktischen Epoche derselben zur eigentlichen Rechtswissenschaft. Mit dem Lehren, dem mündlichen oder dem schriftlichen, tritt an jedes Wissen, welcher Art es auch sei, eine Nötigung heran, die mit ihm allein noch keineswegs gegeben ist: die der korrekten, genauen Formulierung desselben. Es ist bekanntlich ein anderes Ding, etwas wissen, und es einem andern klar machen. In der letzteren Aufgabe liegt die Nötigung, sich selber vorher völlig klar zu werden — die Erhebung des mehr oder minder Unbewußten, des bloß Gefühlten oder des halb Gewußten zur Form des Bewußtseins oder des vollen Wissens. Der Satz: docendo discimus hat nicht den Sinn, daß man, um zu lehren, selber manches

hinzulernen muß, sondern daß man durch das Lehren dasjenige, was man mehr oder minder unklar in sich trägt, sich
selber erst zur Klarheit bringe. Eine ähnliche höchst treffende
Wendung der deutschen Sprache ist die: sich klar schreiben. Ich meinerseits habe die Wahrheit derselben unzählige
Male an mir erfahren. Selbst bei Ideen, die ich jahrelang mit mir herumgetragen und in mir verarbeitet habe,
erfahre ich immer wieder von neuem, daß ich ihrer erst
dann vollkommen mächtig geworden bin, wenn ich sie schrift-
lich ausgeprägt habe. Ich bin der Überzeugung, daß in
manchen reich begabten Geistern, von denen die Welt nie
etwas vernommen hat, Ahnungen, Ideen, Anschauungen ge-
schlummert haben, die ihren Trägern den höchsten Ruhm ein-
gebracht haben würden, wenn eine äußere Nötigung sie gezwungen hätte, sie aus sich herauszusetzen. Es geht im Innern des Menschen vielleicht ebensoviel verloren, wie in der
äußern Natur, — der wenigste Same geht auf, und nicht selten
ist es der des Unkrauts, der gedeiht und üppig wuchert, während der edle Same wegen Ungunst der Verhältnisse in der
Erde verfault oder am Wege verdorrt.

Ist dies richtig, so ist der Lehrer von Beruf, wenn er
auch in Bezug auf den Umfang und die Tiefe seines Wissens
hinter einem andern zurücksteht, in Bezug auf die Form desselben letzterem überlegen. Sein Beruf nötigt ihn, sein Kapital
sozusagen stets in couranter Münze gegenwärtig zu haben,
Barvorräte bei sich zu führen, während jener seine Kapi-
talien fest angelegt hat und schwerer flüssig macht. Die Stärke
des juristischen Praktikers besteht in der Sicherheit und Leichtigkeit der sofortigen Anwendung, die des juristischen Theoretikers in der Fähigkeit der leichten und zutreffenden Formulierung. Der Beruf übt in dieser Beziehung, wie es ja
nicht anders sein kann, einen entscheidenden Einfluß aus; derselbe Mensch würde in der einen Berufsstellung ein anderer

geworden sein als in der anderen, womit der Einfluß einer
angeborenen Begabung nach der einen oder andern Richtung, die aber nur in den seltensten Fällen in ungewöhnlicher
Weise vorhanden sein dürfte, nicht verkannt werden soll.

Aber nicht bloß das Individuum ist es, an dem der
Lehrberuf sich wirksam erweist, sondern auch die Wissenschaft. Die Erfahrungen, welche die Individuen in Bezug
auf die Bedingungen des Lehrens und Lernens machen, kommen der letzteren zugute, die Wissenschaft wird dadurch um
ein eigentümliches Element bereichert, das ich kurz als das
didaktische bezeichnen will. Dem Praktiker mag der Besitz der Kenntnisse und Anschauungen, über die er gebietet,
genügen, er beherrscht sie in der Weise, daß er in jedem
Moment aus dem vorhandenen fonds das Nötige heraus-
greift, aber der Lehrer muß die Summe dessen, was er
dem Schüler mitteilen will, in eine form bringen, welche
dem Zwecke des Lernens angemessen ist.

Die Erreichung dieses Zweckes ist bedingt durch ein
allmähliches und methodisches Erlernen.

Gleich dem Maler, der bei dem Gemälde nicht von
vornherein die einzelnen Teile desselben fertig ausmalt, sondern erst die Konturen zeichnet, dann untermalt und schließlich erst das einzelne ausführt, wird auch der richtige Lehrer
nicht sofort mit einer einzelnen Lehre beginnen und sie ihrer
ganzen Ausdehnung nach vortragen, sondern er wird das
Verständnis derselben vorbereiten, indem er sich derjenigen
Kenntnisse, Anschauungen, Begriffe bewußt wird, welche die
Voraussetzungen desselben bilden. Die römische Jurisprudenz
löste diese Aufgabe in einer form, welche noch bis auf den
heutigen Tag die unsrige geblieben ist: die Institutionen.[1])

---

1) Ich beschränke mich auf diesen Namen, der Kundige weiß, daß
es für dieselbe Sache noch andere gab, z. B. libri regularum, elementa,

Für die systematische Entwicklung der römischen Rechtswissenschaft ist das Auftreten dieser von den Griechen hinüber-
genommenen Lehrform von äußerster Wichtigkeit geworden.
Mit ihr trat die didaktische Darstellungsform des
Rechts der rein praktischen in Form der Kommentare zu
den Gesetzen und dem Edikt zur Seite und brachte demselben
dasjenige, was ihm bis dahin fehlte: die innere Systematik, — ein Fortschritt für die wissenschaftliche Erkenntnis, dessen eminente Bedeutung ich hier nicht auszuführen
brauche.[1] In engster Verbindung damit stand die scharfe Ab-
grenzung der Gegensätze im Recht: die für jede Disciplin so
außerordentlich wichtigen Einteilungen und sodann die Aufstellung kurz und präcis gefaßter Regeln und Definitionen, —
ein Fortschritt in Bezug auf die wissenschaftliche Durchdringung
und bewußte Erfassung des einzelnen von nicht geringerer
Bedeutung, als die Systematik für die Erkenntnis des Ge-
samtzusammenhanges.

Ich fasse das Gesagte zusammen in den Satz: die wissenschaftliche Durchbildung des römischen Rechts und zum erheblichen Teil, wenn auch nicht ausschließlich, sein Wert für
die heutige Zeit beruht auf dem Umstande, daß es durch die
Schule hindurchgegangen ist. In welchem Maße dadurch
auch die praktische Anwendung des römischen Rechts erleichtert
worden ist, davon kann sich jeder leicht überzeugen, welcher
die Lage eines kontinentalen Juristen mit der eines englischen vergleicht. Ersterer erlangt innerhalb eines relativ
kurzen Universitätsstudiums die sichere Herrschaft über das
gesamte Recht, die englischen Juristen sind Specialisten,
keiner ist imstande, das gesamte Recht zu bewältigen. Der

---

definitiones, encheiridia. Dieser Art scheinen auch die libri tres juris
civilis von Masurius Sabinus gewesen zu sein.

1) Ich habe mich darüber ausgesprochen in meinem Geist des R.
R. III, 2, Aufl. 4, S. 330.

Grund ift: das römische Recht ift durch die Schule hindurchgegangen, das englische nicht; es werden zur Zeit erft die
erften Anfätze dazu gemacht, und die englische Jurisprudenz
wird unendlich viel zu tun haben, bevor fie das englische
Recht auf die Höhe des römischen und der aus ihm hervor-
gegangenen kontinentalen erhoben hat, — die Schule macht
fich für das praktische Leben bezahlt!

Allerdings aber muß fie die richtige fein, und damit
berühre ich den springenden Punkt des Verhältniffes zwischen
Theorie und Praxis. Bei einer praktischen Wiffenschaft muß
die Theorie, wenn fie nicht auf Abwege geraten will, in be-
ständiger Fühlung mit' der Praxis bleiben. In Rom war
dies bei der Jurisprudenz der Fall, wir wiffen von vielen
der angesehenften römischen Juriften, daß fie die Lehrtätigkeit mit der praktischen vereinigten. [1]

Erft in der chriftlichen Kaiserzeit hört diese Doppelftellung
auf, das Lehramt wird ein ausschließliches, ganz wie heutzutage, d. i. ein Lebensberuf, der Lehrer wird von der Staatsgewalt angeftellt und bezahlt. Mit der Wiffenschaft hatte es
aber jetzt ein Ende. Wir befitzen kein wiffenschaftliches Werk
aus jener Zeit, und in welchem Grade die Schule des Einfluffes
auf die Praxis bar war, geht schlagend aus dem Umstande hervor, daß letztere ihren theoretischen Haltpunkt ausschließlich
in den Werken einer Zeit suchte, welche Jahrhunderte hinter
ihnen lag, — ein testimonium paupertatis für die damalige
Theorie, wie es nicht schlimmer gedacht werden kann.

Mit der Lehre hat bekanntlich die Wiedergeburt des
römischen Rechts im modernen Europa begonnen; die Schule
ift es gewesen, der es feine praktische Gültigkeit verdankte.

---

1) Nachgewiesen in der wertvollen Schrift von F. P. Bremer,
Die Rechtslehrer und Rechtsschulen in der römischen Kaiserzeit. Berlin 1868.

Von jetzt an beginnt für dasselbe der Konflikt zweier Interessen: des rein wissenschaftlichen, sagen wir der Reproduktion desselben in derselben reinen Gestalt, wie der irgend eines
andern Stückes des Altertums, und des praktischen: der
Appretur desselben für die Zwecke des Lebens. Nach Individuen, Zeiten und Völkern verschieden, überwiegt bald die eine,
bald die andere Richtung, — man wird an die Schwingungen
eines Pendels erinnert. Beginnend mit der wissenschaftlichen Richtung, wie ich sie kurz bezeichnen will, zur Zeit der
Glossatoren, wendet sich die moderne Jurisprudenz im Zeitalter der Postglossatoren einseitig der praktischen zu, um dann
bei dem Wiedererwachen der Wissenschaft unter Benutzung aller
inzwischen gewonnenen Hilfsmittel mit äußerster Energie, aber
zugleich mit derselben Einseitigkeit die erstere wiederum aufzunehmen, — ein unermeßlicher Dienst für die wissenschaftliche
Erkenntnis des römischen Rechts, aber erkauft durch die Vernachlässigung der Interessen des praktischen Lebens. Die
Tatsache, daß die Werke der Postglossatoren noch zu Zeiten
eines Cujacius ihre alte Geltung behaupten, und Machwerke
der allerdürftigsten Art in unzähligen Auflagen den Markt
überschwemmen konnten, beweist mehr als irgend etwas
anderes die Tatsache, daß die Wissenschaft den Bedürfnissen
des Lebens nicht gerecht geworden war. Der Rückschlag
blieb nicht aus. Aber noch zweimal wiederholt sich das
Schauspiel der Erneuerung der rein wissenschaftlichen Jurisprudenz. Das eine Mal am Anfang des vorigen Jahrhunderts in Holland, das zweite Mal am Beginn des
jetzigen in Deutschland. Der Principat in der theoretischen
Jurisprudenz ging von den beiden romanischen Völkern, dem
italienischen, das ihn zweimal ausgeübt hatte, und dem französischen, mit dem keines der andern Völker sich in dieser Beziehung messen kann, auf die germanischen, die Holländer
und Deutschen, über.

Diese flüchtige Übersicht über die Epochen der romanistischen Jurisprudenz, die uns ein stets wechselndes Bild vor Augen führt, wird die obige Behauptung von dem Gegensatz der Behandlungsweisen, zu denen das römische Recht vermöge seiner doppelten Natur als Stück des Altertums und als Bestandteil des modernen Rechts Anlaß gab, ins richtige Licht setzen. Diese Erscheinung des periodischen Sichablösens zweier gänzlich entgegengesetzten Behandlungsweisen ist der modernen Geschichte des römischen Rechts eigentümlich, sie wiederholte sich bei keinem andern Recht der Welt. Auch in der Rechtswissenschaft wie in allen andern Wissenschaften mögen Richtungen und Methoden sich ablösen, mag die Entwicklung die Gestalt einer Wellenbewegung annehmen, welche uns die Wissenschaft zu dieser Zeit auf der Höhe, zu jener in der Tiefe zeigt, aber ein solcher polarer Gegensatz zweier Behandlungsweisen, von denen die eine bei einem und demselben Gegenstande einen gänzlich andern Zweck verfolgt als die andere, wie ihn uns die moderne Geschichte des römischen Rechts vorführt, steht ohnegleichen da und wird es stets bleiben. Auf seiner Höhe zur Zeit der Renaissance spitzt er sich bis zu der Schärfe zu, daß die hervorragendsten Werke in der einen Richtung in Bezug auf die Zwecke, welche die andere verfolgte, nahezu wertlos waren. Mit den Werken des Cujacius konnte derjenige, welcher das römische Recht im Leben anzuwenden hatte, ebensowenig ausrichten, wie derjenige, dem es um die wissenschaftliche Erkenntnis desselben und ein Eindringen in seinen Geist zu tun war, mit denen des Bartholus und Baldus. Die Verschiedenheit des Zieles, das beide Richtungen erstrebten, schloß eine so gänzlich verschiedene Art der Behandlung des Gegenstandes in sich, daß derselbe in der einen und andern Gestalt kaum noch wiederzuerkennen war.

Unsere heutige Zeit hat eingesehen, daß beide zu ver-

einigen sind. Der akademische Unterricht in der Gegenwart ist
ebensosehr darauf berechnet, dem Schüler eine Anschauung
des reinen römischen Rechts und seiner geschichtlichen Entwicklung zu gewähren, ihn durch das Quellenstudium in den
Geist desselben einzuführen, als darauf, ihn in den Stand zu
setzen, dasselbe im Leben zur Anwendung zu bringen. Es
wird das unvergängliche Verdienst von Savigny bleiben, die
akademische und literarische Behandlungsweise des römischen
Rechts in der ersteren Richtung inauguriert zu haben. Dies
geschah bekanntlich durch sein „Recht des Besitzes" (1803), —
eine wissenschaftliche Tat ersten Ranges, vollbracht von einem
kaum vierundzwanzigjährigen Manne, fortan das maßgebende
Vorbild, der Kanon für die dogmatische Behandlung des
römischen Rechts. Es gehört zu jenen seltenen Werken, welche
die Initialen eines neuen Kapitels in der Geschichte der
Wissenschaft bilden. Aber so hervorragend das Werk als
geistige Schöpfung ist, so bewundernswert die Selbständig-
keit und Kraft des jungen Mannes, der mit der bisherigen Überlieferung bricht und, sich ganz auf sich selber stellend,
seine eigenen Bahnen einschlägt, — das Buch ist dennoch, wenn
man den praktischen Maßstab anlegt, ein durch und durch
ungesundes, es ist geschrieben ohne reale Anschauung des Verhältnisses, das es behandelt, und ohne Rücksicht auf die Anwendbarkeit der darin entwickelten Sätze. Nirgends findet sich
der Versuch, dieselben kasuistisch durchzuführen und zu erproben, Savigny geht über die Fälle der Quellen kaum je hinaus. Hätte er es getan, er hätte innewerden müssen, daß
dieselben aller sicheren Anwendung spotten, sie sind weich
wie Wachs, elastisch wie Gummi, man kann mit ihnen ausrichten, was man will. Und darum hat er trotz allem äußeren
Anschluß an die Quellen die römische Theorie nicht wiedergegeben, und der neuere Fortschritt in der Lehre hat von den
Fundamentalsätzen Savigny's einen nach dem andern als

irrig erwiesen, — von dem ganzen Gebäude ist kaum ein Stein auf dem andern geblieben. Die gänzliche Gleichgültigkeit gegen die praktische Funktion des Besitzes im Leben, die ich als den Grundfehler des Buches bezeichne, dokumentiert sich auch darin, daß der Verfasser sich gegen die gesamte moderne Fortbildung des Instituts in Bezug auf den erweiterten Besitzesschutz (Spolienklage und Summariissimum) ablehnend verhält. Der Gedanke, daß dieselbe in einem zwingenden Bedürfnis ihren Grund gehabt haben muß, bleibt ihm völlig fremd, er tut sie einfach damit ab, daß sie nicht römisch ist — „Irrtümer neuerer Rechtsgelehrten" (S. 327) —, und erst Bruns hat sich in seinem mustergültigen Werke: „Das Recht des Besitzes im Mittelalter und in der Gegenwart" (1848) das Verdienst erworben, diese von Savigny gänzlich übergangene Seite in das richtige Licht gesetzt zu haben, eine Leistung, welche in Bezug auf ihren bleibenden Wert die Savigny'sche meines Erachtens weit hinter sich läßt.

Das Vorbild, welches Savigny in diesem Werk gegeben hat, ist für die Folgezeit das maßgebende geworden — im guten wie im schlechten.[1]) Jedes Jahr bringt uns für das römische Recht von neuem literarische Erscheinungen, bei denen man sich staunend fragt, welchen Zweck und Wert denn alle die Probleme und Fragen haben, für welche ihre Verfasser mit Aufbietung aller ihrer Kräfte die Lösung suchen. Für die Anwendung des Rechts nicht den allermindesten, und für die Schule? — doch darauf werde ich unten (S. 360) die Antwort erteilen. Mehr und mehr verliert die Theorie das Leben aus dem Auge, sie geriert sich, als ob das Recht ihretwegen da sei, ein dankbares Objekt für das logische Denken, ein Zirkus für dialektisch-akrobatische Kunststücke.

---

1) Daß es von Puchta noch überboten worden ist, habe ich früher (S. 330) gezeigt.

Wie ist eine solche Verirrung möglich geworden? Wir müssen uns der Gründe bewußt werden, um die Frage beantworten zu können, ob Aussicht auf Besserung vorhanden ist. Meiner Ansicht nach sind es zwei, die nur in ihrem Zusammenwirken diesen Erfolg hervorbringen konnten: die Beschränkung des Theoretikers auf den Lehrberuf und die Eigenartigkeit des Gegenstandes, dem seine akademische und literarische Tätigkeit gewidmet ist, des römischen Rechts. Jeder der beiden Gründe würde für sich allein dazu nicht ausgereicht haben. Auch die Lehrer des deutschen Privatrechts, Handelsrechts, Kriminalrechts, Prozesses, Staats- und Kirchenrechts sind auf den Lehrberuf beschränkt, eine Gelegenheit zur praktischen Tätigkeit wird ihnen, von dem seltenen Fall eines Gutachtens abgesehen, seit Aufhebung der Spruchfakultäten ebensowenig geboten wie dem Romanisten. Aber auf jenen Gebieten hat sich, wenn es auch an einzelnen Ansätzen dazu nicht gefehlt hat, die Begriffsjurisprudenz nicht einzubürgern vermocht. Warum nicht? Weil sie mitten im Strom der gewaltigen Bewegung unserer Zeit stehen, weil jedes Jahr neue Fragen und Tatsachen bringt, von denen die Theorie Kunde zu nehmen, und über die sie sich ein Urteil zu bilden hat. Willig oder widerwillig wird sie auf den praktisch-legislativen Standpunkt gehoben. Die wichtigsten legislativen Neuerungen auf den meisten dieser Gebiete sind nicht eingeführt worden, ohne daß auch die Theoretiker vorher Gelegenheit und Nötigung gefunden hatten sich darüber auszulassen, die brennenden Tagesfragen bieten ihnen stets dankbaren Anlaß, ihr Wissen für das Leben zu verwenden, und schon die außerordentlich reiche Zufuhr neuen Stoffes auf mehreren dieser Gebiete und die Nötigung, ihn wissenschaftlich einzuordnen oder gar eine ganze Disciplin neu aufzubauen, schützt sie gegen die Gefahr, ihre Kraft und Zeit an nutzlosen Fragen zu zersplittern. Auf allen jenen Gebieten ist man nicht in der

Lage, mit Fragen ähnlicher Art, wie sie auf dem romanistischen die Tagesordnung bilden, die Zeit zu vergeuden; man hat etwas Wichtigeres zu tun, — wer Wild jagen kann, ist gegen die Versuchung, Mücken zu fangen, gesichert.

Wie völlig anders die Lage des Romanisten! An dem römischen Recht ist die legislative Strömung der Zeit, von einigen principiell wenig erheblichen Neuerungen, z. B. in Bezug auf die Zinsen abgesehen, spurlos vorübergegangen, es erfreut sich der ungestörtesten Ruhe. Keine neuen Probleme, die an den Vertreter desselben herantreten, keine Tagesfragen, an denen er sich zu beteiligen hat, kein neuer Stoff, den er zu gestalten hat, — für ihn ist alles beim alten geblieben. Die Dogmatik des römischen Rechts kennt keine anderen Aufgaben, Fragen, Schwierigkeiten, als an denen schon von der Glossatorenzeit an Tausende von Theoretikern sich abgemüht haben. Dieselben schwierigen oder sich untereinander widersprechenden Stellen der Quellen, die schon unzählige Male die Kunst des Exegeten herausgefordert haben, figurieren noch bis auf den heutigen Tag auf ihrem Programm, und immer noch finden sich Leute, welche sie von neuem in Angriff nehmen. Mangel an großen, wichtigen Aufgaben, — das ist das Übel, an dem die romanistische Theorie krankt. Die Hauptsache ist getan, die Ausbeute, welche in praktisch-dogmatischer Beziehung noch erübrigt, verschwindend klein. Es ist der Notstand des Theoretikers, dem es an ausgiebigen Untersuchungsobjekten, an großen Problemen fehlt, und der darum, um sich als Schriftsteller zu legitimieren, zu Fragen greifen muß, die, ohne alle Bedeutung für das Leben, lediglich das Interesse von Schulfragen beanspruchen können. Ich unterschätze die Bedeutung der letzteren für den juristischen Unterricht nicht, aber ich bin so weit entfernt zu glauben, daß die bis ins Kleinste und Feinste getriebene Analyse unserer überkommenen juristischen Begriffe, die nicht selten

mit der gänzlichen Verwerfung derselben geendet hat, in di-
daktischer oder pädagogischer Beziehung einen Fortschritt
herbeigeführt hat, daß ich vielmehr vom Gegenteil überzeugt bin. Die einfache anschauliche Form des Verhältnisses
wird aufgegeben zu Gunsten einer komplizierten, höchst künstlichen, Begriffe und Definitionen, welche, wenn auch nicht
völlig korrekt, doch den unschätzbaren Vorzug darbieten, daß
sie leicht zu erfassen und anzuwenden sind, werden ersetzt
durch angeblich oder wirklich korrekte, welche dieses Vorzuges
gänzlich entbehren. Nach meinem Dafürhalten ist, wie für
jeden, so auch für den juristischen Unterricht der Gesichtspunkt der Zweckmäßigkeit der allein maßgebende. Eine Ungenauigkeit, die den Zweck des Unterrichts fördert, ist mir
lieber, als eine Genauigkeit, die ihn vereitelt, — der richtige
Lehrer muß, um es paradox auszudrücken, an richtiger Stelle
den Mut der Ungründlichkeit haben. Mag das Instrument,
das er dem Schüler in die Hand gibt, ein unvollkommnes
sein, — wenn derselbe darauf besser spielen lernt als auf einem
vollkommeneren, so verdient es für den Unterrichtszweck den
Vorzug. Durch diese Erwägung habe ich mich selber bei
meinem Unterricht schon seit Jahren leiten lassen, und die
Erfahrung hat mir gezeigt, daß diese Methode die richtige ist.
Für Unterrichtszwecke habe ich das meiste von demjenigen,
was die heutige Jurisprudenz auf dem Wege einer eingehenden
Kritik und Analyse der juristischen Grundbegriffe zu Tage gefördert zu haben glaubt, gar nicht verwenden können. Der
Aufwand geistiger Kraft, welche die Wissenschaft in dieser
Richtung aufgeboten hat, hat sich meines Erachtens nicht
einmal für die Schule bezahlt gemacht.

Wo soll er sich denn bezahlt machen, wenn weder für
das Leben noch für die Schule? Ich finde keine andere Antwort, als: nur für diejenigen, welche an derartigen Untersuchungen Vergnügen finden. Ich meinerseits gehöre nicht

zu ihnen. Mein Interesse an der Rechtswissenschaft hat mit den Jahren nicht abgenommen, im Gegenteil zugenommen, ich kenne keinen höheren Genuß, kein edleres Lebensziel, als meine Kraft am Recht zu versuchen und meinen Teil dazu beizu= tragen, daß es in seiner ganzen Größe und Bedeutung erkannt werde. Und auch das römische Recht, dem ich alles verdanke, was ich bin, und was ich geleistet habe, — es hat an der Macht und Anziehungskraft, die es vom ersten Moment an auf mich ausgeübt hat, nichts verloren. Aber wenn ich mich frage, was ich in dreißig Jahren neu hinzu bekommen habe, — ich spreche wohl bemerkt nicht von der römischen Rechts= geschichte, sondern von der Dogmatik des römischen Rechts,— es schwindet in einem Maße zusammen, daß ich die Zeit be= dauere, welche ich daran habe setzen müssen, um mir dies wenige anzueignen, und mit Neid auf andere Wissensgebiete blicke, die innerhalb desselben Zeitraumes die reichste Ausbeute zu verzeichnen haben. Ich kann das Bekenntnis nicht unter= drücken: die Freude, nicht am römischen Recht, und auch nicht am eigenen akademischen Vortrage desselben, aber an der heutigen romanistischen Literatur ist mir verloren gegangen, ich vermag den meisten Schriften, welche sie mir bringt, keinen Geschmack abzugewinnen; wäre ich noch jung, ich würde ein anderes Fach erwählen. Ob eine kommende Zeit dem augenblicklich so wenig ergiebigen Boden des römischen Rechts durch eine veränderte Art der Behandlung, z. B. die legis= lativ=politische und komparative, nicht noch eine reiche Ernte abgewinnen wird? Wer will es sagen? Jedenfalls lohnt sich die gegenwärtige Ausbeute kaum der Mühe und Arbeit, es ist das Grummet des Herbstes in einem dürren Jahre, — dürftig und dürr und das wenige Heu noch mit vielem Un= kraut untermischt. Über den Wert desselben können sich nur diejenigen täuschen, welche selber die Arbeit daran setzen und ein natürliches Interesse haben, dieselbe hoch zu halten.

Bis zu einem gewissen Grade ist diese Dürftigkeit der Ernte durch den Boden selber verschuldet. In praktisch dog-matischer und in exegetischer Beziehung ist er so gut wie er-schöpft, nachdem die Hilfsmittel, welche mittelst Auffindung neuer Rechtsquellen, in erster Linie des Gajus, hinzuge-kommen sind, im wesentlichen ausgenutzt worden sind. Nur in einer Beziehung schien er noch eine Ausbeute ge-währen zu können, und damit glaube ich den Grund nam-haft gemacht zu haben, der unsere heutige Begriffsjuris-prudenz, wenn auch nicht ins Leben gerufen, so ihr doch den erheblichsten Vorschub geleistet hat. Die Begriffsjurispru-denz allein eröffnete noch die Möglichkeit einer neuen Arbeit. Und mit diesem Reiz der Neuheit vereinigte sie zu-gleich einen andern: den des freien, selbständigen, sich an sich selber berauschenden Denkens, kurz gesagt, den verführerischen Reiz der Dialektik. Die Geschichte zeigt, wie oft schon die Wissenschaft dieser Gefahr erlegen ist; der Scholasticismus, die kasuistische Moralliteratur der Jesuiten, die talmudistische Literatur bieten Beispiele dar, welche an Unfruchtbarkeit und Spitzfindigkeit unsere Begriffsjurisprudenz noch weit über-ragen. Wenn auf irgend einem Gebiet das begriffliche und begriffsbildende und in strenger Konsequenz fortschrei-tende Denken am Platz ist, so ist es auf dem des Rechts, und gerade auf dem des römischen hat es ja seine glänzend-sten Leistungen aufzuweisen und seinen praktischen Wert dar-getan. Die Begriffsjurisprudenz scheint daher durch das Vor-bild der römischen Juristen gedeckt zu sein, nur dem Beispiel, das jene ihr gegeben haben, Folge zu leisten. So scheint es. In Wirklichkeit verhält es sich anders. Die römischen Juristen gehen auf dem Wege der Konsequenz nur so weit vor, als nicht das praktische Bedürfnis ihnen Einhalt ge-bietet, sie behalten bei der Rechtslogik stets das Leben im Auge. Die heutige Begriffsjurisprudenz kennt diese Rück-

ficht nicht, fie geht geradeaus, felbft wenn fie fchließlich
bei einem Refultate anlangt, das mit dem Zweck der Anwendung des Rechts völlig unvereinbar ift, fich in feiner
eigenen Unmöglichkeit felber vernichtet, — die Rechtslogik ift
nicht mehr, wie in Rom, des Lebens, fondern das Leben der
Rechtslogik wegen da.

Diefe Überfpannung einer an fich mit dem Wefen der
Jurisprudenz felber gegebenen Methode ift neueften Datums,
fie ift meines Erachtens, wie oben bereits bemerkt, von
Savigny in feiner Erftlingsfchrift inauguriert worden. Un-
bekümmertheit um die Anwendbarkeit der auf dem Wege der
abftrakten Begriffsentwicklung und der Konfequenz gewonnenen Sätze für das Leben, — das ift der Grundzug der heutigen Begriffsjurisprudenz. Bei einer Jurisprudenz, wie die
römifche, die mitten im Leben ftand, war diefe Gleichgültigkeit gegen die Anforderungen des Lebens unmöglich. Aber
unfere heutigen Theoretiker haben das Recht nicht anzuwenden, fondern bloß zu lehren, — und darin liegt der
Grund, der es ihnen ermöglicht, fich der Rückficht auf die
Anwendbarkeit ihrer Theorien zu entfchlagen.

Wie ift hier nun Wandel zu fchaffen? Wäre es ausführbar, daß der Theoretiker zugleich eine praktifche Berufs-
ftellung bekleidete: als Advokat oder Richter, das Mittel wäre
gefunden, der Praktiker würde den Theoretiker in Zaum
halten. In Italien bildet dies zur Zeit die Regel, die mei-
ften italienifchen Profefforen, die ich auf meinen Reifen in
Italien habe kennen lernen, waren Advokaten oder bei einem
Gericht angeftellt. Aber der Zuftand ift kein wünfchens-
werter; dem Theoretiker, der von der Profeffur nicht leben
kann, muß der Praktiker das Brot fchaffen, und diefer raubt
jenem die Zeit. Die Unvereinbarkeit beider Lebensberufe
hat dahin geführt, daß ausgezeichnete Lehrer fich genötigt

ſahen, den Lehrſtuhl zu verlaſſen und ſich ausſchließlich der Advokatur zuzuwenden.

So ſcheint die Trennung der Lebensberufe des Theoretikers und des Praktikers, wie ſie bei uns in Deutſchland und in den meiſten andern Ländern beſteht, trotz der Entfremdung vom Leben, die ſie für erſteren in ſich ſchließt, gleichwohl den Vorzug zu verdienen, und ich glaube, daß ſie ſich auch in der Zukunft behaupten wird. Allerdings hat ſich die Vereinigung beider in anderen praktiſchen Wiſſenſchaften, z. B. der Medicin, als ausführbar erwieſen, und weit entfernt, daß die Lehrer der praktiſchen Zweige der Medicin: der Kliniker und der Chirurg dem gewöhnlichen Praktiker das Feld räumen müßten, erfreuen gerade ſie ſich des größten Vertrauens des Publikums und liefern damit den Beweis, daß man zugleich ein großer Theoretiker und ein großer Praktiker ſein kann. Warum ſoll nun für den Juriſten — oder, da ich hier nur den Romaniſten ins Auge faſſe — für letzteren nicht dasſelbe möglich ſein? Warum ſollte er nicht zugleich Richter oder Advokat ſein können? Weil ſein Studiengebiet in ungleich höherem Maße hiſtoriſcher Art iſt als das des Klinikers und Chirurgen. Die beiden letzteren ſtehen mit beiden Füßen auf dem Boden der Gegenwart, der Romaniſt mit dem einen in der Gegenwart, mit dem andern in der Vergangenheit, und die eben herangezogene wiſſenſchaftlich bedrängte Lage der italieniſchen Rechtslehrer und der Hinweis auf die wertvollen rechtshiſtoriſchen Leiſtungen, welche ihre deutſchen Kollegen auf dem Gebiete des römiſchen wie des germaniſchen Rechts aufzuweiſen haben, die lediglich durch die völlig freie wiſſenſchaftliche Muße ermöglicht worden ſind, — beides zuſammen ſcheint mir über die Vorteilhaftigkeit der Trennung beider Lebensberufe keinen Zweifel übrig zu laſſen.

Aber wenn wir auch dieſe Einrichtung als eine unabänderliche entgegennehmen, ſo frägt ſich doch, ob nicht ein Mittel sich finden lasse, welches die Nachteile, die mit ihr für den Theoretiker gegeben sind, wenn auch nicht aufhebt, so doch bis zu einem gewissen Grade abschwächt. Es ist dies eine Frage, mit der ich mich viel beschäftigt habe, und ich lege im Folgenden die Ansichten vor, die ich mir in dieser Beziehung gebildet habe.

Es sind drei Mittel, von denen ich mir einen Erfolg verspreche.

Das erste ist der Durchgang des Theoretikers durch die Praxis während der gesetzlichen Zeit der Vorbereitung zu derselben, m. a. W. nur derjenige, welcher sein Assessorexamen gemacht hat, soll für das römische Recht und unser künftiges Civilrecht als Privatdocent zugelassen werden. Der verspätete Eintritt in die akademische Laufbahn wird aufgewogen durch die praktischen Anschauungen, welche der Mann mitbringt, und wer diese Laufbahn in Aussicht genommen hat, findet auch bereits in der Periode seiner praktischen Tätigkeit Zeit und Gelegenheit genug, sich auf sie vorzubereiten.

Eine äußere Trennung der beiden Seiten des römischen Rechts: der dogmatischen und rechtshistorischen ist unserem akademischen Unterrichtsplan fremd, der Romanist hat beide Seiten zu vertreten, und man kann daher von ihm auch verlangen, daß er nach beiden Seiten hin der Aufgabe gerecht werde. Selbst wenn die Neigung ihn mehr nach der rechtshistorischen Seite hinzieht, wird ihm die gewonnene praktische Anschauung vom Recht auch in dieser Richtung im reichem Maße zugute kommen. Ich bin der Überzeugung, daß nur derjenige das Recht der Vergangenheit begreifen kann, der das der Gegenwart versteht, d. h. der eine praktische Anschauung und ein Urteil über die Anforderungen des Lebens mitbringt. Den letzten Grund so mancher gänzlich ungesunden und verfehlten rechtshistorischen Ansichten kann ich nur

darin erblicken, daß es ihren Urhebern an dieser Voraussetzung gefehlt hat.

Das zweite Mittel ist die Gestaltung des akademischen
Rechtsstudiums in einer Weise, wie sie der praktische Endzweck desselben mit sich bringt. Ich verstehe darunter nicht
sowohl die angemessene Einrichtung der rein theoretischen
Vorlesungen durch unausgesetzte Exemplifizierung der vorge-
tragenen Rechtssätze an praktischen Fällen und Beispielen, —
denn das läßt sich nur wünschen, nicht erzwingen, es ist
nichts als ein frommer Wunsch, den der einzelne Docent in
der Hand hat zu erfüllen oder zu ignorieren. Aber erzwingen, d. h. durch eine Einrichtung sichern, läßt sich die
Ergänzung der theoretischen Vorlesungen durch praktische
Übungen, für die Pandekten durch die sog. Pandekten- oder
Civilpraktika. Nicht bloß der Zuhörer wegen verlange ich sie,
sondern auch des Docenten wegen, — als Korrektiv gegen
theoretische Einseitigkeit. Er soll dasjenige, was er gelehrt
hat, selber zur Anwendung bringen, dann wird sich zeigen,
ob es dazu geeignet ist. Er wird sich dann überzeugen, daß
es ein anderes Ding ist, einen Unterschied in abstracto aufstellen, ein anderes Ding, Rede und Antwort darüber stehen,
woran er in concreto erkannt werden soll, — daß es für den
Theoretiker gar leicht ist, sich etwas zu denken, gar schwer
aber für die Partei, etwas zu beweisen, daß es ein anderes Ding ist, die Verantwortung für die logische Korrektheit, und ein anderes, die für die praktische Ange-
messenheit des Resultates zu übernehmen. Ich spreche hier
aus Erfahrung. Seit länger als vierzig Jahren halte ich
ein solches Pandektenpraktikum, und ich kann nicht genug
rühmen, wie sehr es mich gefördert hat; es ist mir dadurch
zur zweiten Natur geworden, bei allen Rechtssätzen, Begriffen,
Unterschieden mir ihre Anwendung an einem konkreten Fall
zu veranschaulichen und sie daran die Probe bestehen zu lassen,

kurz das abstrakte Denken durch das kasuistische zu kontrollieren.

Mit dem bloßen Vortrag von Rechtsfällen von Seiten
des Lehrers und der eigenen Entscheidung derselben ist es
aber nicht getan. Sowohl für ihn selber wie für die Zuhörer erlangen derartige Übungen ihren Wert nur durch
den regsten Wechselverkehr zwischen beiden Teilen, durch den
unausgesetzten Austausch der Ansichten. Der Lehrer muß den
Widerspruch gegen die von ihm aufgestellten Behauptungen und
den Versuch ihrer Widerlegung nicht bloß dulden, sondern her-
ausfordern, sich auf eine Linie mit seinen Zuhörern stellen,
gleich als wären er und sie Mitglieder eines Richterkollegiums,
— nicht die äußere Autorität des Lehrers, sondern das innere
Gewicht der Gründe muß schließlich für ihn den Ausschlag
geben. Wenn diese Übungen in solcher Weise abgehalten werden, so sind sie für beide Teile in gleicher Weise förderlich
und anregend. Auf mich üben sie bis auf den heutigen Tag
die höchste Anziehungskraft aus; es ist mir immer eine Freude,
sie abzuhalten, ich lerne stets durch sie, und ich will das
Geständnis nicht unterdrücken, daß ich nicht selten durch einen
tüchtigen Zuhörer auf einen Gesichtspunkt aufmerksam geworden bin, der mir bis dahin entgangen war.

Freilich haben dieselben auch für den Docenten ihr Un-
bequemes. Er muß herabsteigen von seiner Höhe und gewärtigen, daß die Rollen des Fragenden und Gefragten
vertauscht, und daß ihm Fragen vorgelegt werden, auf die
er nicht gefaßt war. Er muß nicht bloß über ein sicheres,
exaktes Wissen gebieten, sondern er muß es in jedem Augenblick ohne einen großen Apparat und lange Deduktionen in
knappster, präcisester Form auf die gerade vorliegende Frage
zur Anwendung zu bringen verstehen. Gerade darum aber,
weil diese Übungen Anforderungen an den Lehrer erheben,
denen sich nicht jeder gern fügt, sollten sie von Seiten der

Staatsbehörde zur obligaten Einrichtung erhoben werden.
Kein Docent des römischen Rechts sollte die venia legendi
erhalten ohne die Verpflichtung, sie anzukündigen, — — wer
sich für berufen hält, eine praktische Disciplin andere zu
lehren, soll auch die Fähigkeit dokumentieren, sie selber anzuwenden. Mag dem Romanisten im späteren Alter, wo ihm
vielleicht die Beweglichkeit des Geistes und die Frische fehlt,
um diese Übungen mit Erfolg für seine Zuhörer und zu
seiner eigenen Befriedigung zu leiten, mag ihm hier verstattet
werden, sie einzustellen, — vorher sollte keiner davon dispensiert werden. Das Praktikum soll nicht bloß die Schule
des Romanisten bilden, durch welche jeder hindurch muß,
sondern das dauernde Korrektiv abgeben, welches ihn selber
und das Interesse des richtigen akademischen Unterrichts gegen
die Gefahr theoretischer Einseitigkeit sichert.

Das dritte Mittel, welches ich in Vorschlag bringe, hat
eine Reform des bisherigen juristischen Examinations-
wesens zum Gegenstand und zwar in einer doppelten Richtung,
einmal, was die Art des Examinierens und sodann, was
die Bildung der Examinationskommissionen anbetrifft.

Der Zweck eines jeden Examens besteht darin, der
prüfenden Behörde die Überzeugung zu verschaffen, daß der
Examinand das nötige Maß der Kenntnisse in seinem Fach
besitzt. Die Verschiedenheit des Faches, je nachdem es ein
theoretisches ist, wie die Geschichte, Sprachwissenschaft, gewisse Fächer der Naturwissenschaft, oder ein praktisches, wie
die Medicin, Theologie, Jurisprudenz, bedingt eine verschiedene Einrichtung des Examens. Bei Fächern der letzteren
Art muß der Examinand nicht bloß den Besitz eines ausreichenden theoretischen Wissens, sondern auch die Fertigkeit
der richtigen Anwendung desselben dokumentieren. Für die
Medicin und die Theologie geschieht dies; der Mediciner
besteht seine praktische Prüfung am Krankenbett, am Seziertisch,

im Gebärhause, der Theolog muß predigen und katechisieren.
Nur bei dem Juristen ist das erste Examen in den meisten deutschen Ländern ausschließlich auf die Theorie gerichtet. In Preußen wird im schriftlichen Examen regelmäßig ein theoretisches
Thema gegeben, nur in Hannover (Celle) pflegt noch wohl
ab und zu, wie es früher stets geschah, eine Akte gewählt zu werden. Auch das mündliche Examen hält meines
Wissens im ganzen und großen dieselbe Richtung auf die
Theorie inne; die Vorlage von Rechtsfällen im ersten Examen dürfte zu den Seltenheiten gehören, — der theoretische
Grundzug unserer heutigen Jurisprudenz wiederholt sich also
auch im Examen.

Ich halte die Einrichtung für eine gänzlich verfehlte,
und die üblen Früchte derselben sind nicht ausgeblieben. Die
Klagen der Praktiker über die ungenügende Vorbildung der
jungen Juristen sind an der Tagesordnung, und ich selber
habe bei der Prüfung von Referendaren im Doctorexamen
Erfahrungen in dieser Beziehung gemacht, die mich staunend
fragen ließen, wie es möglich war, daß ein Mann das Staatsexamen bestehen konnte, dessen ganzes Wissen im römischen
Recht in einigen mechanisch eingeprägten Definitionen und
Einteilungen bestand, dem es aber an aller und jeder juristischen Anschauung und an jeder Festigkeit des Wissens
fehlte. Wo so etwas möglich ist, leistet das Examen nicht,
was es soll.

Wie nun helfen?

Von Seiten einiger Theoretiker ist in den letzten Jahren
zu dem Zweck eine Verlängerung des juristischen Studiums
von drei auf vier Jahre vorgeschlagen worden. Ich kann
mich damit durchaus nicht einverstanden erklären. Ich halte
den Zeitraum von drei Jahren für vollkommen ausreichend,
wobei ich selbstverständlich voraussetze, daß der Mann seine

Pflicht tut und nicht während der Zeit sein Freiwilligenjahr
abdient, welches für das Studium so gut wie verloren ist.
Ich stütze meine Behauptung auf langjährige Erfahrungen,
die ich sowohl als Examinator wie in meinem Praktikum
gemacht habe. Die jungen Leute, welche am längsten studiert
hatten, waren regelmäßig die schlechtesten, und ich habe umgekehrt Leute examiniert, welche nicht länger als drei Jahre
studiert hatten, die mir durch den Umfang, die Gediegenheit
und Sicherheit ihres Wissens und die Fähigkeit, ihre Kenntnisse auf einen gegebenen Fall anzuwenden, meine volle Anerkennung abnötigten. Die Verlängerung der Studienzeit würde
nach meinem Dafürhalten lediglich den Untüchtigeren zugute
kommen. Die von vornherein von ihnen in Aussicht genommene Zeit des Nichtstuns würde um ein Jahr verlängert
werden, und die Tüchtigeren müßten dies bezahlen, — eine
Maßregel für die letzteren sehr drückend und unmotiviert,
für die ersteren ohne Erfolg. Über solche Fragen kann nur
die Erfahrung richten, von einem abstrakten, apriorischen Standpunkt lassen sie sich nicht beantworten. Auf Grundlage
meiner langjährigen Erfahrungen, die schwerlich durch die
irgend eines anderen Theoretikers überboten werden können,
nehme ich keinen Anstand, die beantragte Verlängerung des
Studiums für eine völlig verfehlte Maßregel, für ein Experiment zu erklären, von dessen Zweck- und Wertlosigkeit man
sich sicherlich sehr bald überzeugen würde, — die Maßregel
würde der Anordnung eines Arztes gleichen, der einem Patienten, der frische Luft und Bewegung nötig hat, vor-
schreiben wollte zu Bett zu bleiben.

Nicht die Kürze der Studienzeit trägt die Schuld
an der dürftigen Bildung so vieler in die Praxis eintretenden
Juristen, sondern die Einrichtung des akademischen
Studiums und des Examens. Beide leiden an demselben
Gebrechen: der vorherrschenden, vielfach geradezu ausschließ-

lichen Richtung auf die Theorie, der Vernachläſſigung der
praktiſchen Beſtimmung des Rechtsſtudiums.

In welcher Geſtalt der akademiſche Unterricht dem
Gebrechen Abhilfe gewähren kann, habe ich oben (S. 366)
ausgeführt, es ſind die praktiſchen Übungen. Wer ſie nicht
aus eigener Erfahrung, ſei es als Student, ſei es als Lehrer,
kennt, hat über den Wert derſelben gar kein Urteil. Erſt
durch ſie wird dem Studierenden das Verſtändnis deſſen, was
er ſich bisher angeeignet hat, wahrhaft erſchloſſen, ſein Beſitz
ein ſicherer, mit dem Intereſſe an den praktiſchen Entſcheidungen ſtellt ſich auch das an der Theorie ein, der Tüchtige
wird der Jurisprudenz gewonnen und faßt Liebe zu ihr.
Dieſe Erfahrung habe ich als Student an mir ſelber in reichem Maße gemacht. Das Verſtändnis für die Jurisprudenz
iſt mir erſt aufgegangen in dem Civilpraktikum, das ich bei
meinem damaligen Lehrer, ſpäteren Kollegen und unvergeß-
lichen Freunde Thöl in Göttingen hörte, — es bildet den
Wendepunkt in meinem akademiſchen Leben. Erſt von da
an hat die Jurisprudenz die Anziehungskraft für mich gewonnen, der ſie bis dahin entbehrte. Dieſelbe Erfahrung
habe ich als Docent an meinen Zuhörern gemacht und mache
ſie jedes Jahr von neuem.

So lautet denn mein ceterum censeo in Bezug auf die
Reform des Rechtsſtudiums: wie bei den Medicinern und
Theologen müſſen auch bei den Juriſten die praktiſchen Übun-
gen zu obligaten Einrichtungen erhoben werden.

Ich wende mich den Vorſchlägen in Bezug auf die Reform des juriſtiſchen Examens zu.

Die bisherige Einrichtung des ſchriftlichen Examens in
Preußen halte ich für gänzlich verfehlt. Es iſt das reine
Scheinweſen! Die ſchriftliche Arbeit, welche der Kandidat
einliefert, leiſtet nicht die geringſte Garantie für ſeine juriſtiſche Bildung. Mit Hilfe der Kompendien und der Literatur

bringt auch derjenige, dem es an ihr gänzlich fehlt, eine Arbeit zustande, welche den an eine solche billigerweise zu stellenden Anforderungen vollkommen entspricht. Ist denn das eine große Kunst? Die Wege, die er zu wandeln hat, sind ihm vorgezeichnet, er braucht nur nicht von ihnen abzuweichen. Die systematische Anordnung des Stoffes, die verschiedenen möglichen und unmöglichen Ansichten, die Kritik derselben von Seiten namhafter Schriftsteller, die Erklärungen der Stellen, der gesamte literarhistorische Apparat — alles liegt fertig vor ihm, er braucht nur die Hand auszustrecken, um sich in Besitz zu setzen. Die ganze Aufgabe reduziert sich darauf, Bericht über die Lösungen anderer zu erstatten, und für welche der Ansichten der Kandidat sich auch entscheiden mag, immer findet er eine namhafte Autorität, mit der er sich decken kann, und die auch der Examinator, mag er die Ansicht billigen oder nicht, respektieren muß.

Auch in diesem Punkt appelliere ich einfach an die Erfahrung. Ich habe im Doctorexamen Arbeiten von Referendaren unter Händen gehabt, an denen nichts zu bemängeln war, während der Verfasser im mündlichen Examen einen gänzlichen Mangel an aller und jeder juristischen Bildung an den Tag legte. Eine ähnliche Erfahrung habe ich hie und da bei Studierenden gemacht, welche eine Preisfrage gelöst hatten. Die Lösung derselben mittelst Konzentrierung der ganzen Kraft auf ein einzelnes Thema war erkauft worden auf Kosten der Gesamtausbildung. In Bezug auf den trügerischen Wert solcher schriftlichen Arbeiten bei Studierenden hat man in dem historischen Examen ähnliche Erfahrungen gemacht: gelungene Seminararbeiten und eine erschreckende Ignoranz im mündlichen Examen — gelehrtes Konfekt und Mangel an täglichem Brot.

Darum fort mit diesen theoretischen Aufgaben, welche nicht die mindeste Garantie gewähren! Für den Fall aber, daß

sie dennoch beibehalten werden sollten, will ich nicht unterlassen, eine Erfahrung mitzuteilen, die ich in Bezug auf den
hie und da vorkommenden kaum glaublichen Mißgriff in der
Wahl der Themata gemacht habe. Ich habe Themata kennen gelernt, von einer solchen Schwierigkeit und von einer
solchen Ausdehnung, daß sie dem gewiegtesten Theoretiker
die doppelte und dreifache Zahl von Monaten gekostet
haben würden, als dem Kandidaten Wochen zur Verfügung gestellt waren, ja ich erinnere mich einer Frage in
Bezug auf die Usucapio pro herede, welche ich meinerseits
gar nicht imstande war zu verstehen, und der Kandidat,
der sie zur Zufriedenheit des Examinators beantwortet hatte,
teilte mir mit, daß es Bruns in Berlin, bei dem er sich
Rats hatte erholen wollen, ebenso gegangen war. Sollten
denn nicht, um einem solchen Unfug vorzubeugen, die Themata, wenn es einmal bei ihnen bleiben soll, einer Revision
und Billigung von Seiten des Justizministeriums unterworfen
werden? Ich bin überzeugt, daß die Stellung solcher Themata,
wie ich sie hier im Auge habe, auf Seiten des Examinators nur
darin ihren Grund gehabt hat, daß er von ihrer Schwierigkeit und ihrem Umfang gar keine Ahnung gehabt hat, — er
kannte sie nur vom Hörensagen, sonst würde er sie nicht gestellt haben, er selber wäre sicherlich am wenigsten imstande
gewesen, sie zu bearbeiten, — nur wer selber die Schwierigkeiten einer Aufgabe nicht kennt, kann sich in der Wahl derselben in der Weise vergreifen, daß er eine unlösbare für
eine lösbare und eine schwierige für eine leichte hält.

Was soll nun an die Stelle jener theoretischen Arbeiten
treten? Wenn dasjenige, was ich bisher über die praktische
Wertlosigkeit derselben gesagt habe, richtig ist, so begründet
der Wegfall derselben nicht die mindeste Lücke, und man
könnte das schriftliche Examen völlig aufgeben und die dadurch für die Examinatoren wie die Kandidaten gewonnene

freie Zeit dazu verwenden, um dem mündlichen Examen eine
längere Dauer zu geben, was im Vergleich zu der bisherigen
Einrichtung des Examens schon eine ganz wertvolle Ver-
besserung in sich schließen würde. Es muß ein schlechter
Examinator sein, der sich nicht lediglich auf Grund einer
längern mündlichen Prüfung ein Urteil über die Reife oder
Unreife des Examinanden zu bilden vermag. Ich finde nur
einen Grund, der für Beibehaltung des schriftlichen Examens
spricht, es ist die Rücksicht auf die Befangenheit und Ängstlichkeit, unter deren Druck selbst tüchtigere Kandidaten im
mündlichen Examen nicht selten einen minder günstigen Erfolg erzielen, als sie es ohne dies Hemmnis imstande gewesen wären. Das schriftliche Examen schließt die Gefahr einer
solchen Beeinflussung aus, die übrigens meines Erachtens bei
einem humanen und erfahrenen Examinator nicht viel zu
bedeuten hat, dasselbe würde also in dieser Hinsicht als eine
Kompensation oder ein Korrektiv der eigentümlichen, dem
Kandidaten ungünstigen Umstände des mündlichen Examens
beizubehalten sein.

Aber nur unter der Voraussetzung, daß die Einrichtung
desselben eine derartige wird, daß es die Garantie wirklich gewährt, die man in ihm sucht. Und da kenne ich nur eine
einzige Einrichtung: die Ausarbeitung leichter schriftlicher
Aufgaben, welche der Examinand in der Klausur und ohne
Benutzung von literarischen Hilfsmitteln anzufertigen hat. Ich
habe den Wert eines derartigen schriftlichen Examens, der
freilich durch eine strenge und gewissenhafte Handhabung der
Klausur bedingt ist, im Laufe von mehr als sechzehn Jahren
als Mitglied der Prüfungskommission in Gießen kennen gelernt.
Die Resultate desselben haben mich niemals getäuscht, sie
haben sich im mündlichen Examen stets bewährt.

Selbstverständlich müssen der Fragen mehrere sein und sie
so gewählt werden, daß sie sich in einer kurzen Klausurzeit (in

Gießen zwei Stunden) beantworten laſſen. Aus dem römiſchen Recht wurden dort drei Fragen geſtellt, welche, wie alle, der
Zuſtimmung der Kommiſſion bedurften. Die eine derſelben
bildete bei mir ſtets ein Rechtsfall, und zwar ein leichter,
wie der Zweck es erfordert, die andere eine dogmatiſche
Aufgabe, die ich in eine Reihe einzelner Fragen auflöſte,
welche mit relativ wenig Worten zu erledigen waren, die
dritte bald eine rechtshiſtoriſche Frage, bald die Interpretation
einer Quellenſtelle. Die Bearbeitung des Rechtsfalles und
die Interpretation der Quellenſtelle hat mir ſtets den ſicher-
ſten Anhalt zur Beurteilung der juriſtiſchen Bildung des
Mannes gewährt. Mit dem bloßen mechaniſchen Auswendig-
lernen von Definitionen und Rechtsregeln und rechtshiſtoriſchen
Notizen war es bei beiden nicht getan, das Wiſſen mußte
ein ſolides, der Mann imſtande ſein, es anzuwenden, um
beide Aufgaben löſen zu können. Bei den tüchtigeren Kandidaten waren dieſe beiden Fragen: die praktiſche und die
exegetiſche ſtets wohl gelitten, während die untüchtigeren
ſich vor ihnen am meiſten fürchteten; beide Teile wußten,
daß der wirkliche Stand ihrer Bildung bei keiner anderen in
dem Maße ans Licht treten mußte, wie bei ihnen. Damit
iſt über den praktiſchen Wert derſelben alles geſagt!

Die Erſetzung der bisherigen ſchriftlichen Arbeiten des
erſten Examens durch Klauſurarbeiten würde überdies noch
den Vorteil einer erheblichen Zeiterſparnis für beide dabei
mitwirkenden Teile zur Folge haben. Gegenwärtig beträgt die
Friſt zur Anfertigung der ſchriftlichen Arbeiten ſechs Wochen,
wozu noch etwa vier zum Zweck der Durchſicht derſelben von
Seiten der Examinatoren hinzukommen. Zur Anfertigung der
Klauſurarbeiten würden meines Erachtens zwei Tage vollkommen ausreichen. Ich halte es nicht für richtig, wenn der
Kandidat, wie es meines Wiſſens in Oldenburg geſchieht, den
ganzen Tag unter der Klauſur gehalten wird. In Gießen

dauerte letztere für jede einzelne Arbeit zwei Stunden; während dieser Zeit durfte der Examinand das Lokal nicht verlassen. Am Vormittag wurden zwei Klausurarbeiten aufgegeben, nach Beendigung der ersten ward eine kleine Pause gemacht, um dem Kandidaten Gelegenheit zu gewähren, sich etwas zu erholen; für den Nachmittag war nur eine Klausurarbeit bestimmt. Die Zahl der Klausurarbeiten betrug in Gießen 14, was ich nicht für nötig halte; 6 scheinen mir vollkommen zu genügen: zwei Fragen aus dem römischen Recht, eine aus dem deutschen Privatrecht oder Handelsrecht, eine aus dem Civilprozeß, eine aus dem Kriminalrecht, eine aus dem Staatsrecht oder Kirchenrecht. Die zur Durchsicht dieser Arbeiten seitens der Examinatoren erforderliche Zeit würde sich auf mindestens ein Drittel der bisherigen reduzieren.

Ich habe im Bisherigen nur das erste juristische Examen im Auge gehabt, und ich fasse meinen Änderungsvorschlag in die Alternative zusammen: entweder gänzlicher Wegfall des bisherigen völlig wertlosen schriftlichen Examens und Ersetzung desselben durch ein längeres mündliches oder Verwandlung desselben in ein Klausurexamen, das allein die Garantie zu bieten vermag, welche man von jedem Examen erwartet.

Auch für das zweite, das Assessorexamen, würde ich die Beseitigung der theoretischen Aufgabe beantragen. Die Bearbeitung derselben mag ungewöhnlich tüchtigen Leuten Gelegenheit gewähren, sich in vorteilhafter Weise zu exhibieren, ein sicheres Kriterium der Reife oder Unreife bildet sie erfahrungsmäßig nicht, und die Kandidaten selber betrachten sie als das leichteste Stück des Examens, während sie vor der ihnen zum Zweck der Ausarbeitung eines Urteilsentwurfs zugestellten Akte die meiste Angst haben. In meinen Augen hat die theoretische Arbeit nur einen rein **dekorativen**

Zweck, sie soll dem Examen den Anstrich des Wissenschaftlichen geben, es soll dadurch betont werden, daß es nicht
bloß auf die praktische Tüchtigkeit des Examinanden, sondern
auch auf seine wissenschaftliche Durchbildung ankommt. Als
ob nicht in einer praktischen Wissenschaft die Anwendung
des Wissens der sicherste Maßstab des letzteren selber wäre,
und als ob nicht das mündliche Examen vollauf Gelegenheit
gäbe, sich in der Theorie zu ergehen. Auch im zweiten
ganz so wie im ersten bildet die theoretische Aufgabe ein
reines Dekorationsstück ohne realen Sinn und Wert, sie verdankt ihre Einführung und Beibehaltung bloß der falschen
Scheu vor dem Vorwurf der Unwissenschaftlichkeit, der nur aus
dem Munde solcher kommen kann, welche die Theorie ohne
Anwendung für die wahre Wissenschaft erklären und der
Theorie in der Anwendung den Namen derselben absprechen.
Von der Leichtigkeit, mit der der Kandidat seine Quali-
fikation in der ersteren Richtung, seine „theoretische Bildung"
erweist, scheinen sie keine Vorstellung zu haben.

Im übrigen läßt meines Erachtens das zweite preußische
Examen nichts zu wünschen übrig. Die Zuteilung einer Akte
zum Zweck der Ausarbeitung eines schriftlichen Urteilsentwurfs mit längerer Zeitfrist zur Ausarbeitung und die drei
Tage vor dem mündlichen Examen erfolgende Zustellung
einer Akte zum Zweck des Referats im mündlichen Examen
sind zwei Einrichtungen, welche dem Zweck, die praktische
Tüchtigkeit und das juristische Urteil des Mannes zu erproben, vollkommen entsprechen, und das mündliche Examen
gewährt ausreichende Gelegenheit, den Umfang, die Gediegenheit und Sicherheit seines theoretischen Wissens zu konstatieren.

Dagegen kann ich die Bemerkung nicht unterdrücken, daß
das erste preußische Examen nach meinen Erfahrungen sehr
viel zu wünschen übrig läßt. Ich habe, wie bereits oben

bemerkt, Leute geprüft, welche dasselbe bestanden hatten, und denen es doch an aller und jeder juristischen Bildung gebrach, die nicht einmal imstande waren, die elementarsten Begriffe des römischen Rechts, z. B. Besitz und Eigentum, zu unterscheiden. Daß ein Examen, welches solche vollendete Ignoranten imstande gewesen sind zu bestehen, grundschlecht eingerichtet sein muß, bedarf nicht der Bemerkung. Worin liegt der Grund? In der zu großen Milde der Examinatoren? Sie mag hie und da vielleicht mitspielen, aber den durchschlagenden Grund erblicke ich in der verkehrten Art des Examinierens. Zum Teil hängt sie mit der Ungeschicklichkeit und Ungeübtheit der Examinatoren zusammen — ein Punkt, auf den ich unten zurückkommen werde —, zum Teil mit dem Vorurteil, als müßten dem ersten Examen, da es ein rein theoretisches sei, die Fragen, welche die Anwendung des Erlernten zum Gegenstand haben, fern bleiben. Der zum Examinator berufene Praktiker glaubt seiner Aufgabe nur dadurch zu entsprechen, daß er das Examen möglichst theoretisch hält, sich künstlich zum Theoretiker aufspielt, er verleugnet in sich den geeigneten Examinator und tauscht dafür den ungeeigneten ein, hält sich in der vermeintlichen Höhe des Abstrakten, verlangt Definitionen, Einteilungen u. s. w., anstatt das Examen auf den Boden hinüber zu spielen, auf dem er selber vollkommen sicher ist: auf den der Anwendung der Rechtssätze.

Meines Erachtens sollte in keinem ersten Examen, weder im schriftlichen, noch im mündlichen, der Rechtsfall fehlen, selbstverständlich kein schwieriger, sondern ein leichter, wie ihn jeder, der das Rechtsstudium ernstlich betrieben hat, beurteilen muß und kann. Nur wer einen Rechtssatz auf den gegebenen Fall anzuwenden, nur wer die abstrakten Unterschiede in concreto zu erkennen vermag, hat sie sich wirklich zu eigen gemacht, alles andere ist reiner Schein, ein wertloser

Befit. Alles Abstrakte im Recht ist ja nur dazu da, daß es sich am Konkreten verwirkliche, und wer dasselbe in seiner konkreten oder kasuistischen Gestalt nicht wiederzuerkennen oder es auf einen gegebenen einfachen Tatbestand nicht anzuwenden vermag, beweist damit, daß er es nicht wirklich erfaßt hat.

Zu dem Rechtsfall oder zu den Rechtsfällen sollte dann meines Erachtens noch die Gelegenheit zur Interpretation einer Quellenstelle hinzukommen, ich meine nicht bloß aus dem Corpus juris, sondern auch aus dem Handelsgesetzbuch, dem Strafgesetzbuch, der Civilprozeßordnung. Einen Rechtsfall entscheiden und das Gesetz interpretieren, — das sind die beiden Aufgaben des praktischen Juristen, und wer sich zum Eintritt in die praktische juristische Laufbahn meldet, dem dürfen sie ebensowenig erspart werden, wie dem Theologen die Predigt, dem Mediciner die Prüfung am Krankenbett und am Seziertisch. Die gelehrte theoretische Arbeit fällt dem künftigen Theoretiker: dem Privatdocenten bei seiner Habilitation anheim. Der künftige Praktiker soll dartun, daß er den eigentümlichen Aufgaben seines Berufs wenigstens insoweit gewachsen ist, als man es von einem Anfänger verlangen kann. Wenn das theoretische Studium ihn dazu nicht instand setzt, so trägt entweder dieses oder er selber die Schuld, — jenes, wenn es ihm die Gelegenheit dazu nicht darbietet, was, soweit es an einzelnen Universitäten bisher nicht der Fall sein sollte, geändert werden muß und wird, — er selber, wenn er die sich ihm darbietende Gelegenheit nicht benutzt.

Ich wende mich, nachdem ich meine Ansichten über die nötigen Veränderungen in der Art des Examinierens entwickelt habe, dem zweiten oben (S. 368) namhaft gemachten Punkt zu: der Einrichtung der Examinationsbehörden.

Zu der praktischen Verwirklichung der Vorschläge, welche ich in dieser Richtung zu machen gedenke, habe ich, offen gesagt, kein rechtes Vertrauen — sie werden an dem Finanzpunkt scheitern — und eben darum halte ich es nicht für erforderlich, sie ausführlicher darzulegen, ganz abgesehen davon, daß auch äußere Gründe mich zum Schluß drängen. Ich bringe das, was ich zu sagen habe, in Form knapper Sätze, welche als solche die Prüfung ihrer Richtigkeit erleichtern.

1. Der ganze Wert des Examens hängt an der Tauglichkeit der Examinatoren.

2. Die Tauglichkeit derselben bestimmt sich nicht bloß nach dem Umfang und der Gediegenheit ihres Wissens, sondern in ganz erheblichem Maße nach ihrer Geschicklichkeit im Examinieren.

3. Das Examinieren ist eine schwere Kunst, welche selbst derjenige, der eine natürliche Begabung dafür mitbringt, erst durch Übung erlernen muß.

4. Nur der geübte Examinator ist der taugliche. Nur er weiß den Schein des Wissens vom wirklichen Wissen zu unterscheiden. Seine Erfahrung setzt ihn instand, bei einer unrichtigen Antwort sofort zu erkennen, ob der Kandidat sich nur im Ausdruck vergriffen hat oder die Sache selber nicht kennt. Er gibt dem Tüchtigen Gelegenheit, sich zu berichtigen, dem Kenntnislosen, seine Ignoranz in voller Blöße darzulegen.

5. Darum muß dem Examinator die Möglichkeit geboten werden, sich in dieser Kunst auszubilden. Die Ernennung eines Examinators auf vorübergehende Zeit ist ein Übelstand, gleichmäßig für ihn, wie für die Kandidaten, wie für den Zweck des Examens.

6. Das Richtige ist dauernde Anstellung der Examinatoren.

7. Der Examinator muß von seinen sonstigen Berufs-
arbeiten dispensiert werden. Er muß die Zeit haben, um den
Fortschritten der Wissenschaft zu folgen, und mehr als das:
es muß ihm die Möglichkeit zu einem selbständigen, eindrin-
genden wissenschaftlichen Studium geboten werden.

8. Die in dieser Weise eingerichteten Examinationsbehörden bilden das Mittelglied zwischen Theorie und Praxis.
Gebildet in der Praxis und ausgerüstet mit der Erfahrung
und dem praktischen Blick, den sie ihr verdanken, sind die
Mitglieder dieser Kommissionen durch die ihnen gewährte
Muße zu theoretischen Studien berufen dazu, durch schriftstellerische Leistungen eine heilsame Rückwirkung auf die Theorie auszuüben. Nach beiden Seiten hin ihrer Aufgabe gewachsen, würden sie in der Zukunft die maßgebenden
Autoritäten für die Dogmatik des Rechts werden. Der dogmatische Theoretiker würde ihnen gegenüber nach dieser Seite
hin, wenn er nicht durch eine ganz ungewöhnliche Begabung
das Übergewicht ausgliche, in die zweite Linie zurücktreten,
und nur in der Rechtsgeschichte würde nach wie vor dem
Theoretiker der Universitäten der erste Platz verbleiben.

Ich weiß, welchen Anstoß diese Prophezeiung in den
Kreisen meiner Fachgenossen erregen wird. Das Wagnis, den
Praktikern in der Zukunft die erste Stelle in der dogmatischen
Rechtswissenschaft in Aussicht zu stellen, wird hinreichen, mir
den Vorwurf des Abfalls von der Wissenschaft einzutragen.
Ich nehme ihn willig entgegen; ich lege ihn zu denen, welche
auf Grund dieser ganzen Schrift gegen mich ergehen werden.
Zur Beruhigung ängstlicher Gemüter füge ich hinzu, daß
meine Prophezeiung, so lange sie und ich leben, nicht in Er-
füllung gehen wird — — die einzige Prophezeiung, welche
Aussicht auf Erfüllung hat, ist die: es bleibt beim alten!

Ich lasse mich durch diese Aussicht nicht irre machen,
meine Reformvorschläge weiter zu entwickeln.

9. Neben den ältern Mitgliedern, welche aus der Zahl hervorragender praktischer Juristen genommen würden, und denen durch Erhöhung des Gehalts und der Rangstellung ein Motiv gewährt werden müßte, ihre bisherige Stellung mit der eines Mitgliedes der Prüfungskommission zu vertauschen, würden jüngere durch Wissen und Begabung hervorragende Assessoren oder Richter vorübergehend in die Kommission deputiert. Bewähren sie sich, so bleiben sie darin, bewähren sie sich nicht, oder wünschen sie in die Praxis zurückzutreten, so bleibt ihnen der Rücktritt mit Vorbehalt der Anciennität frei. Auch ihnen müßte ein höheres Gehalt und eine entsprechende höhere Stellung gewährt werden, — Examinator zu sein, muß als Auszeichnung gelten, als Anerkennung für eine ungewöhnliche Kraft und Tüchtigkeit.

10. Die Mittelstellung der Examinationsbehörden zwischen Theorie und Praxis soll beiden zugute kommen. Dem akademischen Lehrer, der des Lehrens müde geworden, nicht mehr die Fähigkeit oder die Lust in sich fühlt, seinen Lehrberuf zu eigener oder fremder Befriedigung fortzusetzen, soll die Examinationskommission die Möglichkeit eröffnen, den Lehrer mit dem Examinator zu vertauschen, — ein Vorteil gleichmäßig für ihn, wie für den Unterricht. Umgekehrt sollen die Kommissionen den juristischen Fakultäten die Möglichkeit gewähren, sich aus ihnen zu rekrutieren. Die jüngeren Mitglieder derselben, welche sich durch literarische Leistungen hervorgetan hätten, wären die geborenen Professoren für alle Zweige der juristischen Dogmatik: Civilrecht, Civilprozeß, Kriminalrecht. Dadurch würde dem Mangel an geeigneten Persönlichkeiten vorgebeugt, welcher sich für die Besetzung juristischer Professuren augenblicklich in so hohem Grade fühlbar macht. Auch bei den Medicinern ist es nichts Seltenes, daß jemand aus einer praktischen Lebensstellung auf die Professur berufen wird, — warum sollte dies bei den Juristen

ausgeschlossen sein? Der Tüchtigste ist der Beste. Wer ihm das mißgönnt, mag selber der Beste werden, und der künftige Privatdocent an den juristischen Fakultäten mag wissen und es beherzigen, daß ihm in dem talentvollen und literarisch bewährten Assessor oder Amts- oder Landrichter der Prüfungskommissionen ein gefährlicher Konkurrent erwachsen ist, dem er durch eigene wertvolle Leistungen die Stange zu halten hat. Fakultäten, die das Interesse des Unterrichts höher stellen als das der Unterrichtenden, würden eine solche Konkurrenz nur mit Freuden begrüßen können, und wären sie engherzig oder schwach genug, um dem mittelmäßigen Akademiker vor dem tüchtigen Nichtakademiker den Vorzug einzuräumen, die höchste Behörde würde einsichtig genug sein, die richtige Wahl zu treffen.

11. Die Zahl der Prüfungskommissionen für das erste Examen müßte gegenüber der bisherigen ganz erheblich vermindert werden, vielleicht würde sich die Einsetzung einer einzigen empfehlen, welche groß genug sein müßte, um verschiedene Abteilungen zu bilden. Die Centralisation derselben an einem Ort würde den Vorteil bieten, daß durch eine periodisch wechselnde Zusammensetzung der einzelnen Abteilungen eine Gleichmäßigkeit des Maßstabes erzielt würde, der zur Zeit gänzlich fehlt; das erste juristische Examen würde damit in dieser Beziehung auf die Höhe des zweiten gehoben.

Meine Vorschläge sind hiermit beschlossen. Aber das Schlußwort fehlt noch. Es ist dasselbe wie bei der dritten Abteilung der Schrift: ich habe geträumt. Aber ich bedaure nicht, beide Träume geträumt zu haben, — vielleicht stiften sie doch etwas Gutes.

Zusätze.

Der freundlichen Mitteilung eines der Leser der Schrift verdanke ich den Hinweis auf eine interessante Parallele zu der von mir in dem obigen Aufsatz entwickelten Ansicht über den Zweck, welcher der usucapio hereditatis zu Grunde liegt. Nach altschottischem Recht haftete derjenige, welcher ohne Mitwirkung der Obrigkeit sich in Besitz einer Erbschaft setzte, für alle Schulden des Verstorbenen. Die Notiz darüber findet sich in The life of Samuel Johnson by James Boswell B. 1 S. 119, und ich lasse die Stelle, wie sie mir vom Einsender mitgeteilt ist, hier abdrucken, indem ich für die des Englischen unkundigen Leser eine Übersetzung hinzufüge.

It was held of old and continued for a long period, to be an established principle in that (scotch) law that, whosoever intermeddled with the effects of a person deceased, without the interposition of legal authority to guard against embezzlement, should be subjected to pay all the debts of the deceased, as having been guilty of what was technically called vicious intromission.

Es war ein von alters her geltender und lange Zeit beibehaltener Grundsatz des schottischen Rechts, daß, wer immer sich in den Nachlaß einer verstorbenen Person ohne Mitwirkung der Obrigkeit eingemischt hatte, zur Sicherung gegen Veruntreuungen alle Schulden des Verstorbenen zu bezahlen hatte, als habe er sich einer technisch sogenannten verwerflichen Einmischung schuldig gemacht.

Es war also dasselbe noli me tangere in Bezug auf die Erbschaft nach altschottischem Recht, wie ich es für das alt-römische Recht angenommen habe, nur daß dieses außer der Einmischung noch Ablauf eines Jahres verlangte, d. i. den Occupanten verstattete, die in Besitz genommenen Sachen den Erben oder Gläubigern herauszugeben und sich dadurch der Haftung für die Schulden zu entziehen. Dieser Nachweis wird genügen, um den Einwand der inneren Unwahrscheinlich-keit, den man meiner Ansicht entgegensetzen könnte, zu ent-kräften; das alte römische Recht ist sogar hinter dem alt-schottischen noch um einen Schritt zurückgeblieben, da nach diesem der Occupant erbschaftlicher Sachen sofort, nach jenem erst nach Jahresfrist haftete.

Reich und arm im römischen Civilprozeß.
(S. 175—232.)

I. Ursprung des Sacramentsprozesses. — Die Gottesgerichte.

Seit dem Erscheinen der ersten Auflage dieser Schrift bin ich in Bezug auf den Ursprung des Sacramentsprozesses zu einer neuen Ansicht gelangt, die ich in folgendem mitteile. Ausgehend von der Tatsache, die durch den Namen sacra-mentum, die Deposition des Succumbenzgeldes bei den Pontifices und seine Verwendung zu religiösen Zwecken außer Zweifel gestellt wird, daß derselbe in seiner ursprüng-lichen Gestalt eine religiöse Beziehung hatte, glaubte ich die-selbe ursprünglich durch Zuhilfenahme des Eides vermitteln zu können,[1] bin aber später[2] davon zurückgekommen und

---

[1] S. meinen Geist des röm. Rechts Band I, Aufl. 1 (1852), S. 262 fl.

[2] Aufl. 2 des genannten Werks (1866) S. 297, ebenso in den folgenden Auflagen.

habe dieselbe lediglich darin zu finden geglaubt, daß die Pontifices als die Schriftgelehrten der alten Zeit, vor allen berufen waren, schwierige Rechtsfragen zu entscheiden, und daß das sacramentum die dafür zu entrichtende, dem geistlichen Fonds zufallende Urteilsgebühr gebildet habe. Die religiöse Beziehung suchte ich dadurch herzustellen, daß das sacramentum die Götter für die Zeit, die der Pontifex durch Entscheidung von Rechtsstreitigkeiten ihrem Dienst entzog, schadlos halten sollte. Ich bin genötigt, auch über diese Ansicht den Stab zu brechen. Zunächst ist die religiöse Beziehung, welche sie zu vermitteln sucht, eine sehr entfernte, sie hat zu ihrem Grunde lediglich den zufälligen Umstand, daß der Richter zugleich Priester war. Sodann stimmt der außerordentlich hohe Betrag des Sacraments von 500 As bei Streitobjekten von 1000 As und darüber sehr wenig zu dem Gesichtspunkt einer bloßen Urteilsgebühr. Bedenkt man, daß bei der Reduction der ursprünglich zu leistenden Rinder und Schafe das Rind auf 100, das Schaf auf 10 As angesetzt ward, daß die Sühne für Knochenbrüche nur 300, bei Sklaven gar nur 150, für Injurien und abgehauene Bäume nur 25 betrug, so muß es als undenkbar erscheinen, daß eine Urteilsgebühr auf 500 hätte angesetzt werden sollen. Ich glaube das Rätsel, an dem ich mich, wie ich mich jetzt überzeuge, zwei Mal vergebens abmühte, endlich gelöst zu haben. Die Lösung lautet: **Der Sacramentsprozeß ist an Stelle der Gottesurteile der Urzeit getreten, das sacramentum hat die Bedeutung einer Abfindungssumme für die Ablösung der bis dahin der Gottheit zustehenden Gerichtsbarkeit — das luere in corpore ist ersetzt durch das luere in aere.**

Die Gottesurteile bildeten eine altarische Einrichtung, und sie lassen sich für alle drei Zweige, in welche das arische Stammvolk sich später spaltete: Inder, Eranier, Indoeuropäer

nachweisen.[1]) Aber während sie sich bei vier der indoeuropäischen Volksstämme: Griechen, Kelten, Germanen, Slaven
zum Teil noch bis in eine vorgerückte historische Zeit erhielten, haben die Römer sie schon in vorhistorischer Zeit abgetan.[2]) Es war eine Tat, des berufenen Rechtsvolks würdig,
eine der gewaltigsten Leistungen, die es je vollbracht hat, da
sie nicht bloß einen völligen Bruch mit der Vergangenheit in
sich schloß, an der sonst doch die Römer so ängstlich festhielten,
sondern, was noch schwerer wog, die Beseitigung einer religiösen Einrichtung zur Voraussetzung hatte — die Tat des
Herkules in der Wiege. Wie fest muß die Überzeugung von
der Trüglichkeit der Gottesurteile im Volk gewurzelt gewesen
sein, um die Bedenken, die sich einem solchen Schritt entgegen-
setzten, zu überwinden; es handelte sich dabei um nicht mehr
und nicht weniger, als die Gottheit des Richteramtes, dessen
sie bisher gewaltet hatte, zu entkleiden, ein Eingriff in das
Recht der Gottheit. Wie konnten die Pontifices, die berufenen Vertreter des Rechts der Gottheit, dazu ihre Zustimmung erteilen?

Die Antwort lautet: die Gerichtsbarkeit der Gottheit
ward nicht einfach aufgehoben, sondern abgelöst, aber
nicht ein für alle Male, sondern im einzelnen Fall. Diese
Bestimmung hatte das sacramentum, das der unterliegende
Teil verwirkte, es bestand in Opfervieh, bei Sachen im

---

1) **Den Nachweis** s. bei A. Krägi in seiner sehr lehrreichen
Untersuchung: Alter und Herkunft der germanischen Gottesurteile in
der Festschrift zur Begrüßung der XXXIX. Versammlung deutscher Philo-
logen und Schulmänner in Zürich, Septbr. 1887.

2) **Das Zeugnis**, welches Krägi für die Anwendung des geweihten
Bissens bei Sklaven, welche sich vom Verdacht des Diebstahls zu reinigen hatten, aus Akron beibringt, genügt nur als Beweis einer Volks-
sitte der späteren Zeit, die auf die Berührung mit anderen Völkern zurückzuführen sein wird, von denen das gemeine Volk in Rom sie entlehnte.

Wert von 1000 As und darüber in 5 Kühen, bei Sachen im Wert von 500 und darunter in 5 Schafen. Dabei stand die Gottheit sich besser als bei den Schmerzen und Wunden, welche der unterliegende Teil beim Gottesgericht davontrug. Aus Festus wissen wir, daß es in Rom eine Zeit gegeben hat, wo es an Opfertieren fehlte, und gerade mit diesem Mangel bringt er das sacramentum in Verbindung.[1] Allerdings nicht die ursprüngliche Einführung desselben, sondern nur die Übertragung des Namens sacramentum auf das an die Stelle des früheren Opferviehs getretene Geld, aber der Zusammenhang, in dem diese sprachliche Tatsache mit dem Mangel an Opfertieren stehen soll, ist gänzlich unersindlich, es muß ein anderer gewesen sein, den Festus nur falsch gedeutet hat. In den ihm zu Gebote stehenden Quellen wird er die Notiz gefunden haben: das sacramentum verdankt seinen Ursprung dem Mangel an Opfertieren, diesen sachlichen Zusammenhang hat er dann in der angegebenen Weise auf den sprachlichen übertragen.

Wie kam das Opfertier im Sacramentsprozeß zum Namen sacramentum? Bloß dadurch, daß es zum Opfer verwandt wird? Dann hätte jedes Opfertier diesen Namen tragen müssen. Dies ist aber bekanntlich nicht der Fall. Warum trägt bloß das Opfertier im Sacramentsprozeß den Namen sacramentum?

Das kann offenbar nur mit dem Sacramentsprozeß selber zusammenhängen, es muß demselben irgend eine religiöse Beziehung zu Grunde gelegen haben, die ihm im Unterschiede von den übrigen Formen des gerichtlichen Verfahrens eigentümlich war. Eine solche ist aber in derjenigen Gestalt, die er in der Schilderung bei Gajus an sich trägt, nicht zu ent-

---

1) Fest, p. 344: sacramenti autem nomine id aes dici coeptum est quod et propter aerari inopiam et sacrorum publicorum multitudinem consumebatur id in rebus divinis.

decken, er erscheint hier als eine durchaus profane Prozeßform wie alle übrigen, sie kann also nur in seiner Vor-
geschichte gelegen haben: der Sacramentsprozeß muß
ein religiöses Verfahren der Urzeit abgelöst haben.
Als solches ist uns nun für alle indoeuropäischen Völker das
Gottesgericht bezeugt, nur bei den Römern fehlt es. Wo ist
es geblieben? Einfach über Bord geworfen? Das lag
nicht in der Weise der Römer, nie erfolgte ein gänzlicher
Bruch mit der Vergangenheit, überall ward eine Brücke geschlagen zwischen dem Bisherigen und dem Neuen, dieses an
jenes angeknüpft. Und gerade bei einer religiösen, durch
ein vieltausendjähriges Alter geheiligten Einrichtung, wie die
Gottesgerichte, sollten sie dieser ihrer Weise untreu geworden
sein? Wer das behauptet, der kennt die Römer nicht. Der
einzige Weg, den sie eingeschlagen haben, kann nur darin
bestanden haben, daß sie dieselben durch ein anderes Verfahren ersetzten, und das ist eben durch den Sakramentsprozeß geschehen. Die Neuerung, welche er traf, bestand
nicht darin, daß die Gottheit ihres bisherigen Rechts, den
Richterspruch abzugeben, beraubt wurde, im Princip ward
es aufrecht erhalten und nur im einzelnen Fall durch die
der Gottheit zu stellenden Opfertiere abgelöst.

Damit ist es erklärt, wie sie und nur sie des Namens
sacramentum teilhaftig werden konnten, sie waren nicht
Opfertiere wie alle anderen, sondern sie hatten eine ganz
specielle Bestimmung, die keinem andern zukam: für die
Gottheit die einer Abfindung für die Nichtausübung ihres
Richteramtes, für die Partei die einer an Stelle der Körper-
beschädigung, die sie im Fall ihres Unterliegens im Gottesgericht erlitten hätte, getretenen Vermögensbuße, Ersatz
des luere in corpore durch das luere in bonis. So erklärt sich der hohe Betrag des sacramentum von fünf Rindern, später 500 As, der als Urteilsgebühr gänzlich unbe-

greiflich wäre (S. 386). Die Abfindungsſumme für die
Gottheit konnte nur eine anſehnliche ſein, und wenn man
bedenkt, was für die Partei bei der Feuerprobe (über die
Waſſerprobe ſ. u.) auf dem Spiele ſtand, ſo wird man es
verſtehen, daß das sacramentum dafür nur ſehr hoch bemeſſen
ſein konnte; das ſcheinbare Mißverhältnis, in dem dieſer
Satz zu dem von 300 As für das os fractum ſtand, iſt damit erledigt.

Als das urſprüngliche Dispoſitionsobjekt beim Sacramentsprozeß: das Vieh, auf Geld reduziert wurde (ein Rind
= 100, ein Schaf = 10, d. i. beim hohen Sacramentsſatz
500, beim niedrigen 50 As), und die Depoſition bei Beginn
des Prozeſſes durch Zahlung nach Beendigung desſelben er-
ſetzt ward, wurde mit Beitreibung der verwirkten Summe
eine eigene Behörde betraut: die triumviri capitales. Warum wurden es nicht die Quäſtoren, denen ſonſt die Beitreibung
aller verwirkten Strafen oblag? Warum bedurfte es hier
der Einſetzung einer beſonderen Behörde, und warum ward ihr
lediglich die Beitreibung der sacramenta, nicht auch die andrer
Strafen oder Gefälle überwieſen, und wie verträgt ſich ihre
Bezeichnung als triumviri capitales mit der zu ihrer ſonſtigen
Funktion ſo gar nicht ſtimmenden Beitreibung von Geld?

Die Frage iſt bisher gar nicht aufgeworfen, geſchweige
beantwortet worden, wir ſtehen hier vor einem rechtshiſtoriſchen Rätſel. Die Löſung desſelben dürfte mit dem Bisherigen erbracht ſein. Die Gottesgerichte enthielten eine
causa capitalis, eine Procedur, die an Leib und Leben,
an Haut und Haar ging! Darum die triumviri capitales,
welche den Betrag, der an Stelle des Einſatzes des Körpers
im alten Verfahren getreten war, beizutreiben hatten, darum
ihre Beſchränkung auf die Beitreibung lediglich dieſes Geldes.
In ihrem Namen hat ſich alſo noch eine ſprachliche Remi-
niscenz an die Gottesgerichte der Urzeit erhalten. Zur Zeit,

als ihnen diese Funktion überwiesen ward, muß die Erinnerung daran im Volke noch lebendig gewesen sein, sonst hätte
man an ihrer Stelle die Quästoren damit betraut.

Sollten sich nicht noch andere sprachliche Reminiscenzen
erhalten haben? Lebten die Gottesgerichte in dem Sakramentsprozeß fort, was lag näher, als den Namen, den sie
bis dahin getragen hatten, auf das neue Verfahren zu übertragen? So geschah es mit dem Namen condictio, als an
Stelle der legis actio per condictionem die condictio des
Formularprozesses trat, und alle Wahrscheinlichkeit spricht
dafür, daß es sich mit dem Namen sacramentum nicht anders
verhalten haben wird, derselbe würde demnach nicht für den
Sacramentsprozeß erst neugebildet, sondern von den Gottesgerichten auf sie übertragen worden sein.

Sacramentum hat in der lateinischen Sprache bekanntlich
noch eine andere Bedeutung: die des Eides. Sollte das sacramentum in diesem Sinn nicht auch mit dem im Sinn des
Gottesgerichtes zusammenhängen? Das Zeugnis, welches wir
Sophokles über den Zusammenhang der Gottesgerichte mit
dem Eide bei den Griechen in der heroischen Zeit verdanken,
setzt dies außer Zweifel. Er läßt den Wächter in der Antigone (v. 265 fl.) sprechen:

> Ein glühend Erz zu fassen waren wir bereit,
> Durch Feuersglut zu schreiten und mit heil'gem Schwur
> Die Götter anzurufen, daß wir's nicht getan.

Das Gottesurteil erscheint hier als Besiegelung der Wahrheit eines vorher zu leistenden Eides: eines Reinigungseides, wie wir ihn in heutiger Rechtssprache nennen würden,
und ich bin daher nicht auf völlig falscher Fährte gewesen,
wenn ich in früherer Zeit einen Zusammenhang zwischen dem
Sacramentsprozeß und dem Eide gemutmaßt habe, ich habe
nur darin gefehlt, daß ich es für den Sacramentsprozeß tat,

während ich es für die ihm vorausgegangene Form des Verfahrens durch Gottesgericht hätte tun sollen.

Unter den drei übrigen indoeuropäischen Völkern, für
welche uns die Gottesgerichte bezeugt sind, begegnen wir dem
Eide meines Wissens nur bei den Germanen, nicht bei den
Kelten und Slaven, bei jenen in zwei Fällen: dem Gottesgericht durch Zweikampf (noch im Sachsenspiegel I, 63) und
im friesischen Recht (lex Frisionum 4, §8, 9) beim Diebstahl auf
handhafter Tat (das furtum manifestum der Römer) durch
Kesselfang (f. u.). In beiden Fällen sollen beide Teile
schwören und ihren Eid durch das Gottesgericht erhärten.
Der Umstand, daß der Zweikampf dem altarischen Recht
fremd war, welches nur die Feuer- und Wasserprobe kannte
(f. u.), tut der Beweiskraft des Vorkommens des Eides bei
ihm keinen Eintrag, wir sind zu dem Schluß berechtigt, daß,
als die Germanen diese dritte Probe zu den genannten beiden Arten hinzufügten, was schon in vorhistorischer Zeit
geschehen ist (Vellej. Pat. II 118: solita armis discerni,
der Eid von ihnen auf sie übertragen ward. In die Zeit der
Christianisierung der Germanen läßt sich die Hinzufügung des
Eides nicht verlegen, da die christliche Kirche dem Eide eher
zu steuern als Vorschub zu leisten suchte, und ganz dasselbe gilt
von dem Eide beim Kesselfang nach friesischem Recht. So
werden wir also in dem Eide beim Gottesgericht eine Einrichtung der Urzeit der indoeuropäischen Völker zu erblicken
haben. Wenn er weder bei Kelten noch Slaven nachweisbar
ist und auch in den meisten germanischen Volksrechten bei
Beschreibung des Rituals der Feuer- und Wasserprobe gar
nicht erwähnt wird, so kann dies entweder darin seinen
Grund haben, daß er als eine allbekannte, gar nicht der
Erwähnung bedürftige Sache mit Stillschweigen übergangen
ward, oder daß die christliche Kirche ihn dabei beseitigt hatte,
jedenfalls genügt das Zeugnis von Sophokles, um darzutun,

daß der Eid ein integrierendes Moment der Gottesgerichte der Vorzeit bildete.

So würden also die Gottesgerichte der Vorzeit sich dar-stellen als **Besiegelung der Wahrheit eines geschwo-renen Eides.** Der Gedanke, auf dem sie beruhen, besteht also nicht darin, daß die Gottheit angerufen wird, eine Ent-scheidung zu treffen, der sich die Menschen bei Unklarheit der Sache nicht gewachsen fühlen, es ist nicht die Unzulänglichkeit der menschlichen Erkenntnis, welche in der Not zu ihr ihre Zuflucht nimmt, sondern es ist der bei ihr geschworene Eid, welcher ihr Einschreiten motiviert; die Gottheit soll nicht sowohl einen Ausspruch tun über Recht und Unrecht in der Sache selber, als vielmehr darüber, ob der Mann **wahr** oder **falsch** geschworen hat. Darüber steht ihr allein die Entscheidung zu, und sie erteilt sie durch den Ausfall der Probe, der der Mann sich zu unterziehen hat, hat er wahr geschworen, läßt sie sie ihn bestehn, wenn falsch, so nicht. Die Gottheit ist ge-recht, sie nimmt sich des Unschuldigen an, ihm kann selbst das glühende Eisen nichts anhaben, nur der Schuldige wird da-durch versehrt, die Schmerzen, Wunden, Körperverletzungen, die er davon trägt, sind die Strafe, durch welche die Gott-heit den begangenen Meineid an ihm rächt.

Auf diese Weise: durch Anknüpfung der Gottesgerichte an den Eid gewinnen dieselben erst eine befriedigende Ge-stalt. So erklärt sich nicht bloß die Heranziehung der Gott-heit — nur sie konnte die Entscheidung über den geschwore-nen Eid abgeben —, sondern so findet auch das schwere Übel, welches den Mann traf, der die Probe nicht bestand, seine Rechtfertigung, es war die verdiente Strafe für seinen Meineid,[1]) während es als Folge des bloßen Unterliegens im

---

1) Ob die lückenhafte Stelle bei Gaj. IV, 13, in der nur das Wort falsi erkennbar ist, einen Hinweis auf den falschen Eid enthalten hat, wie Huschke annimmt, der sie ergänzt: falsi loquo propter jurisjuran-

Rechtsstreit außer allem Verhältnis zu der ihm dabei zur Last fallenden Schuld gestanden hätte. Auch die Urteilsformel im Sacramentsprozeß gewinnt dadurch ein ungeahntes Licht. Sie lautete bekanntlich nicht, wie es doch die gegebene Form des Urteils ist, auf Freisprechung oder Verurteilung, sondern im ersten Fall auf sacramentum justum, im zweiten auf sacramentum injustum esse. Warum diese bloß mittelbare Entscheidung des Rechtsstreits statt der unmittelbaren? Nach einer Antwort habe ich mich vergebens umgesehen. Sie ist gegeben mit der im Bisherigen entwickelten Ansicht. Beim Gottesgericht lautete die Frage, welche an die Gottheit erging, nicht: hat der Mann recht oder unrecht, sondern: hat er wahr oder falsch geschworen, d. i. sacramentum justum an injustum esse, und diese Form der Frage und die ihr entsprechende des Urteils ward, als Eid und Gottesgericht durch den Sacramentsprozeß ersetzt wurden, in ihn hinübergenommen. Die mittelbare Entscheidung der Rechtsfrage im Sacramentsprozeß ist also nur das historische Residuum der ihr vorausgegangenen unmittelbaren über den Eid im Gottesgericht.

Der Eid im Gottesgericht war kein einfach assertorischer Eid, sondern ein Reinigungseid. Der Beklagte, wie wir ihn nennen wollen, reinigt sich dadurch von einer gegen ihn erhobenen Beschuldigung. Nicht der Kläger schwört ihn,[2)]

---

dum periculosa erat ist mir mehr als zweifelhaft. Offenbar ist, daß Gajus hier das sacramentum mit der Unwahrheit in Verbindung bringt, und zwar kann es nur als Strafe derselben gemeint sein, aber, da er im übrigen nirgends des Eides gedenkt, so wird er unter Unwahrheit nur die der Behauptungen der beiden Teile verstanden haben.

2) Wenn in den beiden oben (S. 392) hervorgehobenen Fällen des germanischen Rechts auch der Kläger schwört, so kann ich darin nur eine Abweichung von dem ursprünglichen Grundgedanken der Gottesgerichte erblicken, wofür ich mich auf den Verlauf der Darstellung

um feinen Anspruch zu beweisen, sondern der Beklagte, um
die von jenem gegen ihn erhobene Beschuldigung zu entkräften, er schwört sich los. Hätte nun jede Beschuldigung
genügt, um jemanden in die Lage zu versetzen, den Reinigungseid leisten und sich der damit verbundenen Probe
unterwerfen zu müssen, so wäre Leib, Leben, Ehre auch des
unbescholtensten und angesehensten Mannes in die Hand eines
jeden gelegt, der ihm Übles wollte, jeder hätte jedem dies
Los bereiten können, der Gottesgerichte wäre kein Ende gewesen, Lüge, Bosheit, Rachsucht hätten freies Spiel gehabt.
Gegen eine solche Gefahr, welche mit vollendeter Rechtlosigkeit gleichbedeutend gewesen wäre, bedurfte es einer Garantie,
und sie kann nur dadurch vermittelt worden sein, daß man
von demjenigen, der die Beschuldigung erhob, die Bei-
bringung von Tatsachen erforderte, welche sie rechtfertigten:

---

beziehe. Beim Zweikampf war diese Neuerung wenigstens praktisch
durchführbar, da nur einer von beiden Teilen als Sieger daraus her-
vorgehen konnte, beim Kesselfang war sie geradezu unverständlich, denn
wie, wenn beide Teile sich die Hände verbrannten? Hier endete der
Prozeß ohne alle und jede Entscheidung, beide Teile hatten falsch
geschworen, der Kläger, daß der Beklagte gestohlen, der Beklagte, daß
er nicht gestohlen habe. Vielleicht hat eine Salbe, die der Priester demjenigen von ihnen gab, dessen Eid er für den richtigen hielt, diesem
unsinnigen Ausgang vorgebeugt. Der unterliegende Teil hatte außerdem noch 60 Solidi zu entrichten, unter der obigen Annahme also beide.
Wer hätte da noch eine Klage wegen Diebstahls auf handhafter Tat
erheben mögen? Die Klage scheint mir denselben Namen zu verdienen,
wie das in partes secare (Abteil. II, Nr. IV): den einer rechtlichen
Atrappe, sie war darauf zugeschnitten, daß niemand sich ihrer bedienen
sollte. Sechzig Solidi — man vergegenwärtige sich den außerordentlich
hohen Betrag — dazu geschundene Hände und den Spott und Hohn
obenein — wer hätte um solchen Preis noch eine Anklage wegen einer
Sache, die er bei Ertappung des Diebes auf handhafter Tat demselben ja sofort abgenommen hatte, erheben mögen? Die Klage hieß:
klage nicht, beruhige Dich dabei, daß Du die Sache noch hast.

Indicien oder Aussagen von Zeugen. Diesem von Seiten des Klägers geführten Beweis setzte der Beklagte die eidliche Behauptung seiner Unschuld entgegen, indem er die Gottheit als Zeugen anrief und sich mittelst der Probe ihrem Aus-spruch unterwarf. So geschieht es in dem obigen Fall von Sophokles' Antigone, wo die Nachlässigkeit der Wächter durch die Tatsache des Abhandenkommens des Leichnams bereits erwiesen war.

In diesem Sinne war also der Eid beim Gottesgericht ein Reinigungseid, er sollte den Angeschuldigten von der Schuld, die ihm nach dem Urteil der Menschen anklebte, durch den Ausspruch der Gottheit, die den blendenden Schein von der Wahrheit zu unterscheiden vermochte, reinigen, d. i. einen geführten Beweis entkräften. Aber — und das ist für die richtige Erfassung der Bedeutung der Gottesgerichte von äußerster Wichtigkeit — nicht innerhalb desselben Ver-fahrens, so daß die Streitsache, die vor den Menschen be-gonnen hatte, vor der Gottheit zu Ende geführt worden wäre, — sondern das erste Verfahren ist abgeschlossen, es hat geendet mit der Verurteilung des Angeklagten, und es be-ginnt jetzt ein zweites, indem der Verurteilte Berufung an die Gottheit einlegt, — die Gottheit erkennt nicht in erster, sondern in der Appellationsinstanz. Einen unwidersprech-lichen Beweis dafür enthält die solenne Formel der Einleitung des Sacramentsprozesses: das provocare sacramento (Gaj. IV, 16: D. aeris sacramento te provoco), eine Wendung, an der man bisher gänzlich achtlos vorübergegangen ist, ob-schon sie doch zum Nachdenken hätte auffordern sollen. Provo-care ist der technische Ausdruck des alten Rechts für Einlegung der Berufung an eine höhere Instanz: von den Strafurteilen der Könige oder der von ihnen bestellten duumviri perduel-lionis (Liv.. I 26: si a duumviris provocaverit, provocatione cer-tato) und der Magistrate an das Volk, die Verwendung desselben für das Sacramentsverfahren beweist also, daß dieses bei seiner Einführung als Provocationsverfahren gedacht worden ist, was bei dem von mir dargelegten Verhältnis desselben zum Gottesgericht nur möglich war, wenn dieses von der Urzeit in derselben Weise angesehen worden war. Provocare sacramento bedeutete demnach in der Urzeit Berufung auf das Gottesgericht, und diese Formel behielt man ganz so wie die des sacramentum justum, injustum esse bei, als man das Gottesgericht durch den Sacramentsprozeß ersetzte.

Provocare hat allerdings im spätern Sprachgebrauch, selbst in dem der Juristen (z. B. Gaj. IV 93, 165: provocare sponsione) die Bedeutung der einfachen Aufforderung angenommen, in einer Formel ist es in diesem Sinne nie gebraucht worden, und am wenigsten kann man diesen ungenauen Sprachgebrauch einer Formel des alten Rechts unterlegen, der Schluß von demselben auf die Absicht, den Sacramentsprozeß damit als Provocationsverfahren zu kennzeichnen, läßt sich also gar nicht umgehen, und da er selber nicht den geringsten Anhalt dafür darbietet, so bleibt nichts übrig, als die Erklärung dafür in dem Verfahren zu finden, das ihm vorausgegangen war. Das provocare sacramento ist ebenso wie der Ausdruck sacramentum, die Urteilsform sacramentum justum, injustum esse und die triumviri capitales ein sprachliches Residuum aus der Zeit der Gottesgerichte.

Mit der im obigen aufgestellten Idee der Reinigung hängt meines Erachtens die Wahl der beiden Proben zusammen, welche der Urzeit allein bekannt waren: der Feuer- und Wasserprobe; die des geweihten Bissens und des Zweikampfes sind spätern Ursprunges, bei den Ariern finden sie sich nicht. Warum nur die Feuer- und Wasserprobe und warum gerade sie? Eine vermessene Frage, wird man sagen, wie vermögen wir zu ermitteln, was die alten Arier bei der Wahl dieser Proben geleitet hat? Nach meinem Dafürhalten

liegt es offen zu Tage. Der Gesichtspunkt der Gefährlichkeit der Probe kann es nicht gewesen sein, er trifft nur
für die Feuer-, nicht für die Wasserprobe zu, die dem Angeschuldigten, er mochte sie bestehen oder nicht, nicht die
mindeste Gefahr drohte (s. u.). Wäre er es gewesen, so hätte
man, wenn man einmal neben der Feuerprobe andere wollte,
statt der Wasserprobe manche ungleich gefährlichere zur Verfügung gehabt. Es muß also ein anderer Gesichtspunkt gewesen sein, der beiden Proben gemeinschaftlich war, und er
ergibt sich, wenn man die Bedeutung von Feuer und Wasser
für den Zweck der Probe ins Auge faßt. Die Probe soll
dartun, daß der Angeschuldigte frei von Schuld, d. i. rein,
ist, Feuer und Wasser aber sind die beiden reinen
Elemente, an deren Verhalten zu ihm man erproben kann,
ob er in Wahrheit rein ist.

Die Wasserprobe bestand darin, daß der Beschuldigte ins
Wasser geworfen ward; sank er unter, so galt er als un-
schuldig, — vorausgesetzt wird dabei natürlich, daß er sofort
wieder herausgeholt ward, sonst hätte er ja trotz seiner Unschuld ertrinken müssen — hielt er sich über dem Wasser, als
schuldig. Sonderbar! man sollte gerade das Umgekehrte erwarten. Das Untersinken, möchte man sagen, hätte als Beweis der Schuld gelten müssen, das Treiben auf dem Wasser
als Beweis der Unschuld, der Schuldige geht unter und er-
trinkt, der Unschuldige bleibt oben, das Wasser kann ihm
nichts anhaben. Aber gerade an dieser Umkehr des scheinbar
Natürlichen bewährt sich die obige Idee von der Bedeutung
des Wassers: das reine Wasser nimmt den Reinen in sich
auf, es verträgt sich mit ihm; den Unreinen, durch den es
verunreinigt werden würde, duldet es nicht in sich, es wirft
ihn aus.

Die Feuerprobe, deren es verschiedene Arten gab und
zu denen auch die des heißen Wassers (Kesselfang) gehörte,

die man früher fälschlich zu der Wasserprobe gezählt hat,[1] beruht auf demselben Gedanken wie die Wasserprobe: das Feuer duldet keinen Schmutz, so wenig wie das Wasser, nur dem Unreinen wird es verderblich, indem es ihn versengt, verbrennt, dem Reinen kann es nichts anhaben, ihm haftet kein Schmutz an, den es hinwegtilgen könnte.

Auf diese Weise ordnen sich also beide Proben dem Grundgedanken der Gottesgerichte: Erprobung der Reinheit des Angeschuldigten, unter, und gewähren zugleich eine Stütze für meine oben entwickelte Ansicht von der Bedeutung des Eides als eines Reinigungseides. Beide Bestandteile des Verfahrens: der Reinigungseid und die Erhärtung desselben durch die beiden reinen Elemente: Feuer und Wasser stützen sich gegenseitig, es ist ein und derselbe Gedanke, in den sie ausmünden: Reinheit.

Wann kam die eine, wann die andere Probe zur Verwendung? Darüber wissen wir nichts, aber als völlig zweifellos betrachte ich es, daß es darüber feste Bestimmungen gegeben hat. Hätte es daran gefehlt, und wäre die Wahl dem Angeschuldigten überlassen worden, so würde er natürlich stets die Wasserprobe gewählt haben, das einzige, was sie ihm bei einem ungünstigen Ausfall in Aussicht stellte, war die Nichterbringung seines Gegenbeweises, ohne daß er im mindesten dadurch Schaden nahm. Ebensowenig kann die Wahl dem Kläger überlassen worden sein, er würde sich stets für die Feuerprobe entschieden haben. Auch nicht dem Richter oder den Priestern, welche beim Gottesgericht mitzuwirken hatten, sie hätten damit das Los des Angeschuldigten so gut wie in ihrer Hand gehabt, demjenigen, dem sie wohlwollten, hätten sie die Wasserprobe, demjenigen, dem sie übelwollten, die Feuerprobe zuerkannt. So muß es also feste Bestimmun-

---

1) Krägi S. 52.

gen darüber gegeben haben, wann die Feuer-, wann die
Wasserprobe einzutreten habe, und für die verschiedenen Arten
der Feuerprobe wird dasselbe gegolten haben. Daß es in
der Tat an derartigen Bestimmungen nicht gefehlt hat,
wissen wir. Aus germanischen Rechtsquellen entnehmen wir, daß
für den Kesselfang ein „mos solitus mensurae" bestand.
Bei „einfacher Klage" ward der heiße Stein so hoch gelegt,
daß man die Hand nur bis zum Handgelenk, bei „dreifacher"
so tief, daß man sie bis zum Ellenbogen einzutauchen hatte.[1]
Ein ähnlicher Unterschied bestand nach angelsächsischem
Recht für das Tragen des glühenden Eisens, bei einfacher
Klage betrug das Gewicht desselben ein Pfund, bei dreifacher
drei (in simplo unum pondus, in triplo tria).[2] Damit ist
der Nachweis erbracht, daß die Verschiedenheit der Streitsache maßgebend war für die der Probe, und wenn sie es
war für das Geringere: die Abstufung innerhalb einer
und derselben Probe, um wie viel mehr wird sie es gewesen
sein für das Höhere: für die Anwendbarkeit der einen oder
anderen.

Sehen wir jetzt zu, was aus der Feuer- und Wasserprobe
im Sacramentsproceß geworden ist.

Der Feuerprobe entspricht der Sacramentssatz von 5 Rindern (500 As), der Wasserprobe der von 5 Schafen (50 As).
So erklärt sich

1) daß man nur zwei Sätze festsetzte. Bisher hat man
daran gar keinen Anstoß genommen, und doch hätte man es
sollen, denn diese Aufstellung zweier Sätze steht mit der sonstigen Weise des römischen Rechts im offensten Widerspruch, es
gibt keinen einzigen Fall, in dem sich dieselbe wiederholt.
Überall wo das alte und selbst das neuere Recht den Wert

---

1) Krägi, S. 52.
2) Krägi, S. 46.

eines Gegenstandes zu Grunde legt, um darnach die Höhe
der Strafe zu bemessen, geschieht es in Form der proportio-
nellen Zumessung derselben, sei es des Mehrfachen,[1])
oder einer Quote;[2]) nur im Sacramentsprozeß wird, obgleich
der Wert der Streitsache für die Bemessung des Sacraments
zu Grunde gelegt wird, die Höhe desselben nicht proportionell,
sondern abstract bestimmt: 50 und 500 As. Warum? Weil das
Sacrament die Bestimmung einer Ablösung der Probe beim
Gottesgericht hatte — zwei Proben zwei Sacraments-
sätze. Wäre dabei der Gedanke des Wertes der Sache
maßgebend gewesen, so würde man wie überall das Sacrament proportionell bestimmt haben. Aber er war es nicht,
maßgebend war vielmehr der Gedanke der Ersetzung der
Probe durch das Sacrament, darum bei der ungefährlichen
Wasserprobe der niedere, bei der bedrohlichen Feuerprobe
der hohe Satz; der Wert der Streitsache kam nur insofern
in Betracht, um darnach zu bemessen, wann der eine oder
der andere einzutreten habe.

2) So der gewaltige Sprung bei demselben vom Einfachen (5 Schafe, 50 As) aufs Zehnfache (5 Rinder,
500 As). Warum, wenn man einmal feste Sätze aufstellen
wollte, nicht eine Abstufung derselben, die sich dem Wert
der Streitsache anschmiegte, etwa von je 100 oder je 250?
Man vergegenwärtige sich das schreiende Mißverhältnis, zu
dem der Doppelsatz im einzelnen Fall je nach Verschiedenheit

---

1) Des quadruplum beim furtum manifestum und der act. quod me-
tus causa, des triplum bei dem furtum conceptum und oblatum, bei
der act. vi bonorum raptorum, des duplum beim furtum nec manifestum,
bei den fructus dupli im Vindikationsprozeß, bei der actio autoritatis,
bei der manus injectio, bei den Fällen: ubi lis crescit in duplum.

2) Der Hälfte: act. de pecunia constituta, des Dritteils bei der
condictio certi, des Fünfteils oder Zehnteils bei der act. calumniae
oder dem contrarium judicium (Gaj. IV 175, 177).

des Wertes der Streitsache führen mußte, um zu begreifen, wie zwingend die Gründe gewesen sein müssen, welche die Römer bestimmt haben, es über sich zu nehmen. Bei der Vindication eines Schafes betrug der Sacramentssatz das Fünffache, bei der eines Grundstücks im Wert von 950 As ein Neunzehntel, im Wert von 1000 die Hälfte, bei der einer Erbschaft im Wert von 50000 ein Hundertstel! Welch' wider= sinniges Resultat! Wie konnte ein Volk von dem gesunden praktischen Sinn des römischen auf den Gedanken geraten, dazu die Hand zu bieten, wenn es sonst nur die Hand frei gehabt hätte. Aber eben daran fehlte es, der doppelte Sacramentssatz war durch die doppelte Probe, die dadurch abgekauft werden sollte, vorgeschrieben. Mochte man ihn hoch oder niedrig bemessen, bei zwei Sätzen mußte es sein Bewen= den behalten, darauf hatte die Gottheit ein Recht, und das mußten die Priester wahren, als sie ihre Zustimmung dazu erteilten, daß dies Recht in Opfertieren abgelöst werde. Diese Rücksicht auf das Recht der Gottheit hinweggedacht, und es wäre gar nicht zu begreifen, wie die Römer sich zu einer solchen Einrichtung hätten verstehen sollen, die zu allem, was sonst an Rechtseinrichtungen aus ihrer Hand hervor= gegangen ist, den schneidendsten Widerspruch bildet.

3) So endlich begreift sich die n i e d e r e W e r t u n g der Wasserprobe, die h o h e der Feuerprobe. Sie erklärt sich aus der Verschiedenheit des Grades ihrer Bedrohlichkeit. Bedenkt man, daß das os fractum in den XII Tafeln zu 300 As an= geschlagen war, so wird man zugestehen müssen, daß die Feuerprobe mit 500 As eher zu hoch als zu niedrig bemessen war, und dasselbe gilt auch für die Wasserprobe — die Priester hatten dafür gesorgt, daß die Gottheit bei der Ab= lösung der Gottesgerichte nicht verkürzt ward.

So fügen sich also der doppelte Satz beim sacramentum und der befremdende Abstand zwischen dem niedern und dem hohen Satz nicht bloß in befriedigender Weise in den historischen Zusammenhang der von mir angenommenen Entwickelung ein, sondern ich glaube in ihnen ein ganz erhebliches Argument für die Richtigkeit meiner Ansicht gefunden zu haben.

Nur ein einziger Punkt bleibt noch übrig, der Bedenken erregen kann. Im Gottesgericht hat lediglich der Beklagte sich der Probe zu unterziehen, nicht der Kläger, im Sacramentsprozeß sind beide Teile sich völlig gleichgestellt, beide haben das Sacrament zu deponieren, juristisch ausgedrückt: das Gottesgericht war ein einseitiges, der Sacramentsprozeß ein zweiseitiges Verfahren, eine Verschiedenheit so grundsätzlicher Art, daß der Gedanke einer Nachbildung des einen durch das andere, ja sogar der Versuch der Anknüpfung des einen an das andere dadurch ausgeschlossen zu sein scheint.

Der Einwand erledigt sich durch dasjenige, was ich oben (S. 395) über die Beweispflichtigkeit beider Teile bei den Gottesgerichten beigebracht habe. Beide Teile hatten zu beweisen, erst wenn der Kläger seinen Beweis erbracht hatte, kam es zur Entkräftung desselben mittelst des Gottesurteils, in diesem Sinne kann man also das Verfahren ein zweiseitiges nennen: Jeder hatte ganz dasselbe zu tun, was der andere, nur daß der Gegenbeweis in anderer Art als der Hauptbeweis erbracht ward. Mit der Beseitigung der Gottesgerichte war diese Verschiedenheit der Beweisführung hinweggefallen, beide Teile bedienten sich fortan derselben Beweismittel. Damit war die Nötigung hinweggefallen, den einen Beweis in Form eines besonderen Verfahrens dem andern vorausgehen zu lassen, ein einziges Verfahren genügte. Dasselbe beruht auf dem Gedanken der völligen Gleichheit beider Teile, beide gelten gleichmäßig als Kläger und Beklagter (judicium duplex), beide beweisen ihre Behauptungen gleichzeitig und gleichmäßig (mit denselben Beweismitteln), beide

haben denselben Einsatz zu leisten und verwirken ihn im Fall
der Sachfälligkeit. Der letzte Punkt hat etwas Befremdendes.
Wie konnte man das Sacrament, wenn es die Bestimmung
einer Ablösung der Probe hatte, dem Kläger auferlegen, da er
doch die Probe nicht zu bestehen hatte? Die Antwort liegt
auf der Hand. Hätte lediglich der Beklagte das Sacrament
zu deponieren gehabt, so würde die Gottheit im Fall seiner
Lossprechung das Nachsehen gehabt haben, während ihr doch
der Anspruch auf den Preis, um den man ihr das Recht der
eignen Entscheidung abkaufte, unter allen Umständen gesichert
sein mußte, der Prozeß mochte ausfallen wie er wollte. Und
wenn auch der Kläger im früheren Verfahren keine Probe
zu bestehen hatte, so lag ihm in demselben doch etwas
anderes ob: die Erbringung des Beweises, bevor es zum
Gottesgerichte kam. Im Sacramentsprozeß ward er statt
dessen mit der unbewiesenen Behauptung zugelassen, bewies er sie, so traf ihn ebensowenig ein Nachteil wie im
früheren Verfahren, bewies er sie nicht, so war es nicht bloß
billig, daß er denselben Nachteil erlitt wie der Beklagte in
gleichem Fall, sondern es war dies im Interesse des letztern,
um ihn gegen gänzlich unbegründete Ansprüche sicherzustellen,
mit Notwendigkeit geboten, entgegengesetztenfalls hätte der
Kläger im Fall des für ihn ungünstigen Ausfalls des Prozesses nichts, der Beklagte im gleichen Fall sein Sacrament
riskiert, es wäre um nichts besser gewesen, als wenn jener
im alten Verfahren diesen durch unbewiesene Behauptungen
in die Lage hätte versetzen können, das Gottesgericht zu bestehen. Das Sacrament des Klägers war der Preis, um den
er den Vorteil, den er der Einführung des neuen Verfahrens
verdankte, zu erkaufen hatte: mit unbewiesenen Behauptungen den Beklagten ganz in dieselbe Lage versetzen zu können
wie im Gottesgericht mit bewiesenen.

Ich bin am Ende, und ich fordere nunmehr den Leser

auf, sich über die im Bisherigen vorgetragene Ansicht schlüssig zu werden. Einen direkten Beweis habe ich für sie nicht beizubringen vermocht, sie ist nichts als eine Hypothese, und wer Hypothesen überhaupt verwirft, muß auch sie zurückweisen. Von urteilsfähigen Lesern habe ich diese Gefahr nicht zu befürchten. Dieselbe Berechtigung, welche der Indicienbeweis für die Ermittelung der Wahrheit im Gerichtsverfahren hat, hat die Hypothese für die der geschichtlichen, man kann sie den historischen Indicienbeweis nennen, es ist der indirekte Beweis, der nicht bewiesene Tatsachen auf dem Wege der Schlußfolgerung von feststehenden darzutun versucht, im Gegensatz zum direkten, der sie unmittelbar zu beweisen versucht. Der Maßstab, den man an beide Arten des Indicienbeweises anzulegen hat, ist der der zwingenden Schlüssigkeit, die als Indicien verwendeten Tatsachen müssen den Schluß auf die zu beweisende in einer Weise begründen, daß eine andere Annahme ausgeschlossen ist. Eine Hypothese, welche eine andere Annahme offenläßt, vergegenwärtigt uns lediglich die Möglichkeit des von ihr behaupteten Sachverhaltes, und auch sie kann wissenschaftlich wertvoll sein, weil sie den Gesichtskreis erweitert und der Forschung neue Bahnen erschließt; eine Hypothese, welche jede andere Annahme ausschließt, gewährt uns die Wirklichkeit, sie steht auf einer Linie mit dem direkten Beweis.

Zu dieser zweiten Kategorie von Hypothesen glaube ich die von mir aufgestellte zählen zu können, und ich bitte mir zu gestatten, die entscheidenden Beweisgründe, auf die sie sich stützt, schließlich hier noch übersichtlich zusammenstellen zu dürfen. Sie sind zweierlei Art.

Zuerst die sprachlichen.

1. Der Ausdruck sacramentum, der sonst nirgends für das Opfertier gebraucht wird, im Sacramentsprozeß für dasselbe also nicht ursprünglich gebildet sein kann, sondern auf das-

selbe übertragen sein muß. Die Bedeutung, die er sonst hat, ist die des Eides — Schluß: der Sacramentsprozeß muß mit dem Eide in Verbindung gestanden haben.

2. Die Urteilsformel: sacramentum justum, injustum esse. Zutreffend für den Eid und das Gottesgericht, in dem es sich um den Ausspruch der Gottheit darüber handelte, ob der Mann falsch oder wahr geschworen habe, nicht zutreffend für ein auf Verfolgung eines Anspruches gerichtetes Verfahren, bei dem vielmehr die Urteilsform nur auf Freisprechung oder Verurteilung hätte lauten können.

3. Die Formel: sacramento te provoco. Unerklärlich aus dem Sacramentsverfahren als solchem, wird sie nur verständlich durch die Bezugnahme auf das Gottesgericht, das in Wirklichkeit ein Provokationsverfahren war, und das der Sacramentsprozeß ersetzen sollte.

4. Die triumviri capitales, hinsichtlich deren ich auf das früher (S. 390) Gesagte Bezug nehme.

Sodann die sachlichen.

1. Der Mangel der Gottesgerichte bei den Römern. Es ist das eine Tatsache, die in den Vorträgen über die römische Rechtsgeschichte selbst von demjenigen, der meine Hypothese nicht annimmt, nicht mit Stillschweigen übergangen werden sollte; auch dasjenige, was sich nicht findet, muß erwähnt werden, wenn wir es sonst, wie hier, erwarten müßten (S. 387). Es bezeichnet in meinen Augen einen Mangel der wissenschaftlichen Forschung auf gar vielen Gebieten des geschichtlichen Wissens, daß sie der Negative gar zu wenig Achtsamkeit zuwendet, dieselbe kann unter Umständen bedeutungsvoller sein, als die Positive. Die Tatsache: die Römer haben schon in der Urzeit die Gottesgerichte beseitigt, ist für die Signatur des Geistes, der sie schon von früh auf beseelte, um nichts minder bezeichnend als gar vieles, was sie an positiven Leistungen auf dem Gebiete des Rechts aufzuweisen

haben. Sie können dieselben aber nicht einfach über Bord geworfen haben, das würde mit dem Grundzug des Conservativen, der sie bei allen Änderungen des bisherigen Rechts beeinflußte, im schneidendsten Widerspruch stehen und würde am wenigsten zu dem religiösen Charakter der Einrichtung stimmen, sie können sie also nur in einer Weise umgestaltet haben, welche das Problem, um das es sich handelte, löste: die Interessen der Gottheit mit denen der Menschen zu versöhnen, eine Diagonale zu finden zwischen dem Recht und der Religion. Das Mittel war: Ablösung der Gottesgerichte in Form des sacramentum.

2. Beziehung des sacramentum zur Gottheit: Deposition des sacramentum bei den Pontifices und Verwendung desselben für Opferzwecke. Bei allen andern Prozessen fehlt diese Beziehung, die Gottheit hat mit dem Rechtsstreit nichts zu schaffen.

3. Die Doppelheit des Sacramentssatzes, entsprechend der Doppelheit der Probe beim Gottesgericht.

4. Der außerordentliche Abstand zwischen beiden Sacramentsätzen, entsprechend dem zwischen der Feuer- und der Wasserprobe.

Alle im Bisherigen namhaft gemachten Punkte weisen wie die Radien eines Kreises auf das von mir angenommene hypothesische Centrum hin: Ersetzung der Gottesgerichte durch den Sacramentsprozeß, diesen Gesichtspunkt hinweggedacht, und wir stehen vor lauter unbegreiflichen Dingen, gleichmäßig in sprachlicher wie sachlicher Beziehung. Das Rätsel, welches der Sacramentsprozeß jedem, der sich ihrer bewußt wird, aufgibt, dürfte damit gelöst und zugleich das auffallende Verschwinden der Gottesgerichte in Rom erklärt sein.

II Reich und arm in den Strafsätzen des alten Rechts wegen
Vergehen gegen das Eigentum und die Person.

Ich gebe im Folgenden ein Seitenstück zu reich und arm
im Civilprozeß, das dem materiellen Recht, und zwar dem
alten Privatstrafrecht entnommen ist. Das altrömische Strafrecht ist bekanntlich durch einen Gegensatz beherrscht, der für
unsere heutige Zeit seine Bedeutung so gut wie eingebüßt
hat: den zwischen Privat- und öffentlichem Strafrecht, d. i.
zwischen solchen Vergehen, deren Ahndung in Form sei es der
Selbsthilfe oder der gewöhnlichen Privatklage dem Verletzten
selber überlassen blieb, und bei denen die darauf gesetzte
Strafe ihm zufiel (delicta), und solchen, welche entweder die
Staatsgewalt in Form einer öffentlichen Anklage verfolgte,
oder auf welche die Sacertät gesetzt war (crimina). Das
Privatstrafrecht kannte zwei Arten von Vergehen: die gegen
das Eigentum und die gegen die Person. Die Strafsätze,
die es dafür aufgestellt hatte, sollen im Folgenden an der
Hand des Gesichtspunktes von reich und arm einer Kritik
unterworfen werden. Sie wird zeigen, daß auch hier wiederum
der Griffel des Reichen das Gesetz geschrieben, d. h. die
Strafsätze so eingerichtet hatte, wie sie dem ständischen Interesse der besitzenden Klasse entsprachen.

Wenn jemand einem andern Arm oder Bein entzwei
geschlagen hatte (os fractum), so büßte er es nach den XII
Tafeln mit 300 As, wenn er von ihm bei dem Versuch der
Entwendung auch der geringwertigsten Sache (Gajus III
184 nennt als Beispiel Oliven oder Weintrauben) abgefaßt,
oder wenn sie bei ihm auf Grund einer solennen Haussuchung
gefunden worden war (furtum licio et lance conceptum), mit
körperlicher Züchtigung und dem Verlust der Freiheit, er ward

Sklave des Bestohlenen, bei nächtlichem Felddiebstahl mit Todesstrafe. Welch Mißverhältnis in der Wertung der Person
und des Eigentums! Das Zerschlagen des Knochens kann jemanden für immer arbeitsunfähig machen, und dafür erhält
er als Ersatz 300 As, ein reiner Hohn im Vergleich zu dem,
was er eingebüßt hat.[1] Aber wenn jemand die Hand nach
fremdem Gut ausgestreckt hat, so ereilt ihn die schwerste Strafe,
die außer der Todesstrafe sich überhaupt denken läßt, er ist
lebenslänglich der rücksichtslosesten Ausnutzung und selbst der
Mißhandlung und Grausamkeit durch den Bestohlenen ausgesetzt. Wer kann da die Frage unterdrücken, worin ein so
schreiendes Mißverhältnis seinen Grund gehabt haben mag?
Sie hätte längst erhoben werden sollen, aber unsere Rechtshistoriker sind achtlos an ihr vorübergegangen, wie so oft
haben sie auch hier geglaubt, ihrer Aufgabe vollkommen Genüge geleistet zu haben, indem sie die positiven Bestimmungen
einfach zusammenstellten, ohne sich um ihren Grund zu
kümmern. Aber vielleicht läßt sich die Frage gar nicht beantworten? Es kommt auf den Versuch an. Versuchen wir,
ob der Gegensatz von reich und arm uns nicht den ge-
wünschten Aufschluß gewährt.

Der Reiche stiehlt nicht, das tut nur der Arme. Umgekehrt aber droht die Gefahr bestohlen zu werden, nicht
dem Armen, nur der Reiche hat sie zu fürchten, der Arme
bestiehlt nicht den Armen, sondern den Reichen. Damit ist
die excessive Strafe, welche das alte Recht auf den Diebstahl
setzt, erklärt, sie ist gemünzt auf den Armen; als Bestohlener

---

1) Erbaulich ist die Auffassung von Rudorff (Röm. Rechtsgeschichte II S. 255), der in den 300 As ein „Schmerzensgeld“ erblickt
— als ob es sich für jemanden, der zum Krüppel geschlagen und
lebenslänglich arbeitsunfähig geworden ist, bloß um ausgestandene
Schmerzen handelt.

ist gedacht der Reiche, als Dieb der Arme. Darum ist das Eigentum, die Hochburg des Reichen, mit Palisaden umgeben, an deren Spitzen derjenige, der sich beiläßt, sie zu übersteigen, Gefahr läuft sich zu spießen. Die Reichen haben in Rom ihr Eigentum zu schützen verstanden!

Aber in Bezug auf ihre Person scheinen sie es nicht verstanden zu haben. Was bedeuten für den Reichen 300 As, wenn ihm jemand seine Knochen entzweigeschlagen hat? Für ihn sind sie ein Bettelgeld. Und damit sollen die Schmerzen und die Verstümmelung, die er erlitten hat, abgefunden sein? Wäre er es gewesen, der die Gefahr zu besorgen hatte, der Straffat würde schon anders ausgefallen sein, aber ihm drohte sie nicht. Nicht von dem Reichen — die angesehenen Leute schlugen sich in Rom ebensowenig wie heute die Knochen entzwei. Nicht von dem Armen — dafür sorgte wie heutzutage der Respekt des Armen vor dem Reichtum und der angesehenen Stellung. So blieb nur der Mann der niederen Klasse als der Bedrohte übrig. Hätte ihm die Gefahr lediglich von seinesgleichen gedroht, so wäre das Standesinteresse der vermögenden Klasse bei der Höhe der Bemessung der Strafe gar nicht beteiligt gewesen, ob hoch oder niedrig, für den Reichen hätte dies nichts verschlagen. Aber dem war nicht so, der Reiche hatte ein hohes Interesse daran, daß die Straffätze möglichst niedrig bemessen wurden. Um das zu verstehen, muß man wissen, daß in alter Zeit, wo es der Sklaven noch nicht in der Menge gab, wie später, das Bedürfnis nach Arbeitskräften auf den Gütern der Reichen wie auch noch in späterer Zeit durch freie der niedern Klasse angehörige Leute gedeckt ward: Tagelöhner und Accordarbeiter,[1] — Knechte und Mägde, die von ihrem Vater ins

---

[1] Bei Varro de re rustica werden sie häufig erwähnt.

Mancipium gegeben waren[1]) — Schuldknechte.[2]) Von diesen drei Verhältnissen interessiert uns nur das zweite und dritte. Beide begründeten ein persönliches Abhängigkeitsverhältnis, welches mit dem des Sklaven eine gewisse Ähnlichkeit hatte, und das einen herrischen, jähzornigen Herrn nur zu leicht vergessen lassen konnte, daß er es mit Freien zu tun hatte. Gesetzlich waren diese Personen allerdings gegen Mißhand-lung von Seiten ihres Herrn geschützt, aber das Verhältnis, in dem sie sich befanden, bot einem leidenschaftlichen Herrn nur zu leicht den Anlaß, sich in Fällen, wo sie etwas ver-sehen hatten, tatsächlich an ihnen zu vergreifen. Hatte er es getan, so mußte er es büßen. Aber womit? Hatte er sie braun und blau geprügelt, so zahlte er bloß 25 As (s. u.) hatte er ihnen Arm oder Bein entzwei gehauen, bloß 300.

Damit glaube ich den Grund angegeben zu haben, wa-rum das alte Recht das os fractum mit einer so äußerst ge-ringen Strafe belegte. Als Schauplatz, wo das Vergehen spielt, hat es das Haus des reichen Mannes im Auge, als Täter ihn selber, als Verletzte die in seinem Hause befindlichen Schuldknechte, Knechte, Mägde. Wären alle Straffätze des älteren Rechts ebenso niedrig bemessen worden, es läge kein

---

1) Der Form nach ein Verkauf der Kinder von Seiten des Vaters war es, da es mit Ablauf der Censusperiode endete, also im äußersten Fall nur auf 5 Jahre abgeschlossen werden konnte, in Wirk-lichkeit ein Mietvertrag. Eine Parallele gewährt das jüdische Recht, wo es mit Eintritt des siebenten (Sabbatjahres) endete, im äußersten Fall also nur auf 6 Jahre abgeschlossen werden konnte.

2) Varro de L. L. VII § 105: Liber, qui suas operas in servitute pro pecunia quadam debebat, dum solveret, nexus vocatur ut ab aere obaeratus. Das quadam ist zu servitute zu setzen. Die »servitus« des »liber« schließt einen Widerspruch in sich, darum der Zusatz: quaedam, d. i. ein sklavenähnliches Verhältnis, das sachliche und sprachliche Seitenstück zu den in causa mancipii Befindlichen, »qui servorum loco habentur«, Gaj. I 138.

Grund vor sich nach einem tendenziösen Motiv dafür umzu-
sehen, aber der schneidende Contrast, den die Diebstahlsklagen
dazu bilden, macht die Annahme einer bei beiden Strafsätzen
obwaltenden Absichtlichkeit unabweisbar. In beiden Fällen
ist der Strafsatz durch das Interesse des Reichen bestimmt
worden, in dem Fall, wo er selbst sich gegen den Armen vergangen hat, ebenso niedrig, als in dem, wo dieser es gegen
ihn getan hat, hoch — die altrömische Gerechtigkeit hat
doppeltes Gewicht, ein schweres für den Reichen, ein leichtes
für den Armen. Äußerlich tritt diese Begünstigung des Reichen
vor dem Armen in der Gesetzgebung gar nicht hervor, beide
werden mit demselben Maß gemessen, Arm und Reich sind
vor dem Gesetz völlig gleich, aber es war jene Gleichheit
vor dem Gesetz, welche nach dem Satz: summum jus summa
injuria in Wirklichkeit die äußerste Ungleichheit in sich schließt.

Im Bisherigen habe ich von den Vergehen gegen die
Person, abgesehen von der vorübergehenden Berührung der
25 As für die Injurien, nur den Strafsatz von 300 für das os
fractum ins Auge gefaßt, weil er mir den unwidersprechlichen
Beleg für meinen Gesichtspunkt zu gewähren scheint. Neben
dem os fractum kennt das ältere Recht aber noch eine andere Körperverletzung: das membrum ruptum. Der Frage,
was wir uns darunter zu denken haben, gehen unsere Rechtshistoriker regelmäßig aus dem Wege, nur bei einem von
ihnen (Rudorff, Röm. Rechtsgeschichte II S. 355) habe ich
eine Antwort darauf gefunden: membrum ruptum soll „Verstümmelung oder Zerstörung eines Gliedes" bedeuten. Wäre
das richtig, so würden membrum ruptum und os fractum zu-
sammenfallen, denn ein Knochenbruch schließt die „Verstümmelung oder Zerstörung eines Gliedes" in sich, und für die
schwersten Stich- oder Schnittwunden hätte man sich mit den
25 As der injuriae begnügen müssen, da sie weder unter den
einen noch den andern Delictsbegriff fielen, ein Knochen war

nicht zerbrochen, ein „Glied" in dem Sinne, wie wir den
Ausdruck gebrauchen, nicht verstümmelt oder zerstört, der
Verletzte hatte außer seinen Schmerzen nur eine schwere
Wunde davongetragen. Aber rumpere bedeutet in der Sprache
des älteren Rechts nicht Zerbrechen, dann fiele es mit fran-
gere zusammen, von dem es doch wie in dem os fractum
und membrum ruptum der XII Tafeln so auch in dem
»fregerit ruperit« der lex Aquilia genau unterschieden wird,
sondern es hat die ganz allgemeine Bedeutung von Be-
schädigen,[1] membrum ruptum heißt also Körperverletzung.
Aber auch das os fractum enthält eine Körperverletzung. Wie
sind beide von einander zu unterscheiden? Durch ein ganz
einfaches Kriterium. Das os fractum enthält eine innere
Verletzung, die ein Dritter nur fühlen, nicht sehen kann,
das membrum ruptum eine äußere, für sein Auge erkenn-
bare.[2] Das Gemeinsame beider besteht darin, daß sie sinnlich wahrnehmbare Spuren zurücklassen, und dadurch
unterscheiden sie sich von dem dritten Vergehensbegriff der
XII Tafeln: den injuriae, bei denen dies nicht der Fall ist,
und der bekanntlich nicht bloß die Verbal-, sondern auch die
Realinjurien umfaßte.[3] Schläge, Prügel, welche keine sicht-
baren Spuren am Körper zurückgelassen hatten, fielen unter
den Begriff der injuriae, im entgegengesetzten Fall unter den
des membrum ruptum, die Unterscheidung der drei Delicts-

---

1) Zeugnisse: Festus p. 265: Rupitias in XII significat damnum
dederit. Nonius 124, 6: si quis rumpet occidetve, wo rumpere den Gegensatz von occidere offenbar erschöpft. Erklärung des »ruperit« der
lex Aquilia durch corruperit l. 27 § 13 ad leg. Aq. (9, 2.)

2) Wenn der Schluß von membrana = Haut auf membrum ein
berechtigter ist, so wird membrum ursprünglich jeden Teil der Ober-
fläche des tierischen Körpers bedeutet haben.

3) Gaj. III 220: cum quis pugno puta aut fuste percussus
vel etiam verberatus erit.

begriffe war eine so klare, daß ihre Anwendung auf den einzelnen Fall nicht dem mindesten Zweifel unterliegen konnte.

Der außerordentlich weite Spielraum des membrum ruptum, der sich von wenig erheblichen Wunden bis zu den blutigsten und zum Abhauen eines ganzen Gliedes und dem Aushauen der Augen erstreckte, macht es begreiflich, daß das Gesetz von einer fixen Geldstrafe absah und statt deren Talion anordnete. Es war ein zweischneidiges Schwert, welches das Gesetz dem Verletzten damit in die Hand gab, er konnte damit ebensogut sich selber als den Gegner treffen. Man müßte den Römer schlecht kennen, um nicht zu wissen, daß, wenn der Verletzte dem Verletzten nicht ganz dieselbe Beschädigung zufügte, wie er ihm, er seinerseits die Überschreitung der Talion zu büßen hatte, es drohte ihm dieselbe Gefahr wie dem Shylok bei Ausschneiden des Pfundes Fleisch. Mit welchen Augen die Römer der alten Zeit eine solche Überschreitung des Rechts von Seiten des Verletzten angesehen haben, geht deutlich daraus hervor, daß die XII Tafeln es für nötig hielten, in Bezug auf die Vornahme des in partes secare die vorsichtige Klausel hinzuzufügen: si plus minusve secuerint, sine fraude esto. Bei der Talion war eine solche clausula salvatoria nicht gemacht, sie mußte also genau dem Vorbilde entsprechen, ging sie darüber hinaus, so schlug sie wie ein zurückschnellendes Geschoß auf den Berechtigten zurück. Schon dieser Umstand allein mußte den Verletzten geneigt stimmen, den ihm vom Gegner gemachten Vorschlägen über Abfindung in Geld williges Ohr zu schenken, ganz abgesehen davon, daß er bei Zurückweisung derselben gänzlich leer ausgegangen wäre. Für einen Mann der niederen Klasse, den wir uns bei dem membrum ruptum ganz so wie beim os fractum als den regelmäßig Anspruchsberechtigten zu denken haben, konnte die Wahl nicht zweifelhaft sein. Im Princip mit der Geldabfindung einverstanden,

handelte es sich für ihn nur darum, wieviel er heraus-
schlagen könne, das Ergebnis wird regelmäßig darin bestanden haben, daß man sich vereinbarte. Und eben darauf
hatte es das Gesetz abgesehen: die Parteien sollten sich vergleichen, darauf zielte der den Worten: talio esto hinzugefügte
Nachsatz: ni cum eo pacit. Es verhielt sich also mit der Anordnung der Talion um nichts anders als mit der des in partes
secare, beide hatten lediglich die Bestimmung von Pressions-
mitteln, um eine gütliche Vereinbarung der Parteien zu erzwingen, talio esto hieß: übe keine Talion, wie das in partes
secanto: schneidet nicht, und die oben (S. 395) erwähnte
Klage des friesischen Rechts gegen den Dieb: klage nicht, und
die usucapio pro herede lucrativa: nimm nichts aus fremder
Erbschaft — alle vier Fälle waren im Sinne des Gesetzes gedacht als ein noli me tangere. Der Grund, warum das Gesetz gleichwohl die Befugnis selber gewährte, lag darin, daß
es ihr als einer Rechtsconsequenz nicht glaubte ausweichen zu
können, es rechnete aber darauf, daß die Parteien im eigenen
Interesse sie nicht praktisch verwirklichen würden. War eine
gütliche Vereinbarung der Parteien über die Höhe der Abfindungssumme beim membrum ruptum nicht zu erreichen, so
geschah nach dem Zeugnis von Gellius (XX, 1) die Festsetzung derselben durch den Richter.

Wenn wir uns an diese Gestalt der Sache halten, die
wahrscheinlich erst der späteren Rechtsentwickelung angehört,
so bestand die Verschiedenheit der Strafe beim os fractum und
membrum ruptum darin, daß jene abstract festgesetzt war,
diese individuell durch den Richter bemessen ward. Wie er
dabei verfahren sein wird, wenn der Verletzte ein Armer, der
Täter ein Reicher war, bedarf nach allem, was wir über
die Parteilichkeit der patricischen Magistrate in alter Zeit
wissen, nicht erst der Bemerkung.

Das Ergebnis meiner bisherigen Ausführungen glaube

ich in den Satz zusammenfassen zu können: die Reichen hatten sich vorgesehen, daß ihnen ihre Vergehen gegen die Armen nicht zu teuer zu stehen kamen, sie hatten sich auch hier das Gesetz in ihrem Interesse zugeschnitten, ganz so wie bei den Prozeßeinrichtungen und dem Schutz des Eigentums unter dem äußern Schein der Gleichheit vor dem Gesetz — in Wirklichkeit die schreiendste Ungleichheit.

Für den Vorwurf der tendenziösen, rein im ständischen Interesse geübten Abfassung der Gesetze, den ich damit gegen die besitzenden Klassen des Roms der alten Zeit erhebe, bringe ich im Folgenden noch ein Argument bei,[1]) das von der Wissenschaft, die auch hierin ihrer oben (S. 407) hervorgehobenen Gewohnheit, die Negative nicht zu berücksichtigen, treu geblieben ist, bisher gar nicht beachtet worden ist.

Unter den Vergehen gegen die Person, welche die XII Tafeln mit Strafe belegen, fehlt eins gänzlich, dessen doch die germanischen Volksrechte, die im Übrigen so tief unter ihnen stehen, gedenken: die Notzucht. Daß sie dasselbe übergangen hatten, betrachte ich als unzweifelhaft; hätten sie es erwähnt, so müßte sich bei späteren Schriftstellern irgend eine Notiz darüber finden. Lag der Gedanke daran den Decemvirn so fern, daß sie es übersehen konnten? Appius Claudius wäre gerade der Mann darnach gewesen, er, der selber einen Notzuchtsakt an der Virginia plante. Welche Gefahr dem Weibe von der Sinnenlust des Mannes drohte, hatte das römische Volk bereits früher an dem Fall der Lucretia in einer Weise erfahren, die sich durch die daran sich knüpfenden Folgen seiner Erinnerung in unvergänglicher Weise eingeprägt hatte. Und diese Gefahr, die durch den

---

1) Ein anderes habe ich bereits an anderer Stelle gegeben, es war die Rechtlosigkeit des Pächters und Mieters gegenüber dem reichen Grund- und Hausbesitzer f. meinen Besitzwillen, Jena 1889, S. 120.

Vorgang mit der Virginia dem römischen Volk von neuem vor das Auge geführt ward, hätte man übersehen können? Nein, man kannte sie, aber man wollte ihr nicht steuern. Warum nicht? Man vergegenwärtige sich die Magd im Hause des Reichen, und man hat die Antwort darauf. Ein Notzuchtsfall an einer den besseren Ständen angehörigen Frau oder Mädchen war nach dem abschreckenden Exempel des jüngeren Tarquinius nicht zu befürchten, der Rückhalt, den beide an ihren Verwandten hatten, schloß jeden Gedanken daran aus, und auch die Frau und die Tochter des Armen, die bei ihm im Hause lebte, war faktisch der Gefahr kaum ausgesetzt. Aber im alleräußersten Grade war es die Magd, die in Form des Mancipiums im Hause des Reichen lebte. Was geschah dem Herrn, der seine Magd vergewaltigt hatte? Da die Voraussetzungen des membrum ruptum oder os fractum hier nicht vorlagen, so war die einzige Strafbestimmung, welche darauf Anwendung erleiden konnte, die über die injuriae, der Übeltäter zahlte 25 As, damit war alles abgetan, das Kind, das sie etwa bekam, ging ihn nichts an, eine Alimentationsverbindlichkeit des unehelichen Vaters war dem Recht unbekannt. Für 25 As also konnte der reiche Mann in Rom seine Lust an seiner Magd kühlen — das Vergnügen kam ihm nicht teuer zu stehen! Man sehe zu, ob man eine andere Erklärung finden kann.

Ich habe in reich und arm im Civilprozeß gezeigt, wie das Übergewicht, welches sich der Reiche mittelst der Prozeßeinrichtungen in der Rechtsverfolgung über den Armen in alter Zeit zu verschaffen gewußt hatte, in der späteren Zeit gebrochen ward. Ein Gleiches gilt für das im Bisherigen nachgewiesene, durch das ständische Interesse bewirkte Mißverhältnis in der Wertung des Eigentums der besitzenden, und der Person der besitzlosen Klasse, es hat späterhin einer gänzlich anderen Wertung beider Güter Platz gemacht. Die

leidenschaftliche Erregung, in welche den altrömischen Eigentümer jede Antastung seines Eigentums versetzte, gleich als
ob in ihm ein Stück seiner Person selber auf dem Spiele
stände, und die dem Recht sein Verhalten zur Eigentums-
frage diktierte, konnte sich angesichts der Veränderungen, die,
wie sofort gezeigt werden soll, im Güterleben des Volks vor
sich gegangen waren, nicht behaupten, der Eigentumsmaßstab
der Römer der Neuzeit ward ein gänzlich anderer als der des
Römers in alter Zeit, und ganz dasselbe ist durch den Umschwung in den politischen Verhältnissen, nur in entgegengesetzter Weise, auch in Bezug auf die Auffassung vom Wert
der Person bewirkt worden. Der alte Gegensatz ist in sein
gerades Gegenteil umgeschlagen: früher hohe Wertung des
Eigentums, niedrige der Person, jetzt niedrige des
Eigentums, hohe der Person.

Werfen wir zunächst einen Blick auf das Eigentum.

Das alte Recht unterschied nicht, ob derjenige, der dem
Eigentümer seine Sache vorenthielt, es im Glauben an sein
gutes Recht getan hatte oder nicht, unterlag er im Prozeß,
so mußte er auch im ersten Fall dem Kläger die doppelten
Früchte, war die Sache durch Zufall untergegangen, den
Wert ersetzen. Das leidenschaftlich erregte Gefühl des
Eigentümers weist den Schuldmaßstab zurück, es verlangt
Genugtuung für die Bedrohung des Eigentums, einerlei,
ob sie in gutem oder bösem Glauben geschehen ist, und das
Gesetz gibt seiner Forderung nach. Ganz anders das
neuere Recht. Es hat einen anderen Maßstab für den gutgläubigen, einen anderen für den bösgläubigen Besitzer, und selbst er haftet nicht über den Betrag dessen,
was der Kläger im Fall rechtzeitiger Restitution gehabt
haben würde. Ebenso im Fall des Konkurses, wo nur denjenigen, der verschuldeterweise seine Zahlungsunfähigkeit
herbeigeführt hat, der Schimpf der bonorum venditio trifft,

während der Schuldlose den Vorzug der cessio bonorum ge-
nießt. Und selbst der Diebstahl wird mit andern Augen angesehen. Der ertappte Dieb kommt nach prätorischem Edict
mit dem Vierfachen des Wertes der gestohlenen Sache davon, bei geringwertigen Sachen eine wenig empfindliche
Strafe. Der Prätor war in das gerade entgegengesetzte
Extrem des älteren Rechts verfallen: in eine Milde, die sich
mit den Interessen der Rechtssicherheit wenig vertrug. Erst
das spätere Recht hat diesen Fehler wieder gut gemacht, indem es zu der civilrechtlichen Verfolgung des Diebstahls noch
die strafrechtliche hinzugesellte.

Den gerade entgegengesetzten Entwickelungsgang vergegenwärtigt uns das Recht der Person. Die Bestimmungen
der XII Tafeln über os fractum, membrum ruptum, injuriae
werden durch neue vollkommnere ersetzt, die beiden ersten durch
die actio legis Aquiliae utilis, die dritte durch die actio injuriarum aestimatoria, beide Klagen setzen den Richter in den
Stand, den Ansprüchen des Verletzten im vollsten Umfang gerecht zu werden. Und zu dem privatrechtlichen Schutz gesellt noch
das Strafrecht den seinigen hinzu, und zwar nicht bloß wegen
solcher Vergehen gegen die Person, welche vom älteren
Recht gar nicht berücksichtigt waren wie z. B. Freiheits-
beraubung (lex Fabia), Notzucht (lex Julia de vi publica),
sondern auch wegen schwerer Ehrenkränkungen (lex Cornelia
de injuriis). Die Strafe, welche die lex Cornelia festsetzte,
war keine Geldstrafe,[1] was angesichts der actio injuriarum
völlig überflüssig gewesen wäre, sondern Kapitalstrafe,[2] d. i.
Verbannung, und die strafrechtliche Praxis der Kaiserzeit ging
darüber sogar noch hinaus.[3] Ein schmerzloser Schlag, dem

---

1) So fälschlich Rudorff Röm. R. G. I § 100.
2) Macrobius Sat. II 9 ... capital putavit.
3) l. 45 de injur (47. 1) Paulus S. R. V, 4 § 7, 13, 14, 16, 17, 22

geringsten Mann aus dem Volk versetzt, mit Verbannung bestraft [1]) — welcher Contrast zu den 25 As der alten Zeit,
wofür man den Mann braun und blau prügeln konnte. Wie
hoch muß das Ehrgefühl der spätern Zeit gespannt, oder
richtiger wie überreizt muß es gewesen sein, um solche alles
vernünftige Maß übersteigende Strafen zu erheischen. Bezeichnend für diese Empfindlichkeit desselben ist auch die außerordentlich weite Ausdehnung, welche die römischen Juristen
dem Begriff der Ehrenkränkung gegeben haben.[2]) Sie lassen
die actio injuriarum zu in Fällen, in denen ein Römer der
alten Zeit auch nicht den leisesten Schatten einer Ehrenkränkung gesehen haben würde, z. B. bei einer frivolen in jus
vocatio, einer Mahnung an den Bürgen mit Übergehung des
Hauptschuldners, der wissentlichen Geltendmachung einer un-
begründeten Forderung.[3])

Woher diese excessive Spannung des nationalen römischen
Ehrgefühls? Haben wir darin lediglich das Ergebnis der
fortgeschrittenen Verfeinerung zu erblicken? Ich glaube nicht,
ich bin vielmehr der Ansicht, daß dazu ganz wesentlich das
aufs höchste gesteigerte politische Selbstgefühl des römischen
Bürgers der spätern Zeit mitgewirkt hat. Man muß sich in
seine Seele versetzen, um es ihm nachzuempfinden, welchen
Inhalt die stolzen Worte: civis Romanus sum für ihn in sich
schlossen. Civis Romanus hieß in seinem Munde: im Besitz
einer Rechtssicherheit und einer Freiheit, die niemand anzu-
tasten wagen darf, untertan nur dem Gesetz, entscheide ich
mit in der Volksversammlung über die wichtigsten Angelegen-

---

1) Ovid. Amor. I 7, 29 Si pulsassem minimum de plebe
Quiritem, plecterer. Uber pulsare f. l. 5 § 1 de injur. (47, 10): ver-
brare est cum dolore caedere, pulsare sine dolore.

2) Eingehend von mir nachgewiesen in meiner Abhandlung über
frivole Rechtsverletzung in meinen Jahrbüchern B. 23 VI.

3) S. meine Abh. S. 157.

heiten des Staats: über Annahme und Verwerfung der Ge-
setzvorschläge, über Wahl und Verantwortung der Beamten,
über Leben und Tod des Bürgers, und als Glied des
souveränen, die Welt beherrschenden Volks bin ich zugleich
Mitbeherrscher der Welt.

Das richtige Selbstgefühl ist zugleich Ehrgefühl. Das
Ehrgefühl betätigt sich daran, daß es nichts duldet, was
mit der eignen Selbstschätzung, der Vorstellung, welche die
Person sich von ihrem idealen Wert macht, unverträglich ist,
nicht bloß im fremden, sondern auch im eignen Handeln.
Je höher dieser Wert von ihr angeschlagen wird, um so
empfindlicher ihr Ehrgefühl, gleichmäßig bei Individuen wie
bei Völkern.

Damit glaube ich die außerordentliche Steigerung des
Rechtsschutzes der Person im spätern Recht erklärt zu haben.
Der Wert der Person selber war ein anderer geworden, die
Gesetzgebung erkannte die Tatsache an durch erhöhten Rechtsschutz der Person in Bezug auf Ehre. Das Gegenstück dazu
gewährt die Steigerung der Anforderungen der spätern Zeit
in Bezug auf die eigne Behauptung der Ehre durch
Vermeidung alles dessen, was sich mit ihr nicht verträgt,
wofür es genügen mag, auf die nota censoria des Censors
und die bekannten Bestimmungen des Edicts über die Infamie und die Erweiterung derselben durch das Leben in
Form der turpitudo Bezug zu nehmen.

Nur in Bezug auf die außerordentlich weite Ausdehnung,
welche die Jurisprudenz der Kaiserzeit dem Begriff der
Ehrenkränkung bei der actio injuriarum gegeben hat, glaube ich
auf einen andern Grund zurückgreifen zu sollen. Sie läßt sich
nicht mehr auf Rechnung des politischen Selbstgefühls
des römischen Bürgers bringen, da sie in eine Zeit fällt, wo
dasselbe eher abgenommen als zugenommen hatte. Ich kann
darin vielmehr nur das Produkt des bis zur äußersten

Empfindlichkeit gesteigerten socialen Ehrgefühls der höheren Stände der Kaiserzeit erblicken. An die Stelle des gesunden Ehrgeizes der höheren Stände zur Zeit der Republik, der seine Befriedigung in der Machtstellung und in dem Bewußtsein, das gemeine Beste gefördert zu haben, gesucht hatte, war eine krankhafte Ehrsucht getreten, die ihr Genüge bereits daran fand, wenn ihr statt der Sache der Name zuteil ward, der Schein der Macht statt der wirklichen, ein von den Kaisern in ausgiebigster Weise benutztes Mittel, um die höheren Stände in Abhängigkeit von sich zu bringen. Mittelst der weiten Erstreckung, welche die Juristen dem Begriff der Ehrenkränkung bei der Beleidigung gaben (Beispiele sind S. 420 mitgeteilt), haben sie nur der krankhaften Überreizung des Ehrgefühls der höheren Gesellschaftsklassen nachgegeben. Sie waren die Kinder ihrer Zeit, den Juristen zur Zeit der Republik war diese weite Erstreckung des Ehrbegriffs gänzlich fremd — selbst noch den Juristen am Anfang der Kaiserzeit — sie atmeten eine gesundere Luft ein als die schwüle der Kaiserzeit, es bedurfte erst der Treibhausatmosphäre dieser Zeit, um das Treibhausgewächs hervor zu bringen, dem die Jurisprudenz ihre Pflege angedeihen ließ. Als lebensfähig hat es sich nicht erwiesen, unserer heutigen Rechtsprechung ist diese excessive Ausdehnung des Ehrbegriffs fremd.

Wie die erhöhte Schätzung der Person in äußeren Verhältnissen ihren Grund hatte, die den Wert der Person in den Augen des Volks und damit auch des Rechts erhöhten, ebenso die durch die Abschwächung des Eigentumssinnes herbeigeführte verminderte Schätzung des Eigentums. Der Grund lag in zwei außerordentlich folgenreichen Veränderungen, die im Lauf der Zeit in dem Güterleben der Nation vor sich gegangen waren. Die eine war die ganz enorme Steigerung des Nationalreichtums. Die

Gütermaſſe, welche ſich in den Händen des Staats und der einzelnen befand, war zur Zeit, wo Rom die Weltherrſchaft erlangt hatte, gegenüber der Zeit der XII Tafeln unermeßlich geſtiegen. Jeder ſiegreiche Krieg brachte ungeheure Beute, das Gold und die Schätze der halben Welt ſtrömten in Rom zuſammen. Die zweite war die Art des Erwerbes. Der alte Römer beſtellte ſein Feld ſelber, er arbeitete. Der Römer der ſpätern Zeit ließ es durch Sklaven beſtellen, das verachtete Handwerk fiel den Freigelaſſenen zu oder ward in Form von Fabriken, in denen Sklaven die Arbeit verrichteten, durch Kapitaliſten betrieben — der Römer zur Zeit der Welt-herrſchaft arbeitete nicht mehr. Ihm ſtanden andere Er-werbsquellen zu Gebote, die es ihm erſparten, ſich ſelber ſchwerer Arbeiten zu unterziehen: als Statthalter oder als Gefährte desſelben Plünderung der Provinzen in Form von Gewalttätigkeiten und Erpreſſungen aller Art — als Kapi-taliſt das Geldgeſchäft, der Großhandel, das Redereigeſchäft, die Seeverſicherung, die Pachtung öffentlicher Abgaben, Über-nahme öffentlicher Lieferungen und Accordarbeiten u. a. m., als Soldat der Sold und die Ausſicht auf Beute und Land-anweiſung, als ſtimmberechtigtes Mitglied der Volksverſamm-lung oder des Geſchworenengerichts Verkauf ſeiner Stimme. Die Maſſe des Proletariats in Rom, die ſich nach mehreren Hunderttauſenden bemaß, lebte auf Koſten des Staats und der Freigebigkeit der Großen — um in Rom nicht Hungers zu ſterben, brauchte niemand die Hand zu rühren.

So war das Verhältnis zwiſchen Arbeit und Erwerb, wie es in alter Zeit beſtand, in der ſpätern Zeit in ſein ge-rades Gegenteil umgeſchlagen: dort mühſeliger Erwerb bei mäßigem Wohlſtand, hier unermeßlicher Reichtum bei Mühe-loſigkeit des Erwerbs. Daß dieſe reale Veränderung in den Erwerbsverhältniſſen den Wert des Eigentums in den Augen des Römers herabſetzen mußte, liegt auf der Hand.

Der alte Römer hielt es hoch, er wußte, was es ihm an Schweiß und Mühe gekostet hatte, er war nicht bloß sparsam, sondern geizig. Der Gedanke, einem andern etwas zu schenken, war ihm unfaßbar, Polybius berichtet uns, daß viele Jahrhunderte hindurch in Rom nie eine Schenkung vorgekommen sei. So wird es begreiflich, daß das alte Recht keine besondere Form für Schenkung kannte. Luxus, Verschwendung waren unbekannt, wer von der Weise der Väter so weit abfiel, daß er sie sich zu schulden kommen ließ, ward von dem Censor zur Verantwortung gezogen und konnte sogar unter Vormundschaft gestellt werden. Wie ganz anders der Römer der späteren Zeit. Das Geld hat wenig Wert mehr für ihn, leicht erworben, geht es ihm leicht aus der Hand, Luxus und Verschwendung sind in dem Maße an der Tagesordnung, daß die Gesetzgebung sich genötigt sieht, dagegen durch eine Menge von Gesetzen (lex, Oppia, Orchia, Fannia, Didia, Licinia, Cornelia, Julia) einzuschreiten. Selbst dem Hang zur Freigebigkeit — es war nicht die des selbstverläugnenden Wohlwollens, sondern die ostentative der Eitelkeit, die von sich reden machen will — selbst ihm sieht sie sich genötigt, entgegenzutreten, indem sie den Geschenken unter Lebenden (lex Cincia), den Freilassungen im Testament (lex Furia Caninia) und den Legaten (lex Furia, Voconia, Falcidia) ein Maß setzt.

Abschwächung des Eigentumssinns, Steigerung des Ehrgefühls, beide als Folge der realen Veränderungen, welche im Leben der Nation vor sich gegangen waren, beide im Recht der späteren Zeit deutlich erkennbar — das ist das Ergebnis, mit dem ich meine Betrachtung abschließe.

Von dem für die Gestaltung gleichmäßig des Privatrechts wie des Prozesses einst so einflußreichen Gegensatz von reich und arm ist im neuern Recht keine Spur mehr zu entdecken. Nur auf dem Gebiete des öffentlichen Strafrechts taucht er in der Kaiserzeit in etwas veränderter Gestalt von neuem auf, in der des Gegenſatzes zwiſchen den **höheren** und **niederen** Ständen (honestiores, honestiore loco positi — humiles, tenuiores, plebeji u. a. m.), — [1] dem man für die Zu= meſſung der Strafe einen Einfluß einräumte, der ſich mit den Forderungen der Gerechtigkeit ebenſowenig vertrug, wie das Unrecht, das die alte Zeit gegen den Armen begangen hatte. Im Hinblick darauf kann man alſo ſagen, daß Rom den ſtändiſchen Gegenſatz im Recht niemals überwunden hat. Ob **wir** es getan haben? Ich empfehle demjenigen, den die Frage intereſſiert, und der Zeit und Mühe daran wenden will, das Thema: **Reich und arm in Bezug auf die Dermögensſtrafe im heutigen Strafrecht,** — an Stoff dafür wird es ihm nicht fehlen.

---

1) Die Unterſuchungen, welche ich über das erſte Auffommen des= ſelben angeſtellt habe, haben mich auf das geſellſchaftliche Leben der Griechen in der Periode des Hellenismus zurückgeführt. In dem Rom der Kaiſerzeit fand er einen fruchtbaren Boden.

Register.